中国社会科学院学部委员专题文集

改革与探索

社会主义经济体制研究

周叔莲 ◎ 著

中国社会科学出版社

图书在版编目(CIP)数据

改革与探索：社会主义经济体制研究／周叔莲著．—北京：中国社会科学出版社，2013.8

（中国社会科学院学部委员专题文集）

ISBN 978 - 7 - 5161 - 2797 - 1

Ⅰ.①改… Ⅱ.①周… Ⅲ.①中国经济—社会主义市场经济—经济体制改革—研究 Ⅳ.①F123.9

中国版本图书馆 CIP 数据核字（2013）第 126154 号

出 版 人	赵剑英
责任编辑	刘晓红
责任校对	王兰馨
责任印制	戴 宽

出 版	中国社会科学出版社
社 址	北京鼓楼西大街甲 158 号（邮编 100720）
网 址	http://www.csspw.cn
	中文域名：中国社科网 010 - 64070619
发 行 部	010 - 84083685
门 市 部	010 - 84029450
经 销	新华书店及其他书店
印刷装订	环球印刷（北京）有限公司
版 次	2013 年 8 月第 1 版
印 次	2013 年 8 月第 1 次印刷
开 本	710×1000 1/16
印 张	28.75
插 页	2
字 数	455 千字
定 价	86.00 元

凡购买中国社会科学出版社图书，如有质量问题请与本社联系调换
电话：010 - 64009791

版权所有　侵权必究

《中国社会科学院学部委员专题文集》编辑委员会

主任 王伟光

委员（按姓氏笔画排序）

王伟光　刘庆柱　江蓝生　李　扬
李培林　张蕴岭　陈佳贵　卓新平
郝时远　赵剑英　晋保平　程恩富
蔡　昉

统筹 郝时远

助理 曹宏举　薛增朝

编务 田　文　黄　英

前　言

哲学社会科学是人们认识世界、改造世界的重要工具，是推动历史发展和社会进步的重要力量。哲学社会科学的研究能力和成果是综合国力的重要组成部分。在全面建设小康社会、开创中国特色社会主义事业新局面、实现中华民族伟大复兴的历史进程中，哲学社会科学具有不可替代的作用。繁荣发展哲学社会科学事关党和国家事业发展的全局，对建设和形成有中国特色、中国风格、中国气派的哲学社会科学事业，具有重大的现实意义和深远的历史意义。

中国社会科学院在贯彻落实党中央《关于进一步繁荣发展哲学社会科学的意见》的进程中，根据党中央关于把中国社会科学院建设成为马克思主义的坚强阵地、中国哲学社会科学最高殿堂、党中央和国务院重要的思想库和智囊团的职能定位，努力推进学术研究制度、科研管理体制的改革和创新，2006年建立的中国社会科学院学部即是践行"三个定位"、改革创新的产物。

中国社会科学院学部是一项学术制度，是在中国社会科学院党组领导下依据《中国社会科学院学部章程》运行的高端学术组织，常设领导机构为学部主席团，设立文哲、历史、经济、国际研究、社会政法、马克思主义研究学部。学部委员是中国社会科学院的最高学术称号，为终生荣誉。2010年中国社会科学院学部主席团主持进行了学部委员增选、荣誉学部委员增补，现有学部委员57名（含已故）、荣誉学部委员133名（含已故），均为中国社会科学院学养深厚、贡献突出、成就卓著的学者。编辑出版《中国社会科学院学部委员专题文集》，即是从一个侧面展示这些学者治学之道的重要举措。

《中国社会科学院学部委员专题文集》（下称《专题文集》），是中国社会科学院学部主席团主持编辑的学术论著汇集,作者均为中国社会科学院学部委员、荣誉学部委员,内容集中反映学部委员、荣誉学部委员在相关学科、专业方向中的专题性研究成果。《专题文集》体现了著作者在科学研究实践中长期关注的某一专业方向或研究主题,历时动态地展现了著作者在这一专题中不断深化的研究路径和学术心得,从中不难体味治学道路之铢积寸累、循序渐进、与时俱进、未有穷期的孜孜以求,感知学问有道之修养理论、注重实证、坚持真理、服务社会的学者责任。

2011年,中国社会科学院启动了哲学社会科学创新工程,中国社会科学院学部作为实施创新工程的重要学术平台,需要在聚集高端人才、发挥精英才智、推出优质成果、引领学术风尚等方面起到强化创新意识、激发创新动力、推进创新实践的作用。因此,中国社会科学院学部主席团编辑出版这套《专题文集》,不仅在于展示"过去",更重要的是面对现实和展望未来。

这套《专题文集》列为中国社会科学院创新工程学术出版资助项目,体现了中国社会科学院对学部工作的高度重视和对这套《专题文集》给予的学术评价。在这套《专题文集》付梓之际,我们感谢各位学部委员、荣誉学部委员对《专题文集》征集给予的支持,感谢学部工作局及相关同志为此所做的组织协调工作,特别要感谢中国社会科学出版社为这套《专题文集》的面世做出的努力。

《中国社会科学院学部委员专题文集》编辑委员会
2012年8月

目　录

全面认识社会主义市场经济(代序) ……………………………………（1）

第一部分　社会主义经济体制改革的依据和创新

谈谈中国经济管理体制改革的理论依据 …………………………（3）
论经济管理体制的内涵、模式和演变 ………………………………（8）
建设中国式社会主义的指针
　　——学习《邓小平文选》的体会 ………………………………（18）
改革经济体制和建设具有中国特色的社会主义 …………………（27）
社会主义经济是市场经济 …………………………………………（36）
党的十五大报告在经济理论方面的创新和贡献 …………………（42）
十六大报告在经济理论上的创新 …………………………………（57）
全面建设小康社会　为可持续的社会主义打下牢靠基础 ………（64）
政治经济学要重视现实问题的研究
　　——兼谈经济体制改革的几个问题 …………………………（75）

第二部分　中国经济体制改革的目标和规律性

努力探索社会主义经济体制改革目标模式 ………………………（99）
关于计划经济中市场的作用问题 …………………………………（107）
社会主义商品经济是社会主义经济的本质特征 …………………（121）

科学社会主义理论上的一个重大突破 …………………………… (124)
社会主义商品经济理论需要发展 ……………………………… (130)
改革应以社会主义市场经济为目标 …………………………… (133)
从社会主义商品经济到社会主义市场经济 …………………… (137)
试论社会主义经济改革的规律性 ……………………………… (142)

第三部分　中国的社会主义所有制改革

论国有经济在社会主义国民经济中的主导作用 ……………… (171)
做好所有制结构的调整和完善工作 …………………………… (178)
关于社会主义初级阶段基本经济制度的几个问题 …………… (181)
全面建设小康社会和发展公有制经济 ………………………… (187)
私有制经济还有生命力 ………………………………………… (193)
关于所有制是目的还是手段的争论 …………………………… (196)

第四部分　中国的国有企业改革

重塑国有企业制度 ……………………………………………… (207)
国有企业改革与生产力标准 …………………………………… (211)
必须加快政企分开的步伐 ……………………………………… (227)
不要再用计划经济模式要求国有企业改革 …………………… (230)
国有企业改革要不断取得新的突破 …………………………… (234)
谈谈国有经济和国有企业的若干规律性 ……………………… (241)
国有企业改革30年的回顾与思考 ……………………………… (244)
解决自身问题仍是国企改革的一项极其重要的任务 ………… (259)
关于企业管理的几个问题 ……………………………………… (264)

第五部分　中国的经济体制改革和转变经济发展方式

建设具有中国特色的经济结构的几个问题 …………………………（281）
两个"转变"：经济发展战略的指导思想 ……………………………（291）
从研究提高经济效益到研究转变经济发展方式 ……………………（297）
关于"中等收入陷阱"问题的思索 ……………………………………（315）
提高生产率仍是根本问题 ……………………………………………（325）

第六部分　苏联的经济体制改革

关于苏联经济体制改革的几个问题
　　——1987年对苏联经济体制改革的观察 ………………………（331）
苏联的经济形势
　　——1990年重访苏联的札记（一）………………………………（355）
苏联经济改革的进展、问题和困难
　　——1990年重访苏联的札记（二）………………………………（366）
苏联经济改革的目标
　　——1990年重访苏联的札记（三）………………………………（381）
苏联经济改革的步骤
　　——1990年重访苏联的札记（四）………………………………（391）
苏联的租赁制
　　——1990年重访苏联的札记（五）………………………………（400）

第七部分　可持续的社会主义和不可持续的社会主义

为什么要研究可持续的社会主义和不可持续的社会主义 …………（421）
社会主义可持续发展和社会主义的本质 ……………………………（424）

社会主义可持续发展和社会主义社会的所有制结构 …………… （427）
社会主义可持续发展和企业活力 ………………………………… （431）
什么是可持续的社会主义和什么是不可持续的社会主义 ……… （435）

全面认识社会主义市场经济
（代序）

中国共产党十六届四中全会关于加强党的执政能力建设的决定中，提出要不断提高驾驭社会主义市场经济的能力。为了提高驾驭社会主义市场经济的能力，必须对社会主义市场经济有全面正确的认识。就是既要认识社会主义和市场经济结合的必要性、必然性，又要认识社会主义和市场经济的矛盾并处理好这些矛盾。只有这样，才能保证社会主义市场经济健康发展，充分发挥其积极作用；也才能化解当前面临的某些社会经济风险，保障社会经济安全，保持社会经济稳定，建设社会主义和谐社会。

社会主义和市场经济结合的必要性、必然性

根据马克思主义理论，在共产主义社会，为了克服资本主义生产方式存在的生产社会化和私人占有的基本矛盾，应该实行计划经济。人们曾经认为，作为共产主义的初级阶段的社会主义也应该实行计划经济。苏联实行的就是计划经济。对苏联计划经济的性质有不同看法：一般是把苏联计划经济称为社会主义计划经济；也有很多人认为苏联实行的不是社会主义计划经济，而是带有严重封建性质的计划经济；也有人认为苏联根本不具备实行计划经济的条件；还有人认为，在当前世界上，生产力最发达的资本主义国家也还没有达到实行马克思主义所设想的那种计划经济的生产力水平。看来，现在提出实行社会主义计划经济，在当今世界范围内都是一个虽然美好但却难以实现的愿望。

我比较同意现在世界上还没有条件实行马克思设想的计划经济这种意

见。现在世界上还没有哪个国家达到了可以实行马克思说的计划经济的水平。实行计划经济的前提是全社会实现单一的公有制，就是一个国家变成一个大工厂。苏联是用行政的办法，即用超经济的强制建立公有制并在国有经济占统治地位的情况下实行了计划经济。单一公有制和计划经济导致的种种弊端，加上其他原因，最终使苏联趋于解体，苏联斯大林模式以失败而告终。我们可以设想，如果现在世界上经济最发达的美国社会主义革命胜利了，是否能够实行单一的公有制，从而实行计划经济？如果这样做了，将会是促进生产力发展还是阻碍和破坏生产力发展？据我了解的美国生产力的现状，这样做的结果恐怕最终也难免使生产力的发展停滞甚至破坏。马克思主义是以促进还是阻碍生产力发展作为评价一种生产方式先进还是落后的主要标准的。现在实行计划经济的结果会破坏生产力，因此只能承认那种经典式的，即马克思说的计划经济在现在世界上是不可行的。

社会主义和市场经济的关系长期存在着争论，在我国经济体制改革过程中，对这个问题也一直存在着尖锐的争论。有人用社会主义只能实行计划经济反对社会主义可以实行市场经济。现在这个争论基本上告一段落了，就是大家取得了社会主义可以实行市场经济的共识。不过，也许我们还要加深对这场争论的认识，就是认识现阶段的社会主义不仅可以而且只能实行市场经济。因为，如果只说社会主义可以实行市场经济，那就认为似乎当前社会主义也可以实行计划经济。但是，历史和现实都说明，现阶段社会主义是不可能实行纯粹的计划经济的，除非是用超经济的强制实行计划经济从而歪曲了马克思设想的计划经济，而这样做已经遭到了失败。

这里深化认识的一个关键是要弄清楚所有制结构、企业制度和市场经济的因果关系。现阶段世界上的生产力水平还没有达到可以消灭私有制的阶段，因此，社会主义国家也必须实行多种所有制共存，允许私有制经济存在，公有制经济成为主体，公有制企业是自主经营、自负盈亏、自我发展、自我约束。这种所有制结构和企业制度，决定了社会主义社会实行市场经济的必要性、可能性和必然性。多种所有制结构和独立的企业制度是社会主义实行市场经济的"因"，实行市场经济则是"果"。最终的"因"则是生产力还没有达到实行单一公有制的水平。人们往往用实行市场经济的必要性来说明社会主义必须多种所有制并存，我也曾这样说过，这可能是倒"果"

为"因"了。

社会主义和市场经济的矛盾

由于一个时期内强调社会主义和市场经济可以和必须结合，使得有些同志否认或忽视社会主义和市场经济的矛盾。但是应该看到，社会主义和市场经济既是可以结合的，又是存在矛盾的。过去有些人否认可以结合，当然是错误的，但不能否认也不能忽视它们之间存在矛盾，也不能忽视对这些矛盾的研究。

有些同志认为改革到位了，社会主义和市场经济的矛盾就不存在了。我认为，即使改革任务完成了，社会主义市场经济体制完全建成了，社会主义和市场经济仍会存在矛盾，这些矛盾会带来种种问题。有一种说法，认为当前社会上存在的贫富差别、权钱交易、假冒伪劣等都是改革不到位造成的，改革不到位是这些问题的根源。而事实上很多问题固然同改革不到位有关，也同社会主义和市场经济的矛盾有关。

有些同志担心承认社会主义市场经济的矛盾会被误认为反对社会主义市场经济。过去有人反对社会主义市场经济是因为看到社会主义和市场经济存在矛盾，但是承认社会主义和市场经济存在矛盾并不应该也不必然导致反对社会主义市场经济。其实，重视研究和正确处理社会主义和市场经济的矛盾，才能坚持社会主义市场经济改革的方向和发展社会主义市场经济。

应该看到，当前社会主义和市场经济的矛盾已经明显地大量地暴露出来和影响社会经济稳定了。如果不重视和正确处理，或者市场经济不能充分发挥作用，或者社会主义原则将受到损害，其结果，都不利于社会主义事业，不利于社会主义经济安全，不利于构建和谐社会，成为社会主义不可持续的隐患。

当前社会主义市场经济的矛盾主要表现在以下几个方面。

（一）贫富差别扩大

由于实行社会主义市场经济，现在居民收入和生活水平总的来说比过去提高多了，贫困人口也大大减少了。但是，贫富差别却扩大了。计划经济解决不了贫困问题,因此决不能走回头路,但现在贫富差别扩大则同实行市场经济有关,不利于社会经济稳定和安全。

(二) 产业结构和需求结构在一些方面很不适应

经济中的过冷或过热现象都和市场经济有关。实行计划经济时期也存在生产无政府状态和比例失调现象。市场经济不能自动地克服类似的现象,而且其自发性还可能助长这些现象,由此引起的问题可能更加复杂。

(三) 唯利是图使得社会、经济尤其是意识形态领域出现许多消极现象,不利于社会主义健康发展

市场经济能鼓励人们努力进取,对经济、文化的发展起到积极的作用,但是竞争和追求利润也会导致唯利是图,在各方面尤其是意识形态领域带来很多不健康的东西。一段时期以来人们深恶痛绝的假冒伪劣、坑蒙拐骗、不讲信用、不讲道德的现象,都是和市场经济有内在联系的。竞争会导致垄断,拜金主义会助长权钱结合和权钱交易,商品拜物教会导致劳动异化。这些也是应该关注的问题。

(四) 消费过度和消费不足现象并存

现在还有几千万人没有摆脱贫困,更多的人有这样那样消费不足的问题,增加居民的消费数量和质量还是主要问题。但是消费过度现象也值得重视。各种炫耀性消费在很多地方已成为一种时尚,有的地方甚至出现所谓的人体宴,这类过度消费不仅使地球不堪重负,也不利于人们的身心健康。当然不能把炫耀性消费和过度消费都归罪于市场经济,但也不能否认它们之间的内在联系。因为,市场经济要求生产无限扩大,从而要求消费相应地发展以保证扩大再生产的实现。现在一片"鼓励消费、刺激消费、增加消费"之声,这是发展市场经济的要求。但是,笼统地提倡刺激消费,似乎消费越多越好,这样做对社会主义发展是否有利,是大可商榷的。

社会主义和市场经济的矛盾也具有必然性。首先,社会主义的核心价值观是共同富裕,而市场经济的竞争和优胜劣汰则会带来贫富差别甚至两极分化,和共同富裕是有矛盾的,在由计划经济向市场经济转变的过程中竞争的

起点也是不公平的。此外，社会主义发展生产力要有计划性，市场经济有利于发展生产力，而市场经济的自发性带来的盲目性，即人们通常说的生产无政府状态，又是和发展生产力有矛盾的。

其次，计划经济体制下的公有制虽然也以追求利润为目标。尤其是现在公有制经济还在改革过程中，还没有找到使全体职工都能参与经营决策和享受利润分配的公有制企业形式。这种有缺陷的公有制经济无疑更会助长社会主义和市场经济的矛盾。

再次，在社会主义现阶段，必须允许非公有制经济存在和发展，否则将搞不成社会主义市场经济。非公有制经济和市场经济相结合，必然带来类似于资本主义社会私有经济的某些矛盾。由于坚持以公有制为主体，非公有制经济的发展不一定会改变社会主义社会的性质，但会影响社会主义和市场经济的矛盾，助长某些不利于社会主义的消极现象。

此外，政企不分的问题还有待解决，各级各类政府机关干预企业微观经济活动的现象还大量存在，这种情况也会助长社会主义和市场经济的矛盾。

社会主义和市场经济相结合是一个长期磨合的艰难过程

建立社会主义市场经济体制就是把社会主义和市场经济结合起来，这是一个十分艰难复杂的长期过程。这里的艰难首先是由于传统社会主义观念所致。长时期来，人们把社会主义和计划经济等同起来，把资本主义和市场经济等同起来，因而又把社会主义和市场经济对立起来，认为社会主义社会实行市场经济就是搞资本主义复辟。由于人们的思想长期受这种传统社会主义观念的禁锢，在传统的计划经济向市场经济转变的过程中，每前进一步都遇到巨大的阻力，引发极大的争论。即使是20世纪八九十年代提出的"计划经济为主、市场调节为辅"、"计划经济和市场调节相结合"等口号，也曾被有些同志认为是违背社会主义原则因而受到强烈反对。这说明，传统的社会主义观念对实行社会主义市场经济的阻力有多大。这方面出现的困难现在也不能说完全克服了。

这种艰难不仅存在于思想认识方面，还存在于实际工作之中。建立社会主义市场经济体制的实践中还会遇到种种实际困难和问题。举其大者：一是由单一公有制转变为多种所有制共存的困难。尽管多种所有制共存是中国特色社会主义的客观要求，符合生产关系一定要适合生产力发展的规律，但从已形成的单一公有制转变为多种所有制共存却困难重重。为了自觉实现这一转变，中国已多年对国有经济结构进行战略性调整，但迄今调整的任务依然很重，非公有制经济的健康发展也有许多工作要做。二是国有企业的改革遇到的困难。实行社会主义市场经济，既要以多种所有制共存为前提，又要以国有企业成为真正的商品生产者和经营者为前提。如果国有企业不能成为真正的商品生产者和经营者，社会主义市场就缺乏国有企业的市场主体，国有企业也难以有竞争力，难以形成公有制经济为主体、国有制经济为主导的局面。国有企业的改革，其艰难更是众所周知，现在企业经营管理差、亏损企业多、负担重、出资人不到位、法人治理结构不规范等问题仍阻碍着国有企业改革的深化，解决这些问题的难度仍很大。三是形成统一开放竞争有序的市场体系的困难。要求市场充分发挥资源配置的积极作用，必须形成统一开放竞争有序的市场体系，也是困难重重。我们现在除商品市场外，资本和其他要素市场都还不发达，即以商品市场来说，由于行业垄断、地区封锁等原因，全国统一的市场也远未形成。四是实现政企分开困难。政企分开，既是国有企业改革的内容，也是国有企业改革的前提。事实上，由政企结合到政企分开也是以完善公有制为主体、多种所有制经济共同发展这一基本经济制度的前提。如果不实行政企分开，即使建成了市场经济，那将会是官僚资本主义市场经济或裙带资本主义市场经济，离社会主义市场经济的要求相距不止十万八千里。由于我们的改革是自上而下进行的，政企分开要政府主动实行，加上这个问题又是和党政分开、政资分开等问题结合着的，解决起来就更为困难。五是扩大社会主义民主，健全社会主义法治的困难。社会主义市场经济是法制经济，也要求发扬民主。我们通常认为公有制经济就是社会主义性质，这种认识是不正确的。因为在各种社会形态中都会有公有制经济，它们不一定姓"社"，即使在社会主义社会，公有制企业也未必一定姓"社"。究竟姓什么，要由企业的生产关系和经营活动的性质来决定。而实行民主和法治，则是社会主义社会公有制企业姓"社"的前提条件。因此，建立和健全社会主义市场经济体制，必须发扬民主、实行法治。

把社会主义和市场经济结合起来的困难还由于社会主义和市场经济之间

存在矛盾。当前我国社会经济生活中存在的一些突出问题，如贫富差别悬殊，就业问题严重，农民收入增长缓慢，产业结构不合理等，虽然原因很多，而一个重要原因则是社会主义和市场经济存在矛盾。正确处理它们之间的矛盾是十分重要的。我们完善社会主义市场经济体制，就是要围绕正确处理它们之间的矛盾而制定政策和采取措施。

有一种意见认为，现在社会经济生活中存在的一些严重问题，都是改革不到位造成的。我们不能否认现在存在的很多问题同改革不到位有关，因此必须深化改革。但说当前社会经济生活中存在的问题都同实行社会主义市场经济无关，认为改革到位后这些问题就都解决了，这种看法是需要商榷的。由于社会主义和市场经济之间存在矛盾以及市场经济本身存在矛盾，这些矛盾也会给社会经济生活带来一些问题，即使改革到位了，现在社会经济生活中的有些问题也不会自动消解。在社会主义市场经济条件下，要完全消灭市场经济的矛盾及这种矛盾带来的消极后果是不可能的。认为改革到位了，当前存在的所有严重的社会经济问题都能迎刃而解，恐怕也是一种乌托邦的空想。

处理好社会主义和市场经济之间存在的矛盾是十分艰巨的，而且是长期的任务。处理的根本原则不是消灭它们之间的矛盾，而是要调解矛盾，使之有利于社会主义。换句话说，就是既要坚持社会主义基本经济制度（主要是所有制和分配制度），又要坚持最大限度地发挥市场经济在资源配置中的基础性作用。我国将长期处于社会主义初级阶段，所有制是公有制为主体、多种所有制并存，分配制度是按劳分配为主、多种分配方式并存，允许富裕程度的差别，要求企业发挥积极性和提高竞争力。因此，在坚持社会主义和市场经济结合的前提下对它们的矛盾进行调解是可能的。

我国社会主义市场经济的实践也表现出，由于社会主义和市场经济在目的、要求和价值观等方面存在矛盾，社会主义和市场经济的结合要有一个磨合的长期过程，使社会主义和市场经济相互适应，通过磨合达到最佳的结合状态，既坚持社会主义的基本原则，又充分发挥市场经济的积极作用，允许矛盾存在，但尽量克服其消极作用。我们现在还处于这个磨合的开始阶段，有些矛盾突出起来是难免的。还要看到，社会主义和市场经济的矛盾有赖于国家的宏观调控来调节和解决，由于经验不足等原因，也会出现政策措施不够周密甚至差错的情况，助长某些消极现象。因此，必须全面深刻认识社会主义和市场经济结合的必然性和矛盾，坚持科学发展观，认真贯彻党的各项正确的方针政策，努力提高驾驭社会主义市场经济的能力，把社会主义和市场经济结合得越来越好。

（原载《中国社会科学院学术咨询委员会集刊》第 2 辑，2005 年 9 月）

第一部分

社会主义经济体制改革的依据和创新

谈谈中国经济管理体制改革的理论依据

我国经济管理体制改革中,提出了很多理论问题。这不是偶然的。因为,改革经济管理体制需要理论指导。例如,为什么要改革,如何改革,如何解决改革中出现的问题,如何进一步推进改革,建立符合中国国情的社会主义经济体制,都要求理论给予指导。改革的实践也在检验着理论,使我们舍弃一些过时的理论观点,提出一些新的理论观点。这些新的理论观点同样要由实践来检验。最近学术界研讨的我国经济管理体制改革的理论依据问题,就是这样产生的。讨论这个问题是必要和有意义的。

我国经济管理体制形成发展的历史充分说明理论研究是十分重要的。我国长时期来实行的经济管理体制是以斯大林的社会主义经济理论为依据的。过去很长一段时期内,我们是全盘接受了斯大林的这些理论观点的。毛泽东同志对斯大林的一些观点提过不同意见,但斯大林关于商品生产、价值规律的理论也是基本上接受了的。斯大林领导下形成的经济管理体制模式曾被当成唯一正确的模式。有些社会主义国家不照抄斯大林的做法,还被批评为修正主义。这就是长时期实行这种体制的思想基础。在党的十一届三中全会以前,也进行过几次改革,但大都是在中央和地方行政管理权限的划分上兜圈子,没有取得应有的进展和成效。其中一个重要原因就在于理论上未能突破旧框框的束缚,因而没有找到改革的正确方向。近四年来,我们在商品生产、价值规律、按劳分配、计划与市场等问题上展开了比较深入的调查研究和广泛的理论讨论,既坚持马克思主义,又发展马克思主义,突破了一些旧的传统观念,有力地推动了经济体制改革的进程。实践证明,理论是行动的先导,正确的理论指导,是坚持正确改革方向的保证。

那么什么是改革的理论依据呢?我想先谈谈一些同志对这个问题的

看法。

　　有的同志提出商品经济的理论是改革经济管理体制的依据，也就是主张改革经济管理体制主要要按照商品经济的规律办事。如上所述，这几年在商品生产问题的研究上是有突破的。斯大林不承认全民所有制内部存在商品生产，不承认价值规律对社会主义生产有调节作用。我们突破了这些认识，从而明确了社会主义经济体制不能过分集中，要给企业必要的自主权，要发展社会主义商品生产，发挥价值规律的作用，等等。但是我们不能仅仅把商品经济的理论作为体制改革的依据。因为，商品经济的理论不能回答体制改革中的很多问题。例如，不能回答社会主义基本经济规律的问题，不能回答国民经济有计划按比例发展规律的问题，也不能回答按劳分配的问题。而这些问题在改革中是要十分注意的，有的是首先要注意的。再如，把商品经济的理论作为改革的唯一依据，就有可能得出这样的结论：社会主义经济主要要由或只能由价值规律来调节。这就有可能把改革引到不正确的道路上去。马克思在《资本论》的一个附注中说过："商品生产和商品流通是极不相同的生产方式都具有的现象，尽管它们在范围和作用方面各不相同。因此，只知道这些生产方式所共有的抽象的商品流通的范畴，还是根本不能了解这些生产方式的不同特征，也不能对这些生产方式作出判断。"（《资本论》第1卷，第133页）可见，商品经济的理论（即使是马克思主义的）不能作为改革经济管理体制的唯一依据。

　　也有同志提出社会主义企业的理论是改革经济管理体制的依据。我们过去长时期忽视对企业问题的研究，这几年情况有很大改变，很多同志进行了研究，提出了种种社会主义企业的理论。大家知道，正确处理国家同企业的关系是需要社会主义企业理论指导的，过去把企业看成是一个个车间，从而导致忽视企业相对独立性的做法。因此，科学的社会主义企业理论无疑是改革的一个重要依据。但是，即使是正确的社会主义企业理论，也不能作为体制改革的唯一依据。因为，企业虽是国民经济的细胞，但很多细胞组成一个有机整体后，细胞运动就不能用来概括这个有机整体的运动，所以企业的运动也是不能用来概括国民经济的全部运动的。事实也很明显，有关企业的理论回答不了社会再生产问题，也回答不了中央与地方，条条与块块的问题，而经济管理体制改革则必须解决所有这些问题。

因此，企业的理论在这里也是不够用的。还要指出，有些有关企业的理论不能认为是完全正确的。例如有的理论否认社会主义国营企业可以自负盈亏，理由是企业亏了，自己负不了责任，这样就是把亏损作为国营企业经营的必然因素。这样的企业理论值得商榷。又如有的理论把国营企业看成是和私人企业一样的完全独立的单位，认为国营企业和国家的关系完全是外部关系。在全民所有制经济中，国家和企业不也是同一所有制内部的关系吗？把这种关系完全看成外部关系是否妥当呢？在一定意义上，国营企业只能是相对独立的单位，不能是完全独立的单位。把国营企业看成是完全独立的单位，依据这样的理论是难以正确处理好体制改革中的有关问题的。

还有的同志把按劳分配或物质利益原则作为改革经济管理体制的唯一依据，这种看法也值得分析。按劳分配原则无疑是改革的依据之一，改革中必须贯彻这个原则，但是这个原则不能回答或不能全部回答如何处理中央与地方、国家与企业、企业与企业等一系列问题，也不能回答社会主义生产目的、再生产比例等一系列重要问题。事实上，仅仅依据按劳分配也不能正确解决劳动者的报酬问题。比如积累和消费的关系就不属于按劳分配问题。现在农业中的级差地租问题，也不属于按劳分配问题。物质利益原则比按劳分配原则涉及更大的范围和更多的内容，为了使企业有内在动力，应该认真研究和贯彻这个原则。但是体制中有很多问题，也不是仅仅依靠物质利益原则就能解决的。如中央、地方、企业之间的利益问题，仅仅依靠这个原则也难以解决好。

还有的同志认为，社会化大生产问题的理论是经济管理体制改革的依据。在进行改革时，是应遵循马克思关于社会化大生产的理论的。但是，大家知道，社会化大生产的性质并不一样，有各种各样的社会化大生产。资本主义社会化大生产同社会主义社会化大生产是有本质区别的。因此，仅仅依据社会化大生产的理论，即使是马克思主义的理论，也难以解决体制改革中的一切问题。

我认为，由于经济管理体制问题的性质，由于它涉及全部经济关系和整个国民经济管理，因此，应该把马克思主义关于科学社会主义的全部理论作为改革的依据，而不能单单把其中的某一两个理论观点视为改革的全部依据。当然，为了解决某一方面的问题，把这个方面的科学理论作为依据，是可以的。但与此同时，也要注意其他有关的理论。否则，就会导致片面性，就会使改革发生偏差。现在改革中出现的某些问题，不能说和理论上的片面性完全没有关系。这里包含这样的情况，有些理论本身不一定错，但在应该顾及其他理论和其他情况时却没有顾及，因而导致实践中的片面性和失误。

我说要把马克思主义关于科学社会主义的全部理论作为改革的理论依据，首先指的是马克思主义关于社会主义政治经济学的理论。为了学习和研究的方便，政治经济学理论当然要分成一些部分，但是一定要看到马克思主义政治经济学理论是一个完整的整体，部分不能完全脱离整体。在这个整体中，各个部分的地位是不同的，但是，也不能绝对地说哪一部分重要，哪一部分不重要。诸如社会主义生产关系的本质、社会主义生产目的，社会主义计划经济等部分，无疑是十分重要的，而商品经济、按劳分配，物质利益等部分，也都很重要。我们不能强调某一方面而忽视其他方面，不能在改革体制时忽视和违背其中一些十分重要的原理。更要注意马克思主义也必须发展。

现在我们常讲社会主义经济规律，这是完全必要的。但确实要防止一种简单化倾向，即把各个规律孤立起来，甚至把某些规律作过分简单的理解。有人曾批评斯大林把社会主义计划性理解得过分简单。社会主义经济包括多方面的联系，例如生产和需要的联系，各个部门之间的联系，劳动消耗和价值生产的联系，劳动生产率和使用价值生产的联系等等。而斯大林只把有计划和按比例联系在一起，似乎其他各种联系就不要有计划发展，这就导致计划工作的简单化，导致计划工作中不重视提高经济效益和满足人民的需要。这种批评意见，不是没有道理的。我们在研究所有制时也有简单化的倾向，有的文章把所有制说成可以离开生产、交换、分配等独自存在。事实上，所有制是不能离开生产，交换、分配等独自存在的。马克思说过："给资产阶级的所有权下定义，不外是把资产阶级生产的全部社会关系描述一番。"[①] 这个科学论断对我们研究社会主义所有制也有指

---

① 《马克思恩格斯选集》第1卷，人民出版社1972年版，第144页。

导意义。

把马克思主义的科学社会主义理论作为改革的依据，还包括这样的意思，就是还要把历史唯物主义原理作为改革的指导思想。例如，所有制结构的确定，就是以生产关系一定要适合生产力性质这个历史唯物主义的基本原理为依据的。改革还涉及上层建筑，也需要历史唯物主义作指导。

从根本上说，科学社会主义是运用辩证唯物主义和历史唯物主义研究资本主义发展规律的结果，现在则是总结社会主义各国建设实践的结果。关于社会主义的一些理论问题还没有定论，还要进行探讨。为了使探讨循着正确方向前进，必须以辩证唯物主义和历史唯物主义作为指导。坚持辩证唯物主义和历史唯物主义，也就是坚持实事求是的思想路线。改革经济体制是一项具有很大创造性、探索性的工作。由于客观情况复杂和主观认识的限制，改革中难免会犯错误，走弯路。坚持实事求是的思想路线，就能使我们保持清醒的头脑，谨慎的态度，努力按照客观经济规律的要求和实际情况进行改革，就能使我们少犯错误，不犯大错误和避免重犯同样的错误。现在改革中有一系列重大问题需要探索，诸如坚持社会主义道路和发展多种经济形式的关系问题，按照社会化大生产的要求使部门管理和地区管理结合起来的问题，国民经济的统一性、计划性与地方、企业活动的独立性、灵活性结合的问题，经济杠杆的作用机制和配套协调问题，党、政府和经济组织在经济管理中的职能与分工问题，职工的劳动权利与打破铁饭碗问题等，总的是如何建立有中国特色的社会主义经济管理体制。我们只有以马克思主义的哲学、政治经济学和科学社会主义理论为指导，紧密联系我国的实际，进行理论探讨，发展马克思主义，才能正确处理这些问题，保证体制改革的顺利进行。

（原载《技术经济与管理研究》1983年第3期）

论经济管理体制的内涵、模式和演变

我国正在进行经济管理体制改革。为了保证改革的顺利进行，从理论上探讨经济管理体制的内涵、模式和演变等问题，是很有必要的，本文准备对这些问题提出一些粗浅的看法。

关于经济管理体制的内涵

在这个问题上有不同的看法。归纳起来主要有两种意见。一种意见认为经济管理体制是上层建筑。例如有的同志说：经济管理体制就是国家组织领导经济活动的方式方法，它属于上层建筑范畴。另一种意见认为经济管理体制是生产关系。例如有的同志说，一定形式的经济管理体制是一定经济关系的体现，它属于生产关系。经济管理体制究竟是生产关系还是上层建筑？它和生产关系有什么联系和区别？和上层建筑有什么联系和区别？为了说明这些问题，需要分析它包括哪些内容。我们通常说的经济管理体制包括以下主要内容：

1. 所有制体系和结构。包括各种经济成分、各种经营方式的体系和构成。
2. 国民经济运行的体系和机制。包括国民经济如何组成，如何运行。
3. 经济组织及其管理机构的责、权、利划分。包括企业及其各级领导机关的责、权、利的划分，以及企业内部责、权、利的划分。
4. 调节系统和监督系统。包括国家以及各级领导部门如何调节和监督国民经济的运行，使之达到自己的目标要求。

根据以上的内容，经济管理体制可以说是经济关系的具体形式以及管理国民经济的基本制度。它既是生产关系的体现，又包括一部分上层建筑的内容。

经济管理体制实质上是生产关系问题。因为，不仅所有制结构是生产关系问题，而且经济组织及其管理机构的责、权、利的划分，也涉及生产中人与人的关系。例如，由于责、权、利的划分不同，国家与企业，中央与地方，条条与块块，企业同职工的关系也会有不同。运行体系、调节系统、监督系统也都包括生产关系的内容。

但是经济管理体制和生产关系又是有区别的。其区别在于：

第一，经济管理体制不仅是生产关系问题，也包括上层建筑的内容[①]。第二，经济管理体制是生产关系的具体形式，它们是形式和内容的关系。研究经济管理体制也研究生产关系，但这是从管理的角度研究生产关系，而政治经济学则是把生产关系作为一种不以人们意志为转移的关系来进行研究。

生产关系包括很多层次，而且可以从不同的角度进行研究。社会主义生产关系的特征是社会主义公有制、按劳分配、商品经济、计划经济等等。这些特征会有不同的具体表现。例如，计划经济可以表现为单一的计划调节，也可以表现为计划调节和市场调节相结合，还可以表现为计划调节为主，市场调节为辅。社会主义公有制可以表现为企业完全没有独立性，也可以表现为有较少的独立性，还可以表现为有较多的，但又是相对的独立性。这些就是经济管理体制问题了。经济管理体制还研究管理国民经济的基本制度（包括管理的方式、方法等等）。所以，经济管理体制与生产关系既有联系又有区别。

我们不能否认经济管理体制除包括生产关系问题外还包括上层建筑问题。例如，经济组织及其管理机构的责、权、利划分，这里的管理机构，有的是政府机构，这显然是上层建筑领域的问题。又如，经济管理体制往往是由国家机关通过法律法令规定的，这也涉及上层建筑问题。但是，这里的上层建筑现象有一个明显的特点，就是它涉及生产关系的变化。所

[①] 我曾在一篇文章中指出："经济管理体制的实质是生产关系问题"（《关于社会主义经济管理体制改革的几个问题》，载《学术月刊》1979年第8期）该文没有明确说明经济管理体制也包括上层建筑的内容，本文的观点是对该文的补充。

以，经济管理体制实质上是一个生产关系问题。

根据以上分析，可得出两点结论：

第一，经济管理体制实质上是一个生产关系问题，但又不只是生产关系问题，而且包括上层建筑问题。看不到经济管理体制是生产关系问题，这是不对的，看不到它还包括上层建筑问题，也是不全面的。

第二，研究经济管理体制主要也是研究生产关系问题，不过它不像政治经济学那样把生产关系看成不以人们意志为转移的客体来进行研究，而是从管理的角度来研究生产关系，研究如何通过管理来完善生产关系。

经济管理体制和经济体制有没有区别？有的同志说有区别，认为后者包括所有制结构，前者不包括所有制结构。这种意见值得商榷。因为，就整个社会而言，国民经济总是要进行管理的。纵观人类历史，人们还难以发现完全没有管理的国民经济。所以，经济体制也就是经济管理体制。资本主义社会的经济体制也是经济管理体制，因为资产阶级的国家及其政府也在管理经济。下面将提及资本主义国家的经济管理体制问题。

至于说经济管理体制不包括所有制结构，这也不能成立。难道管理经济的方式方法能不涉及所有制问题吗？有的同志认为，经济管理体制是管理国民经济的方式方法，但他们却否认经济体制包括所有制结构，这不是矛盾的吗？其实，所有制结构也有一个不断调整的问题。如何调整所有制结构，也正是现在改革经济管理体制要解决的主要问题之一，这也是管理的内容。因此，我们认为，经济管理体制和经济体制实质上没有什么区别，即使我们同时使用这两个名词，但作为经济管理科学的范畴，它们的内涵应该说是相同的。

关于社会主义经济管理体制的模式

所谓社会主义经济管理体制模式，指的是社会主义性质的经济管理体制的模型。就是说，这些经济管理体制在模式上是有区别的，但是都是社会主义性质，而模式的区别也是某种重要的实质性的区别。例如，在社会主义经济中，是否允许多种经济形式存在，是否允许市场调节发挥一定的作用，在这些方面做法不同，当然会带来一些实质性的区别。这样，社会主义经济管理体制就有了不同的模型。

我们是承认社会主义有不同模式的。党的十一届六中全会决议中说，社会主义生产关系的发展并不存在一套固定的模式。但是也有人不承认社会主义有不同的模式。国外有一种流行的说法，认为每个国家走向社会主义的道路和社会主义建设，都是由社会主义产生发展的一般规律决定的。对于一种现象，只能存在一个客观真理，社会主义制度，不管是在什么地方建立的，都要具备某些基本特征，否则就不成其为社会主义。持这种意见的人借口社会主义制度都要具备生产资料公有制、按劳分配、计划经济等特征，因而否认存在不同的社会主义模式。我们认为，这种说法是缺乏充分根据的，而且也不符合各个社会主义国家建设的实际情况。

第一，社会主义所以是社会主义，确是有共同的特征的，如共产党领导，劳动人民掌握政权，公有制占统治地位，实行按劳分配等等。不具备这些特征，就不是科学社会主义。

第二，但是社会主义各国除这些共同的特征外，还有自己的特点。上述说法也承认各国建设社会主义的方式方法有特殊性，而有些特殊性是带有实质性意义的，如某些社会主义国家允许一定的市场调节，再如有的社会主义国家发展商品经济，有的则限制商品经济。这就是不同模式存在的依据。

第三，所谓实质性的意义，也就是带有本质性的特征。公有制、按劳分配和计划经济等当然是社会主义的本质性特征，但不能说除此以外社会主义就没有本质性特征了。什么叫本质呢？本质就是"现象中同一的东西"，"巩固的（保存着的）东西"。（《列宁全集》第38卷，第158—159页）列宁还说过"初级本质"、"二级本质"的问题。（同上书，第278页）。这就是说本质也是有层次的，如自然科学先发现物质由分子构成，这是认识了本质。以后又发现分子由原子构成，这就进一步认识了本质。以后原子核又进一步分解为各种粒子。现在我们只能说发现了更深一层的本质，不能说以前发现的分子、原子、电子等都不是本质了。

至于说对于一种现象只能存在一个客观真理，这也不能成为否认存在各种社会主义模式的理由。问题在于，真理的内容是具体的，丰富的，而且认识真理是一个过程。过去我们曾认为只有苏联的模式是唯一的模式，其他的模式都不成其为模式，甚至不允许其存在。事实说明这种看法是不正确的，我们已经纠正了这种错误认识。由于各国国情不同，而建设社会主义总是要把马克思主义的普遍真理和各国的国情结合起来的，因此，社会主义国家之间出现不同的模式是必然的。

那么，社会主义经济管理体制有几种模式呢？根据对于模式的理解不同和研究的目的不同，说法也不一样。如格鲁奇在《比较经济体制》中，把共产主义经济分为四种模式，即：1. 动员的共产主义经济。2. 正统的或斯大林式的命令经济。3. 改革了的命令经济。4. 分散的面向市场的共产主义经济。布鲁斯则认为，应该按照运行机制来划分经济模式，而运行机制又决定于不同层次的经济活动的决策方式。他把整个社会经济活动的决策分为三个不同层次：第一层次是宏观经济活动的决策，这个层次是整个国民经济发展的战略性问题。第二层次是企业经常性经济活动的决策，包括企业生产的规模和构成，投入的规模和构成，供给的来源和销售方向，劳动报酬的具体形式。第三层次是家庭或个人经济活动的决策，包括个人消费决策，职业的选择等等。根据上述三个层次经济活动决策的不同，布鲁斯把社会主义经济分为这样几种模式：第一种，集权模式，即第一层次、第二层次甚至第三层次都由国家集中决策。第二种，分权模式，即第一层次由国家决策，第二层次由企业决策，第三层次由个人决策。第三种，市场社会主义，即三层决策都是非集中化的，都由市场自发调节。布鲁斯赞成第二种模式，认为匈牙利实行的就是这种模式。

布鲁斯认为经济模式和社会经济制度是有区别的，经济制度反映生产关系，而经济模式则是一种运行机制。这种看法也需要商榷。应该说经济模式也是反映生产关系的，是生产关系的具体形式。上面曾说经济管理体制是经济关系的具体形式以及管理国民经济的基本制度，根据这个定义，只把它归结为运行机制也不全面。

在划分经济模式时，考虑运行机制，考虑两种调节手段（计划调节和市场调节）的作用范围和方式是很必要的，但是还嫌不够，还要包括所有制结构，国民经济组织形式，中央和地方的关系，条条和块块的关系，国家和企业的关系，等等。这些方面的情况当然会反映在两种调节手段的作用上，但是，诸如经济形式的构成，经营方式的选择，中央和地方职权的划分，乃至经济组织形式的确定（如建立哪些经济组织，城市起什么作用）等等，同调节手段相比较，对于经济模式的作用，是同样重要甚至更为根本的。如果仅仅依据运行机制，依据计划调节和市场调节的关系来划分模式，可能会导致片面性，因而是不全面的。

我国一些经济学家赞同布鲁斯划分经济模式的意见，并且主张把他的第二种模式作为改革我国经济管理体制的目标模式。根据上面的分析，社会主义经济管理体制究竟可以分为哪些模式，似乎还值得进一步探讨。因此，还不能说我们必须在布鲁斯的三种模式中选择一种模式作为目标。而且，从我国情况看，和实行上述第二种模式的匈牙利是有很大不同的。例如我国的国土面积大得多，人口多得多。在我国，中央和地方的关系，条条和块块的关系，就比匈牙利复杂得多。上述第二种模式并没有提供解决这些问题的现成办法，还需要我们自己去探索。我们建设有中国特色的社会主义，就包括探索妥善解决这些问题和其他问题的办法。邓小平同志说："照抄照搬别国的经验，别国的模式，从来不能得到成功。"我们要在建设具有中国特色的社会主义过程中，找到适合我国国情的经济管理体制模式。

应该指出，为了掌握社会主义经济运动和社会主义经济管理的规律性，研究经济模式也是十分必要的。一种经济模式并不直接就是某个国家的经济管理体制，而是舍弃具体的细节特征而得出的理论概括。研究经济模式是为了把握社会主义经济运动的规律性。公有制、按劳分配、计划经济是社会主义生产关系的本质，经济模式则涉及另一个层次的本质，这里仍旧是研究本质，掌握规律。不能把理论模式和具体实践完全等同起来，例如，我们要在计划经济中发挥市场调节的作用，但在各类商品中如何发挥市场调节的作用，则还是要根据具体情况来决定和变动的。

关于影响经济管理体制变化的因素

经济管理体制的发展变化有自己的规律，为了掌握其规律，探讨改革的客观依据，需要研究影响经济管理体制变化的因素。根据前述经济管理体制的内涵，影响经济管理体制变化的因素是很多的，主要的有：

第一，生产力的状况。

生产力的状况最终决定生产关系的发展，因此对经济管理体制也有决定性的作用。例如，在生产力较为落后的农业中，和在生产力较为发达的工业中，不仅所有制结构不同，其他如经营形式、运行机制、调节系统、监督系统等等也有很大区别。在我们当前的农业中，除特定场合特定产品外，是不可能用指令性计划来指导生产的。在工业中，随着生产力的变化，经济管理体制也要相应地发生变化。

为什么高度集中的经济管理体制，在俄国十月革命后的苏联曾促进生产迅速发展，而后来则越来越暴露其弊端，不仅导致效益差，而且速度也上不去了？一个重要原因在于生产发展了，社会化程度提高了，在这种情况下更加要求走集约化的道路，走提高效益的道路，这样，过分集中的经济管理体制就不能适应生产力的发展了。

第二，生产关系的性质。

既然经济管理体制是生产关系的具体形式，生产关系的性质当然要影响经济管理体制的演变。例如，资本主义国家和社会主义国家的经济管理体制就有根本区别。在资本主义国家，经济运行的动力机制是企业追求利润，调节机制主要是价值规律的自发调节作用。即使有一些资本主义国家制订和实行经济计划，也是以市场自发调节和自由竞争为基础的。如联邦德国实行的所谓"社会市场经济"，就是"根据市场经济规律运行的"经济制度。战后法国历届政府也坚持市场自发调节的市场经济，实行计划调节是以此为基础和前提的。社会主义国家一般则在计划调节的前提下发挥市场的作用，在我们国家现在是在计划经济中发挥市场调节的作用。

在社会主义两种公有制之间，经济管理体制也有区别。不能把全民所有制的一套体制照搬到集体所有制去，也不能把集体所有制的一套体制照搬到全民所有制来。现在很多集体企业和国营企业一样实行统负盈亏，是违背集体所有制性质的。

第三，政权和政治的状况。

政治制度对经济管理体制的影响也十分明显。例如美国1776年独立以后，一直到1789年联邦政府成立，当时国会没有什么权力，政权的组织中心在州政府，与此相适应形成了以州为主的经济管理体制。1789年国会通过了《美国宪法》，确立了联邦、州、地方的三级政权体制，宪法赋予联邦以较大的经济权力，联邦权力日益扩大，因而才形成了以联邦政府为中心的经济管理体制。

又如在英国，是工党政府上台还是保守党政府上台，对经济管理体制也会发生某些重要影响。工党政府主张搞国营经济和计划调节。撒切尔夫人上台后，却主张减少国家对经济的干预，更多地发挥自由市场经济的作用。撒切尔夫人强调"把作出经济决定的权力从官员手中转移到企业家手中"。可见，他们的政策主张也是有区别的。

再看苏联，政治情况的变化对体制也有影响。斯大林逝世后，赫鲁晓夫对体制作了变动，后来勃列日涅夫又作了新的变动。苏联改革体制是从赫鲁晓夫开始的，至于改革的成效，那是另一个问题。

我国的情况也说明政治情况对经济管理体制变化的影响很大。最明显的是，如果不粉碎"四人帮"，如果没有十一届三中全会以来的路线、方针、政策，当前这一场改革也不可能实行。从我国的实践还能看到经济体制改革和机构改革是必须结合起来进行的。

第四，经济管理的传统。

经济管理体制有一个发展过程，因此历史传统必然对当前的体制及其发展有重要影响。

例如，第二次世界大战后，随着国家垄断资本主义的发展，西欧和日本政府都不同程度地制订了经济计划，因而形成了一种制订计划和在一定程度上利用计划调节的传统。而美国则没有采取中央制订计划之类的办法管理经济，美国政府主要是通过财政政策、货币政策等政策措施来控制国民经济。美国联邦政府的收入约占全部收入的60%，地方占40%，联邦政府凭借充裕的财力对州和地方经济的发展进行干预。同时美国对银行的管理是高度集中的,十分重视利用银行来影响国民经济的发展。这些也是有历史传统的,在1861年南北战争爆发后就这样做了。美国十分重视对农业生产进行干预,通过拨款给农民各种补贴,干预农业生产,这也是有历史传统的。

日本不仅企业管理比较好,宏观经济管理也比较好,有一套制度和办法,这也是有其历史传统的。

我国目前的经济管理体制也受历史传统的影响。例如革命根据地实行的供给制,就对我们分配流通领域的管理有重要影响。又如我们历史上商品经济不发达,自然经济半自然经济占优势,也在经济管理体制中有表现。再如封建思想残余,文化水平低等等也影响我国经济管理。可见各国经济管理体制的特点,往往都同历史传统有关。

第五,指导思想和意识形态。

经济管理体制是人们建立的,因此和人们的思想意识有密切关系。其中占统治地位的理论及指导思想尤其有重要作用。

我们的经济管理体制是承袭苏联的,而苏联这一套体制又是在斯大林领导下形成发展起来的,这一套体制和斯大林的理论有内在联系。例如,斯大林在社会主义农业上主张全盘集体化,集体农庄实行统一经营、集体劳动和义务交售。这一理论导致苏联的集体农庄制度,同时影响我国近三十年。又如,斯大林否认全民所有制内部存在商品生产和商品交换,认为价值规律对生产不起调节作用,限制价值规律的作用,因而导致经济管理体制中过分集中和忽视利用价值规律、排挤市场调节等等缺陷。

从资本主义国家看,理论对经济管理体制的影响也很大。如三十年代以前,英美资本主义国家中起指导作用的理论是传统的自由放任理论,认为依靠市场供求能自动调节经济,主张国家不要干预或少干预经济。三十年代以后凯恩斯提出了国家必须干预经济的理论,认为只有国家干预经济才能避免经济危机。罗斯福实施的新政就是这个思想指导下提出来的。战后资本主义国家的政府,一般都依据这个理论制定政策。七十年代以来,以弗里德曼为代表的货币学派向凯恩斯主义提出了挑战,里根、撒切尔夫人等是信奉货币学派的理论的。

从世界历史看,经济理论对经济管理体制变动的影响也是很大的。但理论要人来掌握，因此广大群众的思想认识，对体制变动的影响也不能低估。尤其是在社会主义国家，人民群众当家作主，提高群众思想认识，对保证改革的正确方向和健康发展更有十分重要的意义。

此外，其他影响经济管理体制演变的因素还很多。重要的如外来的影响。过去我国的体制就受苏联体制的影响。有的国家的改革，由于其他国家的反对而失败，这里外来因素就起了决定的作用。

（原载《求索》1983年第6期）

建设中国式社会主义的指针

——学习《邓小平文选》的体会

建设有中国特色的社会主义是极其艰巨的事业，有大量新的问题需要研究和解决。《邓小平文选（1975—1982年）》（人民出版社1983年版，以下该书引文只注明页数）总结了伟大转折时期中国共产党领导中国人民拨乱反正、进行社会主义建设的经验，是指导我们建设有中国特色的社会主义的指针。本文谈谈学习这个问题的体会。

提出中国式社会主义的重大意义

邓小平同志一再指出，中国建设社会主义要从自己的国情出发。他在1978年12月的中央工作会议上说："只有解放思想，坚持实事求是，一切从实际出发，理论联系实际，我们的社会主义现代化建设才能顺利进行。"（第133页）在《坚持四项基本原则》的重要讲话中，他又指出："过去搞民主革命，要适合中国情况，走毛泽东同志开辟的农村包围城市的道路。现代搞建设，也要适合中国国情，走出一条中国式的现代化道路。"（第149页）在党的十二大的开幕词中，他进一步指出："把马克思主义的普遍真理同我国的具体实际结合起来，走自己的道路，建设有中国特色的社会主义，这就是我们总结长期历史经验得出的基本结论。"（第372页）后来，他在会见外籍华人科技专家时又明确说："我们搞的四个现代化，是中国式的现代化。我们建设的是中国式的社会主义。"（《瞭望》1983年第7期）

邓小平同志提出的建设中国式社会主义的战略思想，现在已经日益深入人心，成为全国人民的行动纲领。但是，这个思想的形成是付出了代价的，提出这个思想是需要智慧和勇气的。提出中国式的社会主义不是标新立异，而是在我国实现现代化和建设社会主义的需要，是有重大的理论意义和实践意义的。

首先，这是对过去经验教训的科学总结。我国进行社会主义建设既有丰富的经验，也有深刻的教训。每当方针政策符合实际情况时，我们就取得胜利；每当方针政策不符合实际情况时，我们就会受到挫折。我们过去对于这些经验教训也进行过总结，但是没有明确提出中国式社会主义的问题，也没有从这个高度进行总结。邓小平同志提出这个问题，使我们的思想认识有了一个飞跃。他曾指出："不打破思想僵化，不大大解放干部和群众的思想，四个现代化就没有希望。"（第133页）事实表明，提出中国式社会主义，大大解放了干部和群众的思想。

其次，这是对过去认为社会主义只有一种模式的错误观点的深刻批判。长期以来，国际共产主义运动中存在一种观点，认为社会主义只有一种模式，把斯大林领导下形成的苏联社会主义模式看成是唯一的模式，在社会主义建设中照抄照搬苏联的经验，带来了种种消极后果。例如我们过去片面地优先发展重工业，盲目追求高速度，实行过分集中的领导管理体制，都是同照抄照搬苏联的模式有关的。这种教条主义观点根深蒂固，影响深远，冲破它的束缚既很必要，又不容易。邓小平同志提出我们要建设中国式的社会主义，就冲破了这种观点的束缚，对它进行了深刻的批判。正如他所说："无论是革命还是建设，都要注意学习和借鉴外国经验，但是，照抄照搬别国经验，别国模式，从来不能得到成功。"（第371页）

再次，这标志着我们找到了建设社会主义的正确道路。提出中国式社会主义，意味着我们对什么是社会主义、如何建设社会主义等问题有了进一步认识，认识各国的社会主义既有共性，又有特性。我们是在中国这样的大国进行社会主义建设的，我们有自己的经济条件、文化条件、民族条件、自然条件和历史传统，因此，中国的社会主义必然会有自己的特色。如果它没有特色，那是不可思议的，也是难以成功的。事实表明，根据建设中国式社会主义的要求，这几年我们认真贯彻调整、改革、整顿、提高的方针，加强物质文明建设和精神文明建设，同时制定了到20世纪末经济发展的战略目标、战略步骤和战略重点。我国的社会主义现代化建设事业已走上了健康发展的正确轨道。

最后，这意味着我们将把马克思的科学社会主义理论推向前进。我们在建设中国式社会主义的过程中，必将把马克思主义推向前进。列宁说过："我们决不把马克思的理论看做某种一成不变的和神圣不可侵犯的东西，恰恰相反，我们深信：它只是给一种科学奠定了基础，社会主义者如果不愿落后于实际之后，就应当在各方面把这门科学推向前进。"他强调需要独立地探讨马克思的理论。"因为它所提供的只是一般的指导原理，而这些原理的应用具体地说，在英国不同于法国，在法国不同于德国，在德国又不同于俄国。"(《列宁选集》第1卷，第203页)用教条主义的态度照抄照搬别国的模式，不仅不能在我国完成社会主义现代化建设的任务，而且将窒息马克思主义。毛泽东思想就是用中国革命和建设的独特的经验丰富和发展马克思主义的。现在我们明确了要建设中国式的社会主义，一定会积累更多经验，从多方面丰富和发展马克思主义，毛泽东思想。

我认为，提出中国式社会主义本身就是对马克思主义、毛泽东思想的重要贡献。这个提法当然是有继承性的。我们知道，早在新民主主义革命胜利前夕，党中央和毛泽东同志就非常重视我国社会主义革命和建设中把马克思主义普遍真理同中国具体情况结合起来。毛泽东同志在《论十大关系》、《关于正确处理人民内部矛盾的问题》等著作中，从中国国情出发，对社会主义建设中的一系列重大问题提出了正确的方针政策。但也应该看到，在以后一个长时期内，我们党的理论联系实际的优良作风受到了干扰和破坏，即使在粉碎"四人帮"以后，仍一度流行着"两个凡是"之类的错误观点。邓小平同志在这样的历史条件下提出建设中国式的社会主义，是非常难能可贵的。而且，他不仅明确提出中国式社会主义等理论范畴，还强调"一切从实际出发"，强调"实践是检验真理的唯一标准"，从理论基础上对于长期流行的"左"倾指导思想进行了彻底的批判。所以，邓小平同志关于建设中国式社会主义的思想，是中国共产党人对马克思主义理论宝库作出的新贡献。

从国情出发制定方针政策

为了建设中国式的社会主义，必须认真研究我国国情，从国情出发制定方针政策。邓小平同志说："按照实际情况决定工作方针，这是一切共产党员所必须牢牢记住的最基本的思想方法、工作方法。"（第109页）因此，他强调要"根据我国的实际情况，确定实现四个现代化的具体道路、方针、方法和措施"。（第131页）

正确的方针政策要以正确认识国情为前提。而认识国情是一件相当困难的事情。首先，这里有一个现象与本质的关系问题，要求我们透过现象认清本质。其次，国情包括多方面的内容，认清国情既要力求全面，又要分清主次，抓住主要矛盾。再次，国情是不断变化的，需要在动态中认识国情。回顾历史，过去经济建设中的一些错误做法，当时也说是从实际出发的，后来的事实却证明这是违背国情的。邓小平同志反复强调解放思想，实事求是，强调研究新情况，解决新问题，就是要我们全面深刻地认识国情，制定正确的方针政策。

正确地认识国情不易，认识国情后制定正确的方针政策同样不易，甚至更难。所以，邓小平同志强调要"真正摸准、摸清我们的国情和经济活动中各种因素的相互关系"。（第315页）

《邓小平文选》为我们研究和掌握中国国情，并在此基础上确定方针政策提供了许多范例。邓小平同志在《坚持四项基本原则》的讲话中说，要使中国实现四个现代化，至少有两个重要特点是必须看到的。一是底子薄。由于底子薄，现在中国仍然是世界上很贫穷的国家之一。二是人口多，耕地少，全国人口中80%是农民。"耕地少，人口多特别是农民多，这种情况不是很容易改变的。"（第150页）我们知道，陈云同志也说过这两个特点。陈云同志说："一方面我们很穷，另一方面要经过二十年，即在本世纪末实现现代化。这是一个矛盾。人口多，要提高生活水平不容易，搞现代化用人少，就业难。我们只能在这种矛盾中搞四化。这是现实的情况，是建设蓝图的出发点。"

为什么邓小平、陈云等中央领导同志都很重视以上两个特点呢？这是很值得思考的。我体会，这是由于这两个特点是中国国情中的主要特点，严重地制约着我国现代化的进程，决定我国社会主义建设具有很多特点。因此，这两个特点是我们确定社会主义现代化建设的方针政策时首先要考虑的。"左"倾指导思想的一个主要错误，就是忽视了这两个重要特点。我们从《邓小平文选》中可以看到，他正是从这两个特点出发，提出了一系列重要的战略思想。

例如，关于树立长期奋斗的思想。正是由于我国底子薄，人口多，我们在经济建设问题上必须树立"持久战"的思想，防止和克服"速胜论"的思想。邓小平同志说："我们要经常记住，我们国家大，人口多，底子薄，只有长期奋斗才能赶上发达国家的水平。""我们拥有各种有利条件，一定能够赶上世界上的先进国家，但是也要认识到，为了缩短和消除两三个世纪至少一个多世纪所造成的差距，必须下长期奋斗的决心。"（第224页）他指出，50年代后期搞大跃进是不正确的，这样做"完全违背客观规律，企图一下子把经济搞上去。主观愿望违背客观规律，肯定要受损失"。（第301页）他提出20世纪末我们只能争取达到"小康水平"，不宜于提出过多的要求。达到"小康水平"以后，我们要继续前进，逐步达到更高程度的现代化。党的十二大完全肯定了邓小平同志的这个战略思想，并把它体现在经济发展战略中，成为全党的指导思想。

又如，关于树立艰苦创业的思想。他说，我们对于艰苦创业，要有清醒的认识。我们穷，底子薄，教育、科学、文化都落后，这就决定了我们还要有一个艰苦奋斗的过程。他认为，过去一些比较小的、工资很低的国家和地区，由于某些原因搞现代化可能走"捷径"，但是，"中国这样的社会主义大国，可不能走'捷径'"。我们要利用外国的资金和技术，也要大力发展对外贸易，但是必须以自力更生为主。"林彪、'四人帮'提倡什么穷社会主义，穷过渡，穷革命，我们反对那些荒谬反动的观点。但是，我们也反对现在要在中国实现所谓福利国家的观点，因为这不可能。"（第221—222页）他还说，艰苦创业中最大的问题"是要杜绝各种浪费，提高劳动生产率，减少不合社会需要的产品和不合质量要求的废品，降低各种成本，提高资金利用率"。要使大家懂得，"任何浪费都是犯罪。"（第225页）

再如，关于树立统筹兼顾的思想。毛泽东同志早就指出："我们的方针是统筹兼顾，适当安排。""这里所说的统筹兼顾，是指对于六亿人口的统筹兼顾。"（《关于正确处理人民内部矛盾的问题》）邓小平同志在指出前述两个重要观点后，接着也提出了统筹兼顾的思想。他说："比方说，现代化的生产只需要较少的人就够了，而我们人口这样多，怎样两方面兼顾？不统筹兼顾，我们就会长期面对着一个就业不充分的社会问题。"（第150页）他还指出，生产和生活也应该兼顾。"我们只能在发展生产的基础上逐步改善生活。发展生产，而不改善生活，是不对的，同样，不发展生产，要改善生活，也是不对的，而且是不可能的。"（第222页）他还说："继续广开门路，主要通过集体经济和个体经济的多种形式，尽可能多地安排待业人员。"（第322页）这是说在就业问题上也要统筹兼顾。

邓小平同志还对我国国情中其他许多重要特点进行了深刻的分析。例如，他分析了我国经济管理体制存在的弊端及其原因，科学地论证了改革的方向，指出，改革的方针必须坚持，但是，方法要细密，步骤要稳妥。他还分析了前几年我国国民经济比例失调的情况，指出："过去十多年来，我们一直没有摆脱经济比例的严重失调"，要用一段时间重点抓调整，在这段时间内，"改革要服从于调整，有利于调整，不能妨碍调整"。（第321页）他还指出：现在我们实行对外开放，这是坚定不移的政策，与此同时，我们要保持清醒的头脑；坚决抵制外来腐朽思想的侵蚀，决不允许资产阶级生活方式在我国泛滥。这些分析，都能帮助我们深刻认识国情和正确确定方针政策。

把马克思主义的普遍真理和中国的具体实际结合起来

建设中国式的社会主义的关键，是要把马克思主义的普遍真理和中国的具体实际结合起来。对于这种结合，邓小平同志也为我们作出了榜样，同时提出了很多重要意见。以下几点，我认为是尤为重要的。

第一，坚持马列主义毛泽东思想。邓小平同志一再强调必须坚持四项基本原则，包括坚持马列主义、毛泽东思想，认为这是实现四个现代化的根本前提。他说："我们坚持的和要当作行动指南的是马列主义、毛泽东思想的基本原理，或者说是由这些基本原理构成的科学体系。至于个别的论断，那末，无论马克思、列宁和毛泽东同志，都不免有这样那样的失误。但是这些都不属于马列主义、毛泽东思想的基本原理所构成的科学体系。"（第157—158页）我们建设中国式的社会主义，无疑应该把马克思主义关于生产资料公有化的原理，关于国民经济有计划按比例发展的原理，关于按劳分配的原理等等，付诸实施。恩格斯曾说，马克思的整个世界观给我们提供"进一步研究的出发点和供这种研究使用的方法"。（《马克思恩格斯全集》第39卷，第406页）邓小平同志也说："要用马克思主义的立场、观点、方法来分析问题，解决问题。"（第113页）

有人把我们建设中失误和挫折的原因归之于马克思主义，这是不正确的。事实上，我们建设中的很多失误和挫折，正是由于违背了马克思主义。例如，过去把资产阶级和无产阶级的矛盾说成是社会主义社会的主要矛盾，提倡"阶级斗争为纲"和"无产阶级专政下的继续革命"，就都是违背马克思的科学社会主义理论的。又如过去盲目追求"一大二公"，也是完全违背马克思主义关于生产关系一定要适合生产力状况的原理的。其他如批判唯生产力论，批判按劳分配等，名曰批判修正主义，实则批判了马克思主义。所以，"我们同林彪、'四人帮'斗争的中心内容之一，就是反对他们伪造、篡改、割裂马列主义、毛泽东思想。我们粉碎了'四人帮'，使马列主义、毛泽东思想重新恢复了它的科学面目，成为我们行动的指南"。（第157页）

第二，解放思想，实事求是。邓小平同志说："解放思想，就是使思想和实际相符合，使主观和客观相符合，就是实事求是。"针对过去一段时期个人迷信盛行，不少同志的思想处于僵化或半僵化的状态，他指出，只有解放思想，实事求是，社会主义建设才能顺利进行，马克思列宁主义、毛泽东思想才能顺利发展。他还引用毛泽东同志的话说："一个党，一个国家，一个民族，如果一切从本本出发，思想僵化，迷信盛行，那它就不能前进，它的生机就停止了，就要亡党亡国。"（第135页）

事实上，我们在社会主义建设中遇到的问题，不可能都在马克思主义经典著作那里找到答案。而且，马克思列宁主义、毛泽东思想的理论也要接受实践的检验。因此，我们对于马克思主义，一要坚持，二要发展。例如马克思曾设想社会主义社会将取消商品生产。斯大林虽然承认社会主义存在商品生产，但认为这是由于社会主义存在两种公有制形式，否认全民所有制内部流通的生产资料是商品。这些错误的或片面的观点，如果不用新的经过实践检验的观点去代替，就会给建设事业带来危害。邓小平同志说："今后，在一切工作中要真正坚持实事求是，就必须继续解放思想。认为解放思想已经到头了，甚至过头了，显然是不对的。"（第323页）

第三，认真总结社会主义建设的经验教训。邓小平同志非常重视"总结已有的经验"，这不是偶然的。因为，我们建设社会主义的本领不能从天上来，只能从实践中来，从总结已有的经验中来。我们建设社会主义要走自己的路，因此既要重视总结其他国家的经验，也要重视总结自己的经验。《邓小平文选》中相当一部分内容是总结我国过去的经验教训的。例如，在起草《关于建国以来若干历史问题的决议》过程中，邓小平同志先后有过九次谈话，这些讲话成为起草决议的指导思想，对统一全党认识，正确总结历史经验起了关键作用。他认为总结历史经验必须实事求是，要全面地、历史地、一分为二地看问题。他特别强调要确立毛泽东思想的历史地位，坚持和发展毛泽东思想。

正是在总结历史经验的基础上，邓小平同志提出应该改革经济管理体制以及党和国家的领导制度。"我们过去没有及时提出改革。但是，如果现在再不实行改革，我们的现代化事业和社会主义事业就会被葬送。"（第140页）改革经济体制的一个关键问题是要处理好国家和企业的关系，使企业有相对的独立性。由于过去没有抓住这个问题，改革走了弯路。因此邓小平同志说，要让厂矿企业有必要的自主权，使它们能够千方百计地发挥主动创造精神。他还指出，在改革中必须及时总结经验。邓小平同志关于总结经验的思想，对于我们建设中国式社会主义是极为重要的。这样做，我们才能越来越深刻地认识和掌握国情，才能制定正确有效、切实可行的方针政策。

第四，研究新情况，解决新问题。在社会主义建设过程中，必然会不断出现新情况和新问题。我们必须及时研究新情况，解决新问题，否则，社会主义事业就不可能顺利前进。邓小平同志说，深入研究中国实现四个现代化所遇到的新情况、新问题，并且作出有重大指导意义的答案，这将是我们思想理论工作者对马克思主义的重大贡献。他还提醒我们，这些新情况和新问题，许多是我们不熟悉的和预想不到的，有的还涉及一大批人的切身利益，解决时会遇到重重障碍，要我们做好充分的思想准备。为了解决好这些问题，必须加强学习。他说："实现四个现代化是一场深刻的伟大的革命。在这场伟大的革命中，我们是在不断地解决新的矛盾中前进的。因此，全党同志一定要善于学习，善于重新学习。"（第143页）他还指出："除了学习马列主义、毛泽东思想外，当前大多数干部还要着重抓紧三个方面的学习：一是学经济学，二是学科学技术，三是学管理。""学习好，才可能领导好高速度、高水平的社会主义现代化建设。"（第143页）

《邓小平文选》中关于建设中国式社会主义的论述还有很多。我们认真学习《文选》，努力提高马列主义、毛泽东思想水平，坚持实事求是和一切从实际出发，就一定能加快四化的进程，顺利建成具有中国特色的社会主义，使我们国家对全人类作出应有的贡献。

（原载《内蒙古社会科学》（双月刊）1983年第6期）

改革经济体制和建设具有中国特色的社会主义[*]

改革经济体制是我们今后一个长时期内必须抓紧的重要工作，也是坚持社会主义道路，集中力量进行现代化建设的重要保证。为了坚定地有步骤地进行经济体制改革，必须深刻认识改革的必要性、迫切性和艰巨性。学习《邓小平文选》（以下该书引文只注明页数），能够帮助我们正确理解这些问题。下面，谈谈个人学习的一些体会。

社会主义制度是优越的，但是需要进一步完善

我国原有的经济体制是 20 世纪 50 年代按照当时苏联的模式建立起来的。这种体制有其长处，在历史上起过积极作用。但是，它也有严重的缺陷，不利于充分发挥社会主义制度的优越性。我们过去也进行过一些改革，但由于没有真正抓住病根，所以往往不是成功的。这几年改革取得了显著成效，这首先是同对原有体制有了比较深刻的认识，做到了对症下药分不开的。邓小平同志在一系列文章、讲话中，对我国经济体制中存在的问题作了深入的分析。这对统一全党和全国人民的思想，提高大家进行改革的自觉性和迫切感，起了极大的作用。

我国传统的经济体制有些什么缺陷呢？认识这个问题是很重要的。在《邓小平文选》中，着重对经济体制改革前存在的一些重要弊端进行了剖析：

---

[*] 本文写于 1983 年 9 月，原载《学习〈邓小平文选〉发展和繁荣社会科学》，刘国光主编，中国社会科学出版社 1984 年版。

第一,权力过于集中。邓小平同志从发扬经济民主的高度,指出我国的经济体制权力过于集中,应该有计划地大胆下放,让企业有更多的经营管理自主权。他说:"我们的各级领导机关,都管了很多不该管、管不好、管不了的事","谁也没有这样的神通,能够办这么繁重而生疏的事情"。(第288页)他着重指出:"当前最迫切的是扩大厂矿企业和生产队的自主权,使每一个工厂和生产队能够千方百计地发挥主动创造精神。"(第135—136页)

第二,缺乏严格的责任制。邓小平同志认为,管理制度上的一个很大的问题是无人负责。名为集体负责,实际上等于无人负责。"一项工作布置之后,落实了没有,无人过问,结果好坏,谁也不管。所以急需建立严格的责任制。""任何一项任务、一个建设项目,都要实行定任务、定人员、定质量、定时间等几定制度。"(第141页)

第三,违背多劳多得和物质利益原则。尤其由于"四人帮"主张普遍贫穷的假社会主义,导致平均主义盛行。针对这种情况,邓小平同志指出;"革命是在物质利益的基础上产生的,如果只讲牺牲精神,不讲物质利益,那就是唯心论。""不讲多劳多得,不重视物质利益,对少数先进分子可以,对广大群众不行,一段时间可以,长期不行。"(第136页)

第四,没有切实保障工人农民个人的民主权利。他指出,没有民主就没有社会主义,就没有社会主义的现代化。因此,要切实保障工人农民个人的民主权利,包括民主选举,民主管理和民主监督。"不但应该使每个车间主任,生产队长对生产负责任,想办法,而且一定要使每个工人农民都对生产负责任,想办法。"(第136页)

第五,法制不健全。这也是我国原有经济体制中一个重要问题。邓小平同志说:"现在的问题是法律很不完备,很多法律还没有制定出来。往往把领导人说的话当做'法',不赞成领导人说的话就叫做'违法',领导人的话改变了,'法'也就跟着改变。"(第136页)

第六,官僚主义严重。官僚主义的表现如:机构臃肿,层次重叠,手续繁杂,效率极低,政治的空谈往往淹没一切,这种官僚主义"已达到令人无法容忍的地步",而它同"高度集权的管理体制有密切关系"(第287—288页)。"要搞四个现代化,把社会主义经济全面地转到大生产的

技术基础上来，非克服官僚主义这个祸害不可。"（第140页）

第七，不重视改善经济管理和提高经济效益。邓小平同志曾一针见血地指出：原有经济管理体制由于权力过于集中，"不利于充分发挥国家、地方、企业和劳动者个人四个方面的积极性，也不利于实行现代化的经济管理和提高劳动生产率"。（第135页）

第八，妨碍社会主义优越性的发挥。邓小平同志指出："党和国家现行的一些具体制度中，还存在不少的弊端，妨碍甚至严重妨碍社会主义优越性的发挥。"（第287页）他又指出，我们过去发生的各种错误，固然与某些领导人的思想、作风有关，但是组织制度、工作制度方面的问题更重要，"这种制度问题，关系到党和国家是否变颜色，必须引起全党的高度重视。如果不坚决改革现行制度中的弊端，过去出现过的一些严重问题今后就有可能重新出现"。（第293页）这个分析，对经济体制也是适用的。

正是根据以上分析，邓小平同志指出："我们过去没有及时提出改革。但是如果现在再不实行改革，我们的现代化事业和社会主义事业就会被葬送。"（第140页）这决不是危言耸听，而是有充分科学根据的。

应该强调指出，我们改革经济体制是为了完善社会主义制度。社会主义制度以生产资料公有制为基础，实行计划经济和按劳分配，消灭了剥削制度，克服了资本主义制度自身难以克服的对抗性矛盾，因而给生产力迅速发展开辟了空前广阔的余地，具有极大的优越性。过去由于"左"倾指导思想的错误和具体制度中的缺陷，我们未能经常使社会主义制度的优越性充分发挥出来。现在我们纠正了"左"倾指导思想，又进行经济体制改革和其他改革，正是为了使社会主义制度日臻完善，进一步发挥它的优越性。

我们改革经济体制也是一场革命。邓小平同志曾说："精简机构是一场革命。""当然，这不是对人的革命，而是对体制的革命。"（第351—352页）改革中会出现许多新情况新问题。"尤其是生产关系和上层建筑的改革，不是一帆风顺的，它涉及的面很广，涉及一大批人的切身利益，一定会出现各种各样的复杂情况和问题，一定会遇到重重障碍。"（第142页）对此，我们必须做好充分的思想准备，足够估计改革的艰巨性复杂性，既是坚定地又是有步骤地做好改革工作。

我们改革经济体制虽然是一场革命，但它和资本主义制度下的革命又有性质上的区别。资本主义制度下进行革命是为了推翻资本主义的统治，消灭资本主义剥削制度。我们改革经济体制则是社会主义制度的自我完善。由于改革是在党和国家领导下进行的，是以马克思主义指导下进行的，同时由于社会主义制度下人民群众在根本利益上是一致的，而改革又是全国人民的根本利益、长远利益所在，因此，这种社会主义制度自我完善的任务，也是一定能够完成的。对此，我们应该有充分的信心和决心。

改革要有利于四化建设，有利于建设中国式的社会主义

邓小平同志不仅分析了我国经济体制中存在的问题，而且指出，改革是为了促进四个现代化，改革要有利于四化建设，有利于建设中国式的社会主义。

邓小平同志是从实现社会主义现代化提出改革任务的。他明确指出："为了有效地实现四个现代化，必须认真解决各种经济体制问题"（第147页），体制改革"要伴随着我们整个社会主义现代化建设的进程走"（第358页），是我们"进行现代化建设的最重要的保证"之一。（第372页）

我们在改革中经常会遇到一个问题，就是用什么标准来检验改革。这个问题非常重要。邓小平同志以上的分析，为解决这个问题提供了科学的答案。他说，改革党和国家领导制度及其他制度，是为了充分发挥社会主义制度的优越性，加速现代化事业的发展。我们要充分发挥社会主义制度的优越性，当前和今后一个时期，主要应当努力实现以下三个方面的要求：

（1）经济上，迅速发展社会生产力，逐步改善人民的物质文化生活；（2）政治上，充分发扬人民民主，保证全体人民真正享有通过各种有效形式管理国家的权力，调动人民群众的积极性，巩固和发展安定团结、生动活泼的政治局面；（3）组织上，大量培养、发现、提拔、使用坚持四项基本原则的，比较年轻的，有专业知识的社会主义现代化建设人才。"党和国家的各种制度究竟好不好，完善不完善，必须用是否有利于实现这三条来检验。"（第282—283页）

邓小平同志认为，为了建设现代化的社会主义强国，任务很多。"但是说到最后，还是要把经济建设当作中心"。"其他一切任务都要服从这个中心，围绕这个中心，决不能干扰它，冲击它。"（第214页）这就是说，改革经济体制要服从于经济建设，围绕经济建设进行，并有利于经济建设。

既然改革是为了有效地实现社会主义现代化，因此怎样改革就涉及怎样实现社会主义现代化的问题。那么中国应该怎样搞现代化建设呢？邓小平同志认为，中国式的现代化，必须从中国的特点出发。他说："过去搞民主革命，要适合中国情况，走毛泽东同志开辟的农村包围城市的道路。现在搞建设，也要适合中国情况，走出一条中国式的现代化道路。"（第149页）他又说："把马克思主义的普遍真理同我国的具体实际结合起来，走自己的道路，建设有中国特色的社会主义，这就是我们总结长期历史经验得出的基本结论。"（第372页）

邓小平同志提出建设有中国特色的社会主义，充分表现出他作为无产阶级革命家的卓见和胆略。恩格斯说过："马克思的整个世界观不是教义，而是方法。它提供的不是现成的教条，而是进一步研究出发点和供这种研究而使用的方法。"（《马克思恩格斯全集》第39卷，第40页）列宁也说："我们决不把马克思的理论看做某种一成不变的和神圣不可侵犯的东西"。马克思的理论"提供的只是一般的指导原理，而这些原理的应用具体地说，在英国不同于法国，在法国不同于德国，在德国又不同于俄国"（《列宁选集》第一卷，第203页）。只有把马克思主义的普遍真理同我国的具体实际结合起来，建设有中国特色的社会主义，才能真正多快好省地完成我国社会主义现代化建设的任务。

通过改革，建设具有中国特色的社会主义经济体制

中国式的社会主义包括多方面的内容，其中一个重要方面是有中国特色的社会主义经济体制。我们就是要通过改革，建设有中国特色的社会主义经济体制。这种体制既应该是社会主义性质的，又应该是有中国特色的。

所谓社会主义性质，是指它具有社会主义经济的基本特征，如生产资料公有制占统治地位，坚持计划经济，贯彻按劳分配，实行经济民主，等等。邓小平同志曾说："要划清社会主义同封建主义的界线，决不允许借反封建主义之名来反社会主义，也决不允许用'四人帮'所宣扬的那套假社会主义来搞封建主义。"（第295页）又说："决不能丝毫放松和忽视对资产阶级思想和小资产阶级思想的批判，对极端个人主义和无政府主义的批判。"（第296页）"不能搞资产阶级自由化，搞无政府状态"（第347页）。这样做，才能坚持社会主义道路。

所谓具有中国特色，是指在建立和发展生产资料公有制，坚持计划经济，贯彻按劳分配，实行经济民主的过程中，要从中国国情出发，找到合适的恰当的具体形式。

中国式的社会主义经济体制是怎样的呢？对于这个问题，正如邓小平同志所说，是需要从事实际工作和理论工作的同志共同研究的。而根据邓小平同志在改革问题上提出的一系列重要指导思想，以及这几年我们通过改革试点和初步改革取得的经验，现在还是可以看到中国式的社会主义经济体制将具有的一些重要特征：

第一，在所有制结构方面，是在国营经济领导下，多种经济形式和多种经营方式长期并存。这种情况是由我国多层次的生产力状况决定的。适应社会化大生产的要求，必须充分发挥国营经济的优越性，巩固国营经济的领导地位。与此同时，要允许多种经济形式、多种经营方式并存。邓小平同志指出："农村政策放宽以后，一些适宜搞包产到户的地方搞了包产到户，效果很好，变化很快。"（第275页）他还说："继续广开门路，主要通过集体经济和个体劳动的多种形式，尽可能多地安排待业人员。要切实保障集体劳动者和个体劳动者的合理利益，同时加强工商业管理工作，防止非法活动。"（第322页）

第二，在计划和市场的关系方面，要坚持在计划经济指导下发挥市场调节的辅助作用。根据我国国情，必须大力发展社会主义商品生产商品交换。因此，我们要在坚持计划经济的前提下，充分发挥商品生产、价值规律的作用。邓小平同志早就把"在计划经济指导下发挥市场调节的辅助作用"，作为在发展经济方面"合乎中国实际的，能够快一点、省一点的道路"的一个重要内容（第210—211页）。

第三，在中央和地方的关系方面，是适度地划分中央和地方的权限。邓小平同志说："我国有这么多省、市、自治区，一个中等的省相当于欧洲的一个大国，有必要在统一认识、统一政策、统一计划、统一指挥、统一行动之下，在经济计划和财政、外贸等方面给予更多的自主权。"（第135页）

第四，在国家和企业的关系方面，是给企业必要的经营管理自主权，同时防止对自主权的曲解和滥用。邓小平同志指出，必须扩大企业的自主权，实行严格的责任制，使每个企业能够发挥主动创造精神。企业"为国家创造财富多，个人的收入就应该多一些，集体福利就应该搞得好一些"。（第136页）但是，"要防止盲目性，特别要防止只顾本位利益、个人利益而损害国家利益、人民利益的破坏性的自发倾向。在这方面，要规定比较详细的法令，以防止对自主权的曲解和滥用"。（第322页）

第五，在分配方面，是坚持按劳分配原则。邓小平同志说："我们要提倡按劳分配，对有特别贡献的个人和单位给予精神奖励和物质奖励，也提倡一部分人和一部分地方由于多劳多得，先富裕起来。这是坚定不移的。但是，也要看到一种倾向，就是有的人，有的单位只顾多得，不但不照顾左邻右舍，甚至不顾及整个国家的利益和纪律。"（第222页）他还说，我们提倡按劳分配，承认物质利益，是要为全体人民的物质利益奋斗。我们决不是提倡各人抛开国家、集体和个人，专门为自己的物质利益奋斗，决不是提倡各人都向"钱"看。要是那样，社会主义和资本主义还有什么区别？在社会主义社会中，国家、集体和个人的利益在根本上是一致的，如果有矛盾，个人的利益要服从国家和集体的利益（第297页）。

第六，在管理方法方面，是既要善于用行政办法管理经济，又要学会用经济办法管理经济。邓小平同志说："我们要学会用经济方法管理经济。自己不懂就要向懂行的人学习，向外国的先进管理方法学习。"（第140页）看一个经济部门的党委善不善于领导，领导得好不好，应该主要看这个经济部门实行了先进的管理方法没有？技术革新进行得怎么样？劳动生产率提高了多少？利润增长了多少？劳动者的个人收入和集体福利增加了多少?

第七,在民主和法制方面,是发扬社会主义民主,健全社会主义法制,发挥法律在经济管理中的作用。邓小平同志指出:"社会主义愈发展,民主也愈发展。这是确定无疑的。但是发展社会主义民主,决不是可以不要对敌视社会主义的势力实行无产阶级专政。"(第154—155页)为了实现四个现代化,我们所有的企业必须毫无例外地实行民主管理。为了保障人民民主,必须加强法制。"国家和企业、企业和企业、企业和个人等等之间的关系,也要用法制的形式来确定,它们之间的矛盾,也有不少要通过法律来解决"(第136—137页)。

第八,在速度和效益的关系上,是要克服盲目追求高速度的偏向,把提高经济效益放在首要地位,在提高经济效益的前提下争取有较快的经济发展速度。邓小平同志说:"我们国家大、人口多,没有一点大的骨干工业是不行的。但是,建设的步子也不能迈得太快、太急。"(第361页)他一再强调要克服各种浪费现象,提高劳动生产率和工作效率,提高资金利润率。他还说:"今后十年经济发展不会太快,因为过去遗留下来的问题太多,各种比例失调。""希望下一个十年也就是本世纪最后一个十年的经济发展速度更高些"(第362页)。

第九,在经济结构方面,是国民经济各个部门比较协调地发展。邓小平同志指出:"过去十多年来,我们一直没有摆脱经济比例的严重失调。"(第147页)这种情况,同经济体制存在缺陷有很大关系。改革经济体制,也将为日后经济各部门协调发展提供有利条件。他说,除了安排好农业和工业之间,农林牧副渔之间,轻重工业之间,煤、电、油、运和其他工业之间,"骨头"和"肉"之间的比例关系,还要安排好经济发展和教育、科学、文化、卫生发展的比例关系。在具备条件时,要"大力增加教科文卫的费用"(第214页)。

第十,在对外关系方面,是在自力更生的前提下,坚持实行对外开放政策。独立自主、自力更生是我们的立足点。"我们坚定不移地实行对外开放政策,在平等互利的基础上积极扩大对外交流。同时,我们保持清醒头脑,坚决抵制外来腐朽思想的侵蚀,决不允许资产阶级生活方式在我国泛滥。"(第372页)他提出必须坚决打击经济犯罪活动,认为这是坚持社会主义道路，完成四化大业的最重要的保证之一。

第十一，在生产和消费的关系方面，是在发展生产的基础上逐步改善人民的生活。邓小平同志指出："林彪、'四人帮'提倡什么穷社会主义、穷过渡、穷革命，我们反对那些荒谬反动的观点。但是，我们也反对现在要在中国实现所谓福利国家的观点，因为这不可能。我们只能在发展生产的基础上逐步改善生活。"（第221—222页）"我们对于艰苦创业，要有清醒的认识。"（第223页）本世纪末我们只能争取达到小康水平，然后继续前进，逐步达到更高的水平。

第十二，在加强物质文明建设的同时，加强精神文明建设。邓小平同志说："我们要建设的社会主义国家，不但要有高度的物质文明，而且要有高度的精神文明。所谓精神文明，不但是指教育、科学、文化（这是完全必要的），而且是指共产主义的思想、理想、信念、道德、纪律，革命的立场和原则，人与人的同志式关系，等等。"（第326页）高度的社会主义精神文明是中国式社会主义经济体制赖以建成的条件，也是这种经济体制正常运行、健康发展的保证。

中国式的社会主义经济体制当然还有其他特征。建立具有这些特征的经济体制，无疑是极为艰巨的任务。所以，邓小平同志一再告诫我们，改革经济体制是一项非常艰巨复杂的任务，会遇到许多不熟悉的，预想不到的新问题。完成这项任务，关键是要把马克思主义普遍真理和中国的具体实际结合起来。他特别强调必须解放思想，实事求是。"解放思想，就是使思想和实际相符合，使主观和客观相符合，就是实事求是。"（第323页）我们一定要运用马克思列宁主义、毛泽东思想的基本原理，研究新情况，解决新问题，坚定地、有步骤地完成经济体制改革的伟大任务。

（原载《经济管理》1983年第10期）

社会主义经济是市场经济

为什么说社会主义经济是市场经济

　　社会主义经济是不是市场经济？这是理论界长期争论的问题。在党的十二届三中全会以前，争论的是社会主义经济是不是商品经济。党的十二届三中全会《关于经济体制改革的决定》明确指出：社会主义经济是有计划的商品经济。从这以后，有的同志提出社会主义商品经济就是社会主义市场经济，有的同志则认为市场经济是资本主义特有的经济范畴，反对社会主义市场经济的提法。邓小平同志在1979年11月就指出：市场经济不限于资本主义社会，社会主义也可以搞市场经济。最近他在南方谈话中又指出：计划多一点还是市场多一点，不是社会主义与资本主义的本质区别。计划经济不等于社会主义，资本主义也有计划；市场经济不等于资本主义，社会主义也有市场。计划和市场都是经济手段。邓小平同志的深刻分析和科学结论对这个长期争论作了总结，对理论和实践有着不可估量的重要意义。

　　从历史看，市场经济有它的发展变化过程。在社会主义制度出现以前，资本主义就是搞的市场经济。在社会主义制度出现以后的一段时间里，资本主义也是不搞计划，只搞市场经济，社会主义则是搞排斥市场的计划经济。在这两种场合，说市场经济只限于资本主义，计划经济只限于社会主义，大体上是正确的。但后来尤其是第二次世界大战以后，情况有了很大的变化，资本主义国家也有计划了，有的甚至被称为计划经济，社会主义国家也搞市场了，有的也被称为市场经济。在这种情况下，再把市场经济等同于资本主义，把计划经济等同于社会主义，就不符合实际情况因而不正确了。邓小平同志从1979年以来一直坚持的科学论断，是正确地反映了当代世界上社会主义国家和资本主义国家处理计划和市场关系的客观情况和规律的。

有些同志反对提社会主义市场经济，是担心这样提会导致私有化或导致社会产生无政府状态。其实，这种担心是不必要的。既然计划和市场都是经济手段，不是社会主义与资本主义的本质区别，资本主义国家可以在私有制的基础上搞市场经济，社会主义国家也可以在公有制的基础上搞市场经济。那么，只要我们坚持以公有制为主体，在这个前提下搞市场经济、承认市场经济，并不会导致私有化。承认社会主义市场经济也不会必然导致社会产生无政府状态。资本主义市场经济国家也在通过加强宏观经济调控力求克服社会生产无政府状态，我们搞社会主义市场经济，更有条件按照客观经济规律，改进宏观经济调控，保证国民经济的计划性。正如邓小平同志所说："过去我们搞计划经济，这当然是个好办法。但多年的经验表明，光用这个办法会束缚生产力的发展，应该把计划经济与市场经济结合起来，这样就能进一步解放生产力。"应该说，以上担心都同对市场经济缺少认识、存在误解和疑虑有关。我个人对市场经济的提法也有过疑虑。我们应该认真学习邓小平同志的南方谈话，提高认识，打消疑虑，理直气壮地承认社会主义经济也是一种市场经济。

确认社会主义市场经济的实质意义

提出社会主义市场经济有没有实质意义？有的同志认为，社会主义商品经济和社会主义市场经济两个提法只有名词上的区别，没有实质上的区别。也有同志认为，从承认社会主义商品经济到承认社会主义市场经济不仅有名词上的不同，而且具有实质意义。我赞成后一种意见。诚然，在一定意义上商品经济也是市场经济，因为商品经济离不开市场。但是，商品经济和市场经济也有区别。例如，小商品经济一般不能称为市场经济，我国封建社会有些城市有过比较发达的商品经济，但是不能算是市场经济，只能说是市场经济的萌芽。因此，商品经济的社会化和市场化发展到一定程度才能成为市场经济，有的同志说市场经济是发达的商品经济。这话有道理。市场经济的更本质的特征在于它是以市场——价格机制作为社会资源的基本配置者。传统的社会主义计划经济是以政府的指令性计划作为社会资源的配置者或基本配置者的，提出社会主义商品经济就是为了改变这种状况，使市场—价格机制在社会资源配置中起更多、更大的作用。不过，和社会主义市场经济相比，社会主义商品经济对社会资源配置者的要求不是十分明确的。它可以要求市场—价格机制作为社会资源的基本配置者，也可以要求计划机制作为社会资源的基本配置者，还可以要求计划和市场在社会资源配置中处于相同的地位。为了发展社会主义商品经济，我们提出过"国家调控市场，市场引导企业"的要求，这可以理解为让市场机制作为社会资源的基本配置者。不过在实践中，迄今为止，社会资源的基本配置者仍是计划而非市场。这种情况同经济改革的客观困难有关，也同社会主义商品经济对社会资源配置者的要求不很明确有关。承认社会主义市场经济，就是明确要求让市场—价格机制成为社会主义社会资源的基本配置者，这将导致进一步明确经济改革的目标，加快经济改革的进程。

让市场—价格机制成为社会主义社会资源的基本配置者，要求企业成为独立的商品生产者和经营者，成为市场的主体；要求形成完善的市场体系，不仅要有商品市场，而且要有要素市场，市场要具有竞争性，并要打破部门分割和地区分割，形成全国统一的市场；要求改变政府管理经济的方式，改变过去那种政府直接管理企业的办法，建立以间接管理为主的宏观经济调控体系。所以，提出社会主义市场经济意味着更加重视市场的作用、更加重视企业的作用、更加重视企业家的作用，也意味着必须减少政府对企业微观事务的干预。

我想着重谈谈确认社会主义市场经济对企业改革的意义。现在国有企业的状况与社会主义市场经济的要求很不适应，必须深化改革，实现企业经营机制转换，使之与社会主义市场经济的要求相适应。值得指出的是，尽管人们都同意绝大多数国有企业应该成为商品生产者和经营者，但理解上并不一致甚至很不一致。例如，有的同志反对"把企业从政府的附属物状况下解放出来"，有的同志认为国有企业"不可能做到自负盈亏"。但如果国有企业还是政府附属物，不能自负盈亏，又怎么可能成为商品生产者和经营者呢？为了明确企业改革的目标，应该全面深刻地认识企业作为商品生产者和经营者的基本特征。总结市场经济国家的经验，企业必须具备以下特征，才能真正成为商品生产者和经营者，成为市场主体。（1）企业面向市场，生产是为了交换。（2）企业自主经营。（3）企业自负盈亏。（4）企业能够扩大再生产。（5）企业经营以盈利为目标。（6）政府和企业职责分开。社会主义国有企业还会有别的要求，但作为商品生产者和经营者，同样必须具备以上这些特征，其他要求也不应损害这些特征。少数国有企业（如有些自然垄断性质、公益性质、军工性质的企业）要继续国营，不宜或不能成为商品生产者和经营者，当然不能要求它们具备这些特征，但对于应成为商品生产者和经营者的绝大多数国有企业则必须这样要求。可见，对于国有企业的改革和经营机制转换应该分类要求，分类指导。

  从市场经济的要求出发，我不再赞成这种流行的说法：国有企业是相对独立的商品生产者和经营者。作为真正的商品生产者和经营者，国有企业对于自己的经营和盈亏应是完全自主和完全负责的。所谓相对独立，就是不完全自主，不完全负责。现在多数国有企业已有了一些自主权，也有了一些盈亏责任，起码做到了负盈不负亏，按照相对独立的要求，岂非已完成了改革的任务。这显然是不正确的。所以，独立就是独立，不应该加上"相对独立"的定语。当前还应该更加重视企业自负盈亏问题。什么叫企业自负盈亏？我们曾经把企业用收入弥补支出称为自负盈亏。现在看来，企业自负盈亏应是企业用自己的财产负盈亏的责任，资不抵债就要破产。只讲企业自负盈亏是用收入弥补支出，是不全面的。企业自负盈亏需要具备必要的条件，例如，要实行政企职责分开，企业自主经营，企业有自己的财产，有竞争性的市场和合理的价格体系。现在，多数国有企业还不具备这些必要条件，因此自负盈亏还有困难，但是从市场经济的要求看，国有企业作为商品生产者和经营者是必须和可能实行自负盈亏的。人们对企业自主经营问题已经比较重视了，而对于企业自负盈亏问题还重视不够，而这个问题不解决，国民经济中一系列深层次问题都难以解决，市场经济也难以形成和发展。为了促使国有企业自负盈亏，要在认真进行试点和总结经验的基础上，积极推行股份制。

搞社会主义市场经济要求加快政府职能转变

现在人们已重视转变政府职能问题。应该强调的是，转变政府职能必须有利于解除企业对政府的行政隶属关系，有利于政企职责分开。这个问题不解决，企业自主经营难，自负盈亏也难，成不了真正的商品生产者和经营者。政企职责分开是说企业不应是政府的附属物，政府有政府的职责，企业有企业的职责，企业对政府没有行政隶属关系。政企不分不仅存在于社会主义社会，在封建社会和资本主义社会都存在过。从这些社会的历史看，企业成为商品生产者和经营者都经历过争取独立的过程，经历从政府附属物状况中摆脱出来的过程。政府为企业服务的关键是要解除企业对政府部门的行政隶属关系，改变政府和企业的"婆媳"关系，这种关系不解除，恐怕政府也不可能为企业服务好，甚至还会加强对企业不必要的干预。政企职责分开，政府不陷在企业的微观事务里，也才能履行好自己的宏观经济管理职能。在社会主义市场经济中，可以说市场是基础，计划是指导。政府要为市场经济的正常运行提供条件，建立秩序，通过宏观调控引导经济活动实现预定目标，同时做好那些市场不能做或做不好的事情。承认社会主义市场经济也有利于明确政府的职责，促使政府履行自己的职责。

解放思想，建立社会主义市场经济体制

提出社会主义市场经济就是明确市场经济根本的目标是建立社会主义市场经济体制。为此，要求进一步解放思想，努力克服改革中的各种思想障碍，"警惕右，但主要是防止'左'"。改革是人们的自觉行动，改革的目标、步骤、方法和速度，在很大程度上都决定于人们的思想认识。而实践表明，改革每前进一步都会遇到思想障碍，要求不断解放思想。在一定意义上，可以说解放思想是改革的关键。中国的改革是在邓小平同志倡导的有中国特色的社会主义理论指导下前进的。我们清楚地记得党提出社会主义商品经济理论对经济改革所起的巨大促进作用。在这之前，很多人不

承认社会主义经济是商品经济，也不承认国有企业是社会主义商品生产者和经营者，不承认社会主义市场体系，纠缠在姓"资"还是姓"社"的问题上，经济改革受到严重阻碍。社会主义商品经济理论大大解放了人们的思想，使人们不再在旧体制的框架内进行改革，制定了《企业法》、《破产法》等政策法规，推进了改革。但这之后很多思想障碍仍未根本消除，在国有企业要不要自主经营、要不要自负盈亏、要不要成为投资主体、要不要有法人所有权、要不要承认和发挥社会主义企业家的作用等问题都有不同看法，要害还是姓"资"姓"社"的问题。所以我们还面临着艰巨的进一步解放思想的任务。邓小平同志的南方谈话把人们的思想引向一个新的境界，在全国形成了一次新的思想解放。确认社会主义市场经济并贯彻其要求，必将有利于从根本上克服经济改革中的很多思想障碍，保证改革任务的胜利完成。

（原载《金融时报》1992年9月7日）

党的十五大报告在经济
理论方面的创新和贡献

党的十五大是一次承前启后、继往开来、具有重大历史意义的会议。江泽民同志的报告高举邓小平理论的伟大旗帜,总结了改革开放以来近 20 年的丰富经验,提出了社会主义初级阶段的基本纲领,对跨世纪的伟大事业进行了战略部署,在一系列重要问题上丰富和发展了马克思主义理论。下面谈谈十五大报告在经济理论上的创新和贡献。

一 关于公有制的含义

党的十五大报告提出:要全面认识公有制经济的含义。为什么提出这个问题呢?这是因为,我们要继续调整和完善所有制结构,这是深化经济体制改革的重大任务。而在过去改革中,国有经济比重明显下降,纯国有工业产值的比重 1985 年为 64.9%,1995 年为 34%。有人为此惊慌不安,认为公有制为主体的地位动摇了,搞私有化了。

这就涉及公有制的含义。在一些人思想中,公有制为主体就是国有制为主体,这种思想来自苏联政治经济学教科书。该书认为公有制具有两种形式,一种是国有经济(它称之为全民所有制),一种是集体经济,前者是高级形式,后者是低级形式,后者依附于前者,并且要向前者过渡。这种理论越来越不符合实际情况,不符合客观规律,但它仍有很大影响。

报告提出:公有制经济不仅包括国有经济和集体经济,还包括混合所有制经济中的国有成分和集体成分。并且提出:集体所有制经济是公有制经济的重要组成部分。这种看法完全符合实际情况,纠正了苏联政治经济学教科书的错误观点,发展了马克思主义政治经济学理论。

报告还指出:公有制的主体地位主要体现在,公有资产在社会总资产中占优势,国有经济控制国民经济命脉,对经济发展起主导作用。1995年公有资产在社会总资产中占85%左右,公有制工业产值比重为80%左右。另据统计,1996年纯公有经济在国内生产总值中占69%,包括混合经济中的国有成分和集体成分,公有经济占国内生产总值的76%,国有经济仍控制着国民经济命脉,起着主导作用。可见,公有经济的主体地位没有动摇。

集体所有制是不是公有制的低级形式呢?不是,集体经济和国有经济各有其优缺点。报告说:集体经济可以体现共同致富原则,可以广泛吸收社会分散资金,缓解就业压力,增加公共积累和国家税收。这是完全正确的。所谓集体所有制要向全民所有制过渡的观点,也越来越被证明是缺少根据的。事实上,公有制形式并没有高低之分,而只有适应生产力状况还是不适应生产力状况之分。凡是适应生产力状况并能促进生产力发展的公有制形式,就是先进的形式,应该允许存在,否则就要进行改革。报告提出集体所有制经济是公有制经济的重要组成部分,在理论上和实践上都具有重要意义。

合作社所有制也是一种公有制形式。报告说的集体所有制是包括合作社所有制的,不过一般说的集体所有制是指财产为集体公有的所有制,合作社所有制则是社员有股份的。有人曾说合作社所有制是私有制,理由是社员个人有股份,这种观点是错误的。

合作社中社员确实有股份,但合作社作为法人是集体所有和占有财产,集体经营,社员共同劳动,一般来说,不存在剥削或占有别人劳动的关系,这在社会主义条件下,当然是公有制的一种形式,报告肯定以劳动者的劳动联合和劳动者的资本联合为主的股份合作制是集体经济,这是完全正确的。

全面认识公有制经济的含义具有重大意义。(1)可以弄清公有制是主体和国有制是主导的联系和区别。(2)使人们更加重视集体所有制这种有远大前途、很大优越性的公有制形式。(3)1996年混合经济在全国工业增加值中已占19%以上,在全国国内生产总值中占20%。往后混合经济单位还会越来越多,其中的国有和集体成分也要更加重视。(4)这是理论上的创新,将帮助人们解放思想,打消顾虑,推进经济体制改革。

二 关于公有制的实现形式

报告提出:公有制实现形式可以而且应当多样化,一切反映社会化生产的经营方式和组织形式,都可以大胆利用。要努力寻找能够极大促进生产力发展的公有制实现形式。

这一段话,不仅对于深化改革,建立社会主义市场经济体制有重要意义,而且发展了政治经济学所有制理论。

改革以前,公有制的实现形式是很单一的,国家所有制采取的是国有国营形式,集体所有制采取的主要是人民公社形式。改革以后,公有制实现形式逐步多样化起来。到现在,国家所有制已经有了利润分成、承包经营、租赁经营、公司企业、股份合作企业等形式,集体所有制也有了集体经营、联产承包、合作社、股份合作制等多种形式。

报告为什么要提出公有制实现形式可以而且应当多样化的问题呢?我体会,这首先是针对股份制、股份合作制的争论提出来的。对于股份制曾有过尖锐的争论,有些同志认为股份制就是私有制,姓"资"不姓"社",搞股份制就是搞私有化。对于股份合作制也有类似的看法。为了说明公有制可以实行股份制和股份合作制,理论界有人提出所有制和所有制实现形式是不同的概念,股份制和股份合作制是所有制实现的形式,它本身不姓"社"也不姓"资"。这种观点为十五大报告所肯定。

党的十五大报告对股份制作了科学的分析,提出:股份制是现代企业的一种资本组织形式,有利于所有权和经营权的分离,有利于提高企业和资本的运作效率,资本主义可以用,社会主义也可以用。不能笼统地说股份制是公有还是私有,关键看控股权掌握在谁手中。这是既有针对性也是非常深刻的。

马克思就曾经说过:由于股份公司的成立,"生产规模惊人地扩大了,个别资本不可能建立的企业出现了。""在股份公司内,职能已同资本所有权相分离",① 并说股份制"是在资本主义体系本身的基础上对资本主义的私人财产的扬弃"。②

报告提出:要按照"产权清晰、权责明确、政企分开、管理科学"的要求,对国有大中型企业实行规范的公司制改革,使企业成为适应市场的法人实体和竞争主体。这也是实践经验的总结。我们改革国有企业是要使它由名不符实的企业变为真正的企业,做到自主经营、自负盈亏、自我发展、自我约束。但改革中曾经采取过的利润分成、承包经营等形式都难以实现这个要求,而股份制按其特征和作用则可以成为国有大中型企业建立现代企业制度成为真正的企业的一种较为普遍适用和有效的形式。

报告还提出:目前城乡大量出现的多种多样的股份合作制经济,是改革中的新事物,要支持和引导,不断总结经验,使之逐步完善。劳动者的劳动联合和劳动者的资本联合为主的集体经济,尤其要提倡和鼓励。这也是有重要指导意义的。对于股份制和股份合作制,都要积极稳妥地推行。

上面说公有制有多种实现形式,事实上,从历史发展看,私有制也有多种实现形式,例如,封建社会土地私有制采取过劳役地租、实物地租、货币地租等形式;资本主义社会资本家所有制采取过独资、合伙、股份制等形式。马克思在《资本论》中分析过协作、工场手工业、机器大工业等形式,这也都是资本家所有制在一定条件下的实现形式。有的同志说在所有权和经营权合一的情况下,所有制只会有一种实现形式,不会产生所有制的多种实现形式问题,这种看法不一定完全符合历史事实。

马克思把所有制理解为生产关系的总和。在这个定义中,所有制实现形式是包含在所有制的内涵中的。但是,改革实践和理论研究要求我们把所有制和所有制实现形式区分开来。在这里,我体会所有制指的是所有权,所有制实现形式则指的是实现所有权要求的一套制度规定,所有制的

---

① 《马克思恩格斯全集》第25卷,第493页。
② 同上书,第496页。

实现问题实质是所有权的实现问题。所有者实现自己的所有权是为了自己的权益，否则所有权对所有者就没有实际意义了。例如，土地所有权的实现是为了地主的权益，特别是为了使地主得到地租。资本所有权的实现是为了资本家的权益，特别是为了使资本家得到利润。他们为使自己的利益最大化，会根据具体情况和条件努力寻找一种最好的所有制实现形式，因此私有制实现形式也有过发展和多样化的过程。

公有制的实现也是为了所有者的权益。我们曾经把所有制的实现看得比较简单，事实上它是非常复杂的，尤其是社会主义国家所有制的实现更加复杂。我们不能把社会主义国家的国家所有制和全民所有制等同起来，但是社会主义国家所有制的所有权确实又是全体人民所委托的。因此，国家所有制的利益涉及国家、集体、个人的利益关系，更具体一点说，涉及中央、地方、部门、企业、职工（职工又可分为经营者、劳动者）的错综复杂的利益关系。

社会主义公有制的实现还有一个特点，就是必须有利于生产力的发展。生产力发展了，各方面的利益才能处理好，才都能增加收入，而且，也才符合社会主义本质的要求。因此，公有制在寻找实现形式的时候，首先要考虑发展生产力的问题，要寻找能够极大促进生产力发展的实现形式。

事实上，私有制的实现也有一个发展生产力的问题。地主、资本家当然要靠剥削工人、农民来增加自己的收入，但是，为了使自己的剥削收入不断增加，以及为了缓和阶级矛盾，他们也必须发展生产力。封建社会、资本主义社会上升时期地主资本家都是这样做的。当剥削阶级不再注意发展生产力而只是用增加剥削的办法来实现自己的利益时，他们的制度也就要走下坡路了。

究竟什么是所有制的实现形式呢？既然所有制实现形式是相对于所有权的实现而言的，是指实现所有权要求的一套制度规定，我体会，在社会化大生产中，它包括财产组织形式、经营方式、经营目标、管理机构、领导制度、劳动制度、分配制度等内容。因此，所有制和所有制实现形式是既有联系又有区别的，是一种既统一又矛盾的关系。

需要强调的是，同样是公有制，由于实现形式不同，对发展生产力的影响，对发展市场经济的影响，对企业运行和效率的影响，以及对所有者、经营者、劳动者关系的影响，都会有所区别甚至大有区别。公有制实现结果如何，往往在很大程度上决定于所有制的实现形式。每个企业都要根据自己的情况，寻找符合"三个有利于"的要求，最有利于自己发展的所有制实现形式。

附带提出，一种所有制实现结果如何，除了决定于所有制性质和所有制实现形式，还决定于经营管理水平、国家经济政策、政府宏观调控等条件。对这些问题深入研究，也是党的十五大提出的理论课题。

三 关于国有经济的主导作用

关于国有经济的作用也有过严重的争论。有人主张社会主义经济中国有经济应该是主体，占统治地位。例如，有人说：国有经济在国民经济中的比重不能低于4/7，公有经济不能低于6/7。有的人主张要把所有的国有企业搞活，有的人反对抓大放小的方针，有的人把调整所有制结构说成搞私有化，等等。

其实，国有经济是主导而不是主体，这是早就明确了的。如果国有经济是主体，势必导致以下后果：（1）难以发展多种经济成分。不仅难以发展非公有制经济，而且集体经济也难以发展。（2）难以形成千千万万个市场竞争主体，因而难以适应社会主义市场经济体制。（3）难以深化国有企业改革，搞活国有企业。国有企业在没有多种经济成分共同发展的情况下，改革将缺少动力、压力和条件。（4）国有经济由于战线过长，摊子过大，企业缺少活力，困难重重，难以在国民经济中起主导作用。

党的十五大报告进一步明确了国有经济的主导作用，明确了国有经济的地位、作用和公有经济的地位作用的联系和区别，将产生重要而深远的影响。报告还指出：国有经济起主导作用，这是就全国而言，有的地方、有的产业可以有所差别。并且指出：国有经济起主导作用，主要体现在控制力上。这是一个新提法。什么是国有经济的控制力呢？我体会，一是指控制国民经济的命脉；二是指通过对大企业和大企业集团的控股以及对有些企业的参股发挥作用；三是指做那些非国有企业不能做或不能让它们做的事情；四是指保证社会再生产的顺利进行和国民经济的社会主义性质和发展方向。

报告进一步指出：要从战略上调整国有经济布局。对关系国民经济命脉的重要行业和关键领域，国有经济必须占支配地位。在其他领域，可以通过资产重组和结构调整，以加强重点，提高国有资产的整体质量。只要坚持公有制为主体，国家控制国民经济命脉，国有经济的控制力和竞争力得到增强，在这个前提下，国有经济比重减少一些，不会影响我国的社会主义性质。这将会进一步消除人们的疑虑，使大家进一步解放思想、实事求是，推进国有企业的改革和发展事业。

党的十五大报告关于国有经济的论述，不仅总结了我国的经验，也总结了其他国家的经验，即总结了世界范围内国有经济发展的经验。这几年，我国不少同志对国外国有经济的发展作了研究，探讨了其演变规律。

1. 在现代市场经济中，国有经济的存在是有其必然性的。从世界主要国家看，尽管各国制度不同，国情有别，但国有经济一般都承担着以下职能：（1）发展公用事业和基础设施。（2）发展基础产业，如矿山勘探、石油、煤炭、电力等的开发。（3）发展某些支柱产业。（4）发展某些高技术产业。（5）承担特殊的社会职能，如军工生产、维持就业、开发落后地区。

2. 世界各国发展国有经济有着深刻的经济原因。在有些时期内，有些经济活动，由于投资大，回收慢，依靠个人和集体是搞不了的，这就必须由国家搞；有些经济活动私人不愿意搞，有些私人也能搞，但为了全社会的利益，不能让他们搞，往往也要由国家搞；还有一些是国家和集体、个人都能搞，但国家搞更有利，经济效益和社会效益更好，国家应该也可以搞。

3. 各个产业部门和国有经济的相容性是不同的。国有经济在有的产业部门优势大，在有的产业部门优势小。但各个国家国有经济一般都掌握着国民经济的命脉，国有经济的产业结构也有规律性。

4. 国有经济的比重不是越大越好，也不是越小越好，它是受多种条件主要是受经济发展的要求制约的。各国的经验表明，在特定时期，国有经济的发展总是要受一系列客观和主观的因素制约的。概括起来，制约国有经济发展的主要因素有：（1）发展国有经济的必要性。（2）经济技术条件的变化。（3）国家的财政状况。（4）私人经济发展的状况。（5）国有企业的经济效益，即成本和收益的比较。（6）社会制度。（7）意识形态。

从一些资本主义国家的情况看，国有企业比重过大往往导致国家负担加重，财政发生困难。因为，国有企业相当一部分不以盈利为目的，不少国有企业是亏损的，要靠政府补贴过日子。国有企业增多，政府的财政负担就会加重，从而导致财政状况恶化。这是有些国家搞私有化的一个重要原因。

5. 国有企业在国民经济中比重的变化与工业发展阶段有着内在联系。如果把工业发展分为幼年期、成长期、成熟期、更新期（后工业化时期），可以发现在幼年期国有企业比重小，比重提高速度也最慢。成长期比重会较快地提高。成熟期国有企业比重达到最高峰，一般不会再提高比重。进入更新期，国有企业比重则逐渐下降。国有企业占 GNP 比重的变化呈抛物线形状。

6. 各国发展国有企业都有其社会目标，许多国有企业其自身的经济效益是不好的，需要财政补贴。但从国际经验看，国有企业是可以搞好的，主要条件是企业有经营自主权，有明确的财务责任，参加市场竞争。

党的十五大报告由于总结了国有企业改革和发展的丰富经验，特别是由于理论上的突破，可以说已经规划出了一条正确和可行的深化国有企业改革的道路，主要内容有：

1. 调整和完善所有制结构。改革国有企业主要要解决两方面的问题，一是建立现代企业制度；二是明确国有经济的地位。党的十四届三中全会解决了前一个问题，后一个问题是十五大才解决的。

2. 明确公有制的实现形式可以而且应该多样化。十五大在这方面理论上的突破，为实行规范的公司制改造，为推行股份合作制，为贯彻抓大放小的方针，提供了科学的理论依据。

3. 建立现代企业制度。报告全面深入总结了这方面的经验，并提出了一些新的内容。如"对国有大中型企业实行规范的公司制改革"，"政府不能直接干预企业经营活动，企业也不能不受所有者约束，损害所有者权益"，"要采取多种方式，包括直接融资，充实企业资本金"，"培育和发展多元投资主体，推动政企分开，企业转换经营机制。"并提出要积极推进各项配套改革。尤其是提出政治体制改革要继续深入，更将有利于国有企业改革的深化。

4. 提出把两个转变结合起来的问题。党的十五大报告从总体上和主要方面解决了两个转变如何结合的问题。提出要坚持社会主义市场经济的改革方向，使改革在一些重大方面有新的突破，并在优化经济结构，发展科学技术方面有重大进展，真正走出一条速度较快，效益较好，整体素质不断提高的经济协调发展的路子。尤其是报告提出了要把国有企业改革同改组改造加强管理结合起来，在微观层次上指明了把两个转变结合起来的途径。

四　关于非公有经济的地位

党的十五大报告关于非公有经济也有新的提法。报告提出："非公有经济是我国社会主义市场经济的重要组成部分。"过去的提法是"非公有经济是公有经济的必要的和有益的补充"。过去对非公有经济的财产保护没有什么明确的法律文件规定。十五大报告则明确提出："要健全财产制度，依法保护各类企业的合法权益和公平竞争，并对它们进行监督管理。"这是和建设法治国家的要求相适应的。这些新提法比过去的提法更积极、更准确，必将充分调动各方面的积极性，产生重要的影响。

据统计，到1995年底，全国个体私营经济企业为2594万户，其中私营企业64.5万户，从业人员5569万人，注册资金4438亿元，缴纳税收款1230亿元。1996年非公有制经济的国内生产总值占全国国内生产总值的24%。

改革以来，非公有经济发展是很快的。以个体私营工业来说，80年代由于基数小，虽然发展速度很快，但其产值占全国工业比重不大。到1990年，个体私营工业产值约占全国工业总产值的7%，90年代以后，个体私营工业发展速度加快，1991—1995年中全国个体私营工业产值由

1257亿元增长到11821亿元，比重已超过15%。其特点有：私营企业的经营规模不断扩大，一批私营企业向规模化、集团化和多角化经营方向发展；民营高科技企业迅速发展，出口创汇增加；公司型私营企业比重不断提高；与其他经济成分的联营合作日益增多，混合经济成为发展新趋势。

个体私营工业在社会经济生活中的作用日益突出。一是已成为增加就业的一支重要力量；二是已成为税收的重要来源；三是增加了社会有效供给和服务，方便了人民生活；四是造就了一批新型的企业家，培育了一批管理人才；五是促进了市场竞争，推动了经济体制改革；六是带动贫困地区脱贫致富。

个体私营工业也存在不少问题。主要问题有：（1）对私营经济的认识问题尚未解决，某些管理体制不够完善，有些地方政策不落实。（2）私营经济遭受侵权现象较严重，合法权益难以得到法律的有效保护。（3）私营企业生产经营中有不少困难，没有得到公平待遇。（4）部分个体户和私营企业主自身素质低，管理不规范，有些私营企业职工权利得不到保护。（5）情况和家底不清，难以进行有效管理。这些问题都有待解决。

个体私营工业存在的问题表明，对非公有经济歧视的现象还是存在的。这同多种经济成分共同发展的要求不相适应。我国实行多种经济成分共同发展，是社会主义初级阶段的特点所决定的，是社会生产落后所决定的。例如，我国还是农业人口占很大比重，主要依靠手工劳动的国家；自然经济，半自然经济还占很大比重；文盲半文盲人口还占很大比重，科学教育文化落后；贫困人口还占很大比重，人民生活水平还比较低；地区经济文化很不平衡等等。这种情况决定必须长期实行多种经济成分共同发展，一切符合"三个有利于"的非公有经济都可以而且应当用来为发展生产力、实现现代化服务。

目前，我国非公有经济的比重不是过大，而是较小，从非公有经济的生产经营业绩来看，非公有经济也还有生命力，有相当广阔的发展前途。马克思说过："无论哪一个社会形态，在它们可能容纳的全部生产力发挥出来以前，是决不会灭亡的；而新的更高的生产关系，在它存在的物质条件在旧社会的胎胞里成熟以前，是决不会出现的。"① 这是颠扑不破的真理。

毛泽东在《论联合政府》中说过："我们共产党人根据自己对于马克思主义的社会发展规律的认识，明确地知道，在中国的条件下，在新民主主义的制度下，除了国家自己的经济，劳动人民的个体经济和合作社经济之外，一定要让私人资本主义经济在不能操纵国民生活的范围内获得充分发展的权利，才能有益于社会的向前发展。"他还在一篇内部讲话中说：《论联合政府》"这个报告与《新民主主义论》不同的是确定了需要资本主义的广大发展"，"资本主义的广大发展在新民主主义政权下是无害有益的，它的性质是帮助社会主义的"，是"有利于社会主义的发展的"。现在我国已进入社会主义社会，但毛泽东的这段话还是有教育和指导意义的。

发展个体私营等非公有经济会不会导致资本主义呢？我认为，发展个体私营经济必然会带来一些问题和消极的东西，这是不能否认的，因此，既要鼓励引导，又要监督管理。至于发展个体私营经济会不会导致资本主义。抽象地回答，不是绝对没有可能性。因此不能掉以轻心。但是，具体分析，只要按照党的基本纲领、基本路线、基本政策办事，是不会导致资本主义的。

1. 我们的方针是公有经济为主体，国有经济为主导，个体私营经济是在这个条件下发展的。

2. 个体私营经济受到国家政策的监督和管理。

3. 我们是共产党领导的人民民主专政的国家。

4. 广大工人、农民已经不是一无所有的无产阶级，私营业主也没有而且不可能垄断生产资料所有权。

5. 对于私营经济中收入出现的悬殊，可以通过合理的税收政策进行调节，防止和克服两极分化。

6. 个体经济并不是在任何条件下都会发展为资本主义。中国几千年封建社会中，个体经济就没有使封建社会成为资本主义社会，现在更不具备

---

① 《马克思恩格斯选集》第2卷，第83页。

形成资本主义的社会条件。

7. 在新民主主义条件下，民族资产阶级能接受共产党领导，拥护社会主义改造。现在已经是社会主义社会，民营企业家大都不仅爱国，而且拥护社会主义，愿意为社会主义事业贡献力量。这是民营企业家最主要的政治要求。

前面曾说过，所有制和所有制实现形式既有联系又有区别，既是统一又相矛盾，公有制实现形式中可能会利用一些私有的因素，私有制实现形式中也会出现一些公有的因素。只要按照"三个有利于"的原则来解决私有制的实现形式问题，私有经济完全可以纳入社会主义社会的发展轨道，有利于社会主义事业的发展。前面还说过，所有制实现结果如何，不仅决定于所有制性质，不仅决定于所有制实现形式，还决定于其他条件。据此，我们有广阔的余地和充分的可能使个体私营经济的发展有利于社会主义事业的发展和巩固，当然这需要清醒的头脑，正确的政策，艰苦的工作。

五　关于社会主义初级阶段的基本经济制度

党的十五大报告提出："公有制为主体，多种所有制经济共同发展，是我国社会主义初级阶段的一项基本经济制度。"这也是一个新的提法。过去的提法是："要坚持公有制为主体，多种成分共同发展。"现在把它提高到社会主义初级阶段基本经济制度的高度。而且报告提出，社会主义初级阶段至少需要100年时间。既然是至少100年时间内必须实行的基本经济制度安排，就不是权宜之计，不是一般的政策措施而是具有稳定性、长期性的制度安排。可见，这个新提法有重要的理论意义和现实意义。

正是这样的制度安排，提出了公有制含义、公有制实现形式、国有经济作用、非公有经济地位等重大理论和实践问题。十五大报告指出要明确公有制含义、明确公有制实现形式多样化、明确国有经济作用、明确非公有经济地位，并解决了这一系列问题。

这一切表明十五大提出的这个新提法，内涵极其丰富，并且是来之不易的。

为什么要把公有制为主体多种所有制经济共同发展作为社会主义初级阶段的一项基本经济制度呢？报告回答说：（1）我国是社会主义国家，必须坚持公有制作为社会主义经济制度的基础。（2）我国处在社会主义初级阶段，需要在公有制为主体的条件下发展多种所有制经济。（3）一切符合"三个有利于"的所有制形式都可以而且应该用来为社会主义服务。这就是说，这样的制度安排是有必然性的。

把公有制为主体、多种经济成分共同发展作为一项基本经济制度，有哪些重要意义呢？

1. 只有把公有制为主体、多种经济成分共同发展作为一项基本经济制度，才能坚持社会主义初级阶段的经济制度；才能把社会主义和市场经济结合起来，发展市场经济；才能不断解放和发展生产力。

2. 它说明，作为主体的公有制和需要共同发展的多种经济成分都是社会主义的经济基础。既然公有制为主体、多种经济成分共同发展是我国社会主义初级阶段的基本经济制度，它们当然都属于社会主义经济基础的范畴。

3. 我国的法律等上层建筑应该保护这个经济基础。上层建筑是要为经济基础服务的，否则经济基础就难以存在和发展，上层建筑也会因失职而失去牢固的基础，报告说："要健全财产法律制度，依法保护各类企业的合法权益和公平竞争，并对它们进行监督和管理"，体现了这种精神。

4. 把公有制为主体、多种经济成分共同发展作为基本经济制度还可打消一些人不必要的疑虑，包括私营企业主怕露富、理论界研究所有制问题怕戴私有化帽子、政府机关领导调整所有制结构工作怕被误认为搞私有化等顾虑。

党的十五大召开以来，各地经济改革尤其是国有企业改革的步子明显地加快了。这说明十五大以前还存在改革中迈不开步子的状况。邓小平说：改革开放迈不开步子，不敢闯，说来说去就是怕资本主义东西多了，走了资本主义道路，要害是姓"资"姓"社"的问题。判断的标准，应该主要看是否有利于发展社会主义社会的生产力，是否有利于增强社会主义国家的综合国力，是否有利于提高人民的生活水平。党的十五大报告贯穿了"三个有利于"的要求，报告在经济理论上的创新、突破也都是符合

"三个有利于"的要求的。正是坚持了"三个有利于"的要求，报告才起到了教育人、鼓励人，极大地提高人们改革和发展积极性的作用。

党的十五大报告也坚持和贯穿了生产力标准是根本标准的精神。何谓生产力标准是根本标准？邓小平曾说："对实现四个现代化是有利还是有害，应当成为衡量一切工作的最根本的是非标准。"① 他还说过："按照历史唯物主义的观点来讲，正确的政治领导的成果，归根结底要表现在社会主义生产力的发展上，人民物质文化生活的改善上。"② 毛主席在《论联合政府》一文中也说过："中国一切政党及其实践在中国人民中所表现的作用的好坏、大小，归根到底看它对中国社会生产力的发展是否有帮助及帮助的大小，看它是束缚生产力的，还是解放生产力的。"③ 邓小平和毛泽东这里的说法是一致的，这也是马克思主义的一个根本原理。我认为，这就是生产力标准是根本标准的含义。

党的十五大报告指出：社会主义的根本任务是发展生产力。在社会主义初级阶段，尤其要把集中力量发展社会生产力放在首要地位。这是贯穿报告的红线，报告在经济理论上的创新和突破，都是为了清除妨碍生产力发展的理论观点，从思想理论上为促进改革、发展生产力创造条件。

有的人把"三个有利于"和生产力标准对立起来，不承认生产力标准是最根本的标准，这样做往往导致否认生产力标准，继续在姓"公"姓"私"上做文章。事实上，生产力标准和"三个有利于"是完全一致的，生产力标准还是"三个有利于"的核心。正如党的十三大所提出的：我国已经进入社会主义建设时期，发展生产力已经成为直接的中心任务。国家的富强、人民的富裕、教育科学文化事业的繁荣、公有制和人民民主政权的巩固和发展，都取决于生产力的发展。因此，一切有利于生产力发展的东西，都是符合人民根本利益的，因而是社会主义所要求的，或者是社会主义所允许的。一切不利于生产力发展的东西，都是违反科学社会主义的，都是社会主义所不允许的。

---

① 《邓小平文选》第2卷，第181页。
② 同上书，第23页。
③ 《毛泽东选集》第3卷，第1028页。

坚持生产力标准是衡量一切工作的最根本的标准（不是唯一标准），也才能从根本上划清科学社会主义和空想社会主义的界限。我们在学习党的十五大报告时，要加深对生产力标准以及"三个有利于"的认识，这样才能深刻领会报告的内容尤其是报告在经济理论上的创新和贡献。

（原载《中国工业经济》1998年第2期）

十六大报告在经济理论上的创新

党的十六大是一次非常重要的会议。江泽民同志的报告内容丰富,意义重大。报告开宗明义地指出:"大会的主题是:高举邓小平理论伟大旗帜,全面贯彻'三个代表'重要思想,继往开来,与时俱进,全面建设小康社会,加快推进社会主义现代化,为开创中国特色社会主义事业新局面而奋斗。"

这段话讲了我们党在新世纪要举什么旗,走什么路,完成什么中心任务,保持什么精神面貌。高举邓小平理论伟大旗帜,全面贯彻"三个代表"重要思想,就是党要高举的旗帜。开创中国特色社会主义事业新局面,就是党要走的路。全面建设小康社会,加快推进社会主义现代化,就是党要完成的中心任务。继往开来,与时俱进,就是党要保持的精神面貌。

为了完成面临的艰巨任务,十六大报告强调发展要有新思路,改革要有新突破,开放要有新局面,各项工作要有新举措。报告总结了过去的经验,分析了面临的问题,提出了应对的措施。报告在经济理论上有许多创新,提出了新的理论,新的观点,新的问题。

一 提出了全面建设小康社会的奋斗目标

现在我国人民生活总体上已经达到了小康水平,下一步该怎么办?有人认为实现小康的任务已经完成,也有人认为下一步的直接奋斗目标就是实现现代化或基本实现现代化。我国实现现代化战略目标分三步走,现在已经走了第二步,开始进入第三步,即基本实现现代化。基本实现现代化是个长期过程,今后一段时期的奋斗目标是什么呢?十六大报告提出的今后 20 年的中心任务是全面建设小康社会。我认为，这样把全面建设小康社会作为今后 20 年的奋斗目标是非常正确非常英明的。过去屡犯急躁冒进的错误，基础未打牢就进入新阶段，导致许多"夹生饭"现象。十六大确定的奋斗目标，可以避免这种失误。

诚如报告所说，我国人民现在达到的小康还是低水平的，不全面的，很不平衡的小康。全面建设小康社会符合客观经济规律，符合最广大人民的切身利益和意愿。这是广大人民群众对十六大报告最满意的地方之一。报告不仅提出全面建设小康社会的经济目标，还提出了政治目标，文化目标，可持续发展目标。尤其是提出要使"社会主义民主更加完善，社会主义法制更加完备"，"人民的政治经济和文化权益得到切实尊重和保障"，"可持续发展能力不断增加"，"社会秩序良好，人民安居乐业"，这些都是最得人心的奋斗目标。

提出全面建设小康社会的目标和努力实现这个目标，也是为中国特色社会主义能够持续发展打下坚实的基础。社会主义是一个美好的社会，全国人民都希望社会主义社会能够长治久安。但是，苏联东欧剧变的事实表明，社会主义社会持续发展是要经受长期的严峻的考验的，保证社会主义持续发展是理论上需要认真研究的一个重要课题。苏联东欧社会主义失败的原因很多，概括起来是先天不足，后天失调。革命胜利前的先天不足已经是过去的事实，无法更改，但后天不应该再失调，更不应该长期失调，而应该努力设法弥补先天的不足，既积极又稳妥地搞社会主义建设和社会主义改革，尤其是要努力提高生产力，努力改善人民的生活，同时要健全民主制度，反对和防止腐败，使每一步都为后一步打好牢固的基础。苏联东欧没有这样做，所以失败了。改革前我们也有失误，通过改革纠正了。十六大总结经验，提出全面建设小康社会的目标，这是中国社会主义持续发展的重要保证。

二 提出要走新型工业化道路

十六大提出要走新型工业化的道路，这是工业化理论上的重大创新。工业化道路问题既是重要问题，也是老问题。斯大林曾说：优先发展轻工业是资本主义道路，优先发展重工业是社会主义道路。这个观点有很大的片面性，给经济生活带来严重的消极后果，在中国直到改革以后才得到清理。有段时期工业化道路是个热门话题，近年来不大谈这个问题了，为什么十六大又提出工业化道路问题。我体会，一是因为中国还没有实现工业化，还面临着进一步工业化的问题。一般认为中国现在处于工业化中期，还有人认为处于初期。而实现工业化是全面建设小康社会的必经之路。二是现在发达国家已在实现信息化，或者说已提出了后工业化社会的问题，中国也有如何处理工业化与信息化关系的问题。三是有些人由于强调知识经济、强调高科技产业、强调第三产业而忽视工业化、忽视制造业。例如有人认为"多数传统产业已成夕阳产业，矿山、铁路、钢铁已被新技术革命所淘汰"。

还有人说："所有创造财富的资源中，知识可以取代其他资源"；"工业经济衰落了，将出现无物质生产的社会"。这些观点当然是不正确的，但在社会上有一定影响。四是在新情况下如何实现工业化，是我国面临的紧迫而重要的课题。那么什么是新工业化道路呢？十六大报告中提出："坚持以信息化带动工业化，以工业化促进信息化，走出一条科技含量高，经济效益好，资源消耗低，环境污染少，人力资源优势得到比较充分发挥的新型工业化路子。"有的同志据此把新型工业化道路概括为以下四个特征：一是以信息化带动工业化；二是以科技进步为动力，以提高经济效益为中心；三是同实施可持续发展战略相结合；四是充分发挥我国人力资源优势。可否认为，新型工业化道路指的"新型"，既是与我国传统工业化道路对比而言，也是同世界传统工业化道路对比而言。因此，除了以上概括的几点，新型工业化道路还应该包括工业和其他产业的关系即产业结构问题，工业内部的部门结构、地区结构问题，工业化和城市化的关系问题，工业化和经济体制的关系问题，工业化和职工收入、农民收入的关系问题，等等。如何科学全面的阐明新型工业化道路，是一个很值得重视和研究的问题。

三　在坚持和完善基本经济制度上有新的说法

报告关于坚持和完善公有制为主体、多种所有制经济共同发展的基本经济制度的提法，有新的内容。例如提出了"两个必须毫不动摇"，即"必须毫不动摇地巩固和发展公有制经济"，"必须毫不动摇鼓励、支持和引导非公有制经济发展"，还提出"不能把两者对立起来"。报告说："坚持公有制为主体、促进非公有制经济发展，统一于社会主义现代化进程中。"又说："各种所有制经济完全可以在市场经济中发挥各自优势，相互促进，共同发展。"我们应该认真领会各种所有制经济"发挥各自优势，相互促进，共同发展"这些新提法的内涵，而且这里没有专指社会主义初级阶段，而是从社会主义市场经济这个一般角度提出问题，说明在整个社会主义阶段都应该坚持和完善这个基本经济制度。

四　深化国有资产管理体制改革有新思路

经过20多年的探索和实践，我国已经基本上找到了（还没有完全找到）国有企业改革的道路。有待解决的一个问题就是国有资产管理体制问题。现在的"国家所有分级管理"以及管资产、管人、管事分开的政策，很难完全解决所有者到位而不越位以及法人治理结构不规范等问题。党的十六大报告中规定："国家要制定多种法规，建立中央政府和地方政府分别代表国家履行出资人的职责，享有所有者权益，权利、义务和责任相统一，管资产和管人、管事相结合的国有资产管理体制。"这是深入总结国有企业改革经验教训的新成果，同经济界、学术界关于分级所有、管资产、管人、管事相结合的研究结果一致，符合市场经济条件下国有资产管理的规律性，将会推动国有企业改革的深化。报告还说："要继续探索有效的国有资产经营体制和方式"，这也贯穿着科学的实事求是的精神。

五 提出要发展混合所有制经济

十六大报告说:"除极少数必须由国家出资经营的企业外,积极推行股份制,发展混合所有制经济。"这里说的混合所有制经济,不仅指一个社会中有公有和私有的多种经济成分,而且指一个企业中也有多种经济成分。这意味着改变了社会主义必须消灭私有制的传统看法。我们常引用马克思、恩格斯的一句话:"共产党人可以用一句话把自己的理论概括起来,消灭私有制。"这是他们在《共产党宣言》中说的。而据研究,这句话中的"消灭"两字在德文中的原意是"扬弃",翻译成"消灭"是误译,因为"扬弃"含有既"消灭"又"保存"的意思,即"消灭"消极因素,"保存"积极因素。资本主义社会的基本矛盾是生产社会化和私人占有的矛盾,这个矛盾是不是一定都用消灭私有制来解决呢?历史经验的回答是不一定。马克思、恩格斯以及列宁都设想过合作社这种社会主义所有制形式,合作社可以不再存在生产社会化和私人占有的矛盾,但它仍保留着私人股权即私人财产,不是"消灭"私有制而是"扬弃"私有制。劳动者入股为主的股份制企业同样是这种情况。十六大报告明确提出发展混合所有制经济,纠正了把社会主义等同于公有制的传统观念,深化了对公有制与私有制关系的认识,富有新意,意义重大。

六 提出要完善保护私人财产的法律制度

我国法律已经在保护私人财产方面做了些规定,但还不完善,同保护公有财产的规定相比,有相当差距。因此,很多人尤其是私营企业主担心自己的财产没有法律保障,小富即安,不努力扩大经营,怕露富,甚至把财产转移到国外。这与保护私人财产的法律制度不健全相关,既不利于经济发展,也不利于社会主义制度的完善。十六大的这个规定,很必要,很重要,也是社会主义理论上的创新。

七 强调要千方百计扩大就业，不断改善人民生活

报告中说：要把促进经济增长、增加就业、稳定物价。保持国际收支平衡作为宏观调控的主要目标；这既是我国宏观调控实践经验的总结，也吸取了现代经济学的研究成果。报告把千方百计扩大就业和不断改善人民生活一起作为经济建设和经济体制改革的八项重大任务之一。把扩大就业放到如此重要的地位，是非常必要，完全正确的，在提出问题和解决问题上也都有创新。报告中还说要依法加强劳动用工管理，保障劳动者的合法权益。当前有些企业中劳资关系存在比较突出的问题，很值得重视。

八 提出要调整投资和消费关系，逐步提高消费在国内生产总值中的比重

同投资和消费关系联系着的是积累和消费的关系。积累和消费的关系也是个重要的老问题，在工业化理论研究和经济建设实践中都会遇到。可是这个问题现在研究得较少，似乎理论上重视不够。现在内需不足，制约着经济增长。内需不足是否同积累和消费的关系不当有关？这个问题也没有引起充分关注和研究。报告中提出要"调整投资和消费的关系，适当提高消费在国内生产总值中的比重"，这在理论上也是有重要意义的新提法。

九 明确劳动、知识、技术、管理和资本都是创造社会财富的源泉

报告指出：要"放手让一切劳动、知识、技术、管理和资本的活力竞相迸发，让一切创造社会财富的源泉充分涌流，以造福于人民"。还指出：要"确立劳动、资本、技术和管理等生产要素按贡献参与分配的原则"，"一切合法的劳动收入和合法的非劳动收入，都应该得到保护"。

十 提出初次分配要注重效率,再分配要注重公平

报告说:"初次分配注重效率,发挥市场的作用,鼓励一部分人通过诚实劳动、合法经营先富起来。再分配注重公平,加强政府对收入分配的调节职能,调节差距过大的收入。"

第九、十两条在理论政策上都有新意,是社会主义分配理论的创新。第九条可以说吸取了前一段时期深化对劳动价值论认识的研究成果。第十条对克服分配悬殊、防止两极分化,更有重要的现实意义。

(原载《特区理论与实践》2003 年第 1 期)

全面建设小康社会
为可持续的社会主义打下牢靠基础

党的十六届三中全会的《决定》中指出，要完善社会主义市场经济体制，为建设小康社会提供强有力的体制保障。我围绕这个主题，谈几点学习的体会。

一 全面建设小康社会的重要性和艰巨性

党的十六大提出，21世纪头20年我们要全面建设小康社会。对此全国人民是衷心拥护的，报刊上发表的文章已经很多。但是对于全面建设小康社会的重要性尤其是艰巨性，还有必要进一步深刻认识。

小康这个词中国早已有了，把它用于中国社会主义发展战略则是邓小平的创造。邓小平同志在1979年提出把2000年的奋斗目标确定为实现小康，以后逐步形成了分三步走实现现代化的发展战略。就是20世纪80年代解决温饱问题，90年代末达到小康水平，21世纪中叶基本实现现代化。2000年的预期目标，是国内生产总值比1980年翻两番，人均达到800美元。经过20多年的改革和发展，2000年我国人均国内生产总值已经达到850多美元，实现了头两步的预期目标。

以后的建设怎么搞呢？按照三步走的战略部署，实现了第二步目标就要实现第三步目标，即直接提出基本实现现代化的要求。许多人是这样主张的。当时国内外都兴起知识经济、信息社会的讨论热，因此也有人主张"实现信息化"、"超越工业化"等提法。党中央经过认真研究，提出全面建设小康社会的奋斗目标，这是实事求是的，非常英明的。

为什么说这是实事求是的呢？首先是因为，现在还只是人民生活总体上达到小康水平，全面建设小康社会才可以改变"小康还是低水平的，不全面的，发展很不平衡"的状况。其次是因为，小康社会和小康经济是有区别的，小康社会除了有经济指标的要求，还有社会指标的要求。在我看来，更重要的是因为，在制度方面包括经济制度、政治制度、文化制度等方面还有很多工作要做。我国工业化任务还未完成，一般认为现在还处于工业化中期阶段。用20年的时间基本实现工业化，然后再完成基本实现现代化的任务，这样就可以有足够的时间来完成制度方面的改革和建设任务。

全面建设小康社会的任务既是非常重要的，也是非常艰巨的。但有些地方有些同志都对这种艰巨性缺乏认识，把全面建设小康社会看得过分容易。

今年全国人代会上就有代表指出：对于全面建设小康社会，一些地方、一些行业、一些人存在急躁情绪，恨不得明天早上就全面实现小康社会。这些人大代表提出全面建设小康社会要克服急躁情绪。我认为，这个意见是完全正确的。

现在许多地方提出要率先实现现代化。十六大报告中说："有条件的地方可以发展得更快一些，在全面建设小康社会的基础上，率先基本实现现代化。"但是很多地方并不具备这种条件，即使具备条件，也应该"在全面建设小康社会的基础上"率先基本实现现代化。我认为绝不能忽视全面建设小康社会的艰巨性，绝不能轻率地提出率先基本实现现代化等口号。

这种急躁情绪还表现在小城镇建设和城市建设上。有些地方把发展小城镇等同于城镇翻建和扩建，还把小城镇新增多少面积当做一项重要指标对干部进行考核，层层下指标，级级加任务，要求镇镇动工，年年变化。有的城市热衷于修建大广场、大花园、大马路、标志性建筑和高档办公楼等形象工程，还有不顾条件修建飞机场、地铁、中央商务区等等。这样做既造成公共资源的大量浪费，又增加了政府的债务负担，还提高了企业、农民进入城市的标准和条件。有些地方还对农民和城镇居民住房强制拆迁，压低征地补偿金额，严重侵犯人民利益，并造成大量被圈的土地长期闲置。

有些人把全面建设小康社会看得容易，可能是只看到经济方面的任务而忽视了其他方面的任务。十六大要求我国国内生产总值 2020 年比 2000 年翻两番。国内生产总值每年递增 7.2%，人均国内生产总值 3000 美元左右，就能达到这个目标。这是比较高的速度，也是经过努力可以达到的速度。我国已经连续多年高速增长，今后还有一段时期仍处于高速增长阶段。原因是：（1）中国有巨大的市场潜力。（2）中国有巨大的剩余劳动力。（3）中国的储蓄率和投资率很高。（4）中国人均国内生产总值还低，产业结构层次也低，提升的空间很大。只要社会稳定、政策正确，不断深化改革，国内生产总值增长的目标是能够实现的。但也要看到各地发展很不平衡，有些地方达到人均 3000 美元也是艰巨的。而且，除了这个指标，全面建设小康社会的奋斗目标中还包含着其他目标。有人提出 10 项具体的目标。即：（1）人均国内生产总值 3000 美元。（2）城镇居民年人均可支配收入 18000 元。（3）农村居民家庭年人均纯收入 8000 元。（4）恩格尔系数低于 40%。（5）城镇人均住房建筑面积 30 平方米。（6）城镇化率超过 50%。（7）居民家庭计算机普及率 20%。（8）大学入学率 20% 以上。（9）每千人医生数 2.8 人以上。（10）城镇居民最低生活保障率 95% 以上。也有人计算出来的指标略有不同。但都是要经过艰苦努力才能实现的。

问题在于，全面建设小康社会包含着中国特色社会主义经济、政治、文化等多方面的发展目标。十六大报告说："我们要在本世纪头二十年，集中力量，全面建设惠及十几亿人口的更高水平的小康社会，使经济更加发展，民主更加健全，科教更加进步，文化更加繁荣，社会更加和谐，人民生活更加殷实。"可见报告除了经济发展目标，还规定了民主法制建设、科学文教事业以及可持续发展能力等方面的要求，说了六个"更加"。完成这些任务都是非常艰巨的，绝不可掉以轻心，急于求成。

在发展和改革问题上我们一定要克服贪多求快的急躁情绪，脚踏实地、一步一个脚印努力工作。我国 20 世纪 60 年代就提出要在世纪末实现"四个现代化"，这个口号起过鼓舞人心的作用，但实际上做不到。1979 年邓小平同志提出"中国式的四个现代化"。他说："我们开了大口，本世纪末实现四个现代化。后来改了个口，叫中国式的现代化，就是把标准放低一点。"这当然不是说中国的现代化只能是低标准的，而是说现代化的路要一步一步走，不能把20世纪末的标准定得太高。这种实事求是的精神，也充分体现在提出全面建设小康社会目标上。我们也要用实事求是的精神来努力完成全面建设小康社会的目标。

二 全面建设小康社会需要体制保障

传统计划经济体制阻碍了生产力的发展和社会的进步，党的十一届三中全会以后，开始市场导向的改革。经过实践和理论的探索，十四大明确提出了建立社会主义市场经济体制的改革目标，十四届三中全会做出了《中共中央关于建立社会主义市场经济体制若干问题的决定》。10年来，我国经济体制改革取得了重大进展，在理论上有一系列创新。当前我国已经初步建立了社会主义市场经济体制。所谓社会主义市场经济体制初步建立。一是说，已经把这个体制的框架搭起来了，基础奠定了，整个国民经济开始按照新体制的轨道和规律运行了；二是说，新体制还不完善，生产力发展仍存在很多体制性障碍。这表现在许多方面。例如，国有企业改革虽然已经取得重大进展；但是同建立现代企业制度的要求还有较大差距，公司法人治理结构很不规范，企业经营机制转换还没有到位，国有资产管理体制的改革有待深化。又如，健全的市场体系是完善的社会主义市场经济体制的重要部分，我们在商品市场建设和市场供求形成价格方面已迈出很大步伐，但是市场体系还不完善，行业垄断、地区封锁妨碍全国统一市场的形成，资本等要素市场发展滞后，社会信用体系不健全，市场秩序比较混乱。又如政府职能转变同深化改革、完善体制的要求也有较大差距，政府通过行政审批等对微观经济活动干预过多的问题还没有完全解决，社会管理、公共服务职能明显薄弱，宏观调控体系还不能完全适应新形势的要求，财税、金融、投资等方面改革有待深化。社会主义市场经济体制的其他重要方面还存在许多不完善的地方，包括收入分配秩序尚不规范，初次分配的激励约束机制不健全，再分配的调节措施不完善；就业和社会保障制度改革需要进一步深化；农村改革和社会领域改革的任务仍然相当繁重。全面深化这些领域的改革，才能逐步建立起完善的社会主义市场经济体制。十六大报告指出：全面建设小康社会最根本的是坚持经济建设为中心，不断开放和发展社会生产力，并且把完善社会主义市场经济体制作为21世纪头20年经济建设改革的一项主要任务。这就深刻揭示了深化改革是实现全面建设小康社会目标的动力和保障。

当前经济社会生活中存在的一些突出矛盾，必须在全面建设小康社会的过程中加以解决，而完善社会主义市场经济体制也是解决这些矛盾必须抓住的关键环节。例如，农民收入增长缓慢的问题，就与城乡体制分割、农村经济体制不适应发展新阶段的要求密切相关。再如产业结构不合理、企业竞争力不强，是由于一些地方政府不适当的行政干预过多，导致地区经济结构趋同，以及企业经营机制转换不到位，适应市场能力较差。再如，就业矛盾突出原因是多方面的，但也同中小企业、个体私营经济的发展存在一些体制性的障碍因素有关。自然资源、生态环境和经济社会发展的矛盾日益突出，实施可持续发展战略的迫切需要，也要求深化体制改革。只有加快推进改革，才能促进这些矛盾和问题的缓解和根本上的解决。完善社会主义市场经济体制也是适应全球化和加入世贸组织的需要。只有适应全球化的发展形势和加入世贸组织后的形势，才能顺利实现全面建设小康社会的目标。

三 树立以人为本，全面、协调，可持续的发展观

发展是硬道理，发展是执政兴国的第一要务，这个道理已经讲得很多。但是，如何发展，则有一个树立什么样的发展观问题。正确的发展观应该符合社会、自然的客观规律，因此，发展观也有一个发展的过程，应该与时俱进。当前的问题是发展中还存在着一些明显违背客观规律的现象，例如重物轻人、重经济发展轻社会发展、重速度轻效益、只顾眼前的利益不顾可持续发展等等。十六届三中全会提出"坚持以人为本，树立全面、协调、可持续发展，促进经济社会和人的全面发展"，很有针对性地提出了一种新的发展观。这也是完成全面建设小康社会和完善社会主义市场经济体制的需要和保证。

坚持以人为本，是这次全会提出的重要思想。以人为本就是我们的各项工作都要把努力满足人的需要和促进人的全面发展作为根本的出发点和归宿。党的十六大强调贯彻"三个代表"重要思想，就要"推动社会全面进步，促进人们全面发展"。马克思、恩格斯都认为社会主义社会是自由人的联合体，是以每个人的全面而自由的发展为基本原则的社会形式。人们全面发展是和社会经济的全面发展联系着的，它们是一个互相适应、互相促进的发展过程。坚持以人为本，才能促进经济社会和人的全面发展。

经济社会和人的全面发展都要求树立全面协调可持续的发展观。十六届三中全会的《决定》提出的五个"统筹"，贯穿着全面协调可持续发展的指导思想。其主要内容是：

1. 统筹城乡发展。全面建设小康社会和实现现代化，难点不是在城市而是在农村。新阶段的经济体制改革，不仅要着眼于城市，而且要着眼于农村，着眼于促进城乡协调发展。现在，农业占国内生产总值的比重已经下降到15%左右，而农村人口仍然占总人口的60%以上。农业人多地少，不容易形成规模经营，加上农业比较效益低，以及其他如政策等方面的原因，导致城乡发展和居民收入差距呈扩大之势。必须对农村发展和农民问题给予更大的关注，解决大量的体制和政策方面的问题。

2. 统筹区域发展。全面建设小康社会和实现现代化，难点不是在东部而是在中西部，特别是西部经济落后地区。新阶段的经济体制改革既要有利于经济发达地区继续发挥优势，保持快速发展的势头，也要有利于经济落后地区加快发展，包括实施西部大开发、支持中西部地区加快改革开放、推进东北等老工业基地的调整改造。统筹区域发展是新阶段社会经济发展的需要，也是深化改革的需要。

3. 统筹经济和社会发展。经济是基础，但经济增长并不等同于社会全面进步。我们的目标是经济发展和社会全面进步。随着温饱问题的解决和改革的深入，现在有些旧的矛盾解决了，但又产生了新的矛盾，经济发展中的社会问题日益凸显出来。统筹经济和社会发展，切实地关注和解决诸如失业、贫困、教育、医疗、公共卫生以及社会公正和反腐败等社会问题，才能保证经济持续发展，在经济发展基础上实现社会全面进步，达到全面建设小康社会和实现现代化的目标。

4. 统筹人与自然和谐发展。我国人均资源占有量相对较少，环境承载力弱，经济高速增长对资源和环境的压力与日俱增，生态环境恶化趋势尚未根本扭转，矛盾非常突出。改善生态环境，合理开发和利用资源，促进人与自然和谐，才能走上生产发展、生活富裕、生态良好的文明发展道路。

5. 统筹国内发展和对外开放。加入世贸组织之后，我国经济体制改革要使我国社会主义市场经济的运行适应国际市场经济的普遍规则。与此同时，我们要积极参与国际经济贸易规则的订立、修订和完善进程，努力争取使之符合我国发展的利益。我们不是简单地同国际规则"接轨"，而是在对外开放中实现国内经济体制同国际经济运行规则的相互协调。

贯彻五个"统筹"的要求，将为我国的发展和改革全面、协调、可持续发展提供科学的思想基础。

四 为我国可持续的社会主义制度打下牢靠的基础

在 21 世纪头 20 年，不提出过高的要求而提出全面建设小康社会的实事求是的要求。对于中国社会主义的可持续发展有非常重要的意义。这样做，可以使我们有较长的时间，从改革和发展两个方面从容地、扎实地在中国为可持续的社会主义打下牢靠的基础。

其实邓小平同志早就提出了社会主义可持续发展和不可持续发展的问题。他说："搞社会主义一定要使生产力发展，贫穷不是社会主义。"他又说："'四人帮'，提出'宁要穷的社会主义，不要富的资本主义'，社会主义如果老是穷的；它就站不住。"他还说，"社会主义阶段的最根本任务就是发展生产力"；"社会主义的优越性就是要逐步发展生产力，逐步改善人民的物质、文化生活"。由此可见，不努力发展生产力，不逐步改善人民生活，使人民富裕起来，这样的社会主义是不可持续的。邓小平同志还认为，两极分化也不是社会主义。他在南方谈话中说："不坚持社会主义，不改革开放，不发展经济，不改善人民生活；只能是死路一条。"这就告诉我们，不改革开放的社会主义和改革开放而不坚持社会主义方向的社会主义也是不可持续的社会主义。可持续的社会主义必须符合邓小平同志说的社会主义的本质，那些违背社会主义本质的社会主义当然也不是可持续的社会主义。邓小平同志总结国内外的经验教训，一再强调要弄清楚什么是社会主义和怎样建设社会主义。我体会，在没有弄清楚这个问题的情况下，也就不能保证社会主义的可持续发展。邓小平同志还说："一个党，一个国家，一个民族，如果一切从本本出发，思想僵化，迷信盛行，那它就不能前进，它的生机就停止了，就要亡党亡国。"可见，不解放思想，不实事求是，这样的社会主义也是不可持续的社会主义。

为了使我国社会主义持续发展，要认真总结和吸取苏联的教训。苏联是不可持续社会主义的一个案例，这是普遍公认的。但苏联社会主义失败的根本原因是什么，看法就很不相同。有人认为斯大林模式是苏联社会主义失败的根本原因，有人认为斯大林模式绝不是苏联社会主义失败的根本原因，也有人持折中的看法，认为斯大林模式是苏联社会主义失败的原因之一，但不是根本原因。我是赞成第一种看法的。

斯大林模式是指斯大林当政时期建立的社会主义政治、经济、思想、文化体制、运行机制和斯大林的思想理论。斯大林去世后苏联曾多次进行改革，但未能见效，因此斯大林模式在苏联一直持续到解体之前。斯大林模式也就是苏联社会主义模式。

斯大林模式有些什么特征。有一本书（《苏联兴亡史》）作了比较全面的概括。该书认为：斯大林模式有三个基本特征：（1）高度集中，即高度集权；（2）军事性；（3）封闭性。斯大林模式又分为经济模式、政治模式、文化思想模式。斯大林经济模式的特征是：（1）高度集权的国家统制经济体制；（2）实行指令性的计划经济；（3）以行政手段作为经济管理的主要方法。这些特征体现在苏联社会经济生活的各个方面，包括所有制体制、分配体制、计划体制、财政体制、物资供应体制、农业体制、价格体制，等等。所有制体制的特征是实行清一色的公有制，国家所有制是公有制的统治形式。与斯大林经济模式密切联系的是斯大林的经济发展模式，其特征是以"赶超"为目标趋向，重工业优先发展。斯大林政治模式的特征是：（1）高度集中的一党制；（2）实行三权（立法权、行政权、司法权）合一；（3）实行行政机关的自我监管机制。斯大林文化思想模式的特征是：(1) 对斯大林的个人崇拜。(2) 思想高度垄断，表现为高度的舆论一律和学术问题政治化。(3) 以行政干预手段为主要管理方法。广义的斯大林模式还包括斯大林的思想理论。不能说斯大林的所有理论观点都不符合马克思主义，但是其中确有对马克思主义的曲解和背离。斯大林模式是在斯大林理论指导下形成的；而在斯大林模式的基础上又概括出一系列的斯大林理论观点。1953 年出版的《苏联政治经济学教科书》就是苏联经济体制和发展模式的理论概括。

斯大林模式在一定时期推动了苏联经济发展，在第二次世界大战中更起到过重要作用。但是其消极影响早就暴露出来了。因为这种模式带有严重的封建性，违背了科学社会主义原则，压制民主、破坏法制，必然导致思想僵化、迷信盛行，官僚主义、形式主义、教条主义泛滥，执政党腐败，出现一批特权阶层，使广大人民群众的劳动生产积极性和主动性受挫，扼制社会生产力的发展，不能使人民生活富裕和全面发展。第二次世界大战后斯大林模式就出现危机，表现为国民经济比例关系严重失调，工业产出率大大下降，农业生产长期停滞，人民生活必需品长期短缺，农民在正常年份也食不果腹，甚至出现人吃人的现象。斯大林去世以后苏联领导长期未能根本触动斯大林模式，这种模式的消极作用越来越大。戈尔巴乔夫进行改革又在方向和战略上犯了严重错误，终于导致苏联解体和苏联社会主义失败。戈尔巴乔夫等人对苏联社会主义失败当然负有不可推卸的责任，但斯大林模式已为苏联社会主义的失败埋下了祸根，不改变斯大林模式，苏联社会主义失败是难免的。因此，说斯大林模式是苏联社会主义失败的根本原因，是有比较充分的根据的。

有的人说，苏联解体归根到底是以戈尔巴乔夫为首的苏共中央领导集团推行了一条错误路线的结果，不能把斯大林模式看成苏联社会主义失败的根本原因。我认为，戈尔巴乔夫等人背离和放弃社会主义确是苏联解体的直接原因，但如果不是由于斯大林模式存在严重的弊端而且到了积重难返的地步，有 1500 万党员的苏共和两亿多人民的苏联是绝不会如此轻而易举地被戈尔巴乔夫等几个人葬送的。持这种意见的人为斯大林模式辩护的理由主要有两条：一是认为要把斯大林模式放在当时特定条件下评价。二是认为要分清社会主义基本制度和具体的政治经济体制，对于斯大林模式中有关社会主义基本制度的内容必须充分肯定。这两条理由都是站不住的。其一，所谓要把斯大林模式放在当时特定条件下评价，他们是说当时斯大林模式是唯一可供选择的正确模式。而事实是，斯大林是在列宁的新经济政策正有成效时取消新经济政策、实行斯大林模式的，从目前掌握的资料来看，布哈林当时是坚决拥护新经济政策的。在如何建设社会主义问题上，布哈林的理论要比斯大林正确得多。其二，他们说的斯大林模式中有关社会主义基本制度的内容，是指苏联的一党专政，生产资料公有制占统治地位，完全实行按劳分配，思想高度垄断等等制度，而这些都是应该和必须进行改革的，绝不能"充分肯定"。其实，所谓分清社会主义基本制度和具体的政治经济体制的说法就是含糊不清的。他们所说的社会主义基本制度并非独自存在的具体制度，而是人们从具体的政治经济体制中抽象概括出来的。有的人在计划经济向市场经济转变的过程中还曾坚持要把计划经济概括为社会主义基本制度，现在改了口，但仍坚持只有生产资料公有制和按劳分配才是社会主义基本制度。按照这种看法，岂非在我国仍要消灭私有制经济和取消按劳分配以外的分配制度。不过他们有人又承认公有制为主体多种所有制共同发展和以按劳分配为主多种分配制度共存是我国社会主义基本制度。基本制度具体制度云云成了有些人变戏法的工具。

　　社会主义不可持续的制度模式能不能转变为社会主义可持续的制度模式呢？我认为，在一定条件下，经过改革是能够转变的。我国建设社会主义在一定时期内是学习和实行的斯大林模式，虽然毛泽东同志对斯大林的理论主张有所批评，但总的是肯定斯大林模式的。这从毛泽东同志的《论十大关系》、《读苏联政治经济学教科书笔记》以及他主持的《一论》、《再论》都能说明。关于毛泽东同志发动大跃进和人民公社，批资产阶级法权，鼓吹阶级斗争为纲，主张走"五七"道路，乃至发动"文化大革命"，更把斯大林模式的谬误方面推前了一步。所幸时间不是很长，加上后来有邓小平同志的英明领导，在邓小平理论的指导下，毛泽东同志的社会主义模式终于逐步转变成中国特色的社会主义模式。这不仅使中国经受住了20世纪80年代末、90年代初世界性反社会主义风浪的考验，而且为社会主义可持续发展提供了光明的前景。可见，转变是可能的，但是需要条件，尤其需要正确的改革方向和战略。

我们所以对社会主义前景还是充满信心，不仅是因为社会主义是人类社会发展的必然趋势，而且是因为我们正在建设的中国特色的社会主义将有可能成为可持续发展社会主义的一个范例。中国特色社会主义是在邓小平理论指导下着手建设的社会主义模式，它不同于毛泽东模式的社会主义。毛泽东模式的社会主义对中国也有过功绩，但它必然导致的"文化大革命"使中国经济到了崩溃的边缘，也使中国的社会主义几乎走到了绝境。中国共产党和中国人民高举邓小平理论伟大旗帜，坚持改革开放，不断纠正和克服斯大林社会主义模式和毛泽东社会主义模式的缺陷和失误，经受住各种困难和风险的考验，使社会主义事业继续前进，创造了中国特色社会主义这一新的富有生命力的社会主义模式。当然，中国特色社会主义在发展进程中还会不断面临着考验。当前存在的一些突出问题，如就业问题，贫富悬殊问题，农民增收问题，腐败问题，就亟待妥善解决。由于我国的社会主义事业已取得了巨大的成绩和积累了丰富的经验，特别是党的十六大全面深刻地总结了13年的基本经验，强调"我们党必须始终代表中国先进生产力的发展要求，代表中国先进文化的前进方向，代表中国人民的根本利益"，实事求是地提出了全面建设小康社会的目标，十六届三中全会又做出了《完善社会主义市场经济体制若干问题的决定》，中国是具备解决好这些问题的条件的。只要我们继承优良传统，继续高举邓小平理论伟大旗帜，坚持贯彻"三个代表"重要思想，不断努力克服前进中的困难，中国特色社会主义一定会成为可持续的社会主义。

（原载《理论前沿》2004年第4期）

政治经济学要重视现实问题的研究

——兼谈经济体制改革的几个问题

重视现实问题是提高政治经济学教育质量的关键

这次会议是要探讨如何提高政治经济学的教学质量。提高政治经济学的教学质量无疑要从多方面做工作,而关键则是要加强对现实问题的研究。

大专院校的学生学习政治经济学都带着自己的问题和要求,他们希望通过学习学会认识社会经济现象,了解国民经济发展的趋势。有的学生还带着自己的观点来学习政治经济学。现在经济改革和经济建设中问题很多,西方经济学理论也通过各种渠道传输给学生,影响他们对问题的看法。政治经济学如果不加强对现实问题的研究,是难以满足学生要求的。

我对政治经济学的教学情况了解不多,但是从经济学界讨论的问题来看,也深感政治经济学有加强研究现实问题的必要。下面举几个例子来说明这种必要性:

国有经济和私有经济孰优孰劣。马克思主义是相信国有制经济有优越性的,但是我国经济论坛上也提出了国有制和私有制孰优孰劣的问题。例如有的同志认为,越是大规模专业化生产,私人经营的效率越是比国营高。有一篇论文对于国家所有集体经营和私人所有私人经营两类企业的行为,从经营目的、收入分配、要素占用、企业家行为、长期生产行为、短期生产行为等多方面进行了比较,得出了如下结论:私人所有私人经营企业的微观效益,高于国家所有集体经营企业的微观效益。文章认为,"微观经济运行效率,是决定不同制度或体制经济效率高低的基础。国外的改革经验和教训表明,我们必须审慎地选择具有国际比较优势的企业模式"。问题提得是很尖锐的,政治经济学的教育和研究工作不能回避。

国有企业能不能自负盈亏。《关于经济体制改革的决定》中指出国有企业能够和应该实行自负盈亏,但是理论界也还有不同看法。有一篇文章说:有的人把企业放到独立商品生产者的位置上来,实行投资使用的有偿制,把经理厂长的职能变成为资本增值的责任承担者,让其自负盈亏,这样就把投资决策权交给企业的经理、厂长,国家的计划指导只能是参考性的,而对于客观经济规律的运用则主张充分发挥价值规律和市场自发调节的作用,企图以这种资金增值的内在制约力来起到自动机制的作用;其实说到底,这些处方都是从资本主义那里搬来的,把适合于资本主义生产方式的各种要素,硬塞到社会主义生产方式中来,显然是不合适的。也有人说:"生产资料国家所有是负盈不负亏的根源";"所有权与经营权分离是企业行为失控的根源";他们不同意所有权和经营权相对分离的提法和主张,认为"国家所有和企业经营相对分离不仅不利于解决亏损企业经济动力不足的问题,也不利于其他企业的健康发展。"对于这个问题,政治经济学教育中也是要涉及的。

如何对待劳动价值论。马克思主义的价值论是劳动价值论,而当代西方经济学家很多是反对劳动价值论的。一段时期以来国内理论界是两种理论并存,赞同西方经济学观点的同志一般不公开批评劳动价值论,但最近的文章和书籍中也有对劳动价值论提出意见的。有一本书中说:"按照马克思的劳动价值理论,自然资源只是使用价值形成的要素";"在价值的形成过程中,马克思没有把自然资源耗费的因素考虑进去";"在这个理论指导下,在社会主义建设的一个很长时间内,人们都没有注意对自然资源的合理配置和使用问题,只注意了对劳动资源和物化劳动形式上生产资料的配置。实践证明,这种认识是有缺陷的"。该书还说:"反过头来,再看一下马克思的劳动价值论,可以感觉到,这个理论是在自然资源的稀缺不那么明显和严重的情况下产生的。当时,一则人们对自然资源的使用没有今天这样广泛,二则对刚刚兴起的大机器生产方式来说,还只在整个世界上占了一小部分，它还没有遇到自然资源的限制这个障碍。""马克思在当时自然资源使用最明显的例子土地上，也只看到了土地所有权对资源使用的限制，还没有看到无限扩大生产能力、资源使用的多种机会与有限资源之间的矛盾，这种历史的局限性应该随着历史的发展加以解决。"政治经济学教学中也要回答这里提出的问题。

如何认识市场机制的作用。计划机制和市场机制的关系问题，也不能说已经解决了。例如有的同志主张市场调节是第一次调节，计划调节是第二次调节，有的同志则持相反看法。还有人主张"确立市场机制在社会主义分配领域中的主导地位"。有一篇文章说："在市场分配机制下，劳动、资本、土地生产要素共同作用产生的国民收入，在这些要素供给者之间进行分配，劳动供给者获得工资，资本供给者获得利润，土地供给者获得地租。其比重由这些要素的供求关系决定。由供求关系决定的这种收入分配，准确反映各种要素的相对稀缺程度及在生产上的互相替代关系，有利于平衡资源，提高资源使用效率。市场机制是一个效率机制，它遵循优胜劣败原则，对生产者予以奖励或惩罚。"文章还说："国民收入分配机制多种多样，概括起来，不外乎市场分配机制，政府分配机制，伦理道德分配机制"，"政府分配的优点在于它能够较多地考虑社会公平"，"最大缺陷在于不利于效率提高"。伦理道德分配机制"是按'良心'办事。遵守'有福同享，有难同担'的原则，越是落后的社会伦理道德分配机制所起作用就越大。"对于这方面的分歧意见，学习政治经济学的学生也会关心和要求教师回答的。

当前我国处于什么样的经济成长阶段。有一份研究报告认为，近年国民经济的增长，已使我国普遍地结束了以温饱为中心的必要消费品阶段；随着这个消费阶段的终结，继续扩大初级农产品和中低档工业制成品的生产，已不再能对国民经济的增长产生过去那么重要的影响，我国国民经济正在走向一个以结构大变动为主要特征的新成长阶段。所谓新成长阶段的基本经济内容，就是国民经济的增长，要以非必需品的增长为主要动因。研究报告认为，在新成长阶段，我国面临的主要经济问题是，如何在严峻的资源约束下，把满足非必需品的结构变革和实现众多人口的积极的充分就业结合起来。其中一个很基本的方面就是，几亿农民从土地脱离出来要求加入其他产业部门，但同时又不能特别加大制造业在国民经济中的比重。这份研究报告提出了有待政治经济学研究的一系列重要问题，包括如何划分我国经济成长的阶段，我国当前处于什么阶段，将往什么阶段前进，今后经济发展的动力、任务、格局、途径等。

以上这些问题都要通过认真的调查研究和贯彻百家争鸣的方针加以解决，这样才能在探求真理的道路上不断前进，达到提高教育质量的目的。这几个问题只是举例，而仅仅从这些例子也足以说明，需要政治经济学研究的问题是很多的，其中有些是经济生活中的实际问题，有些是理论问题或认识问题，对于这些理论问题和认识问题，也必须研究实际问题才能解决。其实，政治经济学的任务就在于解决现实问题。著名的政治经济学家和著名的政治经济学著作，无不是由于比前人和同时代人以及比前人的著作和同时代人的著作更好地解决了现实中存在的问题。资产阶级的学者和著作是如此，如亚当·斯密的《国民财富的性质和原因的研究》，里嘉图的《政治经济学及赋税原理》，凯恩斯的《就业、利息和货币通论》等，都是因为解决了重大的现实问题（实际问题或理论问题）才著名的，马克思主义的学者和著作也是如此，马克思的《资本论》，列宁的《帝国主义论》，斯大林的《苏联社会主义经济问题》，毛泽东的《论十大关系》等，也是由于科学地解决了重大的现实问题，才会有如此巨大的影响，传之于千古的。我在孙冶方同志领导下工作过，孙冶方同志的理论有鲜明的现实性。重视现实问题的研究，又把这些现实问题提到理论的高度，是孙冶方同志研究工作的一个重要特点。

不能否认政治经济学领域存在着理论脱离实际的现象。教科书中讲社会主义基本经济规律，国民经济有计划按比例发展规律，按劳分配规律等等，但我国一个时期内却忽视满足人民的需要，国民经济比例严重失调，平均主义盛行。可谓规律自规律，而实际情况完全是另一回事。如果按照这样的教科书来讲授，又怎么使学生信服教科书中的理论呢？

最近我看到一篇文章，主题是反对"要为改革创造良好的环境"的提法。理由是：改革是结果，不是原因，改革是手段，不是目的。因此改革不存在外部环境问题，"为改革创造良好的环境的提法欠妥"。据我所知，不少同志曾提出要为改革创造良好的经济政治和社会环境，例如主张速度要适当，不要使国民经济绷得很紧，等等。这些同志提出的具体主张是否都正确，是可以探讨的；但是上述文章没有探讨任何具体问题，而是仅仅从原因、结果、手段、目的等抽象概念出发，并用抽象的推理来否认现实中存在的问题，这样的研究方法是不可取的。这样做既解决不了问题，也难以把科研和教学工作推向前进。

我主张重视研究现实问题，决不是说不要研究理论问题。上面列举的问题有些就是理论问题。对于政治经济学对象、方法、体系等学科建设问题，也是应该下大力气研究的。但是正如于光远同志所说："政治经济学社会主义部分体系作为一个科学问题，那是社会主义生产关系的这种变化发展的规律性的展示，有一定的逻辑，这种逻辑是客观的。"而我们只有通过对种种现实问题的研究，才能揭示社会主义经济运动的规律性。因此，为了解决政治经济学的对象、方法、体系等问题，也是应该重视现实问题的研究的。

关于政治经济学的对象，长期存在着是否包括生产力的争论。如果重视研究现实问题，这个争论可能比较容易解决。因为，大多数社会主义经济问题是既涉及生产关系又涉及生产力的，诸如经济发展速度问题，经济结构问题，经济效益问题等等，都是涉及生产力问题的。为了解决这些实际问题，又怎么能只研究生产关系而不研究生产力呢？我认为，主要的问题不在于政治经济学研究生产关系还是研究生产力，而在于把生产关系和生产力很好地结合起来研究，而且要把它们和经济政策结合起来研究。

现在我国正处于经济体制改革时期。改革的实践提出了大量的政治经济学问题要求研究解决。这给政治经济学的教学和研究工作带来了艰巨的任务，同时也是政治经济学大显身手的机会。政治经济学无疑要把研究经济体制改革问题放在重要地位，但这决不意味着可以忽视对经济建设问题和其他经济问题的研究。在研究经济体制改革问题时，也要把它和经济建设问题结合起来研究。下面我提出若干需要探讨的经济体制改革问题，谈些粗浅的看法，以期抛砖引玉。

要研究社会主义企业改革的目标模式

通过改革,我们要建立什么样的企业?或者说,社会主义企业改革的目标模式是什么?这个问题在实践上和理论上都还没有完全解决,值得认真研究。我认为,企业改革的目标模式就是要使社会主义企业成为真正的企业。所谓真正的企业,当前要强调三个特征。第一、实行自主经营、自负盈亏;第二、有扩大再生产的能力和自主权;第三、有自我控制的机制。

为了使社会主义企业成为真正的企业,首先要让企业自主经营、自负盈亏。现在对社会主义国有企业的自负盈亏问题还有不同看法,有的同志不同意国有企业自负盈亏,可能是对国有企业自负盈亏有所误解,例如把企业的自负盈亏和企业的经理厂长自负盈亏等同起来,而企业自负盈亏并不等于企业的经理、厂长自负盈亏。关于国有企业可以实行自负盈亏的问题,许多同志都作过分析论证。其实,国有企业自负盈亏不仅在理论上是可能的,而且资本主义国家的很多国有企业事实上也是自负盈亏的,社会主义企业实行自负盈亏也不会改变企业的社会主义性质。有的同志不仅不同意使国有企业自负盈亏,而且不同意把国有企业"放到独立商品生产者的位置上来"。这从另一方面说明了,企业要成为真正的商品生产者和经营者,是必须自负盈亏的。而如果我们不把企业"放到独立商品生产者的位置上来",又怎么能发展社会主义商品经济呢?

社会主义企业成为真正的企业,意味着它们有扩大再生产的能力和经营自主权。《关于经济体制改革的决定》中说,要使企业具有自我改造和自我发展的能力。这个规定是正确的,不过对于自我改造和自我发展也可以作不同的理解。例如可以理解为既有实物量扩大再生产的自主权,也有价值量扩大再生产的自主权,也可以理解为只有实物量扩大再生产的自主权,没有价值量扩大再生产的自主权。我们记得,孙冶方同志在六十年代曾主张企业在价值量上有简单再生产的自主权,在实物量上有扩大再生产的自主权。当时孙冶方同志远远走在实践和同时代人的前面,提出这个主张是难能可贵的。但现在则应该承认,社会主义企业既应有实物量扩大再生产的自主权，也应有价值量扩大再生产的自主权。赵紫阳同志在《关于第七个五年计划的报告》中说：要"进一步扩大企业的生产经营自主权，使企业真正具有自我积累、自我改造、自我发展的能力"。在"自我改造、自我发展"之前加上"自我积累"，就是明确了企业有价值量扩大再生产的经营自主权，这对于发展社会主义商品经济是十分必要的。

1985年5月我曾参加在日本冲绳举行的中日经济学术交流会，会上东京大学教授小宫隆太郎认为，中国的国营工厂不能说是通常意义上的企业。他说："中国不存在企业，或者几乎不存在企业。"这话有些刺耳，但细想想却不无道理。他说：日本大企业一般有以下功能：①统辖企业内部各单位的日常生产活动，其中相当一部分是同新的业务有关的活动。②研究开发新技术、新产品。③进入新领域，建设新工厂。④进行与新产品、新领域、新市场和新顾客有关的销售活动。⑤筹措扩大事业的资金。⑥决定职工的录用、升迁、进修和工资以及奖赏。这些功能都是扩大再生产的功能。他对比中日两国的企业情况，认为经过1983—1984年的改革，中国的企业还远不具备这些功能。可见，小宫正是根据企业应该有扩大再生产的自主权，来论证中国国营工厂不是企业的。

小宫还说："所谓企业，在日本的词义中是'筹划事业'的意思"，"进行新的生产活动，筹划和提出新的方案并付诸实施，其主体就是企业"。他认为，"英语Enterprise这个词也有筹划，兴办新事业的含义"。他给企业下了这样一个定义："筹划任何新的事业就是企业。"这也是从扩大再生产着眼的。过去我国出版的一本《辞海》曾写道，"企业，以营利为目的而经营之事业"。后来修改为："企业：从事产品的生产流通或服务性的经济单位"。修改时故意把"以营利为目的"删掉了。现在看来，"以营利为目的"是不应该删的。不过，即使加上"以营利为目的"，甚至加上"自主经营自负盈亏"，对说明现代企业的特征可能也还不够全面。为了明确起见，在企业的定义中还应该说明企业有扩大再生产的经营自主权。

为了使社会主义企业可能实现扩大再生产，必须让企业得到必要的留利，能够自我积累。改革以来，我国企业留利增加很快，但同应该达到的目标相比，现在的留利仍维持在较低的水平上。国营工业企业的留利占实现利税的比重，1981年为7.5%，1982年为9.2%，1983年为11.9%，1984年为14.3%，1985年1—11月为16.6%。国营大中型企业的留利水平更低，1981年为7%，1982年为9%，1983年为10.5%，1984年为12.9%。国营工业企业留利中用于发展生产的比重也很低，1981年为20%，1982年为25%，1983年为28%，1984年为20%。现在我国大中型工业企业固定资产净值仅占原值的60%，相当多的企业连50%也不到。不少企业目前的留利水平，甚至难以维持固定资产的简单再生产。

我国企业留利水平低的问题已经引起人们的注意，但是如何从企业扩大再生产经营自主权出发考虑这个问题，似还注意不够。而问题只有如此考虑，才有可能使企业成为真正的企业。有些同志担心增加企业留利会减少国家财政收入，这种担心并非完全没有根据。但问题在于，企业作为商品生产者和经营者，如果没有一定的积累，就不可能在竞争的条件下生存和发展。而当企业承担起自己扩大再生产的责任以后，国家财政也就会相应地减轻负担。我并不认为当前我国企业有可能很快提高留利水平，因为企业留利是必须和国家财政状况、经济效益以及企业行为等情况结合起来考虑的。但是，作为企业的目标模式，企业的扩大再生产资金一般应该由自己积累和筹划，而不应再像传统体制那样由国家财政承担。

为了考虑今后我国企业的留利水平问题，应该考虑和研究发达资本主义国家的有关情况。这方面的资料有待收集整理。1965—1972年美国法人利润中所得税，最高名义税率在50%左右，实际税率在30%左右；日本法人利润中所得税最高名义税率低于50%，实际税率在20%左右。日本丰田公司1973—1977年纯利占总收益的比重，低的年份为54%，高的年份为68.7%。这些数字不能和我国国有企业留利水平精确比较，但是得出这样的结论还是可以的，即在日美等资本主义国家中，企业所得在总利润或总收益中所占的比重，比我国国有企业留利水平要高得多。再看几个资本主义国家1975—1977年企业的内部筹资与外部筹资的比较，其中内部资金比重最高的是英国的76.1%，最低的是日本的49.9%，日本企业投资多，因此内部资金比重少。而根据一些典型调查，近年来我国经济状况最佳的国营企业自己支配的专项资金在新增固定资产投资中也只占三分之一左右，其他三分之二要靠企业外部筹资来解决。这也说明当前我国国营工业企业也远没有做到主要靠自己积累来进行扩大再生产。至于今后作为目标模式的我国企业留利应是什么水平，以及如何达到这个水平，那是需要进一步收集资料加以研究解决的问题。

使企业成为真正的企业还要在企业内部建立起保证企业行为合理化的自我调控机制。在资本主义企业中，由于存在股东、经营者、工人等不同阶级阶层，因而在一般情况下不会出现企业滥发工资奖金等现象，投资也不会不考虑利润率的高低。现在我国国有企业中所以存在滥发奖金以及投资不认真考虑经济效果等情况，原因很多，其中一个重要原因是企业内部缺乏健全的调控机制。理论界讨论的国营企业中谁代表国家利益的问题，实质上就是这个问题。如果国有企业内部不建立起健全的调控机制，很难设想能够解决好所有权与经营权适当分离、企业自负盈亏以及企业自我积累、自我改造、自我发展等问题。对于如何建立这种机制，很多同志已经提出了主张，例如实行股份制，实行资产经营责任制，实行和完善厂长任期责任制，厂长经理工资和企业积累挂钩并由上级决定，对职工工资奖金的最高限额作出法律规定，征收个人所得税，等等。尽管对每种主张都有不同看法，但进行探讨是有益的，应该从有利于发展社会主义商品经济这个总要求出发，进一步开展讨论。也可以进行试点，创造经验。

上面是我对于我国经济体制改革中企业目标模式的一些设想。我提出使社会主义企业成为真正的企业，决不意味着可以忽视企业的社会主义性质。我们的经济改革必须坚持社会主义方向。因此，社会主义全民所有制必须在经济中起主导作用。那种笼统否认国有经济具有优越性的理论，我认为是没有说服力的。应该指出，实现以上提出的设想，并不会损害企业的社会主义性质。首先，如上所说，社会主义国有企业的性质和自负盈亏决不是不相容的。而且，社会主义企业实行自负盈亏才能真正成为商品生产者和经营者，才能发展社会主义商品经济。其次，企业具备扩大再生产的经营自主权是作为社会主义商品生产者和经营者的要求，也不会损害企业的社会主义性质，而将有利于发展社会主义商品经济。再次，企业内部经营管理制度的变化，有些是会影响所有制的内涵的，例如实行股份制和实行资产经营责任制会使所有制的内涵和结构发生变化。但是，在股份和资产仍属社会主义国家所有的情况下，不仅不会改变所有制的社会主义性质，也不会改变全民所有制的性质。又次，社会主义企业贯彻按劳分配原则，这也是企业社会主义性质的要求和表现。当然，企业的社会主义性质还要由社会主义市场体系和社会主义宏观经济管理制度来保证。

要研究社会主义市场体系问题

通过改革，我们还要建立和健全社会主义市场体系。建立社会主义市场体系和使企业成为真正的企业是互为条件的，和建立以间接控制为主的宏观经济管理制度也是互为条件的。赵紫阳同志说："企业活力的增强，商品市场体系的形成，间接控制手段的完善，三者必须互相配套。"

作为目标模式，我们要建立什么样的市场体系呢？

第一，它应该真正是一个市场体系。通过改革，我们不仅要建立发达的商品市场，包括消费品市场和生产资料市场，而且要建立发达的要素市场，包括资金市场、技术市场等，并要允许劳动力的合理流动。

过去我们一般把市场理解为产品销售的场所，故而只承认商品市场，这样理解市场是很不全面的。马克思曾说，"市场是流通领域本身的总表现"。他还说："流通是商品所有者的全部相互关系的总和，在流通以外，商品所有者只同他自己的商品发生关系。"按照马克思的说法，市场应该包括商品市场、金融市场、房地产市场、劳动力市场等内容。

值得指出的是，商品市场在我国也没有完全建立起来，更不能说已经形成了发达的、健全的商品市场。过去长时期内我们只承认消费资料是商品，不承认生产资料是商品，在这种思想指导下，生产资料不是作为商品生产的，因而也不进入市场。现在虽然已经承认生产资料是商品，有一部分生产资料也已进入市场，但由于有些重要生产资料大部分甚至绝大部分还没有进入市场，所以还不能说已经完成了建立生产资料市场的任务。消费资料市场也还不够健全和发达，有很多问题有待解决。

建立和健全资金市场是这几年提出来的，我们要争取在一定时期内建立一个以间接金融为主，直接金融为辅，即以银行信用为主体，多种信用方式、多种信用工具并存的信用体制，充分调动地方、企业、个人积累资金的积极性，引导资金的合理流动，提高资金的使用效率，形成不同层次的金融中心和适合我国国情的金融市场。中央银行和专业银行的关系也要改革,要创造条件,使专业银行实行企业化。

社会主义市场体系是否包括劳动力市场?对此有很不相同的看法。一种意见认为,社会主义制度下不应该建立劳动力市场,因为劳动力已经不是商品。一种意见认为,社会主义制度下应该建立劳动力市场,因为劳动力仍是商品,尽管在性质上已和资本主义制度下的劳动力不同。也有同志认为,社会主义制度下劳动力并非商品,但仍应建立劳动力市场。这些意见可以继续探讨。我想指出的是,是否叫劳动力市场,这个名称问题并非最主要的,最主要的是建立什么样的劳动制度。而作为改革的目标,传统体制下的铁饭碗制度、劳动力部门所有制以及劳动力不准流动等制度则必须改变。否则,劳动者的素质难以提高,企业的活力也难以增强。而改变这些制度,例如实行劳动合同制,不仅不违背社会主义劳动的性质,相反正是实现社会主义劳动性质所要求的。

第二,它应该是价格体系合理价格制度灵活的市场。如果价格体系不合理,是很难形成正常的市场的,也难以发挥市场机制的积极作用。考虑到我们要建立一个包括资金市场、技术市场、劳务市场等在内的市场体系,除了实现商品价格体系的合理化,还要实现利率、技术商品价格、劳务价格以至土地价格的合理化。

理论界早就讨论制定价格的依据问题。一种意见强调价格要符合价值;另一种意见强调价格要符合供求关系,还有一种意见强调应该按质论价。这些意见不是截然对立的。但是如何综合考虑这些因素(以及其他因素)来制定价格仍是有待解决的问题。

合理的价格体系要求合理的价格管理制度。我国价格体系严重不合理很大程度上是传统体制下僵化的价格管理制度造成的。所以,灵活的价格管理制度也应该是社会主义市场体系目标模式的内容。对于我国应该建立什么样的价格管理制度,一般都同意应该是指令性价格(即现在的计划价格)、指导性价格(即浮动价格)和自由价格并存。但对应以哪种价格为主,则有不同看法。一种看法认为,应以指令性价格为主;一种看法认为,应以指导性价格为主;一种看法认为,应以自由价格为主。我认为,以指令性价格为主是违背建立灵活的价格管理制度的要求的,看来,建立以指导性价格为主的指令性价格、指导性价格、自由价格并存的价格制度,可能是比较妥善一点的主张。

第三,它应该是开展竞争的市场。没有市场是难以开展竞争的,但有了市场未必一定有竞争。即使在资本主义社会,也存在着没有竞争或竞争受到严重限制的市场。到了帝国主义阶段,完全垄断的市场就更屡见不鲜了。西方经济学曾对市场结构进行分析,这也是研究市场和竞争的关系的。这种分析对我们研究社会主义市场结构的目标模式也是有参考价值的。看来,一方面,对有些行业和产品,完全竞争是不现实或不合适的。这种竞争不利于经济和社会的稳定发展,也不利于经济效益的提高。另一方面,一般来说,完全垄断的情况也是要力求防止的。这种情况不能给企业以应有的压力,从而也不利于经济、技术、社会的发展。值得重视的是各种不完全的竞争。

第四,它应该是社会主义性质的市场。建立具有以上特征的发达的市场体系,包括建立发达的生产资料市场、资金市场、科技市场、劳务市场等,不会影响市场的社会主义的性质。相反,这正是发展社会主义商品经济的要求。

这当然不是说,坚持市场的社会主义性质不需要一定的条件。为了保证市场体系是社会主义性质,一要社会主义企业在市场上起主导作用;二要按照社会主义原则加强和改善对市场的管理;三要使市场有利于社会主义经济的发展。这几点,我们是一定可以做到的。

要研究以间接控制为主的社会主义宏观经济管理制度

政治经济学也要研究改革中宏观经济管理制度的转变。回顾资本主义社会以来的历史,宏观经济管理制度经历过三种模式。第一种模式是自由放任的宏观经济管理模式,这是与自由资本主义时期企业和市场状况相适应的,以亚当·斯密的经济理论为依据。第二种模式是以市场调节为主,辅之以必要管理的宏观经济管理模式。这是 20 世纪 30 年代以来西方经济发达国家实行的模式,是与垄断资本主义时期企业和市场的情况相适应的,以凯恩斯的经济理论为依据。第三种模式是以对企业直接管理为主的宏观经济管理模式。这是苏联和其他社会主义国家实行过（有些国家还在实行）的模式，是与传统体制下企业和市场的状况相适应的，以产品经济论或自然经济论为依据，故有人称之为计划经济和产品经济统一的宏观经济管理模式。

通过改革，要改变以对企业直接管理为主的宏观经济管理制度，建立以对企业间接管理为主的宏观经济管理制度，这可以称之为第四种模式。所谓以间接管理为主，是既要充分发挥计划机制的作用，又要充分发挥市场机制的作用，要把两者有机地结合起来。

第四种模式不同于第一种模式，因为它不是自由放任，而是有宏观管理的。第四种模式也不同于第二种模式，因为它不是以市场自发调节为主，辅之以管理，而是对市场以及在市场上活动的企业都进行管理的，就是要把计划机制和市场机制结合起来。第四种模式还不同于第三种模式，因为它充分发挥市场机制的作用，一般不直接干预企业微观经济活动，主要不是采用指令性计划而是采用指导性计划。和第一、第二种模式相比，第四种模式坚持计划管理，从而保证社会主义经济是计划经济。和第三种模式相比，第四种模式保证企业作为商品生产者和经营者的地位，充分发挥市场机制的作用，从而保证社会主义经济是商品经济。第四种模式是以社会主义有计划商品经济理论为依据的，所以有人称之为计划经济和商品经济统一的宏观经济管理模式。

我们要建立的宏观经济管理制度即第四种模式有些什么主要特征呢？

第一，它有健全的计划管理制度，把对国民经济的计划管理放在十分重要的地位上。有人忽视计划管理在社会主义宏观经济管理中的重要性，这是不妥当的，现在流行着一种看法，宏观经济管理就是弥补市场机制的不足和失误。这种看法承认市场机制存在不足和缺陷，无疑是正确的。但是，社会主义宏观经济管理的任务不只是要弥补这些不足和失误，而且要自觉地利用市场机制，这就必须进行计划管理。计划管理不能和指令性计划等同起来，但是决不能把缩小指令性计划理解为可以忽视计划管理。《关于经济体制改革的决定》中说："就总体说，我国实行的是计划经济，即有计划的商品经济。"为了做到有计划，必须重视和加强计划管理。

第二，它通过一系列正确的政策进行间接管理。我国传统经济管理制度是通过指令性指标和其他行政命令来保证计划目标的实现的,新的宏观经济管理制度要制定和执行一整套正确的经济政策,以贯彻社会主义原则,使得国民经济有计划按比例发展,实现社会主义生产目的。这个经济政策体系包括产业政策、财政政策、金融政策、价格政策、劳动政策、技术政策、外贸政策、收入政策等等。过去我们制定经济政策有很多经验,但是大都是以产品经济论为指导思想。在新的经济体制下,经济政策要以社会主义商品经济论为指导思想,这样做我们还缺少经验。例如,产业政策是涉及国家和企业的关系的,过去国家直接干预企业的微观活动来实现产业政策的目标,今后的产业政策则既要保证企业的经营管理自主权,又要实现产业结构合理化,这样才能促进社会主义商品经济的健康发展。

第三,它善于利用各种经济杠杆,发挥经济杠杆的调节作用。经济杠杆包括价格、税收、成本、利润、信贷、利息、工资、奖金等多方面的内容。各种经济杠杆既有共同点,也有不同点。例如,它们发挥作用的形式、对象、范围、灵活性以及后果都有区别。因此,各种经济杠杆有其特有的作用,同时又有自己的局限性。为了正确发挥经济杠杆的作用,必须学会综合运用它们,使经济杠杆的作用方向与经济调节方向相一致,并且使各种经济杠杆的作用方向(或主要方向)相一致。

第四,它是分层次的宏观经济管理制度。我们国家大,人口多,各个地区情况差别很大。因此,宏观经济管理必须是分层次的,要让地方尤其是大中城市有必要的宏观经济管理权限。应该明确,各个层次的宏观经济管理都应该是以间接管理为主。正如《关于经济体制改革的决定》所指出的:"城市政府也必须实行政企职责分开,简政放权,不要重复过去那种主要靠行政手段管理企业的老做法。"

第五,它有健全的经济立法和经济司法制度,充分发挥法律在宏观经济管理中的作用。赵紫阳同志说:"经济体制改革的深入进行和国民经济的进一步发展,越来越要求把更多的经济关系和经济活动的准则用法律的形式固定下来,使法律成为调节经济关系和经济活动的重要手段。主要运用经济手段和法律手段并采取必要的行政手段控制和调节经济的运行,是适应新型的社会主义经济体制的重要内容"。(《关于第七个五年计划的报告》)法律和行政命令一样带有强制性,但法治比人治有很多优越性,利用经济法控制宏观经济，可以克服政府机构直接管理企业的种种弊病，既使企业活动符合国家和社会的要求，也不至于侵害企业的自主权。西方经济发达国家在宏观经济管理中都非常重视法律的作用。经济立法是美国政府干预经济的基本方式。日本对企业、市场、产业有很多法律规定。中国只有在有了各种必要经济法规后，才能实现宏观经济管理制度的目标模式。

第六，它重视发挥必要的行政手段的辅助作用。传统体制下行政手段是最重要的宏观管理手段，在新旧体制交替时期也不能忽视行政手段的作用，那么在实现宏观经济管理制度的目标模式以后，是否可以不重视甚至放弃行政手段呢？我认为也不可以。必要的行政手段，在改革任务完成以后也是存在的。问题不在于要不要发挥行政手段的作用，而在于把行政手段置于什么地位和如何发挥行政手段的作用。日本的行政指导也是一种行政手段，它是经济行政机关对企业的"劝告"，包括指示、建议、希望、通知、意见等等，由于运用得好，对宏观经济管理起了好的作用。有的人认为这种行政指导有不少优点，例如可以弥补法律规定的不足，可以较为灵活地处理问题，可以把政府的信息和要求及时传达给企业等等。

建立以间接管理为主的宏观经济管理制度，和使企业成为真正的企业，以及建立健全发达的社会主义市场体系一样，不是一件容易的事情。而且，从一定意义上说，它们是三位一体的任务。为了建立具有上述特征的社会主义宏观经济管理制度，需要加强对其他国家包括西方经济发达国家宏观经济管理制度的研究。

要研究经济体制改革的时间和阶段

完成从传统体制到新体制的转变需要多长时间？这也是人们普遍关心的问题。我们当然不可能计算出来或者硬性规定具体的时间，但是需要有一个大致的估计。很多人要求改革在很短时间内完成，这种心情是可以理解的，但是可能不符合社会主义经济体制改革的规律和中国的实际情况。看来，中国的经济体制改革将是一个渐进的长过程。理由是：第一，改革是一个渐进的过程。经济体制是一个巨大复杂的系统。因此，经济体制改革必然是一个十分艰巨复杂的系统工程。改革既有系统性，又有阶段性。企图"毕其功于一役"的想法和做法，是不正确的。

第二，中国的改革起点低，需要的时间也会更长。中国改革的起点比东欧一些国家低，表现在原有体制的集中化、实物化、封闭化和平均主义程度远远超过这些国家。渐进的过程决定完成改革需要比较长的时间，而改革起点低的国家，需要完成的任务更繁重，和起点高的国家相比，在一般情况下完成改革就需要更长的时间。

第三，中国改革在某些方面的超前性，也增加了进一步改革的难度。中国经济改革现在在有些方面已经走在其他社会主义国家前面，如农村的联产承包责任制，生产资料的双重价格，发挥城市的中心作用，等等。这些方面进一步前进遇到的问题都主要依靠自己研究解决，而没有现成的经验和办法可供参考和采用。随着改革的深入，遇到的问题也会更加复杂。解决这些难度大的问题，需要更多的时间。

第四，采取了一批重大的改革措施以后，往往需要一段巩固、消化、补充、改善的时间。由于改革带有探索性，即使改革中注意配套，也难以滴水不漏，毫无错差。1985年改革的步子较大，所以1986年改革的主要任务是把已经采取的改革措施进行巩固、消化、补充、改善，存利去弊，使它们发挥出更好的效益。我认为这样做是符合改革的规律的。以后改革有了进一步发展后还会这样做，而这样做也是需要时间的。

此外，改革中由于权力利益的调整而产生的困难和阻力，以及思想认识上的分歧，也都需要有时间来解决。所以，我们不能把新旧体制转变的时期估计短了，不能把困难估计低了。

当然，我们也必须对改革抱积极的态度，在可能条件下加快改革的进程。这样做，从当前看也是必要的可能的。我们要争取1986、1987年迈出新的改革的步子，并且能够迈得大一点。

第一，完成经济改革虽然要比较长的时间，但是时间也不能太长。我国由于不受外国的控制和束缚，改革没有外部障碍，同时由于经济自成体系，国际市场波动带来的影响较小，加上国内改革的阻力较小，因此有可能比别的国家用较短的时间来完成改革的任务。在具备条件时，应该使步子大一点。

第二，从农村改革算起，我国改革已进行了七八年了，"七五"期间是我国全面改革经济体制的关键时期，1987、1988年又是"七五"时期的第二、第三个年头。这两年改革进行得如何，对完成"七五"期间改革的任务关系极大。在做好充分准备工作的前提下，这两年改革的步子也应该大一点。

第三，现在由于新旧体制并存。导致经济领域矛盾很多，摩擦很多，漏洞也很多。以双重价格来说，它的存在固然有其必要性，而且起了积极作用，但确实也带来不少弊病。例如，冲击了国家计划，影响国家重点建设项目和重点发展部门的物资保证，使企业核算复杂化，加剧了企业管理中的混乱现象和苦乐不均现象，使企业把注意力放在利用价差增加盈利上，而不是放在努力改进管理和技术进步上，促使小厂挤大厂，落后挤先进，等等。一物多价还给投机倒把造成可乘之机。可见，这种双重体制包括双重价格体制并存的局面应该尽快改变。

第四，由于目前还是传统体制占主要地位，因此搞活企业和改善宏观经济管理都遇到困难。为了增强企业和整个国民经济的活力，促使国民经济健康发展，要求快一点走上新经济体制起主要作用的轨道。否则，将不利于经济建设事业的发展。两种体制并存的状况如不快一点改变，也是不利于改革的进一步发展的。

总之，在改革的时间问题上我们必须坚持实事求是的原则，在具备条件时争取快一点，但决不可操之过急，草率从事。

那么，我国的经济体制改革将经历哪些阶段呢？回答这个问题也是困难的。因为，划分经济体制改革过程的阶段必须认识和掌握经济体制演变的规律性。而这种认识只能来自实践。尽管不少社会主义国家进行过改革或者正在进行改革，从中可以研究和掌握某些经济体制演变的规律性，但是迄今为止，还没有一个国家完成了传统经济体制向有计划商品经济体制转变的全过程。所以，全面认识和掌握这种规律性还有待于加强研究工作，而且有待于改革实践的进一步发展。

当然，现在根据已有的实践经验，也有可能和必要探索改革过程的阶段问题。我认为，我国经济体制改革就其本身来说，可能将经历以下几个主要阶段：第一阶段：搞活企业。先是搞活中小型企业，然后搞活大企业。所有制结构也在这一阶段开始改革。第二阶段：基本理顺价格关系。看来，改革价格体系，使之基本合理化，在我国是要作为改革中一个阶段的主要任务的。第三阶段：完善市场体系，包括完善商品市场、科技市场、金融市场、劳务市场等等，经过这一阶段保留少数必要的指令性计划外，将以指导性计划为主，辅之以市场调节。第四阶段：完善以间接控制为主的宏观经济管理体系，完成经济改革的任务。以上各个阶段的任务当然是会交错的。例如第一阶段就要缩小指令性计划的范围，这是搞活企业的前提，同时也要对价格体系进行必要的改革；第二阶段要继续增强企业活力，并且要建立和完善市场体系；各个阶段都要改善宏观经济管理，重视经济立法和经济司法工作，如此等等。

从目前情况看，我国经济改革正处于从搞活企业阶段向基本理顺价格关系阶段过渡。我们要在过去几年着重简政放权搞活企业的基础上，创造条件，争取在价格改革方面迈出较大的步子。

要研究改革顺利进行需要的经济环境

改革需要什么样的经济环境，也是应该研究的重要问题。事实上这个问题我国经济学界也早有讨论。80年代初讨论调整和改革的关系，就是探讨的这个问题。当时特别强调要克服严重的经济比例失调现象，因为在经济比例严重失调时，既难以发挥市场机制的作用，也难以真正扩大企业的自主权。80年代初提出调整国民经济，就是为了创造一个较好的经济环境，以利于改革的顺利发展。当时提出改革必须服从调整，也正是为了这个目的。

但是，对这个问题的认识，现在也不能说完全一致了。对于前年年底开始出现并且一直延续到去年上半年的经济超高速增长，有的人认为不够正常，有的人认为正常，就是认识不一致的表现。认识不一致还表现在对于当前速度的看法上。今年以来我国工业增长速度和去年相比下降很多，一月份比去年同期增长5.6%，二月份比去年同期增长0.9%，三月份比去年同期增长6%，一季度合计比去年同期增长4.4%。对于今年增长速度的明显下降，有以下几种不同看法：

一种看法认为，这是一种"滑坡"现象，是不正常不合理的。他们认为，好不容易激发出来的一些生机勃勃的经济发展势头，如果在"宏观控制"中失去了，那可能将是一种历史性错误。这种看法实际上认为，当前增长速度明显下降是"宏观控制"措施不当造成的。

另一种看法认为，当前速度是正常的或基本正常的。就工业本身看，轻重工业是均衡增长的，能源和原材料生产也继续稳步增长，市场适销对路的轻纺产品产量更是大幅度增长，积压滞销的小型拖拉机、化肥、农药等则比去年同期减产，供应出口的工业品也显著增加。今年一季度运输条件有所改善，全国市场平稳，物价涨势趋缓，对外贸易继续扩大，进口商品中生产资料增加，生活资料减少。财政情况也是好的，财政收入增长较快，集中回笼增加，人民收入继续增加，生活水平不断提高。持这种看法的同志也认为这种状况是宏观控制的结果，不过他们对宏观控制的评价和前一种看法根本不同。

还有一种看法认为，对于当前速度既不能说是完全正常合理的，也不能说是完全不正常不合理的。增长速度下降得是多了一点，但是不要看得过重，要沉住气，认真调查研究，有的放矢地解决问题。持这种意见的同志认为，今年增长速度下降过多和以下情况有关：（1）企业流动资金紧张；（2）企业调整工资引起思想波动；（3）厂长负责制问题发生争论；（4）有些地方和单位在生产上有松劲情绪，抓得不紧；（5）纠正不正之风的界线不够明确；（6）思想工作薄弱。这些问题都要重视解决。同时也要看到，增长速度下降也有合理的方面。这些同志认为，今年上半年速度低一些，下半年速度高一些，全年平均，计划要求的增长速度还是可以达到的。

尽管有以上不同看法，大家都认为当前的速度问题仍是应该引起重视的。要认真研究增长速度下降的原因，对症下药。我认为尤其值得重视的是经济效益情况不佳。前年去年超高速带来的一个消极后果是产品质量下降，成本提高。今年以来经济效益情况并未改善，有些经济效益指标还下降了。如今年一至四月份和去年同期相比，预算内工业企业实现利税下降1.6%，可比产品成本上升4%，亏损企业亏损额增长34.4%。因此，我们必须把速度问题和效益问题联系起来分析研究，速度快慢和效益高低都是改革环境中的重大问题。

从多年来的实践和理论探讨看，在为改革创造良好的经济环境问题上，可以得出哪些结论呢？

第一，适当的速度是实现较好环境的关键问题之一，避免盲目追求速度才能保证适当的速度。速度过高必然使经济绷得过紧。在我国现阶段，要求经济很宽松是不现实的，但绷得过紧则不仅不利于经济的长期增长，而且不利于经济体制改革。首先，经济绷得很紧就难以缩小指令性计划的范围，其次，由于生产资料供应紧张，生产资料市场也难以形成和发展，再次，由于商品供不应求情况严重，价格改革也会遇到难以克服的困难，又次，国家财政状况难以富裕，甚至会发生赤字，调剂人们利益关系的余地就比较小，这也会给改革带来困难。

第二，在防止和克服盲目追求过高速度的同时，也要注意防止速度过低的现象。改革经济体制是为了发展经济，加速四化，而一定的增长速度是发展经济和实现四化的必不可少的条件。现在我国经济还不发达，更加应该重视速度问题。我国也有实现较高速度的条件。不利用这些条件实现较高的速度，显然也是不对的。还要看到，现在也并非不存在经济低速度甚至停滞的可能性。如果经济发展长期处于低速度甚至停滞状态，那也是很不利的。

第三，关键问题是要有较好的经济效益。经济效益好就是投入少、周转快、产出多、质量好、利润多，这样才能使经济环境比较宽松。速度过高和过低都不利甚至有害于经济效益的提高。速度过高导致经济效益差的情况，过去的经验是很多的。但在当前条件下，速度过低了经济效益也不会好。有的同志主张经济发展由速度型过渡到效益型，这在一定意义上是正确的，但是，不能认为效益不需要一定的经济增长速度。

第四，为了实现合适的速度和较好的效益，必须控制投资规模。投资规模过小了不利，过大了也不利。在改革完成之前，主要是要防止投资规模过大，换个说法就是要克服投资饥饿症。投资饥饿症不是社会主义经济制度的必然产物，但是却是传统体制的必然产物。只有在经济体制有了根本改变的情况下，投资规模过大的痼疾才能根本消除。提高投资效果也是创造良好环境的重要任务，这方面有很大潜力。为了提高投资效益，需要调整投资方向，包括增加能源交通等重点建设项目的投资比重，增加其他瓶颈部门投资比重，以及增加现有企业技术改造投资的比重。

第五，也要注意控制消费基金增长幅度。消费基金增长过快，同投资规模过大一样，都会导致经济增长速度过高。而在企业内部调控机制完善以前，我国企业滥发工资奖金等现象可能也难以根除，这就要求重视控制消费基金的问题。有的同志说："不要轻易地提消费膨胀，更不能认为我国目前已早熟消费。早熟消费的两个数量标志——积累率过低和稀缺的生产资源大部分被新消费方式的发展所占用——我们都没有。"这话不是完全没有道理。不过，也要看到消费增长快于生产增长的现象确实是存在的，这种现象发展到一定程度就是消费膨胀。至于是否存在早熟消费，积累率高低当然是一个标志，但离开我国当前生产水平，过分强调西方国家的消费方式和消费水平，即使积累率和有些国家相比不算低，也不是不会出现早熟消费。而且，消费真的失控了，也就会妨碍必要的积累的。据调查，这方面存在的问题是值得注意的。

第六，必须控制货币发行。货币发行量过多必然导致通货膨胀和物价高涨。这种因果关系在传统体制下存在，在新体制下也会存在。因此，为了避免通货膨胀和物价高涨，在任何时候都要重视控制货币发行，而在新旧体制交替时期，这个问题更为重要。影响货币发行的因素很多，诸如财政收支状况、信贷政策、收入政策、价格政策等等都对货币发行有重要影响。为了控制货币发行，要争取财政收支平衡并有结余，要控制信贷规模，还要控制居民收入增长幅度和物价。

第七，努力挖掘现有企业的潜力。提高经济效益既要在宏观上努力，也要在微观上努力。现在企业提高经济效益的潜力很大，例如去年全国考核的75项主要产品质量指标中有24%是下降的，去年三、四季度国家监督调查的57种产品中合格率低于60%的有27种，占35%。去年国营工业可比产品成本超支6.4%。因此，要重视在微观层次上努力挖掘现有企业的潜力。除了落实国家已经规定的扩权措施，还要在加强企业管理，提高企业素质上下工夫。就企业内部讲，现在阻碍企业效率提高的不仅是技术落后，更为重要的是管理落后。对于这种情况要有清醒的认识。要帮助企业尽快改进经营管理严重落后的状况，重视企业管理制度的改革和改进。

例如，要贯彻厂长负责制，要加强企业中的思想政治工作，要划清不正之风和改革的界限，这些措施一般不会增加需求而会扩大供给，对创造改革的良好环境十分有利。

第八，改革价格要避免两线作战。为了保证价格改革顺利进行，要储备必要的资金和外汇，还要避免两线作战，即不要同时进行农副产品价格改革和工业品价格改革，不要同时进行消费资料价格改革和生产资料价格改革。两线作战影响面大，可能导致物价总水平难以控制，不利于稳定人民生活。在改革过程中，尤其在价格改革中，稳定人民生活，使人民的收入能够在生产发展的基础上稳步增加，生活逐步得到改善，是十分重要的。

第九，抓紧时间做好经济立法、经济监督和干部培养工作。这些工作也是改革的重要内容，应该加以重视。现在法制很不健全，无法可依有法不依的情况相当严重，这样是无法保证新体制的正常运行的。做好经济立法、经济监督和干部培养工作也是为改革创造有利条件，这样才能使改革顺利进行。

第十，坚持必要的行政控制。即使体制改革完成以后，也还是需要必要的行政控制的。在改革过程中，正如许多人所指出的，由于市场体系不健全，由于企业对经济杠杆的反应难以掌握，以及由于宏观经济管理缺少经验，更要重视坚持必要的行政控制。例如当前基本建设投资规模仍然过大，为了有效地控制基本建设投资，是必须采取一定的行政措施的。必要的行政控制不仅是创造改革的良好环境所必需的，同时也是保证改革顺利进行的必要条件。当然，在实行行政控制时，要注意推动改革不断向前发展而不要阻碍改革的发展。

以上主要是探讨改革的经济环境问题。改革还需要良好的政治环境和社会环境，这方面的问题超出了本文的范围，但是决不能忽视这些问题的重要性。

(本文是作者 1986 年 8 月在"全国部分高校经济理论教改研讨会"上的报告。
刊登在《马克思主义经济理论课程教改探索》，
哈尔滨工业大学出版社 1987 年版)

第二部分

中国经济体制改革的目标和规律性

努力探索社会主义经济体制改革目标模式[①]

这次会议,是由中国社会科学院工业经济研究所、南京大学经济系、江苏省社会科学院经济研究所、中国工业经济管理研究会四个单位联合召开的。1981年中国社会科学院工业经济研究所和四川省社会科学院曾在成都联合召开了第一次经济体制改革的理论和实践讨论会。当时我国处于经济调整时期,着重讨论的是调整国民经济的目标步骤以及如何处理调整和改革的关系等问题。从那次会议到这次会议,相隔的时间不是很长,而我国在经济发展和经济改革方面都迈出了很大的步伐。当前改革的实践要求我们深入研究社会主义经济体制改革的目标模式问题、宏观经济管理问题,探讨如何使新经济体制早日处于主导地位和发挥主导作用,基本完成经济体制转轨的任务。实践还把政治体制改革提上了日程,要求我们研究经济体制改革和政治体制改革的关系。

现在探讨经济体制改革问题已有了更为有利的条件。几年来改革实践的发展为研究工作提供了丰富的经验。理论研究工作也不断取得新的成果。双百方针的贯彻,为理论探讨提供了有利的环境。一大批青年经济学家的成长,为经济学界增添了生力军。尤为重要的是,党中央《关于经济体制改革的决定》(以下简称《决定》)科学地阐明了社会主义经济是有计划的商品经济,为我们探讨经济体制改革的理论和实践问题提供了正确的理论依据。最近党中央作出的《关于社会主义精神文明建设指导方针的决议》,又为我们研究这些问题进一步指明了方向。

对于有没有必要和有没有可能制定经济体制改革的目标模式,理论界就有不同看法。国内有意见分歧,国外也有意见分歧。例如有一种说法,

---

[①] 这是作者1986年10月26日在《经济体制改革的理论和实践研讨会》上致的开幕词。

认为要求制定出完善的经济体制改革目标模式然后再在国民经济中实施的观点，会使体制方面的必要变革推迟五年十年或更长的时间，而且也不能保证有完善的解决办法。根据这种说法，似乎没有必要制订经济体制改革的目标模式。

不能说上述说法完全没有道理。由于经济体制改革是一项崭新的事业，没有完整的成功经验可作为依据来制定目标模式，加上现在对于经济体制发展变化的规律还缺少深刻的了解，要求在制定出完善的经济体制改革目标模式后再开始进行改革，是可能延误改革的时机的。在这种情况下，要求制订十全十美的改革方案，也是不现实的。

但是，制订经济体制改革的目标模式还是完全必要的。从我国当前情况看，这种必要性在于：第一，经济体制改革是适应生产力发展的要求自觉地改善社会主义生产关系和上层建筑。制订明确的经济体制改革目标模式，才能增强自觉性，防止或减少盲目性。第二，改革是一项系统工程，各种改革措施必须配套进行。明确了改革的目标，才有利于配套改革。同时，改革还是一个长过程，明确了改革的目标，才能有计划有步骤地进行改革。第三，这几年我国改革已取得了不少成绩和经验。同时也遇到很多有待解决的问题，制订目标模式也是总结经验教训和研究解决面临问题的过程。第四，现在对于经济体制改革还有种种不同看法。通过制订目标模式，也是统一思想认识的过程，可以经过探讨，使人们的思想统一到比较正确的认识上来。

在我国当前条件下制定经济体制改革的目标模式也是可能的。就计划体制来说，《决定》中明确指出："改革计划体制，首先要突破把计划经济同商品经济对立起来的传统观念，明确认识社会主义计划经济必须自觉依据和运用价值规律，是在公有制基础上的有计划的商品经济。"这就为制订计划体制的目标模式提供了科学的指导思想。《决定》中还对我国新经济体制下计划体制的基本点作了概括。指出：按照这些基本点改革现行的计划体制，就要有步骤地适当缩小指令性计划的范围，适当扩大指导性计划的范围。这些概括实际上已相当具体地勾画了我国计划体制改革目标模式的轮廓。在经济体制改革的其他方面，理论研究取得的成果也使得制定目标模式是可能的。

当然，我国进行经济体制改革的时间毕竟还不长，因此经验也还有限。有的社会主义国家改革的时间比我们长，但改革的任务也还没有完成，因此也没有完全成功的经验可供我们借鉴。这些都使我们制订经济体制改革目标模式时会遇到困难。不过，现在和开始改革的时候相比，我们的经验毕竟丰富多了。有的社会主义国家开始改革的时间比我们早，它们的经验将告诉我们，今后我们可能遇到哪些问题。这些都使我们有可能在科学预见的基础上制订经济体制改革的目标模式。更为重要的是，我们已经明确了社会主义经济是有计划的商品经济，从而可能以这个科学理论为指导，通过总结人类历史上各个社会包括资本主义社会经济体制的演变过程和演变规律，并结合我国的具体情况，制订出今后一段时间内我们应该为之奋斗的经济体制改革的目标模式。

有的同志认为改革只能摸着石头过河而不能制定目标模式。我认为不能把摸着石头过河和制订改革的目标对立起来。我们在开始改革时就提出摸着石头过河的方针，这是非常必要的。在没有经验时搞任何一项工作，都只能采用摸着石头过河的办法，这个办法是符合实践论的原则的。摸着石头过河还意味着小心谨慎，及时总结经验，避免犯错误或少犯错误。就这些方面来说，摸着石头过河的方针在改革过程中都是应该贯彻的。因此，摸着石头过河和制订经济体制改革的目标模式决不是不能相容的。其实，我们开始改革时也不是没有目标。如果没有目标，又为什么"过河"呢？不过，那时候目标还不够具体，而且受条件的限制很难进一步具体，因此很难制定改革的更加具体的目标。而现在有条件把改革的目标进一步具体化时，又为什么不加以具体化，不努力制订出改革的目标模式呢？

因此，我们必须高度重视制定经济体制改革目标模式的难度，看到这个问题的复杂性。我们也不能要求制订一个十全十美的体制改革目标模式。但是要求制定一个大体正确和可行的目标模式则是应该的。做到这一点的关键之一是确定合适的时间跨度。作为改革的目标模式，时间跨度不能太短了。但是为了使目标模式有较强的科学性和现实性，时间跨度也不能太长了。时间越长，不可预见的因素就越多，定下的目标就难以起到应该起的指导作用。在一定意义上，制定目标模式犹如下棋，高明的棋手下一步棋时预见好几步，越高明的棋手预见的步子越多。也有看一步下一步的，他们也有目标，不过目标太近了。有的同志认为影响改革的因素太多，主张改革看一步走一步，不主张制定目标模式。但是，如果有可能多看几步，为什么不多看几步呢。

制定经济体制改革的目标模式要求研究如何划分经济体制模式。经济学家们对划分经济体制模式有种种不同的看法。有的主张根据所有制结构来划分，有的主张根据决策结构来划分，有的主张根据调节机制来划分，还有的主张根据动力结构、信息结构或者综合以上各种结构来划分，等等。以上划分方法各有优点，但也都存在问题。在去年的巴山轮会议上，科尔纳提出应该以调节机制为标准把经济体制划分为ⅠA、ⅠB、ⅡA、ⅡB四种模式，并且主张中国可以把ⅡB模式作为改革的目标。但是很多中国专家认为，由于ⅡB模式的很多内容还不清楚，因此还不能轻率地把它作为改革的目标。迄今为止，如何划分经济体制模式，也还是需要探讨的问题。

《中共中央关于制定国民经济和社会发展第七个五年计划的建议》中指出，建立新型的社会主义经济体制，主要是抓好互相联系的三个方面：第一，进一步增强企业特别是全民所有制大中型企业的活力，使它们真正成为相对独立的、自主经营自负盈亏的社会主义商品生产者和经营者。第二，进一步发展社会主义的有计划的商品市场，逐步完善市场体系。第三，国家对企业的管理逐步由直接控制为主转向间接控制为主，主要运用经济手段和法律手段，并采取必要的行政手段，来控制和调节经济运行。这里提出的"七五"时期我国经济体制改革的三项主要任务，也正是商品经济条件下经济管理体制的三项基本内容。这就启示我们，可以根据企业状况、市场状况和宏观经济管理制度的状况这三项内容来划分经济体制模式和确定我国经济改革的目标模式。

根据以上三项内容来划分经济体制模式有下面这些优点；第一，可以抓住经济体制改革的核心问题。社会主义经济体制的核心问题是企业和国家的关系。传统体制下政企职责不分，导致一系列弊端。实现政企职责分开必须为企业创造有利的环境，即为企业提供竞争的市场。同时，发展有计划的商品经济也要求建立以间接管理为主的宏观经济管理制度。

因此,这种方法抓住了经济体制的基本环节和社会主义经济体制改革的核心问题。第二,可以抓住各种经济体制模式的特征和区别。各种经济体制模式的特征主要表现在企业、市场和宏观经济管理制度等方面,弄清楚了企业状况、市场状况以及宏观经济管理制度的状况,也就可以弄清楚各种经济体制模式的区别和联系。当然,经济体制模式的特征还有其他种种表现。但是,企业、市场和宏观经济管理制度三方面的特征可以说是最基本的。第三,可以掌握各种经济体制运行的规律性。经济体制的运行基本上决定于企业、市场和宏观经济管理制度的状况,掌握了这些方面的状况,就可以掌握经济运行的基本规律。第四,可以弥补其他方面的某些不足。例如现在一般从所有制结构、决策结构、调节结构、动力结构、信息结构等方面来说明经济体制改革的目标模式,这样虽然也能清晰地描绘出目标模式的一些重要方面,但是给人以割裂的感觉。也有人单纯从决策结构或调节结构划分经济体制模式,这种方法突出某些方面,其他方面则给人以不明确不确定的印象。人们对利尔纳在巴山轮会议上提出的目标模式就有这种印象。根据企业状况、市场状况和宏观经济管理制度状况来划分经济体制模式,可以克服这些缺陷。因为,所有制结构、决策结构、调节结构、动力结构、信息结构等将具体而又综合地体现在企业、市场和宏观经济管理制度三个相互联系着的方面。因此,从企业状况、市场状况、宏观经济管理制度状况三项内容来划分经济体制模式可能是一种比较好的方法。

我国和其他一些国家的经验表明,从传统的经济体制转变为符合有计划商品经济要求的新的经济体制,将经历一个相当长的过程。这个过程可能要划分为若干个阶段,因此要分阶段的制定经济体制改革的目标模式。现阶段改革的目标模式,我认为确定在新体制占主导地位起主导作用这个时期为好。当前我国经济体制处在新旧体制并存而旧体制仍起主要作用的时期,今后一段时期经济体制改革的任务,就是由旧体制为主转变为新体制为主。这个任务是相当艰巨的,而实现了这个任务,仍是新旧两种体制并存,还要继续改革,即由新体制为主转变为旧体制完全消亡和不再发生作用,完全让位于新体制,也就是由两种体制并存变成单一的新体制。

在新经济体制占主导地位起主导作用时，我国经济体制将有哪些主要特征呢？这个问题有待会议讨论。我的初步设想是：首先，在企业方面，当时绝大多数企业已成为真正的企业，或者基本上成了真正的企业。现在我国的国营企业严格来说还不是真正的企业，很多集体所有制企业也采取国营企业的经营方式，严格来说也不是真正的企业。在新体制占主导地位起主导作用时，绝大多数企业应该基本上成为或完全成为真正的企业。所谓真正的企业。至少要具备以下三个特征：第一，自主经营自负盈亏。第二，有扩大再生产的能力和自主权。第三，有自我控制的机制。只有在企业成为或基本上成为真正的企业时，以间接控制为主的宏观经济管理制度才具有微观基础，从而才能真正建成和有效地发挥作用。有一种主张，认为在目标模式中，企业还只能有简单再生产和少量扩大再生产的自主权，扩大再生产仍主要由国家掌握。我认为，作为现阶段改革的目标模式，尤其是为了使新体制能够占主导地位起主导作用，这样的主张可能是要求低了。在实现上述目标模式的时候，国家仍有必要掌握相当一部分扩大再生产的决策权和资金，尤其是要掌握大部分重点建设项目的决策权和资金，但是企业也应该具备必要的扩大再生产的自主权和能力。否则，企业也难以成为真正的企业。当然，那时候企业仍要分类管理。例如很多交通邮电能源公用事业以及其他基础设施方面的企业仍要由国家直接控制，即仍旧采取国有国营的方式，但也要规定严格的盈亏责任制。

其次，在市场方面，已经基本上形成了比较完善的和开展竞争的市场体系。不仅消费资料市场不断发展和完善，而且形成和发展了生产资料市场。如果没有比较完善的生产资料市场，企业不仅难以具有扩大再生产的自主权，甚至难以具有简单再生产的自主权，间接的宏观经济管理也难以实现。目标模式中资金市场也应形成和发展起来，并建立了较发达的科技市场、房地产市场、劳务市场。那时将相当普遍地实行劳动合同制度，传统体制下的铁饭碗制度和劳动力不能流动等状况将受到严重削弱。有的同志主张一切工作岗位都向市场开放，劳动者全都通过择业竞争取得就业机会，这种主张可能在那时也难完全实现。因为这样做会带来不可预料的后果，在社会上引起过大的震动。

再次，建立了与上述企业状况市场状况相适应的，以间接控制为主的宏观经济管理制度。为了加强和改善宏观经济管理，有必要深入研究企业、市场、宏观经济管理三者的相互依赖和制约关系。从一个较长的时期来看，宏观经济管理制度是与企业状况、市场状况大体适应的。回顾资本主义社会以来的历史，宏观经济管理制度经历过三种模式。第一种模式是自由放任的宏观经济管理模式，这是与自由资本主义时期企业和市场状况相适应的。第二种模式是以市场调节为主辅之以必要管理的宏观经济管理模式，这是20世纪30年代以来西方经济发达国家普遍实行的模式，是与垄断资本主义时期企业和市场的情况相适应的。第三种模式是以对企业直接控制为主的宏观经济管理模式，这是苏联和其他社会主义国家实行过（有些国家还在实行）的模式，是与传统体制下企业和市场的状况相应的。我们通过改革，要建立以对企业间接控制为主的宏观经济管理制度，这可以称之为第四种模式。在第四种模式及其发展过程中，宏观管理制度也必须同企业状况市场状况相适应。但是，宏观经济管理适应企业状况和市场状况只是问题的一个方面，问题的另一个方面是宏观经济管理还严重影响企业状况和市场状况。而从改革时期看，宏观经济管理对于改变企业状况和市场状况更有着极其重要的作用。我们要使第三种模式下的企业变为第四种模式下的企业，要使第三种模式下的市场变为第四种模式下的市场，是离不开宏观经济管理的作用的。为了促进社会主义企业成为真正的企业，促使社会主义市场体系的形成和发展，不仅要求宏观经济管理相应地改革，而且有时还要求宏观经济管理的某些方面率先改革。因此，在研究改革问题时，也要重视研究如何通过改革宏观经济管理制度和宏观经济管理工作来促进企业改革和市场体系的形成与发展。

在研究和讨论中，我们要处理好坚持马克思主义和发展马克思主义的关系。我国的现代历史表明，无论搞革命还是搞建设，离开马克思主义的正确指导，就要犯这样那样的错误。所以，我们要坚持以马克思主义为指导。但是，马克思主义没有给我们也不可能给我们解决当前问题的现成答案，而只是在实践中不断地开辟认识真理的道路。解决当前面临的经济改革问题，要求我们自己进行探索，在解决问题的过程中发展马克思主义。马克思主义作为一门科学，它本身就应该是不断发展的。马克思主义传入中国以来，不仅引导中国革命和建设取得了伟大成就，而且极大地推动了包括经济学在内的中国社会科学研究事业的发展。马克思主义已经在中国土地上生根开花,不断发展。只要我们坚持把马克思主义基本原理和中国具体情况结合起来,就一定能够胜利完成经济改革的任务,并进一步丰富发展马克思主义。

(原载《江苏经济探索》1987年第1期。原题为《加强经济体制改革问题的研究》)

关于计划经济中市场的作用问题

粉碎"四人帮"以来我国经济生活中的重大变化之一，是在坚持计划经济的前提下利用市场的作用，实行把计划调节和市场调节结合起来的方针。原来重要的生产资料都是由国家统一收购和统一分配的，不准进入市场，现在已经允许进入市场了。全国最大的钢铁公司——鞍山钢铁公司，1979 年通过市场自销钢材 17.6 万吨。同年重庆钢铁公司自销钢材 12.9 万吨（占钢材产量 68 万吨的 19%）。机电产品也已经进入了市场。1979 年一机部产品的产值中进入市场的占 13%，有的企业达到 40%。1980 年 8 月 10 日至 30 日，一机部在长沙举行了全国机电产品交易会，会上签订了十多万份合同，总成交额达到 23 亿元，有 74% 卖给了直接使用单位，26% 卖给物资经销部门，可见机电产品也已作为商品进入市场。实践表明，在计划经济中发挥市场调节的作用是有利于社会主义经济发展的。

历史的回顾

我国在处理计划和市场问题上经历过曲折的过程，因而也有着丰富的经验。现在深入总结这些经验，可以使以后的经济建设少犯错误，比较顺利地进行。

第一个五年计划期间我们比较重视市场的作用。当时在理论上虽然也常常把计划经济和市场调节对立起来，认为有计划按比例发展规律是同价值规律互相排斥的，但是，由于存在着非社会主义经济成分，一方面，社会主义经济成分和非社会主义经济成分互相竞争；另一方面，社会主义经济还要通过市场，把一些非社会主义经济成分纳入国民经济有计划发展的轨道，因此，还必须在计划指导下利用市场调节，计划与市场还是在一定程度上相结合的。

社会主义改造基本完成后，原来国家通过市场来调节的一部分产品的生产和流通，改变为国家用直接计划来管理，计划的范围扩大了。在这种情况下，有的同志误认为价值规律的调节作用已经被有计划发展规律的调节作用所代替，不必重视和利用市场调节了。在实际工作中，也出现了忽视市场的作用，造成某些产品质量下降、品种减少，给消费者带来了许多不便。针对这种情况，中央领导同志曾提出：无论如何不能把商业的渠道搞窄了，无论如何不能把商品搞少了。陈云同志在八大发言中，明确提出应该对一部分商品采取选购和自销，改变对某些部门计划管理的方法。还提出只把日用百货、手工业品、小土产中的个别品种列入国家计划，国家计划中对这些产品的各项指标，包括产值和利润，只作为一种参考指标，生产这些产品的工厂，可以参照市场情况，自定指标，而不受国家指标的束缚，并且根据年终的实绩来缴纳应缴的利润。陈云同志还曾指出："全国工农业产品的主要部分是按照计划生产的，但是同时有一部分产品是按照市场变化而在国家计划许可范围内自由生产的。计划生产是工农业生产的主体，按照市场变化而在国家计划许可范围内的自由生产是计划生产的补充。"这些意见就是主张社会主义计划经济应该利用市场调节的作用。由于根据这些意见采取了一系列正确措施，取得了很好的效果，保证了第一个五年计划的顺利完成。

在人民公社化和大跃进运动中，我们在商品生产、价值规律问题上犯了严重错误。在1958年、1959年一段时期内，理论上否定商品生产和价值规律，实践上大刮"共产风"，大搞一平二调，严重侵犯了农民的利益，挫伤了农民的生产积极性。当时，在实际上是把对农业生产的间接计划变成了直接计划，大搞瞎指挥和强迫命令，结果使农业遭到严重破坏，造成工农业生产严重比例失调。工业生产也完全违背价值规律的要求，提出要算政治账，不要算经济账等错误口号，不计工本，不讲经济核算和经济效果，造成了极大的损失。

在20世纪60年代初的国民经济调整时期，我们又开始重视发挥价值规律和市场的作用。我们克服三年经济困难，是从尊重价值规律、坚持等价交换做起的。当时毛泽东同志提出：算账才能实行那个客观存在的价值法则。"这个法则是一个伟大的学校，只有利用它，才有可能教会我们的几千万干部和几万万人民，才有可能建设我们的社会主义和共产主义。否则一切都不可能。"在毛泽东同志主持下制定了《农村人民公社条例（修正草案）》（即六十条），强调等价交换，反对剥夺农民，规定农村人民公社以生产队为基本核算单位，生产队有经营管理和收益分配的自主权，实行按劳分配，允许农民经营自留地、家庭副业等。在工业方面，提出调整、巩固、充实、提高的方针，强调经济核算和经济效果。由于采取了一系列符合价值规律和其他经济规律的要求的措施，经济才又恢复和发展起来。

在十年动乱中，我们又一次犯了忽视价值规律和市场作用的错误。当时林彪、"四人帮"把商品货币关系和资本主义等同起来，把价值规律看做社会主义的"异己的力量"，疯狂反对按照价值规律的要求办事。在林彪、"四人帮"的干扰破坏下，推行了一系列否定商品生产和价值规律的荒谬做法。在农村，一再搞"穷过渡"，搞一平二调。把多种经营扣上"资本主义"的罪名，把社员的自留地和家庭副业说成是小生产的资本主义自发倾向，不少地方禁止多种经营，取消自留地，禁止农民搞家庭副业，取缔农村集市贸易。在工业中，生产不考虑市场需要，反对经济核算，不讲经济效果，否定规章制度，结果是生产无计划，劳动无定员，消耗无定额，给国民经济带来了极为严重的后果，使我国经济濒于破产的边缘。

上述30年来经济两起两落的事实说明，是否尊重价值规律的作用，是否在计划指导下正确发挥市场的作用，是社会主义经济能否健康发展的一个极其重要的因素。

理论上的突破

现在我国注意发挥市场的作用，特别是允许生产资料进入市场，是同理论上的突破有内在联系的。这就是打破了斯大林提出来的，在我国经济学界长期流行的社会主义制度下生产资料不是商品，应该限制价值规律的作用，忽视运用市场作用的观点。

列宁、斯大林领导下近40年苏联社会主义建设的实践过程，是从开始否定商品货币关系，否认价值规律的作用，到逐渐承认社会主义必须保留商品生产和商品交换，肯定价值规律是客观规律的过程。但是直到斯大林逝世时为止，他仍然否认全民所有制企业之间调拨的生产资料是商品，认为这一部分生产资料的生产和流通超出价值规律调节的范围。所以，苏联长期以来偏重于用行政的办法，并建立起相应的经济模式。在那种经济体制下，品种少、质量差、消耗大、效率低等等，成为经常的弊病。我国在解放初期从苏联搬来的经济管理体制，基本上就是这一套偏重于用行政方法管理经济的制度，而不讲求利用市场。虽然有的时候比较重视价值规律作用和重视利用市场，但并没有根本改变从苏联搬来的那一套管理体制，所以，品种少、质量差、消耗大、效率低，也是我国社会主义经济发展中长期未能很好解决的问题。而这种管理体制所以未能根本改变，又同理论上对社会主义商品经济缺乏正确认识有密切关系。

社会主义经济形态的政治经济学的传统观点认为，彻底的社会主义经济即全民所有制经济内部，是不存在商品生产和商品交换的。商品交换只存在于全民所有制经济和集体所有制经济之间，以及不同的集体经济之间。斯大林在《苏联社会主义经济问题》一书中，对于社会主义条件下全民所有制企业间存在的交换关系所作的解释是：全民所有制企业之间的交换，是由存在着两种不同的社会主义公有制引起的；社会主义全民所有制内部流通的产品只具有商品的外壳，实质上已经不是商品。斯大林主张社会主义制度下生产资料不应该出卖给集体所有制企业，并认为生产资料在社会主义制度下已经不是商品。现在看来，这种理论是不完整和有缺陷的。

斯大林这一理论的出发点是，只有在两种所有制之间交换的产品，即通过交换改变所有权的产品，才是商品。这是不正确的。明显的事实是，在资本主义各国，大公司内部的各个"分权的事业部"之间，也存在着商品货币关系，如果按照斯大林的观点，公司是一个统一的所有者，内部是不应该存在商品关系的。但事实上，大公司内部各个分权的事业部之间交换的产品，和向外界采购商品没有任何区别，是地地道道的商品。如果把社会主义全民所有制经济看做一个大托拉斯，那么，全民所有制内部各个企业之间交换的产品，就和资本主义大公司内部事业部之间交换的情况相仿，也是同一所有者内部各独立经济单位之间交换的商品。为什么在这种情况下各个企业之间交换的产品也是商品呢？这是由于企业具有相对的独立性，即由于企业是有自己利益的相对独立的经济主体。如果在全民所有制企业之间不实行商品交换，那就势必侵犯企业的利益，从而也就破坏企业的独立性，这就违背社会发展的最基本的规律——生产关系一定要适合生产力性质的规律。斯大林把两种社会主义公有制形式的并存作为社会主义商品生产的原因，本来应该否认全民所有制经济内部存在商品生产，但他又不否认全民所有制经济内部国家与职工交换的消费资料是商品，这是他理论上的矛盾。

政治经济学所谓的商品是一种什么样的经济关系呢？是多多少少互相分离的生产者之间的关系。在社会主义全民所有制的条件下，全社会组织成为一个统一的生产者，各个企业已经不是截然分离的了。但是无可否认，具有独立的经济利益的企业之间，还有你我界限，因此，企业在转让产品时，必然要求等价补偿，否则它们的利益就会受到损害。从这里可以看到，全民所有制经济内部交换的产品仍然具有商品性。

有些人曾经引证马克思主义经典作家的话来证明建立起单一的全民所有制后商品生产就会消灭。诚然，马克思、恩格斯、列宁说过这样的话，他们设想过社会主义将要消灭商品生产。但是，这仅仅是设想而已。实践是检验真理的最终标准，社会主义制度下商品生产的命运究竟如何，这最终是要由实践来解决的。而依据迄今为止社会主义各国的实践，商品生产不仅存在着，而且发展着，在看得见的时期内，消灭商品生产是不可能的。

应当指出，马克思肯定地认为在新社会中将会消失的是"私人交换"，而不是一切交换。在中国经济学界过去的讨论中，有一些作者把马克思关于私人交换将会消失的论断解释为以"产品调拨"（即企业将产品交给国家再由国家分配）代替商品交换，这样，就把社会主义和自然经济混为一谈，这是不符合马克思的原意的。在《政治经济学批判大纲》中，马克思在指出资产阶级社会既不同于资本主义前的各种社会形态，又不同于未来的社会时指出："私人交换一切劳动产品、能力和活动,不但和以个人相互间自发地或在政治上的支配关系与隶属关系为基础的分配制度不相容……而且也和在共同占有和共同控制生产手段这个基础上联合起来的个人所进行的自由交换不相容。"① 从原则上说,今天全民所有制企业之间的交换,就是这种"在共同占有和共同控制生产手段这个基础上联合起来的个人所进行的自由交换"。马克思还说:"如果我们在当前的社会里面没有在隐蔽的形态下发现无阶级社会所必需的种种物质生产条件以及与其相适应的种种交换关系,那么任何进行破坏的尝试,都是堂·吉诃德式的愚蠢行为。"② 根据目前社会主义的实际情况,把现阶段的"自由交换"叫做商品交换,在理论上和实践上都是没有坏处的。

粉碎"四人帮"以后,我国经济学界开始从根本上总结社会主义计划经济的理论和实践。1978年胡乔木同志在题为《按照经济规律办事,加快实现四个现代化》的论文中指出:"在社会主义条件下,商品生产和商品流通将继续长期存在,在我国还需要大大发展,价值规律在经济生活中仍然起不可缺少的作用";"我们在制定和执行计划的过程中,一定要利用价值规律,反映价值规律的要求";"不遵守客观存在的价值规律,也就不可能遵守有计划按比例规律"。现在我国经济学界已普遍认为必须发展商品生产和发挥价值规律的作用,并认为社会主义制度下生产资料也是商品。这就为在社会主义经济中正确利用市场的作用提供了思想理论基础。

生产资料进入市场带来哪些好处

当然,对市场的作用也不是没有人怀疑。但是,两年多来的实践证明这样做是必要的正确的。以生产资料进入市场来说,就带来了很多好处,主要的有以下几点:

第一,可以促进产销结合,发展生产,满足用户需要。生产资料进入

---

① 《政治经济学批判大纲》第1分册,人民出版社1975年版,第95—96页。
② 同上书,第96页。

市场有利于克服产销脱节现象。过去用户订购机电产品，需要层层审批，更无选择生产厂家的自由。从申请到订上货，快则两三个月，慢则半年。有幸得以批准，分到的产品还不知道是否符合要求。进入市场情况就不同，用户可以自由选择厂家，生产单位则巴不得快来订货，并采取各种灵活的方式招揽顾客。北京西单商场、北京市百货大楼出售部分光学仪器、仪表和机电产品以后，许多单位反映，现在能够及时买到生产、科研和技术革新等急需的物资设备了。生产资料进入市场，也暴露了物资管理制度上的问题，找到了解决办法。有些产品的生产单位近在咫尺，用户却买不到。如南京生产一种在金属制品上刻字的机器，扬州一家工厂由于缺少这种机器，产品出不了厂，结果在西单商场买到了。湖北省博物馆在北京市百货大楼买的电瓶车是该省黄石市的产品，四川宜宾一个工厂在北京买到的可控硅调整器是成都的产品。企业为了使产品有销路，开始注意按照市场需要进行生产，并努力增加花色品种。四川省机械行业1979年共发展了190种新产品，其中150种已投入批量生产。整个一机部系统，1979年也超额完成产品试制计划，比前一年增长12.5%，是近10年来新产品最多的一年。有人曾担心生产资料进入市场会冲击国家计划，事实证明并非如此。例如重庆钢铁公司、太原钢铁公司自销产品不但没有打乱国家的计划，而且是对国家计划必要的补充。

第二，可以提高产品质量和服务质量。过去由于生产资料实行统配调拨，"皇帝女儿不愁嫁"，质量不好，照样能调拨出去，因此，天天喊质量第一，实际上并没有真正重视质量。生产资料进入市场后，企业之间开展了社会主义竞争，质量好的产品大家抢着要，质量差的产品没有人订货，企业感觉到了质量的重要性，认识到了"品种就是市场，质量就是生命"，开始把质量放在第一位。企业为了推销产品，也改进了对用户的服务工作。杭州制氧机厂过去"四不接"：计划外不接，产品目录外不接，零配件或难度大的不接，来料加工不接。这个厂的用户反映："离不开，惹不起，靠不住"。现在"四不接"变成"四都接"。许多机电企业从对用户实行"三包"，发展到一包到底，即包修、包退、包换、包运输、包安装调试、包技术培训、包零配件供应。生产资料进入市场促进了竞争，对于"官工"、"官商"作风也是个很大的冲击。

第三，可以加速生产资料流通，加速资金周转。生产资料流通时间的缩短，损耗的减少，费用的节省，对于加快经济建设，提高经济效果，有非常重大的意义。过去很不重视这个问题。1979年年底全国库存钢材1850万吨，周转期为8个月，比经济发达国家长得多。造成这种情况的重要原因，是不把生产资料当成商品，违背了商品生产和价值规律的要求。生产资料进入市场，就能促使企业努力缩短生产资料流通时间，减少损耗，节省费用。例如重庆钢铁公司1979年实行部分产品自销后，12月份比6月份流动资金占用额减少15%。6月份该公司由于产品积压，欠付银行贷款，每天要付罚金5000多元，超定额贷款利息5000多元，到了几乎周转不动的地步。后来实行产品自销，经济状况就由死变活了，产值比上年增长10.6%，盈利增长31%。他们说，自销权是"一味救活重钢经济的良药"。又如哈尔滨电表仪器厂曾经长期积压产品几千只，1979年派出销售组，走访了340多个用户，仅两个月就销售一空。哈尔滨第一工具厂自己举办展销会，20天售出积压的非标准刀具25000多件，价值600多万元。上海工具厂生产的刀具原来积压76万件，物资部门分配不出去，也不收购，而轻工、农机、纺织等许多企业需要这种刀具却买不到。上海工具厂敞开供应后，产品销售很快，产需双方皆大欢喜。

第四，可以缩短基本建设周期。我国当前基本建设周期比"一五"时期长得多，拖长的一个重要原因，是建设工程不能及时得到所需要的材料和设备。解决这个问题主要是要压缩基本建设规模，但加速材料设备的流通也是必须采取的一个办法。生产资料上市使有些建设项目避免了停工待料，保证它们早日竣工投产。如四川省水利局为了完成近百个小型水利工程的配套，到处找6—8毫米规格的中板，但长期解决不了，眼看就要延误工期，正好重庆钢铁公司生产的生产资料上市，供应他们180吨中板，解了燃眉之急。过去分配机电产品，往往是"先基建，后生产，革新改造排不上号"。现在机电产品上市，为老企业特别是地方小工业革新改造提供了条件。从一些材料看，机电产品上市已对轻工业进行技术改造起了重要的作用。上海东风造纸机械厂为山东枣庄造纸厂提供了新型圆网造纸机，每台售价10万元，使纸的日产量由5吨提高到

10吨。全国300家造纸厂如果都采用这种设备,一天可增产1200—1300吨纸张,并可为国家节省投资1亿多元。现在已有200多家小纸厂提出订货。

第五,可以促进工业的专业化协作与联合。我国机械工业重复布点、重复生产的现象十分严重,推行专业化阻力很大。拿汽车工业来说,全国年产汽车不过十几万辆,生产厂点却有100多个,平均每厂年产1000多辆,有的小厂每年只能装配一二百辆,甚至几十辆,而且成本高,质量差。这并不影响它们的生存,因为汽车有人要。过去单靠行政命令压缩厂点,一面压缩,一面新的厂点又冒了出来,一直解决不了。1979年实行市场调节以后,这种不合理的结构和分散生产的现象受到很大冲击。1979年末一机部召开了这几年来第一次重点汽车企业来料加工协作会,敞开供应,做到产需两利。对重点生产厂来说,扩大了生产批量,对需要者来说,能够买到质量较好的汽车。于是,一些省市不再继续办自己的小汽车厂了。江苏省有个市原来自己设厂生产解放牌、黄河牌载重汽车和大客车,现在看到这样搞不合算,宣布不干了。贵州省有个小汽车厂,过去搞过多种牌号汽车的生产,始终上不去,每年只能装配二三百辆,成本高,质量次。现在看到大厂搞来料加工,这个厂便改成了汽车配件厂,专门生产活塞等零件,面向全国,大量生产,比生产汽车划算得多。注意利用市场也有利于促进企业成立各种形式的联合经济组织。过去靠行政组织、行政办法搞联合,阻力很大,现在企业通过竞争体会到联合起来才能更好地发展技术,才能提高竞争能力,因而有了联合的自觉要求。四川省的90多个机械工厂,联合成立电站设备制造公司,生产小水电成套设备,在不增加投资、设备和劳动力的情况下,使小水电设备的制造能力翻了一番,而且质量优良,服务周到,深受用户欢迎。

第六,可以促进企业改善经营管理,提高企业和整个国民经济的经济效果。生产资料进入市场后,将促使生产这些生产资料的企业改善经营管理,提高经济效果,以便在竞争中取得胜利。一位工厂的党委书记说:竞争是"压力机",可以使人们从因循守旧中惊醒,奋发图强,竞相前进;竞争是一座学校,可以促使人们学会按经济规律办事。四川自贡铸钢厂的例子颇有代表性。由于面向市场，开展竞争，这个厂在一年之内就发生了巨大的变化。他们不以完成生产任务为满足，努力谋求更大的经济效果。在组织上，成立了全厂性的经济管理委员会作为厂领导的咨询机构，为经营决策出谋献策。在管理方法上，推行了车间独立经济核算和班组费用核算，建立了经济活动分析制度。还实行了企业管理工作的"五化"，即标准化、制度化、规格化、程序化和专业化。1979年铸钢件废品率下降到2.8%，产量、质量都达到全国同行业最高水平。1980年2月铸钢件废品率下降到0.9%，接近国际先进水平。生产资料上市还促使使用这些生产资料的单位有了选择的自由，重视经济效果。现在用户在购置机器设备时，已经开始改变以往按上级批准的清单采购，按分配部门指定的供货单位订货，不问设备是否实用，不问价格高低，不问经济效果好坏的现象，而开始注意投资省、见效快、回收期短、经济效果好的问题。此外，由于生产资料上市有利于产销结合，有利于加快基本建设周期，有利于调整经济结构和改革经济管理体制，因而也在宏观方面，即在整个国民经济的范围内，为提高经济效果提供了有利的条件。1979年第一机械工业部系统由于善于利用市场，各项任务完成情况比过去哪一年都好：生产总值是最高的一年，比上年增长11%；实现利润是最高的一年，比上年增长9.8%；劳动生产率是最高的一年，每人平均1.1万元，比过去最高的1975年还多600元；出口收汇是最高的一年，比上年增长50%。这些成绩的取得当然还有其他原因，但不能否认正确利用市场是一个重要原因。

　　生活资料的生产也有一个在计划指导下利用市场的问题。以纺织工业来说，以前纺织工业企业生产的数量是由国家计划确定的，生产的产品由商业包销，新的花色品种，商业同意收购，工厂才能安排生产。工厂为了多搞些花色品种，也常在商业部门的统一安排下，采取厂店挂钩、产品展销等办法来活跃市场，但是这种做法常常不能持久，不能从根本上改变产品的"老面孔"和多年"一贯制"的状况。现在，各地纺织工业部门和企业，也开始注意利用市场。从很多地方的情况来看，这样做效果是显著的。

坚持计划经济，正确发挥市场的作用

正确利用市场使我国工业获得了新的活力，不仅生产和流通开始搞活了，企业的内在动力也开始调动起来了，有的老大难问题开始得到解决。但是也出现了一些新的情况，提出了一些新的问题。例如：（1）国家计划任务和企业自揽任务有时因安排不当而产生矛盾。由于计划管理不完善，国家下达计划往往很不及时，在这种情况下，企业由于任务不足，必然大量揽活，但揽活以后如果计划任务增加了，企业就很难安排。（2）有的企业对市场缺乏必要的分析，争上热门货。如电风扇、电冰箱、洗衣机、空气调节器之类，很多地方都争着生产。这些产品社会需要量到底有多大，很多企业并没有认真考虑。（3）有的企业只顾眼前"吃得饱"，不顾企业产品方向，不注意国民经济长远需要。像制氧机厂生产电风扇，汽轮机厂生产摩托车，铸锻件厂生产家具等等一类的事情，不断出现。（4）有些企业为了保护自己的竞争地位，对技术实行保密。此外，由于计划工作和管理工作跟不上，也发生了有的企业不择手段牟取暴利的违法行为。

出现以上问题的原因，主要是由于我们缺少经验。例如怎样划分计划管理和市场调节的范围等等，我们经验还不多，还要探索。现在改革经济管理体制的工作还刚刚开始。利用市场是改革管理体制的一项内容，它要和其他改革措施配套进行，才能取得应有的成效。当前我国国民经济严重失调，客观条件不允许改革的步子太快，由于其他措施跟不上，因此难免发生一些问题。随着体制改革的逐步实现，这些问题也就会得到比较妥善的解决。

出现以上问题的原因，还在于计划工作存在着缺陷。我国第一个五年计划时期的计划工作是比较好的，后来由于"左"的错误，特别是由于林彪、"四人帮"的破坏，计划工作受到严重破坏，至今一套好的制度和工作方法还没有完全恢复。有人还认为计划工作不像以前那么重要了，有些地区和部门有放松计划工作的现象。事实上，利用市场更需要加强国家的计划指导，市场调节中出现的种种自发性现象，也表明加强计划工作是很必要的。

为什么在利用市场的同时要加强国家的计划指导呢？因为，社会主义公有制条件下的市场同资本主义私有制条件下的市场是有所不同的。社会主义经济中尽管还存在着市场，但社会主义经济是计划经济，必须利用计划对社会再生产过程自觉地进行调节。正如恩格斯所指出的："当人们按照今天的生产力终于被认识了的本性来对待这种生产力的时候，社会的生产无政府状态就让位于按照全社会和每个成员的需要对生产进行的社会的有计划的调节。"[①] 所以，社会主义经济中的市场，是不能离开国家计划的指导和调节而自发地运行的。尽管我们需要大力发展商品生产，需要利用市场因素来为社会主义建设服务，但是我们不是自由放任主义者，不能让亚当·斯密所说的"看不见的手"来左右社会主义经济的发展。在市场经济中，一个个消费者根据自己的消费偏好所作的选择，一个个生产单位根据自己的利益所作的选择，并不一定都符合整个社会的利益。由于这些消费者和生产单位自由决策的结果，社会资源的分配利用，也不一定都是经济合理的。因此，我们利用市场必须以坚持和加强国家的计划指导为前提，这样才能保证各项经济活动有利于社会的整体利益，符合社会发展的要求。而且，在加速实现社会主义工业化和现代化的过程中，往往要求社会产业结构和生产力布局在短期内有一个较大的改变，而如果任由市场自发调节，是绝不能适应这种迅速改变产业结构和生产力布局的要求的。可见，社会主义经济发展中带有全局性的问题，单凭市场机制是解决不了的，而必须依靠国家计划来进行调节。

在社会主义经济中，还存在着中央和地方、国家和企业、集体和个人利益上的矛盾，即存在着整体利益和局部利益的矛盾。例如有一些经济活动从局部来看是有利的，但从整体来看是不利的，有些经济活动从局部来看是不利的，但从整体来看是有利的。为了保证局部利益服从整体利益，那些事关全局的经济活动，必须由社会进行有计划的调节。

总之，为了确保经济发展的社会主义方向，为了确保国民经济各部门、各地区的协调发展，为了维护社会的整体利益和正确处理各方面的利

---

① 《马克思恩格斯选集》第三卷，人民出版社 1972 年版，第 319 页。

益关系，都必须在利用市场的同时，加强国家的计划指导。这样才能坚持和发展社会主义计划经济。

谈到加强计划指导，有人往往就想到要把企业的管理权力收到上面来，把财权、物权、人权收到上面来，统统实行指令性计划，也就是回到过去实行的过分集中的计划体制。这种看法是不对的。绝不能再回到那种忽视市场作用的道路上去，而要在坚持计划经济的前提下充分发挥市场的作用。社会主义计划经济的主要特征，在于社会能够自觉地按照事先的科学预测采取有效措施来保证社会经济生活的各个方面互相协调地向前发展，并保证社会劳动的节约。有些人把指令性计划当做计划经济的唯一标志，把集中财、物、人权当做加强计划管理的全部内容，这是一种对计划经济的片面认识。

为了加强国家的计划指导，除了要编好年度计划外，还要逐步把计划工作的重点放在研究和拟定长远规划特别是五年计划上来，解决国民经济发展的战略问题，包括确定国民经济发展的主要目标和重大比例关系，如积累和消费的比例，基本建设规模、投资方向和重点建设项目，重要工农业产品的发展水平和人民生活水平提高的程度。我们必须制定好国家计划，使之符合实际，能对企业的经济决策和行动给以正确的引导。而企业在制定自己的计划时，绝不能忽视国家计划的指导，因为一个个企业对国民经济发展的全貌和方向是不清楚的，国家计划是从国民经济发展的全局出发的，反映了整个国民经济发展的方向和要求。企业要对市场情况做出准确的判断，也离不开国家提供的情报。

加强计划指导的一个重要问题是发挥各种经济杠杆的作用。这就要求科学地制定各种经济政策，如价格政策、税收政策、关税政策、信贷政策、投资政策、收入分配政策、外贸外汇政策等。我们要学会通过这些经济政策，鼓励那些社会需要发展的生产建设事业，限制那些社会不需要发展的事业，引导企业努力完成国家的计划。这里的关键是要使企业的利益和社会的利益一致起来，使企业沿着国家计划所规定的方向来安排自己的各项经济活动。显而易见，我们的经济政策要能够起到这种作用，是必须正确认识和巧妙运用价值规律同市场机制的。

此外，国家还要通过经济立法和经济司法，通过各种形式的群众监督和社会监督,来加强计划指导。

有些人担心,社会主义社会中实行利用市场的经济体制,对于市场上千千万万的商品生产者和消费者分散做出的抉择和行动,究竟能否加以控制,使其不离开社会主义轨道和不破坏国民经济的协调发展。我们认为,如果加强计划指导,坚持计划经济,这种担心是可以消除的。

[本文写于1981年初,原载林韦主编的《中国经济改革》英文版(1982年)。曾被诺夫(英)转载于其主编的《市场与社会主义》(英文版)]

社会主义商品经济是社会主义经济的本质特征

社会主义商品经济是一个既重要又复杂的问题，过去在这个问题上长期存在争论，是同它的复杂性分不开的。《关于经济体制改革的决定》汲取了过去争论中的科学成果，发展了马克思主义政治经济学和科学社会主义理论。

有过一种看法，否认社会主义商品经济是社会主义经济的本质特征。这种看法的谬误，现在已很清楚了，但是也还要注意清除这种看法的影响。

应该认识，社会主义商品经济是社会主义经济的一个本质特征。曾经有人认为，只有计划经济是社会主义经济的本质特征，商品经济则不是社会主义经济的本质特征。例如有的文章说："社会主义商品生产和商品交换"是"旧社会遗留物"，而不是"社会主义制度内在的固有的要素"，"社会主义社会发展商品经济不过是对于这个遗留物的利用"，"总而言之，商品经济决不是社会主义制度本身带来的经济形式"。这里实际上提出了这样的问题：社会主义商品经济是在社会主义生产关系之中，还是在社会主义生产关系之外？文章作者的回答是后者。我不认为这种回答是正确的。我们这里讨论的是社会主义商品经济，既然已经肯定了这些经济关系的社会主义性质，却又说它们不是"社会主义制度内在的固有的要素"，仅就这一点说，其背理就是十分明显的。

在社会主义制度下，全民所有制企业和集体所有制企业之间，集体所有制企业之间以及全民所有制经济内部，都必须保存商品货币关系。离开了商品货币关系，社会主义公有制经济体系就无法健康发展和正常运行。

而一种不能正常运行的经济制度是不能长期存在的。因此，怎么能把商品货币关系排除在社会主义生产关系的概念之外呢？

在社会主义条件下，社会及其成员需要的满足也不能离开社会主义商品经济。正像一切经济规律都在一定经济条件下发挥作用一样，社会主义基本经济规律也决不能离开社会主义生产，交换、分配、消费诸领域的条件而独自存在。实践也早已证明，在社会主义时期，排斥商品生产和商品交换的配给制度，只能妨碍社会及其成员需要的满足。因此，商品生产和商品交换的存在，乃是社会主义基本经济规律（以及按劳分配规律）发生作用的必要条件。

有些人把商品货币关系同社会主义经济体系割裂开来，是出于这样一种逻辑和分析方法：经济体系是若干经济"规律"的集合。拿社会主义经济体系来说，它是社会主义基本经济规律、国民经济有计划按比例发展规律、按劳分配规律，价值规律等等的集合。其中，社会主义基本经济规律、国民经济有计划按比例发展规律，按劳分配规律是社会主义特有的规律。至于商品生产和商品交换的固有规律——价值规律，则是在过去早就存在的"旧社会的遗物。"

这种离开经济体系的运行机制去研究经济规律的方法是值得怀疑的。马克思主义经典作家把经济规律看作经济体系运动中的"本质的关系或本质之间的关系"。（《列宁全集》第38卷，第161页）。而在社会主义政治经济学的研究中，在一段时期内，人们却往往把经济规律看成某种权威规定的"要求"或"命令"，离开经济机制，即离开社会经济机体经由它的组成要素间的相互作用而形成的整体功能来规定经济规律的内容，结果把政治经济学变成了若干互不相干的"规律"的"表述大全"。以这种错误的方法为指导，就难免出现既承认社会主义经济不能没有商品生产和商品交换，又力图把商品生产和商品交换从社会主义生产关系中驱逐出去的背理现象。

所谓本质无非是"现象中同一的东西"（《列宁全集》第33卷，第159页）"巩固的（保存着的）东西"（同上书，第158页）。如果承认社会主义商品经济是社会主义经济关系的一个不可缺少的部分，是稳定地存在于社会主义经济之中的，那就不能不承认，社会主义商品经济是社会主义经济的本质特征。当然，商品经济只是社会主义的一个本质特征，而不是它的唯一的本质特征,因为它只是反映了社会主义经济某一特定方面的稳定的,巩固的东西,而并没有反映社会主义经济所有方面的稳定的、巩固的东西,即没有反映社会主义经济的全部本质。

有的同志认为,肯定计划性是社会主义经济的本质特征,就不能再说商品性是社会主义经济的特征。我认为这种看法也不全面。因为,任何复杂的事物都有多方面的本质属性,或者说多方面的本质特征。这些本质特征的重要性(或者说特征的本质程度)可能各有不同,但却不能用其中的一个特征来否定另一个特征,社会主义经济的计划属性是否比商品属性更本质,是一个可以讨论的问题。但是,显然不能像某些作者所断言的那样,把计划性说成是社会主义经济最本质的属性。众所周知,马克思和恩格斯曾用"公有制"来表达共产主义的本质,列宁在对社会主义下定义时,首先指出的是"生产资料公有制"和"按劳分配"两个特征(列宁:《无产阶级在我国革命中的任务》,《列宁选集》第3卷,第62页)。因此,有什么理由说承认计划性是社会主义的本质特征,就不能承认商品性也是社会主义经济的本质特征呢?列宁曾经说过:"没有抽象的真理,真理总是具体的"。并说:"真理是全面的"(列宁《黑格尔〈逻辑学〉一书摘要》,第132页),"真理就是由现象,现实的一切方面的总和以及它们的(相互)关系构成的"(同上书,第130页)。我们认识到社会主义经济既有计划属性,又有商品属性,同时认识计划属性和商品属性之间的内在联系,这就比只认识其中一个方面有了更全面一些的认识。为什么一定要主张计划性和商品性不能同时成为社会主义经济的特征呢?

黑格尔在《逻辑学》中曾说:"一个具体的东西,包含多种多样的本质的规定","每件事情以及它的对立面都有较多个本质的内容规定、关系和观点,在它们的本质性形式中,这一个规定和那一个规定都同样有效"。(下册,商务版第100页)列宁曾说黑格尔这些"基本的思想是天才的"(《黑格尔〈逻辑学〉一书摘要》,第73页)。我们在社会主义政治经济学的研究中也不能违背更不能抛弃这种"天才的""基本思想"。

(摘自《对社会主义商品经济要有全面的认识》,
《经济与社会发展》1985年第1期)

科学社会主义理论上的一个重大突破

认识社会主义经济是有计划的商品经济，在科学社会主义理论上是一个重大突破，对社会主义建设将产生极其重大的影响。

在我国，1981年中共中央《关于建国以来党的若干历史问题的决议》中，已经提出"要大力发展社会主义的商品生产和商品交换"。从承认社会主义的商品生产和商品交换，到承认社会主义商品经济，似乎是不太困难了。但是，事实上，像蛹变成飞蛾要脱壳一样，还是非常困难的。

在我国学术界，社会主义经济是有计划的商品经济的提法早就出现过。例如，1981年就有文章指出，社会主义经济是有计划的商品经济，它的前提是社会主义公有制占绝对优势，而且是有计划的，所以与资本主义商品经济的性质不同，过去没有把社会主义经济看成是有计划的商品经济，而看成是自然经济或半自然经济，才形成了高度集中的、以行政管理为主的体制，这种经济管理体制不符合社会主义经济发展的客观规律，从而导致经济不活跃、经济效果差等后果。还有文章指出，社会主义经济就其基本特征而言是计划经济，但它是同商品经济相统一的计划经济，或者说，社会主义经济除了具有计划性外，还具有商品性和市场性。现在看来，这些意见是正确的。

但是，这些意见并没有得到普遍赞同，而是受到很多批评。在党的十二届三中全会的《关于经济体制改革的决定》（以下简称《决定》）发表前的一段时期内，甚至可以说，在舆论上占上风的是与这种意见相反的意见。很多文章认为不能说社会主义经济是一种商品经济，有的还批判这种观点。例如，有的文章说，在社会主义制度下，虽然存在着商品生产和商品交换，却不能据此判定社会主义经济是商品经济；社会主义经济的本质特征只能是计划经济，把社会主义商品经济和社会主义计划经济并提，是不妥当的，要么是商品经济，要么是计划经济，二者必居其一；把社会主义经济的本质特征说成是既有计划性又有商品性，那已不是社会主义经济，而是混合经济了；把计划经济降格为商品经济，就没有什么社会主义可言了。还有文章说：提社会主义经济是有计划的商品经济，落脚点仍然是商品经济，计划经济被抽象掉了。有的文章甚至说，商品经济是独立于社会主义条件之外的，旧社会的遗留物。

事情很有趣。人们都说要大力发展社会主义商品生产商品交换，而其中不少人却否认社会主义经济是一种商品经济。为什么会发生这种现象呢？既然生产是商品生产，交换是商品交换，为什么经济不是商品经济？现在有的同志说，商品生产和商品交换的提法，同商品经济的提法并没有多少区别，这话是有道理的。那时有的人说发展社会主义商品生产和商品交换，实际上是说发展社会主义商品经济。但是，有些人只承认社会主义商品生产商品交换而不承认社会主义商品经济，这说明这两种提法可能包含一些实质性的分歧。我认为，分歧主要在于，承认社会主义经济是一种商品经济，就意味着承认以下一些观点：第一，不仅两种社会主义公有制形式的经济之间存在商品货币关系，而且全民所有制经济内部也存在商品货币关系。第二，不仅生活资料是商品，而且生产资料也是商品。第三，价值规律对社会主义经济，包括对全民所有制经济，不仅有影响作用，而且起着调节作用。第四，社会主义经济要充分发挥与价值规律有关的各种经济杠杆的作用，不仅指导性计划要依靠经济杠杆来实现，指令性计划也必须运用价值规律。有些人所以只承认社会主义商品生产商品交换而不承认社会主义商品经济，是因为对以上的有些观点或者全部观点不同意。我们知道，斯大林认为，社会主义商品货币关系只存在于两种公有制经济之间，而不存在于全民所有制经济内部；生活资料是商品，生产资料不是商品；价值规律对社会主义生产虽有影响，但不起调节作用。可见，过去人们所以否认社会主义经济是一种商品经济，是同斯大林的理论观点的影响密切相关的。

由上可知，《决定》提出社会主义经济是有计划的商品经济，这是对传统观念的重大突破。需要进一步探讨的问题是，为什么《决定》在理论上能够取得这样重大的突破呢？我认为原因是很多的，而其中主要的原因有四个，一是邓小平等中央领导同志个人起了很大作用。二是经济体制改革的实践给了我们启示。三是对社会主义经济的理论研究工作作出了成绩。四是党的实事求是的思想路线起了促进和保证作用。

我们记得，邓小平同志早就提出了发展我国农村社会主义商品经济的问题。1980年他在《关于农村政策问题》的谈话中说："可以肯定，只要生产发展了，农村的社会分工和商品经济发展了，低水平的集体化就会发展到高水平的集体化，集体经济不巩固的也会巩固起来。"他还说："多种经营发展了，并随之而来成立了各种专业组或专业队，从而使农村的商品经济大大发展起来。"①

在《决定》起草的过程中，国务院领导同志明确提出"社会主义经济是有计划的商品经济"，并对计划体制的改革、价格体系的改革和国家领导职能等三个与社会主义经济有关的理论问题和方针问题提出了重要意见。这些意见都为党中央所接受，采纳在《决定》中了。

从根本上说，理论是实践的产物，社会主义商品经济问题理论的突破，也是经济体制改革实践的结果。党的十一届三中全会以来我国进行的经济体制改革，尽管很多带有试点的性质，但已经使我国传统经济体制开始发生重大的变化，显示出社会主义商品经济的必然性和主要特征。经济体制改革引起的社会主义经济关系的变化，要求理论上承认社会主义经济既是计划经济，又是商品经济。我想，至少可以从四个方面，来说明改革的实践启示我们社会主义经济是一种商品经济。

首先，扩大企业自主权使国有企业开始成为商品生产者和经营者。早在1978年10月，四川省就开始进行扩大企业自主权的试点。1979年7月，国务院颁布了有关扩大国营企业自主权的五个文件，对试点企业的权限作了具体规定，有关部门又在京、津、沪进行扩大企业自主权的试点。到1980年年底，全国试点工业企业达6600多个，其中实行"以税代利、独立核算、自负盈亏"试点的有200多个。这些试点企业约占全国预算内工业企业总数的16%，产值占60%左右，利润占了70%左右。1981年开始，全国又在国营企业中推行经济责任制。到年底，有36000多个工业企

---

① 《邓小平文选》，第275—276页。

业、23800多个商业企业、11650多个粮食企业实行了经济责任制。这些改革使国营企业的地位作用发生了变化。例如，由于改变了过去的统收统支制度，企业和职工的利益开始同企业经营好坏挂起钩来，企业经济利益上的相对独立性明显了，加上扩大了权限和明确了责任，企业开始向真正的商品生产者和经营者转变。再如，由于改变了过去统购统销的制度，商品实现问题即商品销售问题暴露了，而且在有些企业相当突出，表明国有企业的产品（不论是生活资料还是生产资料）都是商品。

又如，由于企业地位作用的变化，很多企业不仅开始重视管理问题，而且开始重视经营问题。这几年企业经营学日益受到重视，并不是偶然的。以上变化就足以说明，应该承认社会主义国有企业是商品生产者和经营者，不承认这一点，是违背事实的。有的人曾经不同意国有企业自负盈亏的提法，但当这种提法已为实践证明是可行的和必要的时候，也就不能不承认这种提法了。

其次，生产资料开始进入市场。由于实行在计划经济中发挥市场作用的政策，这几年，一些重要生产资料开始进入市场。1979年鞍钢就在市场上自销钢材17.6万吨。重庆钢铁公司自销钢材12.9万吨，占该公司钢材产量的19%。一机部产品产值中进入市场的占13%，有的企业达到40%。现在国家统配的几种主要产品，也规定超计划生产的部分可以自销，传统的观念认为社会主义制度下生产资料不是商品，有人曾对生产资料进入市场的作用持怀疑态度。但是事实表明，生产资料进入市场有很多好处。一是可以促进产销结合，有利于发展生产和满足用户的需要；二是可以提高产品质量和服务质量；三是可以加速生产资料流通，加速资金周转；四是可以缩短基本建设周期；五是可以促进工业的专业化协作与联合；六是可以促进企业改善经营管理，提高企业和整个国民经济的经济效益。生产资料进入市场表明，生产资料也是商品。

再次，农村商品经济有了很大的发展。这次经济体制改革是从农村着手的。传统的经济体制模式是自然经济的模式，不利于甚至严重阻碍农村商品经济的发展。在农村实行联产承包责任制等改革以后，我国农村商品经济迅速发展起来。它的积极作用十分明显：第一，促进了分工和专业化。我国农村已涌现出一大批专业户，而且出现了专业村，建设了新的农产品商品基地，促进了经济联合。第二，加快了小城镇建设。发展小城镇是中国式社会主义经济的一个重要内容。农村商品化促进了农业、乡镇工业和商业的发展，从而也促进了小城镇的建设。第三，促进了农业现代化。农村商品化不仅使农民有可能积累农业现代化的资金，而且使他们有了学习和应用科学技术的强大动力，开始重视经营管理，讲究投入产出。农村商品化也有利于农业内部结构向现代化的合理方向发展。第四，使农业充分发挥基础作用，成为国民经济振兴的基础。我们常说农业是国民经济发展的基础，但往往忽视一个问题，农业怎样才能充分发挥它的基础作用。这几年的事实说明，只有发展农村商品经济，才能使农业充分发挥它作为国民经济基础的各种职能。正如《中共中央关于1984年农村工业的通知》中所说："由自给半自给经济向较大规模商品生产转化，是发展我国社会主义农村经济不可逾越的必然过程"。发展农村商品经济有以上种种重大意义，就不能不使人思考，整个国民经济都有一个发展商品经济的问题。因此，就要在理论上承认社会主义经济也是一种商品经济。

最后，运用经济杠杆取得了成效。有些人不承认社会主义商品经济，是担心发展商品经济就难以处理好计划和市场的关系。而这几年由于运用经济杠杆取得了成效，积累了经验，表明我们是能够学会运用经济杠杆的，通过对于经济杠杆的运用和计划的、行政的、法律的手段的运用，是可以把计划和市场的关系处理好的。党的十一届三中全会以来，我们在调整农产品价格方面，在调整纺织品价格方面，都取得了预期的成效。在利用税收杠杆方面，我们在完成第一步利改税以后，已进入了利改税的第二步，这说明我们也能较好地掌握这个经济杠杆。在信贷方面，我们实行基本建设拨款改为贷款的改革，实行固定资产贷款和流动资金贷款，也都是有成绩的。这些也都说明，承认社会主义商品经济是必要的，有益的。

总之，是经济体制改革的实践，使得我们必须承认社会主义经济是有计划的商品经济。

我们也要看到经济理论研究工作在这个突破中的作用。理论是实践的反映，而实践要得到正确的反映，又有赖于理论研究工作，尽管经济体制改革的实践已经显示出社会主义经济是一种商品经济，但如果没有深入的调查研究工作，也难得出科学的结论。因为，现象是复杂的，不同的理论往往都可以从现象中找到根据。商品经济问题所以争论不休，原因之一就是争论的各方都可以从现象中找到自己需要的"事实根据"。由于这几年广大的经济工作者和经济理论工作者在商品经济问题上开展了认真的深入的研究工作，取得了多方面的研究成果，才为《决定》中的突破作好了理论上的准备。理论上的突破是要有研究工作做基础的。

还要看到，党的马克思主义的思想路线即实事求是的路线在这个理论突破中的重要作用。由于有了一条正确的思想路线，才能有我国经济体制改革的实践，才能有百家争鸣的局面和经济研究工作的成绩，从而也才能制订和通过《关于经济体制改革的决定》。从这个意义上说，党的实事求是的思想路线对这个突破是起着决定性的作用的。

(摘自《关于社会主义商品经济问题争论的思考》，
《中国工业经济学报》1985年第5期)

社会主义商品经济理论需要发展

社会主义市场经济的提法是社会主义商品经济提法的继承和发展，必将推动我国的经济改革和经济事业发展。

迄今为止，我国的经济改革是在社会主义商品经济理论指导下进行的。党的十二届三中全会通过的《中共中央关于经济体制改革的决定》明确指出：社会主义经济是公有制基础上的有计划的商品经济。这个科学概括否定了把社会主义同商品经济对立起来的传统观念，是对马克思主义的重大发展。根据社会主义商品经济理论，我国实行了市场取向的改革，在企业改革、市场培育、宏观经济管理改革等方面做了大量工作，取得了举世瞩目的伟大成就。社会主义市场经济理论，必将继承社会主义商品经济理论的科学内容，并更好地付诸实践。

改革的实践也表明社会主义商品经济理论有局限性，难以适应进一步深化改革的要求。尽管我们搞社会主义商品经济成绩很大，但困难也很多，尤其是一个时期内走走停停，步履维艰，进展不快。这里原因很多，理论上的局限性可能不是最主要的原因，但确实也是一个重要原因。在市场机制的作用、国有企业的独立性、市场体系的内涵以及政企关系等问题上，社会主义商品经济理论都有不够明确或不够彻底的地方，必须进一步发展。

根据社会主义商品经济理论，市场机制在资源配置中起什么作用是不明确的。资源配置是指资源在各个部门、各个行业、各个企业之间的分配，我们通常讲的国民经济按比例发展就属于这个问题。不过，资源配置不只包括国民经济按比例发展的要求，还包括提高经济效益、加快科技进步等内容。各个社会商品经济的发展程度不同，市场机制的作用也不同。社会主义商品经济理应是发达的商品经济，即市场经济。而在市场经济中，市场机制应在资源配置中起主要作用，即市场能调节的，就让市场去调节，市场不能调节或调节不好的，再由政府采取措施来调节。因此，我们搞社会主义商品经济，就是要创造条件，让市场机制成为资源的主要配置者，这样才有可能从体制上为优化企业结构、提高经济效益、促进技术进步等创造有利条件。

对于以上问题，我们有过许多内容不同的提法和主张。1979年曾经提出"计划经济为主、市场调节为辅"。1980年尤其是1984年以后又提出了"计划调节和市场调节相结合"的提法。党的十三大提出了"国家调节市场、市场引导企业"的新提法，这个新提法蕴含着市场机制应在社会主义商品经济资源配置中起主要作用的内涵。现在看来，这个提法是正确的，是符合发展社会主义商品经济的要求的。而市场机制既然在社会主义商品经济资源配置中起主要作用，社会主义商品经济也就成为社会主义市场经济了。

1989年以来又出现了"计划经济与市场调节"相结合的提法，并认为这是社会主义商品经济的运行机制。有些同志还认为"计划经济与市场调节相结合"就是"计划经济为主、市场调节为辅"的另一种表述，而且是社会主义商品经济运行机制的唯一正确的表述。一段时期内"国家调节市场、市场引导企业"的正确提法实际上被否定了。而按照这个提法办事，传统计划经济就将保存下来，市场调节只能起有限的辅助作用，又怎么能发展社会主义商品经济呢？

以上事实说明，社会主义商品经济理论对于市场机制在资源配置中作用的看法是不明确的。尽管有的提法是正确或比较正确的，但是并不一定能取得统治地位，而有的不确切或不正确的提法，则也能从社会主义商品经济理论中找到一定的根据。这种理论上的不明确又是同理论的不彻底有关的。商品经济和市场经济之间本来没有不可逾越的鸿沟，而且计划多一点还是市场多一点也不是社会主义与资本主义的本质区别。但过去我们很多人却把计划经济和社会主义等同起来，把市场经济和资本主义等同起来，从而不承认社会主义商品经济也是社会主义市场经济，不承认市场机制应是社会主义商品经济中资源的主要配置者。既然社会主义经济不被看做市场经济，市场机制不被看做资源的主要配置者，那么"计划经济为主、市场调节为辅"之类的提法就可以找到一定根据，并成为社会主义商品经济理论的组成部分，而"国家调节市场、市场引导企业"等正确提法也就难以确立，甚至会被批判。这样，企业改革、价格改革、市场培育、宏观经济管理改革的目标和要求也会被模糊甚至被歪曲。社会主义商品经济理论的这些局限性要求我们适时地把这一理论推向前进，也就是使社会主义商品经济理论发展成为社会主义市场经济理论。

（原载《经济日报》1992年12月16日）

改革应以社会主义市场经济为目标

改革前，我们实行的是高度集中的计划经济体制。这种体制是排斥商品货币关系和市场机制的作用的，故称为产品经济。它的优点是可以集中使用资源，有利于完成某些国家规定的任务。在新中国成立后的一段时间内，这种体制起过积极作用。但这种体制存在着一些根本性的弊端，不利于发挥地区、部门、企业和劳动者的积极性，必须实行经济改革。

经济改革就是要在体制上创造条件，让市场机制发挥作用，尤其是让市场机制在社会资源配置中起主要作用。资源配置是指资源在各个部门、各个行业、各个企业之间的分配，即通常说的国民经济要按比例发展。不过资源配置不只包括国民经济按比例发展问题，还包括提高经济效益、加快科技进步等内容。资源配置问题是经济发展的根本问题，从世界经济发展的历史经验看，让市场机制作为资源的主要配置者是解决这个问题、处理好效率和公平等问题的较好的办法。而让市场机制作为社会资源的主要配置者也就是实行市场经济。所以，社会主义经济改革本来就应以社会主义市场经济为目标，使社会主义产品经济转变成为社会主义市场经济。

但是，我们对于市场机制作用的认识经过了一个曲折的过程。改革伊始我们就认识到要让市场机制发挥作用，在农村、城市采取的改革措施都是为此创造条件的。1984年党的十二届三中全会通过的《关于经济体制改革的决定》，明确了社会主义经济是公有制基础上有计划的商品经济，以后更是自觉地实行了市场取向的改革，日益扩大了市场机制的作用。尽管如此，大家对市场机制在社会主义社会资源配置中要不要起主要作用却长期没有取得共识。邓小平同志在1979年就说过社会主义也可以搞市场经济，有些同志也说过社会主义商品经济就是社会主义市场经济。但社会主义市场经济的提法并未及时被人们普遍接受。

传统观念认为，市场机制是资本主义的经济范畴，姓"资"而不姓"社"，市场经济当然更是姓"资"而不姓"社"了。我们记得党的十二届三中全会以前，曾争论过社会主义经济是不是商品经济。有些同志认为，只能提社会主义商品生产和商品交换，不能提社会主义商品经济，理由是商品经济姓"资"而不姓"社"。党的十二届三中全会明确了社会主义经济是商品经济，把马克思主义大大向前发展了一步。但以后又展开了社会主义经济是不是市场经济的争论。有些同志把计划经济和社会主义等同起来，把市场经济和资本主义等同起来。针对这种观点，邓小平同志在南方谈话中指出：计划多一点还是市场多一点，不是社会主义与资本主义的本质区别。计划经济不等于社会主义，资本主义也有计划；市场经济不等于资本主义，社会主义也有市场。计划和市场都是经济手段。邓小平同志的科学论断为这场长期争论做了总结。通过学习邓小平同志的谈话，在全国范围内进一步解放了思想，清除了错误的传统观念，这才为确立社会主义市场经济这一正确提法奠定了思想基础。

从历史看，在社会主义制度出现以前，资本主义就是搞的市场经济；在社会主义制度出现以后的一段时期内，资本主义也是不搞计划，只搞市场经济，社会主义则是搞排斥市场的计划经济。在这两种场合，说市场经济只限于资本主义，计划经济只限于社会主义，大体上是正确的。但后来尤其是第二次世界大战以后，情况有了很大变化。资本主义国家也有计划了，有的甚至被称为计划经济，社会主义国家也搞市场了，有的也被称为市场经济。在这种情况下，再把市场经济等同于资本主义，把计划经济等同于社会主义，就不符合实际情况因而不正确了。

商品经济和市场经济之间也没有不可逾越的鸿沟。商品经济有一个从不发达到发达的发展过程。在不发达的商品经济阶段，市场机制还不能在社会资源配置中起主要作用，这时候的商品经济还不能称为市场经济。而当商品经济发展到比较发达的阶段，市场机制就成了社会资源的主要配置者，商品经济就成为市场经济了。因此，商品经济和市场经济既有相同点，又有不同点。它们都要有市场，都要实行等价交换，都要开展竞争，都要发挥价值规律的作用，这些是共同点。但并不是任何商品经济都是市场经济，小商品经济就不是市场经济。只有商品经济的社会化和市场化相当发达，市场机制成了社会资源的主要配置者，商品经济才成为市场经济。市场机制成为资源的主要配置者必须具备一系列条件。例如，既要有发达的商品市场，还要有发达的要素市场；要有灵活的价格机制；要有相应的微观机制即现代企业；要有资源自由流动的各种必要条件；还要有正常的市场运行规划和健全的市场管理制度。为了充分发挥市场机制的积极作用并克服其消极作用和弥补其不足，还要有正确的宏观经济管理制度和政策。可见，市场经济是生产力高度发展的产物，是一种发达的商品经济。社会主义商品经济理应是发达的商品经济，因此社会主义商品经济理应是市场经济。在这个意义上，可以说社会主义商品经济就是社会主义市场经济。但现在我们实际存在的商品经济远没有达到社会主义市场经济的要求。我们要根据这种要求，深化改革，使社会主义商品经济发展成为社会主义市场经济。因此，确切地说，社会主义市场经济是社会主义商品经济的继承和发展。

如果只承认社会主义商品经济而不承认社会主义市场经济。那就是在商品经济和市场经济之间划了一条不该划的鸿沟。由于这种不承认社会主义市场经济的观点曾经非常流行，因而使得社会主义商品经济理论有局限性，在有些问题上不够明确或不够彻底。例如，我们曾把社会主义商品经济的运行机制概括为计划经济和市场调节相结合，有些同志进而认为这就是计划经济为主，市场调节为辅，这样就难以使市场机制在社会资源配置中起主要作用。又如，一种流行的意见认为，国有企业只能有相对的独立性。所谓相对独立，就是相对自主经营而不完全自主经营，相对自负盈亏而不完全自负盈亏。这样，国有企业就难以成为真正独立的商品生产者和经营者，难以成为真正的市场主体，从而也难以使市场机制发挥它应有的调节作用。再如，我们曾规定劳动力、土地和国有企业等都不是商品，这样就难以形成生产要素市场，难以使国有企业优胜劣汰，难以充分发挥市场机制的作用。再如，政府作为国有企业的主管部门既有行政管理权，又有财产所有权，同时又不承认企业作为法人对财产有法人所有权，这就难以实现政企职责分开，而政企职责分开则是市场机制充分发挥作用的前提条件。这些理论上的局限已经影响到改革的实践，增加了改革的困难，造成改改停停的局面。为了克服这些局限，要在继承社会主义商品经济理论科学内容的基础上,把这一理论推向前进,使之发展成为社会主义市场经济理论,并要据此进一步明确企业改革、价格改革、市场培育、宏观管理改革的目标和要求,尽快建成社会主义市场经济体制的框架,这是一项非常重要而又艰巨的紧迫任务。

有的同志担心,实行市场经济会导致社会生产无政府状态和两极分化。这种担心不是没有道理,但不能据此否定社会主义市场经济的提法。市场机制的作用伴随着自发性,因而有可能导致社会生产无政府状态和贫富悬殊等两极分化现象。但是,这只是可能性而非必然性。只要做好宏观管理等方面的工作,就可以使这种可能性不会变成现实。因为,在现代市场经济中,宏观经济管理起着重要作用,政府可以采取各种必要措施减少和克服社会生产无政府状态和两极分化。有人认为实行市场经济就是不要宏观管理,这也是一种过时的错误观念,不符合现代市场经济的特征和要求。市场机制的作用是难以替代的,但又不是十全十美的,更不是万能的。这就决定了实行市场经济也要宏观管理,国家和计划的作用也很重要。但是市场能做到的,就要让市场去做。市场做不到的,做不好的,或者做起来代价太大的,再由国家和计划去做。政府的作用主要在三个方面:(1)为发挥市场机制的作用创造有利条件。(2)对市场机制作用的结果进行社会纠正。(3)补充市场机制的不足。由于较好地发挥了这些作用,有些资本主义国家在一定时期内也减少了社会生产无政府状态和贫富悬殊现象,并积累了不少有益的经验。我们依靠社会主义公有制的优越性,更有条件根据客观经济规律的要求,并认真研究和吸取其他国家的经验和自己的经验,改进和加强宏观经济管理,保证国民经济的计划性,防止两极分化。

(原载《中国软科学》1992 年第 6 期)

从社会主义商品经济到社会主义市场经济

党的十四大报告第一次明确提出，我国经济体制改革的目标是建立社会主义市场经济体制。这个目标的提出具有重大的理论和实践意义，是对社会主义经济理论认识不断深化的结果，也是我国改革、开放不断发展的客观要求。

改革以前，我国实行的是高度集中的计划经济体制。这种体制是排斥商品经济和市场机制的作用的。当时不仅劳动力、资金、土地等不被当作商品，生产资料也不被当作商品，甚至消费资料也只有一部分被当作商品。这种体制的优点是可以集中使用资源，有利于完成某些国家规定的任务。在新中国成立之后的一段时期内，这种体制曾起过积极作用，促进了工业化事业。但这种体制有很大缺陷，不利于发挥地区、部门、企业和劳动者的积极性。随着生产力发展，终于在1978年使我国走上了经济改革之路。

改革以来，我们是以建立社会主义商品经济体制为目标的。尽管改革之初，人们没有普遍赞同社会主义商品经济的提法，但从当时农村、城市采取的各项改革措施看，实际上已在开始搞社会主义商品经济体制。1984年，党的十二届三中全会通过的《关于经济体制改革的决定》（以下简称《决定》）明确指出：社会主义经济是公有制基础上的有计划的商品经济。这个科学概括否定了把社会主义同商品经济对立起来的传统观念，为社会主义商品经济理论奠定了基础，对发展马克思主义做出了重要贡献。《决定》基本上统一了全党和全国人民的思想，使人们依据社会主义商品经济理论，更加自觉地实行市场取向的改革，在企业改革、市场培育、宏观经济管理改革等方面取得了世界公认的成绩。

承认社会主义市场经济是社会主义商品经济理论的重大发展。我们知道，商品经济有一个从不发达到发达的发展过程。在不发达的商品经济阶段，市场机制还不能在社会资源配置中起主要作用，这时候的商品经济还不能称为市场经济。而当商品经济发展到比较发达的阶段，市场机制成了社会资源的主要配置者，商品经济就成为市场经济了。社会主义商品经济应是发达的商品经济，因此社会主义商品经济理应是市场经济。有的同志早就主张社会主义商品经济是市场经济，认为应该把社会主义市场经济体制作为我国经济改革的目标。但这个意见长期未被人们普遍接受。一种曾占统治地位的意见则在商品经济和市场经济之间划了一条不准逾越的鸿沟，认为商品经济可以姓"社"，市场经济只能姓"资"。这种情况使社会主义商品经济理论有了局限，不够彻底和不够明确，并影响经济改革的实践，增加了经济改革的困难。

从改革以来的理论和实践看，社会主义商品经济理论至少在以下几个问题上是有局限性的。

第一，市场机制的作用问题。前面说过，社会主义商品经济就是社会主义市场经济，市场机制理应成为社会资源的主要配置者。但一个时期以来，流行的社会主义商品经济理论对此是不明确的。我们曾经有过计划经济为主市场调节为辅的提法，这个提法比过去完全排斥市场机制是个进步，但它只承认市场调节起有限的辅助作用，显然是不能适应社会主义商品经济即市场经济发展的要求的。后来又提过计划调节和市场调节相结合，这又前进了一步，但这个提法仍未明确以市场机制为社会资源的主要配置者。人们可以对这个提法作各种解释，所以它过于笼统，不够明确。1989年以来，占统治地位的提法是计划经济和市场调节相结合。根据有些同志的解释，这个提法实际上是回到了计划经济为主市场调节为辅的提法，这就是允许在计划经济体制的框架内加些市场调节的因素，市场调节只能在资源配置中起辅助作用而不能起主要作用。

第二，企业的独立性问题。为了使市场机制起社会资源主要配置者的作用，企业必须成为独立的商品生产经营者，成为市场主体。《决定》要求国有企业成为自主经营自负盈亏的商品生产者和经营者，这是完全正确的。但是一种流行的意见则认为国有企业只能有相对的独立性。相对的独立性，就是只要相对自主经营，相对自负盈亏就行。而这种相对独立性是绝难使国有企业成为真正的商品经营者和市场主体的。这样也就难以使市场机制发挥应有的作用，难以发展社会主义商品经济。

第三，商品关系的范围问题。市场机制起资源主要配置者作用的另一个条件是形成竞争性的市场体系，即不仅要有商品市场，而且要有要素市场，要承认劳动力、资金、土地以及企业也是商品。而我们曾规定：在社会主义条件下，劳动力不是商品，土地、矿山、银行、铁路等一切国有的企业和资源也都不是商品。作出这种规定为的是和资本主义市场经济划清界限，但如果按以上规定做，又怎样形成市场体系和发挥市场机制的作用呢？这样规定并未科学地在社会主义商品经济和资本主义市场经济之间划清界限，反而在商品经济和市场经济之间划了鸿沟。

第四，政企关系的处理问题。处理好政企关系是使国有企业成为真正的商品生产经营者和形成竞争性市场体系的前提条件，也是社会主义商品经济健康发展的关键问题。《决定》要求实行政企职责分开，正确发挥政府机构管理经济的职能，这是必要和正确的。但是，改革以来，在政企职责分开和政府转变职能方面进展甚慢，困难很多。这同理论和认识也有关系。上面提过的企业相对独立性的理论，就是承认企业对政府的某种隶属关系，妨碍企业彻底摆脱行政机构附属物的地位。再如，流行的观念认为，国有经济的所有权只能由政府掌握，而政府作为政权机构又有行政管理权，这种财产所有权和行政管理权集于政府一身的状况，也难以真正实行政企职责分开。这里还要重视一个问题：发展经济的主体是企业还是政府？传统计划经济体制是把政府作为发展经济的主体的，但发展社会主义商品经济则必须使企业成为主体。而迄今政府是主体的观念似乎还占统治地位，诸如放权让利、放水养鱼、把企业推向市场、分配中国家得大头之类的提法和做法就反映了这一点。这种观念和认识不改变，政企关系是处理不好的。

怎样才能克服社会主义商品经济理论的局限性呢？这就是要在继承其科学内容的基础上，把这一理论推向前进，使之发展成为社会主义市场经济理论。尤其是要承认社会主义商品经济是市场经济，要承认市场机制是主要的社会资源配置者。应该指出，在以上问题上过去并非没有意见分歧和争论，也不是没有正确的意见，问题在于在原有的理论框架内，那些不正确的意见也能找到存在的理论依据，甚至可以据此批判正确的意见。我们记得，党的十三大提出"国家调节市场、市场引导企业"的主张。这个主张是符合发展社会主义商品经济的要求的，但是1989年后由于"计划经济和市场调节相结合"的提法占了统治地位，党的十三大的正确主张不仅长期不提了，而且受到了不公正的批评。而如果我们承认了社会主义商品经济也是市场经济，承认了市场机制是主要的资源配置者，这样很多争论的是非界限就明确和清楚了。例如，大家就易于看到"计划经济为主市场调节为辅"、"企业是相对独立的商品生产者"、"劳动力、土地和国有企业不是商品"等提法的缺陷，从而易于在正确理论观点的基础上统一认识。由此可见，把社会主义商品经济理论发展为社会主义市场经济理论是很必要的。

社会主义商品经济理论发展为社会主义市场经济理论也有其必然性。社会主义商品经济理论促进了社会主义商品经济，而随着商品经济的发展，实践也在不断突破理论的局限性，推动着理论发展。明显的事例如：劳动力和土地早就开始成为商品；有些国有企业也早就进行产权转让，意味着国有企业也开始具有商品性；随着股份制和股票市场的形成和发展，国有企业的商品性更加明显；国有企业为了增强竞争力，要求完全摆脱对政府的隶属关系，取得真正的独立性；有些政府机构也在按照发展市场经济的要求转换政府职能。实践的成果必然要反映在理论上。党的十三大就提出：社会主义的市场体系，不仅包括消费品和生产资料等商品市场，而且应当包括资金、劳务、技术、信息和房地产等生产要素市场，单一的商品市场不可能很好发挥市场机制的作用。并提出，新的经济运行机制，总体上说应该是"国家调节市场、市场引导企业"的机制。这些都是对社会主义商品经济理论的发展。

值得强调的是，邓小平同志早就提出市场经济不限于资本主义社会，社会主义也可以搞市场经济。1992年年初，他在南方重要谈话中又指出：计划多一点还是市场多一点，不是社会主义与资本主义的本质区别。计划经济不等于社会主义，资本主义也有计划；市场经济不等于资本主义，社会主义也有市场。计划和市场都是经济手段。邓小平同志的谈话为确立社会主义市场经济理论提供了牢固的思想基础,它说明从社会主义商品经济到社会主义市场经济是有必然性的。

(原载《经济管理》1992年第12期)

试论社会主义经济改革的规律性

随着经济改革的深入，我们会遇到许多问题，其中很多问题有相当大的难度，也缺少现成的解决办法。为了妥善地处理好这些问题，把改革不断推向前进，需要加强社会主义经济改革规律性的研究。所谓社会主义经济改革的规律性，就是指社会主义国家经济改革过程中客观存在的不以人们意志为转移的内在联系。"规律是现象中巩固的（保存着的）东西"，"是现象中同一的东西"（列宁语）。因此，揭示社会主义经济改革的规律性，要求从事实出发，并要求扩大研究的时空跨度。就是不仅要研究当前经济改革的实际情况，而且要研究整个经济改革的历史过程；不仅要研究本国的经济改革，而且要研究其他社会主义国家的经济改革，乃至资本主义国家的经济改革。本文准备本着这个要求，对社会主义经济改革的若干规律性进行初步的探讨。

一　经济改革的必然性

社会主义经济改革是由南斯拉夫率先进行的。南斯拉夫最初也是仿照苏联实行国家高度集权的经济管理体制。1948年苏南关系破裂后，南斯拉夫否定了苏联模式，宣布实行社会主义工人自治制度，改国家所有制为社会所有制，取消国家对企业的直接管理和集中统一的国家计划，实行自由贸易制度，由工人自己管理企业，工人自治的企业是独立的商品生产者。以后南斯拉夫一直坚持实行社会主义工人自治制度。东欧其他一些社会主义国家开始改革也比较早。匈牙利于1957年成立了经济改革的专门机构，经过十年的酝酿探索和试验，于1968年1月1日开始全面的经济改革。其基本指导思想是，在生产资料社会主义所有制基础上，把计划指导和市场调节结合起来，既保持国家在宏观经济方面的调节和控制作用，又发挥微观经济组织的积极性和主动性，现在改革正在深入发展。捷克斯洛伐克于1958年到1959年进行了第一次经济改革，1965年到1969年的第二次改革因苏军入侵而失败，80年代初又开始第三次经济改革。保加利亚从50年代末60年代初开始，一直坚持进行"静悄悄的改革"，现在正在加快改革的步伐。波兰开始改革也比较早，1982年动乱得到控制后，又坚持进行改革。把改革作为摆脱危机的"唯一出路"。罗马尼亚和民主德国于60年代中叶以来也对传统经济体制进行过改革。

中国在50年代中期也就开始酝酿经济改革。1956年毛泽东同志在《论十大关系》等著作中就对苏联传统经济体制模式提出了批评意见。60年代初期的《工业七十条》和《农业六十条》以及"三自一包"，都是对苏联模式的冲击。但是，一直到1978年党的十一届三中全会以后，中国才具备按照正确方向进行经济改革的有利条件。中国进行经济改革是要建立起能够促进社会主义商品经济发展的经济体制。《中共中央关于经济体制改革的决定》中指出："改革计划体制，首先要突破把计划经济同商品经济对立起来的传统观念，明确认识社会主义计划经济必须自觉依据和运用价值规律，是在公有制基础上的有计划的商品经济。""商品经济的充分发展，是社会经济发展的不可逾越的阶段，是实现我国经济现代化的必要条件"。中国的经济改革已取得了举世瞩目的成就，被誉为"二十世纪最具有历史意义的经济试验"，"改革的步伐比许多经济学家估计的要快"。

苏联在一段时期内曾反对其他社会主义国家进行经济改革，把他们的改革说成是"离开了社会主义建设的共同规律"，"违背了社会主义计划经济原则"，"助长了资本主义倾向"，"离开了社会主义"。但在斯大林去世以后，苏联也多次酝酿和进行经济改革。苏共二十七大以来，苏联逐步加快改革的步伐。戈尔巴乔夫在苏共二十七大提出"不能局限于局部的改进，必须进行根本的改革"。在1987年6月苏共中央全会上，通过了《根本改革经济管理的基本原则》，苏联最高苏维埃又批准了《苏联国营企业法》。这两个文件要求通过改革，使苏联企业真正成为社会主义商品生产者，并在此基础上，改革宏观经济管理制度。改革步骤是：1987年底以前做好实施国营企业法的准备工作；1988年至1989年各企业都实施国营企业法，实行完全的经济核算制和自筹资金，从现在到 1990 年还要对计划工作、价格体系、财政信贷、物资技术供应进行改革；1991 年至 1995 年实行并进一步完善新的经济机制。

总结社会主义国家经济改革的过程，可以说已经经历了四次浪潮。第一次改革浪潮是 20 世纪 40 年代末 50 年代初南斯拉夫的改革，第二次改革浪潮是 50 年代中期匈牙利、波兰、中国和苏联等国家的改革，第三次浪潮是 60 年代中期匈牙利、捷克、苏联等国家的改革，第四次浪潮是 70 年代末 80 年代初开始的社会主义国家普遍进行的改革。有人据此认为，社会主义经济改革已成为不可阻挡的时代潮流。这种看法蕴涵着这样的意思：社会主义经济改革是必然的。

但是对此也有不同的看法。有人不仅否认改革是必然的，而且认为社会主义国家发展商品货币关系是违背社会主义原则的。有人迄今坚持认为，广泛运用商品货币关系的改革就是"推进资本主义改良主义方针"，"强化资本主义经济机制"，"加强资本主义经济基础"。在国内，也不是没有人怀疑经济改革的必然性，他们留恋和赞赏传统经济体制，认为经济改革弊大于利，对经济改革采取等着瞧的态度。

很多社会主义国家不断进行经济改革，改革已经成为一种时代潮流，这些确实证明着社会主义经济改革是具有必然性的。但是，仅仅列举事实还不够，因为人们可以举出相反的事实。仅仅说明改革的必要性也不够，因为改革的必要性不等于改革的必然性。为了使人信服，还要从理论上分析社会主义经济改革为什么是必然的。我认为，经济改革的必然性主要是由于：

第一，社会主义传统经济体制已经严重阻碍生产力的发展。社会主义传统经济体制曾经起过积极作用，这是不能否认的。但是，随着历史的发展它已经不适应目前的情况，不利于甚至阻碍着生产力的迅速发展。社会主义传统经济体制限制和排斥商品生产、商品交换，企业成了行政机关的附属物，这就使得企业缺少活力，整个国民经济也缺少活力。这种经济体制既不利于发挥劳动者的积极性创造性，并易于助长官僚主义，从而使经营管理非常落后，科学技术进步很慢，经济效益难以提高，人民生活难以迅速改善。为了解放生产力，必须进行经济改革。

第二，资本主义制度向社会主义制度提出了严重的挑战。社会主义公有制克服了资本主义私有制和生产社会化的矛盾，是有其巨大的优越性的，但是社会主义传统经济体制严重阻碍着社会主义制度优越性的发挥。第二次世界大战以后，一些资本主义国家由于调整生产关系、发展科学技术和改善经营管理，生产力取得了较快的发展。在一段时间内，社会主义国家和一些发达资本主义国家相比，经济上尤其是科学技术上的差距有扩大的趋势。这就表明，资本主义制度向社会主义制度提出了严重的挑战。社会主义国家只有进行经济改革，才能充分发挥社会主义制度的优越性，在同资本主义竞赛中取得胜利，从而才能在全世界人民中真正有吸引力。

第三，马克思主义关于社会主义的理论有了巨大发展。马克思恩格斯曾经设想过，一旦社会占有生产资料，整个社会可以像一个工厂一样，按统一的计划运转，而不需要商品和价值规律插入其间，这是社会主义传统经济体制的主要理论依据。事实表明，这个设想过于抽象、过于笼统，在当前所有社会主义国家都是难以实现的。《中共中央关于经济体制改革的决定》总结了历史经验，指出：在社会主义国家，"实行计划经济同运用价值规律、发展商品经济，不是互相排斥的，而是统一的，把它们对立起来是错误的"，"在商品经济和价值规律问题上，社会主义经济同资本主义经济的区别不在于商品经济是否存在和价值规律是否发挥作用，而在于所有制不同，在于剥削阶级是否存在，在于劳动人民是否当家做主，在于为什么样的生产目的服务，在于能否在全社会的规模上自觉地运用价值规律，还在于商品关系的范围不同。"其他很多社会主义国家理论界也提出了类似的理论。过去人们还给社会主义加上了许多不正确的东西，如"计划就是法律"，"所有制越大越公越好"，"生产资料统一调拨"，"党委领导下的厂长负责制"等。现在，人们也越来越认识它们不仅不是社会主义的特征，有些甚至是违背社会主义经济发展规律的。科学社会主义理论的发展为社会主义经济改革提供了思想理论基础，表明社会主义国家进行经济改革不是少数人心血来潮的结果，而是整个国家整个社会深思熟虑的产物，是广大人民在共产党领导下的自觉的行动。

第四，经济改革成就的示范效应。由于传统体制的严重弊端，社会主义经济改革往往能较快地显示成效，从而对其他社会主义国家产生示范效应和连锁反应，促进经济改革的发展。例如，南斯拉夫和匈牙利经济改革取得的成就曾对我国的经济改革起着推动和启发的作用。我国经济改革也对其他社会主义国家的改革有着重要影响。1987年5月苏联科学院代表团到中国访问后，苏联经济研究所所长阿巴尔金说："在发展农业方面，苏联可以从中国的改革中学到很多东西。""中国由于实行家庭农场制，农产品产量迅速得到提高。苏联应该大力鼓励发展这种家庭形式的劳动。"苏联世界经济社会主义体制研究所所长博戈莫洛夫说："我对在中国出现的经济改革的过程留下了非常深刻的肯定的印象"，"苏联的同志们，特别是在我们的研究所，要非常仔细、慎重地研究中国的经验"。当前苏联加速经济改革的过程对其他国家尤其东欧一些国家的经济改革也产生了积极的影响。

恩格斯早就说过："所谓社会主义社会，不是一种一成不变的东西，而应当和任何其它社会制度一样，把它看成是经常变化和改革的社会。"社会主义社会仍存在生产关系和生产力，上层建筑和经济基础的矛盾。社会主义国家进行经济改革，就是在坚持社会主义制度的前提下，改革生产关系和上层建筑中不适应生产力发展的一系列相互联系的环节和方面。这种改革是社会主义制度的自我完善和发展，是有其必然性的。

从社会主义经济改革的必然性应该得出什么结论呢？最主要的结论是要坚定改革的决心和信心，积极投身到改革中去。

二　经济改革的长期性和艰巨性

由上可知，很多社会主义国家进行经济改革已经历了相当长的时间。但是，迄今为止，还没有一个国家已经完成了经济改革的任务。例如，苏联在斯大林去世后酝酿改革，先是1953年进行农业改革，以后是1957年进行工业和建筑业改革。现在又提出要进行"根本改革"，从1957年算起，到现在也30多年了。按照计划，苏联完成经济改革大约还要两个五年计划的时间。又如南斯拉夫从20世纪40年代末50年代初开始改革，迄今已近40年，有段时间改革很有成绩，以后曾面临严重困难，现在仍面临很多困难。再如匈牙利于50年代酝酿改革，以后于1968年开始全面经济改革，一度步子较快，成绩显著，提供了很多好的经验。但现在也面临困难，需要深化改革。其他如波兰、捷克、保加利亚和我国的经济改革也都有了30年甚至更长的历史，而改革的任务也都远未完成。这些事实说明，所有进行改革的社会主义国家都经历了改革的长过程，说明改革的长期性是一种规律性现象。

那么经济改革为什么是长期的呢？有人认为中国经济改革的起点低是改革长期性的重要原因。这种看法不无理由，但是应该看到，有些改革起点比中国高的国家，经济改革同样具有长期性。也有人认为中国经济改革具有长期性是由于生产力落后，落后的生产力决定了自然经济半自然经济占相当比重，商品经济和国内市场很不发达，而发展生产力需要较长的时间。这种看法也有一定的道理。但是也要看到，生产力水平固然对商品率和商品量有重要影响，但中国当前所以自然半自然经济占相当比重以及商品经济和国内市场很不发达，很大程度上是由传统经济体制造成的。

我认为，社会主义经济改革的长期性是同这种改革的艰巨性有内在联系的。就是说，因为经济改革会遇到很多困难，解决这些困难需要一个相当长的时期，因而改革必然有长期性。

那么改革会遇到什么困难，哪些困难是主要的呢？这是有待进一步研究的课题。从实践经验看，困难是多种多样的，各个国家各个时期经济改革遇到的困难也会有所不同。根据一些社会主义国家的历史经验，以下困难对改革的进程会有较大的影响。

（一）经济改革需要探索如何由限制商品货币关系到充分利用和发展商品货币关系。明确一点说，即探索如何由自然经济半自然经济向商品经济过渡。这里有一系列困难问题需要解决。例如，传统体制下的企业如何变成真正的商品生产者经营者；如何由统一分配产品变成商品在市场上流通；如何使僵化的不合理的价格体系变成灵活的比较合理的价格体系；如何由以直接控制为主的宏观经济管理变成以间接控制为主的宏观经济管理；如何做到微观放活和宏观管好的恰当结合，等等。上述问题对于所有的社会主义国家都是难题，很难说有一个国家已经找到了彻底解决这些问题的妥善办法。

（二）经济改革将影响人民安定的生活。在传统体制下人民生活不富裕，但很安定。改革要真正起到充分调动劳动者积极性的作用，就要在经济生活中发生重大的变动，如收入差别要扩大，有人要失业，等等。这将会对广大群众早就习以为常的安定生活带来严重影响，引起很多人这样那样的意见和不满，随着改革的深化，这种情况在中国早已出现了。现在苏联刚开始改革，有人就对有些商品的价格上涨表示不满。随着改革的发展，这类不满也会日益增多。一位苏联经济学家谈到改革会遇到的障碍时强调公众的态度，他说："目前的经济管理制度从 20 年代制订第一个五年计划以来一直未改变过，它在 30 年代和第二次世界大战期间经受了考验，与社会福利和全部就业一起成了一种习惯。许多苏联人问：'既然这种制度在困难时期行之有效，为什么在今天不再适用了呢？'"

（三）经济改革将影响有些人的权利。经济体制改革涉及经济生活中责权利的再分配。因此，改革必然影响有些人的权利，可能引起这些人的抵触情绪甚至公开反对。改革中经常有这样的情况，原来很好的设想，付诸实践就变样了。这同有些人为了维护自己的利益来阻挠或干扰有关。例如，20 世纪 80 年代，我们曾设想利用公司的形式来减少政府对企业的干预，结果出现了大批行政性公司，它们很多是政府机关变成的，换汤不换药，对企业的干预依旧严重存在。苏联改革中也遇到这种情况。莫斯科大学经济系教授波波夫在一篇文章中说，阻碍或反对改革的有以下几类人，一是各类经济机构的工作人员，因为改革威胁着他们的工作岗位；二是主管部门的机关工作人员，因为现行管理体制对他们有利；三是改革中地位和作用会有所改变的机关工作人员，虽然他们会保住工作岗位，但地位变了，发号施令的权力将受到限制；四是某些地方党组织的工作人员，因为改革将使他们原来积累起来的管理经验和技能失去作用；五是一些"保守分子"，他们根据"理论的想象反对改革"；六是那些"中间分子"，包括工人、工程师和领导人中的"中间分子"，他们靠现行体制得到一部分"非劳动收入"，这是指不是靠劳动最终成果而得到的那部分收入，他们在改革中小心谨慎，怕这怕那，也起着阻碍作用。波波夫说的六种人，除了第五种人，其他五种人阻碍或反对改革都同权力和利益有关。这个分析是有相当充分的根据。

（四）人们对有关经济改革重大问题的认识不一致。经济体制改革会遇到很多新情况、新问题，人们在认识上也会出现较大的分歧。对理论问题认识上的分歧又有两种情况。第一种，是非已经明确或比较明确的问题，但有些人由于各种原因持不同观点，例如，计划调节和市场调节不是截然对立的，这个问题现在应该是很清楚了，但是也仍有人反对。第二种，是非还不明确，需要进一步探讨的问题，人们认识有分歧。例如股份制在社会主义经济中的地位和作用，人们刚开始研究，有不同认识是很自然的。苏联已把生产资料的批发贸易作为改革的目标之一，但对此解释却大有差别。有的人把生产资料的批发贸易解释为大多数产品从国家调拨改为自由选购；有的人则说它是国家计划生产和分配的一种形式，企业生产什么、出卖给谁、从哪里取得所需的物资仍由国家规定。对完全经济核算制的认识也各有不同。这些认识上的分歧，对改革进程的影响也不可低估。

（五）经济改革会引起其他方面的问题。例如，经济体制改革要求政治体制相应地改革。外交政策和军费支出也会影响经济改革。西方国家的政治家和经济学家非常重视苏联外交政策对改革进程的影响。有的西方经济学家认为，尽管中国在国际舞台上占有重要的位置，但它不是一个超级大国，这是中国能够进行比较彻底改革的重要原因。苏联军费支出大，使经济绷得很紧，这是不利于改革而有利于维持传统经济体制的。

社会主义国家经济改革中遇到的困难，有些是由于自己特殊国情而产生的，有些则是社会主义国家经济改革中都会遇到的。现在中国经济改革中仍有很多理论问题和实际问题需要探索，同时也会有人由于利益问题或认识问题对改革抱消极态度。正如有的同志所指出的：有些思想不通的同志，原来不讲话，一反自由化，他提出的观点还停止在多年以前原封未动；而且很多早已经过时的观点，苏联东欧国家都已经抛弃了的观点，在我们这里仍然还有市场，这样一些东西如果我们不解决，不仅不能推动改革前进，势必要起阻碍的作用。除了以上这些困难，还会遇到其他困难。例如处理改革和发展的关系，把理论变为政策并使政策达到预期的目的等，也都是有相当难度的。

从经济改革的长期性艰巨性可以得出结论：对改革既要坚决又要谨慎；既不要消极等待又要防止急躁冒进。匈牙利副总理拜赖茨不久前说：

"我们低估了改革任务的艰巨性和完成这一任务所需要的时间。""改革的新措施只能逐步实行,要注意总结某些决定所产生的实际后果,对此作出客观的评价。""在采取某项变革时越不耐心就越不会对发展过程产生好的效果。"他的结论是:"深入地进行改革是一个很长历史时期的任务,现在这一点看得越来越清楚了,我们这一代人的任务只能是为此奠定基础。"他讲的是匈牙利的经验,但也说明对改革长期性艰巨性要有足够的认识。

不久前苏联也曾开展改革是快一点好还是慢一点好的争论。著名社会学家扎斯拉夫斯卡娅说:"要求改革进行的很快和彻底,孕育着一定的危险。""在匆忙的情况下,可能用官僚主义的总结来取代实际变化,用产值和完成放宽的指标来取代真正改革的活动。结果,改革的原则思想可能会威信扫地。"她也反对把改革拖得太久,认为不要拖得太久也不要搞得太快。

邓小平同志1987年年初会见日本自民党干事长竹下登时说:"我们必须有秩序地进行改革。所谓有秩序,就是既大胆又慎重,要及时总结经验,稳步前进"。看来,对待经济改革采取既大胆坚决、又小心谨慎,力求快些又不急躁的态度,可能是较为妥当的。

三 经济改革的阶段性

改革的长期性必然导致改革需要划分阶段。社会主义国家的经济改革一般都经历了好几个阶段。例如,苏联迄今的改革已经历五个阶段:第一阶段是赫鲁晓夫时期的改革,一般认为从1957年开始到赫鲁晓夫下台。第二阶段是柯西金时期的改革,这是1965年开始的以执行新经济体制为主要内容的改革。第三阶段是勃列日涅夫时期的改革,这是以实施1979年夏天公布的"新决议"为主要内容的改革。由于强调加强集中,有人称之为"反改革阶段"。第四阶段是安德罗波夫时期的改革,即安德罗波夫于1982年11月至1984年2月执政期间进行的改革。第五阶段是戈尔巴乔夫执政后的改革。这以前还有契尔年科执政时期,由于时间短,也没有新的改革措施,所以不能作为一个时期。再如匈牙利1968年以后的改革已经历了三个阶段。第一阶段是从1968年到1972年,这一阶段在全国实行新经济体制，成效显著，被称为改革的"黄金时期"。第二阶段是从1973年到1978年，是改革的停顿阶段，某些方面甚至有所倒退。第三阶段是从1978年到1985年，是在总结经验教训基础上开始重新改革的阶段。其他国家也经历了类似的阶段。可见，经济改革的阶段性也是一种规律性现象。

从社会主义国家过去改革经历过的阶段来看，改革走着改改停停、进进退退的曲折道路。有些改革的任务前一阶段提出来了，下一阶段又停止实行甚至纠偏，再下一阶段又提出来。例如，在一些国家的不同改革阶段，都提出了扩大企业自主权的任务，这除了由于这项任务包含多方面的内容，也因为改革不断受到阻挠。

这就需要研究一个问题：如何正确划分改革的阶段，使改革能够顺序前进，不断深化，而不至于再出现改改停停、进进退退的局面，不至于在不同阶段提出的主要是相同的任务。国内已有同志提出这个问题并作了分析。他们认为："改革之所以出现往复现象，主要有两类原因。一是改革在战略部署和改革配套方面带有某些先天缺陷"，"二是来自政治思想方面的原因"。这种分析是有理由的，不过我认为也要强调从改革的阶段性来探讨这个问题。要依据经济改革过程的内在联系，正确地划分阶段，使每个阶段的任务互相衔接，保证改革不断深化。每个阶段都要有明确的任务，并且要求扎扎实实地完成这些任务。前一阶段任务完成了再进入使改革进一步深化的下一阶段，完成新的任务，而不要翻来覆去的提出老任务，踏步不前甚至走回头路。这样做，每个阶段的时间需要长一点，但由于真正做到一步一个脚印，尽量减少反复，总起来看，还是会比较快地完成整个经济改革的任务的。

社会主义经济改革应该怎样划分阶段和划分哪些阶段呢？如果有的社会主义国家已经完成了经济改革任务，改革的阶段性已经比较明显地表露出来，解决这个问题是较为容易的。但是，在迄今没有一个社会主义国家完成经济改革任务而且改革经历着曲曲折折过程的情况下，解决这个问题就十分困难了。不过为了指导改革的进程，探讨这个问题和提出看法还是必要的。

有些同志认为应该根据企业改革划分我国经济改革的阶段，主张把整个经济改革过程划分为扩权让利、利改税、承包经营等阶段。这种意见抓住了经济改革的中心环节,这是有见地的。但是,它也有值得商榷之处。首先,企业改革不能离开形成和发展市场体系,也不能离开改革宏观经济管理。其次,就企业改革来说,扩权让利、利改税、承包经营固然反映了我国已经经历的过程,但是否反映了经济改革的客观内在联系,则还是大可斟酌的。例如,我们曾经设想通过利改税完成企业改革的任务,由于遇到困难,才提出普遍推广承包经营。可见这里也是经历了曲折的,并不都是必然性。再如,承包经营也有一个发展过程,而且承包经营虽然在目前是改革企业的一种好形式,但是否能够作为企业改革的最终目标,也是需要探讨然后才能作出结论的。

有些同志认为应该根据市场体系的形成划分我国经济改革的阶段,其中有人认为可以划分形成农贸市场、形成生产资料市场、形成资金市场、形成劳务市场等阶段,有人认为可以划分为建立商品市场、建立资本市场、建立劳动市场等阶段。这种意见的出发点是,社会主义经济改革是要把产品经济改变为有计划的商品经济,这里的关键是市场问题,因此要把形成市场体系作为划分阶段的标志。这种意见也是有启发的。但是,需要进一步考虑的是,形成市场体系和企业改革是什么关系,消费品市场、生产资料市场、资金市场、劳动市场等市场之间是什么关系,每种市场和搞活企业是什么关系。看来,如果社会主义企业不是真正的商品生产者和经营者,不仅市场体系难以形成,而且商品市场也难以形成。而且,市场体系形成的过程也未必是先形成生产资料市场,再形成资金市场,再形成劳动市场。只有弄清这些问题以后,这种意见才能进一步完善并切实可行。

也有同志认为,依据经济关系的内在逻辑顺序,我国改革可以划分为两个大阶段。第一阶段要大体理顺基本经济关系,建立较为完善的商品(包括劳务技术)市场,创造开放劳动市场、土地租用市场和资金外汇市场的基本条件,形成相对独立的微观机制和宏观机制,这就意味着要把价格体制、计划体制、物资分配体制、税收体制作为改革的中心环节。第二个阶段要彻底完成经济的商品货币化,建立完整的社会主义市场体系,即在进一步发展完善商品劳务技术市场的同时,形成完善的劳动、土地租用、资金和外汇市场,最终完成由直接控制型体制向间接控制型体制的过渡，达到目标模式。这种意见主张把经济主要的内在联系作为划分阶段的依据，我认为是可取的。但是，尽管他们提到了形成相对独立的微观机制问题，但似乎还没有足够重视企业改革在经济改革中的重要地位。尤其是，这两个阶段的任务都很多很繁重，需要的时间将会很长。为了对实践有更具体的指导意义，还有必要探索如何进一步细分阶段。

一年多前我曾经提出过一种看法，认为我国经济改革可能经历以下几个阶段。第一阶段：搞活企业，先是搞活中小企业，然后搞活大企业。第二阶段：基本理顺价格关系。第三阶段：完善市场体系，包括完善商品市场、科技市场、金融市场、劳务市场，等等。第四阶段：进一步完善各种政策，完善以间接控制为主的宏观经济管理体系，完成经济改革的任务。根据一年多来的实践经验，说明这种划分是有很大缺陷的。主要缺陷在于把搞活企业和形成市场体系、改革宏观经济管理割裂开来划分为不同的阶段，这就使得每个阶段的任务都难以完成，从而改革也就难以顺序前进，不断深入。

我现在的认识是，由于改革是把集中决策的经济体制改变为集中决策与分散决策恰当结合的经济体制，整个改革过程也许可以根据计划的性质和程度分为以下四个阶段。第一阶段：由指令性计划占统治地位改变为指令性计划为主指导性计划为辅。第二阶段：由指令性计划为主指导性计划为辅改变为指令性计划和指导性计划并重。第三阶段：由指令性计划、指导性计划并重改变为指导性计划为主指令性计划为辅。第四阶段：由指导性计划为主指令性计划为辅改变为指导性计划占统治地位，基本上或完全（如果必要和可能的话）取消指令性计划。这里我撇开了完全的市场调节，因为它在各个阶段都不占重要地位。在各阶段还要根据总的任务确定改革企业、形成市场和改革宏观经济管理的总体任务。例如，对于实行指导性计划的企业和产品，应该取消指令性计划，让企业具有作为真正商品生产者经营者所应有的自主权，并且形成有关的市场。而对于实行指令性计划的企业和产品，由于存在指令性计划，自主权会相应少一点，市场也会受到限制。这就要在企业改革、市场形成上实行分类指导和逐步放开的原则，并相应地改革和完善宏观经济管理。

这种划分阶段的依据是：第一，社会主义传统体制的关键是计划体制。正是由于实行指令性计划，才使社会主义经济成为产品经济，我们进行经济改革，首先要改变传统的计划体制，才能使社会主义产品经济变为社会主义商品经济。第二，社会主义经济改革必须配套进行，这样划分阶段可以把改革企业、形成市场和改革宏观经济管理结合起来。第三，这样改革可以保证社会主义产品经济能够一部分一部分地转变为商品经济，最终使社会主义经济转变为有计划的商品经济，既符合改革顺序前进不断深化的原则，又可减少震动，减少阻力。第四，这样划分阶段便于操作。总之，这种划分阶段的方法可能是符合社会主义经济改革发展阶段的规律性的。

还要指出：经济改革的每个阶段都有一个巩固新制度的任务。各个改革阶段都有自己的特定任务，都改变某些旧的经济关系，建立某些新的经济关系；改变某些旧的规章制度，建立某些新的规章制度。因此，改革的各个阶段除了进行改革，还要有足够的时间完善和巩固新的经济关系，完善和充实新的规章制度，而不能只有变革而没有稳定和巩固。改革的政策也要有稳定性，不宜变得过于频繁，这也是经济改革规律的要求。

四　改革中经济关系的多样化和规范化

经济改革中经济关系将呈现多样化，这是经济改革的又一个规律性。

例如，在所有制形式上，社会主义传统经济体制只容许全民所有制和集体所有制存在，而且认为全民所有制必然优越于集体所有制，强调集体所有制要向全民所有制过渡。经过改革，社会主义国家大都形成了以公有制为主体、多种所有制形式并存的所有制格局。中国目前除了发展全民所有制经济，还鼓励发展城乡合作经济、个体经济、私营经济以及中外合资企业、合作经营企业和外商投资企业。苏联过去除了集体农庄庄员的家庭副业不允许个体经济存在，1986年通过的个体劳动法已允许在生产服务行业的29个项目中从事个体劳动，并已允许私人组织合作社。现在苏联不仅同东欧一些社会主义国家建立合资企业，而且同西方资本主义国家建立合资企业，南斯拉夫、波兰等国家都允许私人雇工存在。

又如，在经营方式上，传统体制下全民所有制企业是由国家直接经营，经济改革中根据所有权和经营权分开的理论，经营方式上趋于多样化。中国根据产业性质、企业规模、技术特点等情况，实行承包经营、租赁经营、股份制经营以及国家直接经营等多种经营方式。一些小型全民所有制企业的产权还有偿转让给集体和个人。有人统计中国目前的承包经营责任制有十六种形式，即：1. 厂长（经理）任期目标承包责任制；2. 厂长（经理）流动目标承包责任制；3. "两保一挂"承包经营责任制；4. 工资总额同经济效益指标挂钩；5. 上缴利润基数包干超额全留（或分成）；6. 产值产品工资含量包干制；7. 投入产出包干制；8. 企业经营责任制；9. 企业资产经营责任制；10. 集团式的企业联合；11. 企业股份经营制；12. 招标承包责任制；13. 大企业承包小企业；14. 国营小企业作价转并；15. 亏损包干责任制；16. 租赁承包经营责任制。苏联《根本改革经济管理的基本原则》中也规定，企业新的经济机制可以在完全经济核算和自筹资金两种模式中任择其一，第一种模式是以定额分配利润为基础，第二种模式是集体承包模式，以定额分配补偿物质消耗后的收入为基础。

再如，在交换关系上，传统体制下只把消费品当作商品，交换关系受到严重束缚。经济改革中，随着商品货币关系的发展，交换关系日趋多样化，中国正在努力形成社会主义的市场体系，它不仅包括消费品市场和生产资料市场（这是通常说的商品市场），而且包括资金市场、劳务市场、技术市场、信息市场和房地产市场（这可以称之为生产要素市场）。由国家统一规定价格的状况也在改变，正在逐步建立少数重要商品和劳务价格由国家确定，其他大量商品和劳务价格由市场决定的制度。苏联也强调要把集中调控物资改变为生产资料批发贸易。前述《基本原则》规定："可根据生产者与用户的直接合同，同中介人签订的合同，首先是同地区供销机关所属的企业签订的合同和通过直属商店自由买卖，以这种形式来实现生产资料的批发贸易。"还规定"大大提高用户在确定价格方面的作用，推广确定限额价格和合同价格的做法"，"大大削减中央规定的价格的比重"。

再如，在分配关系上，传统体制下把按劳分配看成个人消费品分配的唯一原则，而且由国家统一规定职工工资，并曾经把按劳分配理解为平均主义。改革中同所有制形式经营方式的多样化相适应，形成了以按劳分配为主体其他分配形式为补充的多样化分配形式的格局。在中国,除了按劳分配这种主要形式和个体劳动所得外,随着企业发行债券筹集资金,出现了凭债权取得利息;随着股份经济的产生,出现了凭股份分红;租赁承包企业经营者的收入中有一部分是风险收入;私营企业雇用一定数量的劳动者给企业主带来一部分非劳动收入。事实上,凭债权凭股份取得的收入中也有非劳动收入。经营收入中也可能有一部分收入是非劳动收入。而对于非劳动收入,只要合法,都是应该允许的。有的社会主义国家在改革中强调"坚决同非劳动收入斗争",这意味着不承认按劳分配以外的任何分配形式,这样做是不利于改革的。至于说个体劳动者"不应当能够获得超过社会正常界限的毫无根据的高收入",那就不是笼统反对非劳动收入的问题,而是采取正确政策调节收入,制止非法牟取暴利的问题。

这里有一个问题:改革任务完成以后,社会主义初级阶段结束以后,经济关系是不是还是多样化的。传统的政治经济学观点把社会主义经济看得十分简单,认为社会主义社会的发展将导致经济关系和经济生活的单一化。坚持这种观点,无疑会认为经济关系多样化仅仅是经济改革时期和社会主义初级阶段的特征,在这以后经济关系又会简单化。这种观点是错误的。在社会主义社会,即使这次经济改革任务已经完成,甚至社会主义经济已有了高度发展,所有制形式、经营方式、交换关系、分配关系等仍会是多样的和复杂的。这里的关键在于社会主义经济是商品经济,而商品经济的本性是多样的和复杂的。随着社会主义商品经济的发展,生产、流通、分配、消费诸方面的经济形式、经济组织和经济活动都会越来越多样化和复杂化,而决不会回到单一化和千篇一律的状态。

社会主义经济关系的多样化会不会导致资本主义?不会的。因为,第一,商品经济不是资本主义所特有的,与商品经济有关的经济形式和经济组织,包括生产资料市场、金融市场、技术市场、劳务市场、房地产市场以及银行、信贷、债券、股票等都是伴随着社会化大生产出现的,并不必然带有资本主义属性。第二,社会主义商品经济与资本主义商品经济有性质上的区别,最本质的区别在于所有制的基础不同,因而发展规律也不同。运用以上经济形式经济组织发展社会主义商品经济,意味着社会主义制度的巩固和发展。第三,在社会主义社会里,个体经济依附于社会主义经济，是社会主义经济的补充和助手。列宁曾说，小商品经济必然产生资本主义。这在私有制社会是正确的；而在以公有制经济为主体的社会主义社会，则不存在这种必然性，相反小商品经济可以很好地为社会主义经济服务。第四，至于社会主义制度下的私营经济，它虽然是存在雇用劳动关系的经济成分，但由于同占优势的公有制相联系，受公有制经济的巨大影响，既发挥着积极作用，又受到限制，在政策正确的情况下，也不会把社会主义导向资本主义。

与社会主义经济关系多样化联系着的有一个规范化的问题。社会主义社会必须坚持社会主义发展方向，社会主义公有制经济必须按照社会主义原则行事，私有制经济必须有利于社会主义国民经济而不能有损于社会主义国民经济。这些要求都不可能自发地实现，而必须制定和实行必要的规范。现在很多国家改革中处理国家和企业的关系还是"一对一"地进行，就是按各个企业确定上缴税利和由国家考核指标，这也需要创造条件进行规范化的改革。总之，社会主义经济和经济改革的健康发展要求把多样化和规范化结合起来，多样化的健康发展要求规范化，规范化正是为了多样化的健康发展。

怎样才能把多样化和规范化正确结合起来呢？首先，要在经济改革中坚持社会主义方向。中国强调党的十一届三中全会以来的路线有两个基本点，一个是坚持四项基本原则，一个是坚持改革、开放。其他社会主义国家也强调改革中要"严格遵守社会主义原则和标准"。这是很必要的。

其次，必须加强和改进宏观经济管理。正如《中共中央关于经济体制改革的决定》中所说："即使是社会主义的商品经济，它的广泛发展也会产生某种盲目性，必须有计划的指导，调节和行政的管理"。对于非社会主义经济成分，例如，对于私营经济，也必须制订有关的政策和法律，加强对它们的引导、监督和管理。宏观经济管理不仅要加强，而且要改革，就是要适应企业改革和市场形成的进展情况，逐步建立和健全以间接控制为主的宏观经济管理。这样也才能深化经济改革，从而促使经济改革的规范化。

最后，必须加强法制建设。要用法律来指导经济生活，指导改革。如何使经济关系多样化不致引起生活混乱和出现犯罪活动，加强立法司法工作是很重要的。1986年8月1日《消息报》曾刊登苏联副总检察长的一篇答记者问。他说:"现在非常尖锐地面临着一个整顿秩序的问题,亦即保证经济本身的法制问题。我要说的是,从前任何时候也没有如此尖锐地面临着在国民经济遵守各项法律的问题。""许多企业严重违反财政纪律,弄虚作假,偷窃和贪污现象猖獗。"他还说:"经营管理体制不可能离开法律机制而运转","具体的生产关系需要国家借助各种法规来巩固和核准,而不是让其放任自流。在统一的经济机制中,保证严格的一致性使经济和法律管理杠杆紧密地联系在一起非常重要。"在苏共1987年6月中央全会上,戈尔巴乔夫说,改革应该包括立法活动,形成经济改革的法律机制。又说,在经营领域中某种行动在合法或非法上模糊不清的现象应当杜绝,应该更广泛地实行一般法律原则:"允许做法律不禁止做的一切事情"。为了充分发挥法律对改革的指导、组织、促进作用,我国已经制订了并且在继续制订一系列经济法规,使改革决策做到法律化、制度化。

此外,为了解决规范化的问题,还要加强社会监督,加强组织性和纪律性。如果不讲组织性,违背纪律,经济生活难以正常进行,改革也是搞不好的。

五 经济改革和经济发展的相互制约关系

经济改革和经济发展是相互制约的。在经济改革过程中,必须处理好经济改革和经济发展的关系,才能使它们相互促进。为此,需要探讨经济改革和经济发展关系上的规律性,并正确运用这个规律。

我们改革传统经济体制是为了更好地发挥社会主义制度的优越性,促进生产力迅速发展。我们不是为改革而改革,经济改革是为了经济发展。从这个意义上说,经济改革任何时候都必须服从于经济发展。

有一种意见认为,经济发展在短期内服从于经济改革,而经济改革从长期看服务于经济发展。我认为,这个意见的后一半是正确的,前一半则不很明确,有可商榷之处。

在实际工作中安排短期内经济改革和经济发展的关系时,有时是会根据经济改革的要求考虑经济发展问题的。由于安排时会遇到矛盾,在有些场合使经济发展服从于经济改革可能是必要的。例如，为了进行价格改革，可能需要严格控制投资规模和消费基金增长速度，从而会影响经济增长速度。上述意见可能是指这类情况，不能说完全没有根据。但是，必须看到，即使就短时期来说，经济改革也应该是有利于而不应该妨碍经济发展。改革总是要配套进行的，短时期内也不只是进行某种单项改革，所以，从一种改革措施看可能经济发展要服从经济改革，而就各种改革措施配套而言，经济改革仍要有利于经济发展，也就是要服从经济发展。值得注意的是，如果短时期内经济改革不服从于经济发展，又怎么能保证从长期看经济改革真正服务于经济发展呢？短时期内的经济改革如果妨碍了经济发展，就要认真考虑所采取的改革措施是否妥当。

为了使经济改革不论从长期看还是从短期看都有利于经济发展，抓住改革的中心，即注意调动企业和职工的积极性是非常重要的，当前就是要十分重视发掘现有企业的潜力，尤其大中型企业的潜力，努力调动广大职工的积极性。同时要改善和加强宏观经济管理，把微观搞活和宏观管理正确结合起来，做好改革的配套工作。

经济改革总是在一定经济环境中进行的，经济环境对经济改革有重要制约作用。顺利进行经济改革要求一个有利的经济环境。因为，在经济严重困难或绷得很紧的情况下，一些根本性的改革措施如扩大企业自主权，改革价格，形成市场体系等是难以出台和难以取得预期的效果的。我国开始改革就碰到经济环境问题，当时通过探讨"调整"和"改革"的关系，明确了改革要服从于调整和有利于调整，使问题得到基本解决。匈牙利1968年改革前进行了充分的准备，包括形成一个比较有利的经济环境。当然，在经济困难时期也不是绝对不能进行改革，波兰前一阶段的改革就是在经济严重困难的情况下进行的，但是在这种困难形势下进行改革，不仅改革的内容和措施受到很大的限制，而且是有较大的困难和风险的。

有一种说法，认为宽松的经济环境是改革的结果而不是改革的原因，结论是要求改革有一个较好的（也就是较宽松的）经济环境是不可能的。这种说法是似是而非的。诚然，社会主义传统经济体制存在着盲目追求速度、不注意经济效果和"投资饥饿症"等弊端，有可能导致经济绷得很紧。但是，决定经济状况的因素是很多的，除了经济体制以外，经济发展战略、经济政策乃至国际经济状况和气候条件等都会对一定时期的经济有重要影响。例如，政府的投资政策、消费政策、财政政策、金融政策等都影响经济状况，在既定的经济体制下，这些方面都是可以有所作为的。我国 1981 年调整经济的经验就充分说明为经济改革创造一个较好的经济环境是可以做到的。从另一方面讲，即使形成了新的经济体制，也并非注定就有宽松的经济环境。君不见，即使实行市场经济的资本主义国家，有些不是也困难重重、经济绷得很紧吗？我们不能把经济改革和经济环境间的关系看得过于简单了，而要更深刻地掌握这里的规律性。

其实，资本主义国家改革经济体制也是要求有一个较好的经济环境的。第二次世界大战后英国、日本和联邦德国从统制经济向市场经济转变的经验，都说明创造一个较好的经济环境是必要的和可能的。

经济改革和扩大再生产形式的关系也是需要研究的重要课题。扩大再生产有两种形式，一种是外延的，一种是内涵的。外延的扩大再生产主要依靠追加投资和追加劳动力，内涵的扩大再生产主要依靠技术改造。社会主义扩大再生产要正确处理两种形式的问题，而从发展方向上说则要越来越重视内涵的扩大再生产。这是为了充分发挥资金、劳动力和其他资源的作用，为了充分发挥先进科学技术的作用和促进科学技术发展，为了解决资金不足、资源有限的困难，同时也是外延扩大再生产发展到一定规模时的必由之路。所以，社会主义国家的经济改革一般应该有利于内涵的扩大再生产，经济改革也正是实现内涵扩大再生产的迫切要求。但是，改革并非自然地能够有利于促进内涵的扩大再生产。为此，需要有明确的指导思想，并且在采取经济改革措施时贯彻这个指导思想。

既然经济改革要能够促进内涵的扩大再生产，那么是不是就不要重视外延的扩大再生产呢？有人说内涵的扩大再生产要求经济改革，外延的扩大再生产则不要求经济改革，情况是否真的如此呢？应该怎样处理好经济改革同外延的扩大再生产的关系呢？

我认为，说外延的扩大再生产不要求经济改革，这是没有根据的。我们不能把外延的扩大再生产和粗放经营完全等同起来，在一定情况下，外延的扩大再生产属于粗放经营，至少带有更多的粗放经营的因素。但社会主义的外延扩大再生产也要求尽量采用先进的科学技术，要求节约资金、资源和提高资金和资源的利用效率，要求努力提高经济效益。而实行这样的外延扩大再生产，无疑是要求进行经济改革的。从中国和其他国家的实际情况看，经济改革也是有利于外延的扩大再生产的，中国乡镇企业的蓬勃发展就说明了这一点。这也说明，即使从社会主义外延的扩大再生产看，也是要求经济改革的。

有些社会主义国家现在还具备着发展外延扩大再生产的有利条件，例如有较多的劳动力，较多的自然资源。在这种情况下，决不能忽视扩大再生产的外延形式，经济改革也应有利于外延扩大再生产的健康发展。这些国家要使外延扩大再生产建立在较高的科学技术和经济管理的基础上，努力采用先进的科学技术和先进的经营管理方法，尽可能地提高劳动生产率、资金利用率和资源利用率，并引导经济向内涵的方向发展。

苏联在经济改革中非常强调有利于生产集约化。阿甘别江说，经济体制改革应有利于提高经济效益、质量和加速科技进步。他说，从20世纪70年代起，苏联人力物力资源增长速度下降，但经济仍然走粗放的老路，因此，增长速度下降。过去苏联经济增长的2/3靠增加资源、靠粗放经营，只有1/3靠集约化，靠提高效益。通过改革，今后五年内应该根本改变这个比例，使粗放因素下降到将近1/3。到80年代，社会生产增长的3/4以上应该靠集约化实现。由以上说明可以知道，生产集约化并非只是指内涵的扩大再生产。不过内涵的扩大再生产则必然是集约化生产，在进行外延扩大再生产时，也要力求实现生产集约化。通过改革，这也是可能的。

经济改革促进经济发展也是一个复杂的过程。因为，影响经济发展的因素是很多的，经济改革是和其他因素结合起来，或者通过其他因素对经济发展发生作用的。改革确实是发展经济的强大动力，但改革要真能促进经济发展，还需要制定正确的政策，使各种改革措施都有利于发挥各种影响经济发展的因素的作用。如果改革措施起不到这种作用，也难以如愿地促进经济的发展。还要看到，改革并不能包括或代替一切工作。例如，改革能够促进科学技术进步和经营改善，但是并不能代替科学技术工作和经营管理工作。改革对企业管理有重要作用，可以为改进企业管理提供有利条件，但是不能代替企业管理。改革中要防止单打一，做好各方面的工作。所以，为了保证经济改革真能促进经济发展，需要研究影响经济发展的各种主要因素，从多方面促进经济的发展。

为了使改革能够促进经济发展，当前要特别注意使企业的权责利相应地发生变化。各国改革的经验表明，企业没有权和利当然不行，但有了权和利，没有相应的责任同样也不利于经济的发展。偏重于扩权让利而忽视加强企业的责任，使企业预算约束难以硬化甚至更加软化，是既搞不好改革也难以促进经济发展的。

加强企业管理也是保证经济改革促进经济发展的一个重要问题。据调查，目前一些企业管理比较混乱，劳动纪律和财经纪律松弛，质量问题安全问题时有发生。当然，改进企业管理也要靠改革，中国很多企业实行承包经营租赁经营后管理就有改进。但改革与管理既有联系也有区别。改革的一个重要目的是改善企业管理，不过，并不是改革了企业管理就自然而然地改善了。有的同志对企业管理还重视不够，而如果企业管理搞不好，经济改革也会受阻，也难以起到促进经济发展的作用。

六 经济改革要以经济理论的发展为先导

从社会主义国家改革的历史看，经济理论对改革的作用是非常明显的。南斯拉夫、匈牙利、中国、苏联以及其他社会主义国家进行较为深刻的改革之前，经济理论都有较大的发展。可以说，经济理论的发展是社会主义国家经济改革的前提和先导。

这种情况不是偶然的。我们知道，社会主义制度是在马克思主义理论指导下建立起来的。传统的社会主义经济体制的形成是以一系列传统的理论观点为依据的，其中很多观点或者从来就不符合马克思主义，或者要在社会主义实践中加以发展。如果不突破这种传统的理论观点，使马克思主义经济理论有很大的发展，是不可能对旧的经济体制进行根本变革和建立新的经济体制的。

经济理论需要在哪些方面突破，才有可能进行深刻的社会主义经济改革呢？这个问题有待深入研究，从中国和其他一些国家的情况看，至少需要在以下这些方面突破传统的经济理论观点：

第一，对于传统经济体制的评价。长期以来社会主义政治经济学把传统的社会主义经济模式看成是唯一正确的社会主义经济模式，认为改变这种模式就是背离社会主义。后来认识到这种模式有缺陷，但认为这是次要方面，只需要改进和完善，并不需要根本变革。这类看法不改变，当然不可能对传统体制进行根本性的改革。

南斯拉夫首先对这种传统社会主义经济体制提出批评，对社会主义实践中的一系列根本问题作了探讨，认为这种模式不是社会主义的唯一"样板"，并提出社会主义自治理论作为经济改革的指导思想，率先开始了改革。

中国在党的十一届三中全会以后，经过认真探索，认识到社会主义经济体制不只是一种模式，可以有多种模式，并认识到传统模式有严重的缺陷，从而为全面进行经济改革提供了重要理论依据。

苏联在苏共二十七大以来开始的经济改革，也是以重新评价传统经济体制为前提的。过去从赫鲁晓夫到契尔年科的苏联历届领导人，虽然承认苏联经济体制有其局限，需要"改进"和"完善"，但都认为它是基本适应苏联生产力性质的。而戈尔巴乔夫在苏共二十七大政治报告中则说："目前的生产关系形式、经营与管理体系基本上是在经济粗放发展的条件下形成的。它们渐渐的过时了，开始丧失刺激作用，而某些东西已变成障碍"。基于上述认识，戈尔巴乔夫提出了"不能局限于局部的改进，必须进行根本的改革"等要求。

第二，对于所处社会主义阶段的认识。社会主义是一个发展过程。从历史经验看，各国社会主义都将经历一个非常漫长的时期，并将经历不同的发展阶段。过去很多社会主义国家低估了社会主义社会的长期性，高估了本国社会主义的发展程度，急于向共产主义过渡。这样不仅难以按正确的方向进行经济改革，甚至背道而驰，坚持和发展种种"左"的做法。社会主义国家只有正确认识自己所处的历史阶段，也才有可能进行根本的经济改革。

对于中国现在所处的历史阶段，我们党已经有了明确的回答：我国正处于社会主义初级阶段。这个论断包括两层含义：一是我国已经是社会主义社会，我们只能坚持而不能离开社会主义。二是我国社会主义还处于初级阶段，我们必须从这个实际出发，而不能超越阶段。看来，我国基本实现社会主义现代化至少需要上百年的时间，这期间都属于社会主义初级阶段。社会主义初级阶段的理论是中国进行经济改革的根本指导思想。

苏联当前进行经济改革也同对社会发展阶段的认识有了重大变化有关。1986年10月，戈尔巴乔夫提出苏联现在是"完善发展中社会主义的社会关系"，这是苏联第一次提出苏联的社会是"发展中的社会主义社会"。《真理报》为纪念十月革命69周年发表的社论重复了这个提法。苏共领导的以上认识，是经历过一个过程的。我们知道，斯大林在30年代后期曾经宣布苏联已建成社会主义社会，正在"从社会主义向共产主义过渡"。赫鲁晓夫在苏共二十二大上宣布1980年苏联将"基本上建成共产主义"。勃列日涅夫批评赫鲁晓夫犯了"主观主义和唯意志论"错误，1967年提出"发达社会主义建成论"，代替赫鲁晓夫的"共产主义建成论"。安德罗波夫认为勃列日涅夫的这一论断也不切合实际，又把勃列日涅夫的"发达社会主义建成论"修正为"起点论"。现在戈尔巴乔夫不仅否定了赫鲁晓夫的"共产主义建成论"，摒弃了勃列日涅夫的"发达社会主义建成论"，并且冲淡了"发达社会主义"的提法，为经济改革提供理论依据。

第三，对于社会主义社会生产力和生产关系之间关系的认识。社会主义政治经济学的传统观点认为社会主义制度下生产力和生产关系始终是协调的或基本上协调的，认为社会主义生产关系能够自动地适应生产力的发展。这种观点是不符合实际情况的，并且否定了进行根本改革的必要性。社会主义国家是在纠正了片面认识以后，才开始全面的经济改革的。

例如，苏联过去理论上强调社会主义生产关系和社会生产力发展的一致和协调的一面，现在戈尔巴乔夫则强调它们之间矛盾的一面，他指出："有一种认识是站不住脚的。即认为在社会主义条件下，生产关系与生产力性质相适应仿佛是自动得到保证的。然而在实践生活中，情况要复杂得多。"摒弃生产关系"自动适应"生产力的传统观点，才能认识根本改革的必要性。

第四，对于社会主义所有制结构和所有制内涵的认识。传统的社会主义政治经济学观点认为社会主义社会只应当容许公有制存在，不应当容许非公有制存在，同时认为社会主义公有制越大越好，越公越好，认为全民所有制一定比集体所有制优越，大集体一定比小集体优越。事实证明这些观点是错误的，有害的。中国在党的十一届三中全会以来，批判了这些错误观点，提出当前社会主义社会要在公有制为主体的基础上，发展多种所有制经济，实行多种经营方式和分配形式，包括允许私营企业的存在和发展，从而为建立正确的社会主义所有制结构提供了科学的理论依据。

在社会主义所有制内涵问题上也有一些传统观点需要破除，例如认为国家所有制只能由国家经营。保加利亚在1981年就提出社会主义条件下所有权和经营权可以分开的观点，并提出了如下命题："国家——所有者，劳动集体——经营者。"中共十二届三中全会上也明确提出"所有权同经营权可以适当分开"。

苏联在所有制理论上也发生了明显的变化。苏联理论界现在把所有制关系分成两个层次：（1）所有制的基本关系；（2）所有制的经济表现形式。过去苏联把国家所有制形式看成社会主义所有制的高级形式、认为它不需完善，更不需改革。现在认为，包括国家所有制在内的社会主义所有制关系"处于运动过程中"，"需要进行经常的调整"。有的经济学家还提出，公有制本身并不能保证取得成效，在公有制占统治地位的情况下，在发展生产力和掌握科技成就的道路上也会出现障碍。实现公有制的形式如果不符合它所固有的特点，不符合经济生活条件的变化，就会产生不良后果。苏联过去一直指责企业经济自治理论是"无政府工团主义"，现在提出"要把对所有制关系的调整"与"在经济中进一步加深社会主义自治"联系起来，为了加深社会主义人民自治，需要推广"公开原则"，扩大"直接民主"。苏联过去长期忽视集体所有制的作用，提倡集体所有制和全民所有制的"接近"和"融合"，这种认识也有了变化，现在已不急于要集体所有制同全民所有制"融合"，相反强调"集体所有制的潜力远远没有全部发挥出来"，要求"大力支持它们的形成和发展"。在个体所有制问题上，也否定了过去长期存在的"小私有生产是旧的残余"，"扩大私人经济会动摇社会主义经济基础"的观点，肯定个体劳动是"对社会主义生产的重要补充"，是"社会主义经济的组成部分"。

第五，对于社会主义商品经济的认识。传统社会主义经济体制是一种限制排斥商品经济的体制，是以产品经济论和自然经济论为指导思想的。经济改革的一个根本问题是把计划和市场结合起来，在社会主义计划经济中充分发挥市场机制的作用，发展有计划的商品经济。因此，经济改革要求对商品货币关系有正确的认识。南斯拉夫早就认为商品生产是社会主义经济所固有的形式，不是什么叫"旧社会的残余"。这是他们经济改革的一个重要指导思想。中共十二届三中全会明确指出：社会主义经济"是在公有制基础上的有计划的商品经济"，破除了在计划经济与商品经济、计划与市场关系问题上的僵化观点，为中国经济改革指明了正确的方向。

苏联商品货币关系理论的演变和经济改革的进程也有内在联系。苏联对于社会主义制度下的商品货币关系曾进行过多次大讨论。在20世纪60年代的讨论中，一些方面突破了斯大林时期的理论框框，主要是：基本上否定了两种生产资料所有制是存在商品货币关系的原因；认为不仅消费品是商品，生产资料也是商品；认为价值规律不仅在流通领域发生作用，在生产领域也起着作用。当时有少数经济学家认为，在社会主义商品生产中价值规律起着调节生产的作用，他们反对把计划和市场对立起来，主张制定计划要以对市场需求的预测为依据，认为应当让企业自由选择经营目标和达到目标的途径，计划机关通过价格、税收、利率使企业达到计划规定的总方向。还有人主张价格形成应建立在供需均衡的基础上，企业应自由选择供销伙伴，应使价格更灵活更自由，允许在协商的基础上确定价格。70年代初，这种观点被作为"市场社会主义"进行批判，这种批判一直延续到80年代初。其结果是，多数经济学家对社会主义制度下存在商品货币关系持否定观点，或者对此估计不足。在苏共二十七大上，没有再批判市场社会主义，相反，会上强调要克服对商品货币关系的偏见。戈尔巴乔夫在报告中说要重新研究商品货币关系的作用，"克服对商品货币关系所持的成见和在按计划领导经济的实践中对其评价不足的现象"。现在苏联很多经济学家已肯定，商品货币关系是"社会主义所固有的"，是"计划经济的必然属性"。

第六，对于社会主义企业的认识。传统的社会主义政治经济学观点否认社会主义企业是商品生产者。坚持这个观点，就不可能正确解决经济改革的核心问题——企业改革问题。南斯拉夫、匈牙利等国家的经济改革，是在突破这个观点,把社会主义企业看成是商品生产者的理论指导下进行的。《中共中央关于经济体制改革的决定》中也明确规定,"要使企业真正成为相对独立的经济实体,成为自主经营自负盈亏的社会主义商品生产者和经营者"。戈尔巴乔夫在苏共二十七大的报告中也提出企业是社会主义商品生产者。这是改革社会主义企业,使之成为真正企业的理论依据。

经济改革过程中也有一系列理论问题需要解决。中国当前深化改革,就碰到如何划分改革阶段、如何进行配套改革等一系列理论问题。理论落后将延迟甚至阻碍改革的进程。迄今还没有一个社会主义国家完成了经济改革的任务,甚至还没有一个社会主义国家对如何完成改革的任务有了清晰的蓝图和完全有把握的计划。这固然由于改革的艰巨性,同时也由于很多理论问题尚待解决。如何解决这些问题,是我们面临的重大任务。

需要指出的是,我们说经济改革要以经济理论的发展为前提和先导,当然不是说经济理论的发展可以离开经济实践。事实上,正是由于社会主义经济建设和经济改革实践的发展,使传统体制的缺陷逐步充分暴露出来,同时越来越显示社会主义经济发展和经济改革的规律性,社会主义经济理论才得以突破一系列错误的或过时的观点,得到巨大的发展。我们要继续解放思想,扩大思路,把社会主义经济理论进一步推向前进,促进经济改革顺利进行并早日成功。

(本文写于1987年9月20日,原载《管理世界》1988年第2期)

第三部分

中国的社会主义所有制改革

论国有经济在社会主义国民经济中的主导作用

国有经济不是可有可无

目前，我国有不少国有企业面临着很多困难和问题，有人因此把国有经济看成是包袱，认为丢掉算了，在他们看来似乎国有经济是可有可无的。这种看法是错误的。

从全世界范围看，在现代经济中，国有经济的存在是有其必然性的。

从世界主要国家情况看，尽管各国国情有别，但国有经济一般都承担着以下职能：(1) 发展公用事业和基础设施，包括邮政、铁路、航空、港口、供水供电等；(2) 发展基础工业，如矿山、石油、煤炭、电力等的开发；(3) 发展某些支柱产业，如有些冶金制造业、汽车制造业；(4) 发展某些高新技术，如集成电路，航天工业；(5) 承担特殊的社会职能，如军工生产、维持就业，开发落后地区。

再从各国的历史和现状看，不管是什么制度，也不管是发达国家或发展中国家，都存在着国有经济。

有材料表明，20世纪70年代末，在发达国家的制造业中，国有经济一般约占11%，最高不超过25%；发展中国家的制造业中，国有经济的比重平均是略超过10%。有些发展中国家国有经济比重很高。如埃及1979年国营企业占制造业的60%以上，缅甸1980年国营企业在制造业中的比重达到75%。以上统计不包括公用事业、基础设施等部门。20世纪70年代末邮政行业中，英、法、美、西德、意大利、日本的国有企业都占100%；广播通信行业中，英、法、西德、日本的国有企业占100%；电力行业中，英、法的国有企业占100%，西德、意大利占75%；铁路运输行业中，英、法、西德、意大利的国有企业是100%，日本是75%；钢铁业中，英、法、意大利的国有企业都占到75%；汽车业中，英、法的国有企业占50%。

从以上情况可以看出：即使在资本主义国家，现代经济中国有经济也不是可有可无，而是必须存在、必然存在的。对于我们社会主义国家，国有经济的存在与发展更是必要的、必然的。这是现代经济发展的一种规律性。

那么国有经济的比重是不是越大越好呢？也不是，因为在一定条件下，国有经济的发展总是要受到一系列客观和主观因素的制约的。概括起来，制约国有经济发展的主要因素有：（1）发展国有经济的必要性；（2）经济技术条件的变化；（3）国家的财政状况；（4）国有企业的经济效益即成本和收益的比较；（5）社会制度；（6）意识形态。

从一些资本主义国家的情况看，国有企业比重过大往往导致国家负担加重，财政发生困难。因为在这些国家国有企业相当一部分不以盈利为目的，不少国有企业是亏损的，要靠政府补贴过日子。这是有些国家搞私有化的一个重要原因。

从一些社会主义国家的历史经验看，国有经济比重过大则会影响非国有经济（包括集体经济和非公有经济）应有的发展，还会导致国有企业经济管理不善、经济效益不佳。还要注意，在传统经济体制下由于农产品价格低，能源和原材料价格低，职工工资低，加上产品销路有保证，国有企业一般比较容易赢利，增加一个国有企业往往能增加一份财政收入。而现在情况变了：农产品价格高了，能源和原材料价格也高了，职工工资增加了，市场上竞争激烈，产品销售问题突出了。在这种情况下，国有企业赢利的难度大大增加了，国有经济比重过大也会导致国家财政困难。

明确国有经济的主导作用

要发挥国有经济在国民经济中的主导作用，首先要弄清楚什么是主导作用。

对于国有经济的主导作用，有以下几种看法。一种看法认为，国有经济是主导，就是国有经济要在国民经济中占稳定的、绝对的优势。例如有人说，国有经济在国民经济中的比重不能低于4/7，公有经济不能低于6/7。第二种看法认为，主导与主体是有区别的；国有经济主导并不意味着国有经济一定是主体，所以国有经济不一定要在比重上占优势，而是国有经济与集体经济加起来即公有经济作为主体要占优势。第三种看法认为，公有经济为主体也不是说公有经济在国民经济中的比重一定要占优势，更不需要国有经济占优势。

那么，究竟什么是国有经济的主导作用呢？根据我的理解，国有经济在国民经济中起主导作用应该包括以下一些要求：一是控制国民经济命脉；二是保证社会再生产顺利进行，并有较快的经济发展速度和较好的经济效益；三是保证科技较快的进步；四是绝大多数国有企业要有活力和竞争力；五是和集体经济（包括合作经济）一起保证经济发展的社会主义方向和社会主义性质。国有经济只有发展到一定程度，占有一定比重，才能起到这些作用。不过，这里所说的一定程度和一定比重又不是完全固定不变的，因为国有经济的发展是多种因素制约的。

有人担心，如果国有经济不占优势，怎么保证国民经济的社会主义方向和性质呢？这里涉及这样一个重要问题：怎样才能保证我国国民经济的社会主义方向和性质。这包括许多条件，因此也需要从所有这些方面努力才行。

在经济条件方面，除了国有经济要占主导地位，还要有发达的集体经济（包括合作经济）。集体经济也是社会主义公有制经济，它和国有经济合起来在国民经济中占主体地位，是保证国民经济社会主义方向和性质的基础。所以我们不能离开公有经济是主体来认识有经济的主导作用。

在政治条件方面，政权的性质和政府的经济政策对国民经济的社会主义性质和方向都有极其重要的甚至决定性的作用。此外，宏观调控也有非常重要的作用。有人把政府的宏观调控也看成是政府的产出，它对国有经济的方向和性质确实起着保证作用。

有的人认为国有经济越多就越能起主导作用。这种观点值得研究。国有经济的发展是受到各种条件的制约的，并不仅仅决定于人们的主观愿望。国有经济的作用也是如此。如果国有经济比重很大，但国有企业普遍管理不好，缺少活力，这样的国有经济未必一定能很好地起主导作用。而在另一种情况下，国有经济的比重不是很大，只维持在必要的水平上，但国有企业普遍又好又活，国有经济的主导作用反而能更好地发挥，国民经济的社会主义方向和性质也就更有保证。

当前存在的主要问题

改革开放以来，国有经济的比重虽有较大下降，但在我国国民经济中还是很牢固地发挥着主导作用的。以工业为例，国有工业比重1979年为78.5%，1993年下降为44%左右。这是按纯国有工业企业计算的。如果把非纯国有工业企业中的国有部分计算在内，国有工业的比重还要更高些。国有工业加上集体工业即公有制工业的生产份额仍达80%以上。如按资产份额计算，公有制的份额还要高于这个数字。有人担心国有经济比重下降是否还能起主导作用，这种担心是不必要的。但是，也要看到当前确实存在着一些阻碍国有经济更好地发挥主导作用的因素。概括起来主要有四个方面的问题：

一是国有企业亏损严重。也就是企业经济效益差，有的甚至是负效益。今年上半年比去年上半年好，但是效益水平仍差，去年则更差。企业效益差，甚至亏损，国家不能增加很多收入，还要大量补贴，当然不利于主导作用的发挥。

效益和效率有区别，效率是投入产出之比，如劳动生产率、资金生产率、其他要素生产率、全要素生产率。值得注意的是近几年企业效率也不佳。劳动力浪费、原材料浪费、设备闲置，资金不足、产品积压等现象相当普遍和严重。所以，在效率上国有经济的主导作用也面临威胁。

二是有些国有企业经营作风不正。国有经济的主导作用应该表现在国有企业按照社会主义原则经营，即应该是社会主义的经营作风。现在不少国有企业偷税漏税严重，假冒伪劣严重，产品质量差，服务差。普遍存在的三角债，说明一些国有企业不守信用。

原因当然复杂，不过经营作风问题是严重的，长此下去，国有经济难以带动整个国民经济形成社会主义市场经济所要求的良好经济作风，也不利于国有经济起主导作用。

三是国有经济的经营范围、经营内容即产业构成也存在问题，不可忽视。国有经济发挥主导作用首先要有合理的产业构成，即经营范围经营内容合适。现在国有经济在有些产业和企业应该加强却没有加强，在有些产业和企业可以退出，也没有及时退出。因此，需要很好地研究并调整国有经济的经营范围和经营内容。

四是国有企业经营机制还未根本转变。这是国有企业缺少活力、效益不好、亏损严重、短期行为突出、经营管理不善、经营作风不正的根本原因。改革以来，国有企业经营机制有变化，但离社会主义市场经济的要求还有很大距离。这也是发挥国有经济主导作用亟待解决的根本问题。

如何发挥国有经济主导作用

现在对如何搞活国有企业，如何扭亏增盈讨论得很多，提出了种种措施，包括建立现代企业制度，进行配套改革，尤其是改革社会保障制度，加强企业经营管理，发挥企业家的作用等战略措施。这些也都是发挥国有经济主导作用应该采取的战略措施。这里我特别强调以下三项战略措施对发挥国有经济主导作用的重要意义：第一，调整国有经济的经营范围和内容；第二，对国有企业的改革进行科学的分类指导；第三，尽快落实企业法人财产权。

关于调整国有经济经营范围和产业结构，我们应研究哪些部门要由国有经济垄断；哪些部门国有经济要继续经营，同时允许非国有经济经营；哪些部门国有经济可以退出，让非国有经济经营。

国有经济要有计划、有步骤地从一些部门和企业退出，目的是加强哪些必须继续由国有经济经营的部门和企业。现在国有经济的发展或多或少处于自流状态，这种状态不能再继续下去，而要掌握主动权，自觉地主动地进行调整。

国有企业有不同类型，它们任务不同，目标不同，运营机制不同，因此改革的要求也不同，应分类指导。最明显的是，多数国有企业应成为真正独立的商品生产经营者，但是，有些国有企业则不应或不能成为独立的商品生产经营者。不能笼统地、不加区别地把所有的国有企业全都推向市场。现在不少国有企业面临种种困难，帮助它们克服困难也要考虑到这种分类。对前一类企业要靠深化改革，创造条件逐步建立起现代企业制度。对后一类企业尤其是其中有特殊困难的企业，则要采取一些特殊的扶植措施，包括长期实行"投入产出总承包"，或给予其他优待，振兴这些国营企业。继续国营的企业也要转变机制，建立符合国营企业规律的激励机制和制约机制，但它同那些要成为独立商品生产经营者的国有企业是有区别的。对此，要善于分析，按照经济规律办事。

关于尽快落实企业法人财产权，是对要成为独立的商品生产经营者的国有企业而言的。落实企业法人财产权与建立现代企业制度是既有联系又有区别的。

关于企业法人的财产权，有一些问题要进一步明确，包括：（1）企业法人财产权到底是什么，是经营权还是所有权？（2）国有股由谁代表好？如何建立国有资产经营管理体系和机制？（3）企业纯收入在国家与企业之间如何分配，才能保证企业能够自我积累、自我发展？（4）股权如何社会化，既能发挥公司制的优点，又符合社会主义原则？（5）如何处理所有者和经营者的利益矛盾，处理好他们的关系，保证国有资产能够保值增值？对以上有些问题的认识还不一致，需要通过调查研究和讨论，取得比较一致的正确认识。

强化竞争和加强企业管理对搞活国有企业是十分必要和重要的。改革以来企业管理水平提高不显著，从这方面提高企业效率和效益的潜力很大。但是强化竞争和加强企业管理都要以理顺国有经济的产权关系为条件，因此这些工作要结合起来进行。而如果不尽快落实企业法人财产权，企业不能够完全自主经营和自负盈亏，那么强化竞争和加强企业管理都会遇到极大困难，不能成为企业内在的迫切要求。

当前发挥国有经济主导作用的关键是什么？我认为还是邓小平同志说的解放思想，实事求是。关键的关键则是实事求是。发挥国有经济的主导作用，就要正确认识社会主义初级阶段的规律性、社会主义市场经济的规律性，以及国有经济发展的规律性。只有认识了这些规律，才可能做到按规律的要求来办事。

为了发挥国有经济的主导作用，我们必须继续解放思想，实事求是。尤其要在坚持生产力标准、转变政府职能、实现政企职责分开、建立现代企业制度以及调整国有经济经营范围等方面解放思想，实事求是。

（原载《中国改革报》1994年10月21日、11月1日、11月4日、11月8日）

做好所有制结构的调整和完善工作

我国正在进行经济体制和经济增长方式这两个方面的根本转变，所有制结构、产业和行业结构、企业组织结构、地区经济结构等都要根据两个转变的要求进行调整。其中调整所有制结构不仅对调整其他结构有重要意义，而且对搞活企业尤其对搞活国有企业有重要意义。正如江泽民同志在十五大报告中讲的："继续调整和完善所有制结构，进一步解放和发展生产力是经济体制改革的重大任务。"

调整和完善所有制结构包括多方面的内容。第一，更好地坚持公有制的主体地位。要全面认识公有制经济的含义，公有制经济不仅包括国有经济和集体经济，还包括混合所有制经济中的国有成分和集体成分。公有资产在社会总资产中要有量的优势，更要注重质的提高。第二，更好发挥国有经济的主导作用。国有经济控制国民经济命脉，对经济发展起主导作用，也是公有制占主体地位的要求。要从战略上调整国有经济布局。对关系国民经济命脉的重要行业和关键领域，国有经济必须占支配地位；在其他领域，可以通过资产重组和结构调整，以加强重点，提高国有资产的整体质量。第三，使集体所有制经济真正成为公有制经济的重要组成部分。要支持、鼓励和帮助城乡多种形式集体经济的发展。第四，努力寻找能够极大促进生产力发展的公有制实现形式。除了很好利用股份制，还要支持和引导股份合作制。尤其要提倡和鼓励劳动者的劳动联合和劳动者的资本联合为主的集体经济。第五，继续鼓励、引导个体、私营等非公有制经济健康发展，使非公有制经济成为我国社会主义市场经济的重要组成部分。

调整和完善所有制结构要有科学的理论依据。这个科学依据就是十五大报告的新提法："公有制为主体，多种所有制经济共同发展，是我国社会主义初级阶段的一项基本经济制度。"长期以来我们说要坚持公有制为主体、多种经济成分共同发展的方针，现在把它提高到社会主义初级阶段基本经济制度的高度，而社会主义初级阶段至少需要 100 年时间。既然是至少 100 年时间内必须实行的基本经济制度，就不是权宜之计，不是一般的政策措施，而是具有稳定性、长期性的制度安排。所以，这个新提法是理论上的重大发展，有非常重要的理论意义和实践意义。

首先，只有把公有制为主体、多种经济成分共同发展作为一项基本经济制度，才能坚持有中国特色的社会主义经济制度；才能把社会主义和市场经济结合起来，发展市场经济；才能不断解放和发展生产力。

其次，作为主体的公有制经济和必须共同发展的多种经济成分都是社会主义经济基础。既然公有制为主体、多种经济成分共同发展是我国社会主义初级阶段的基本经济制度，这些经济成分当然都属于社会主义经济基础的范畴。

再次，我国的政治、法律以及意识形态等上层建筑应该保护这个经济基础中的所有经济成分，促进其健康发展。上层建筑是要为经济基础服务的，否则经济基础就难以存在和发展，上层建筑也会因失职而失去牢固的基础。十五大报告中说："要健全财产法律制度，依法保护各类企业的合法权益和公平竞争，并对它们进行监督管理。"报告体现了这种精神。

又次，把公有制为主体、多种经济成分共同发展作为基本经济制度，还有利于打消一些不必要和不利于生产力发展的疑虑。

把公有制为主体、多种所有制经济共同发展作为社会主义初级阶段的基本经济制度，是坚持建设有中国特色的社会主义的要求，是实现生产关系要适合生产力发展规律的要求。我国是社会主义国家，必须把社会主义公有制作为经济的主体；而我们又处在社会主义初级阶段，因此需要在公有制为主体的条件下发展多种所有制经济；一切符合"三个有利于"的所有制形式都可以而且应该用来为社会主义服务，这样做才能坚持和发展社会主义。

调整和完善所有制结构会遇到很多困难。因此，既要有积极的态度，又要有求实的精神；既要勇于探索，大胆实践，又要避免形式主义，不搞花架子，尤其是不能"刮风"，不能搞"一刀切"和强迫命令。

为了做好调整和完善所有制结构的任务，要认真学习邓小平的理论，学习十五大报告。要深刻领会和贯彻"三个有利于"标准和生产力标准的要求。邓小平同志提出要把是否有利于发展社会主义社会的生产力,是否有利于增强社会主义国家的综合国力,是否有利于提高人民的生活水平作为判断改革的标准。他还说过,对实现四个现代化是有利还是有害,应当成为衡量一切工作的最根本的是非标准。这也是判断改革的根本标准,是"三个有利于"的核心。我国已经进入社会主义现代化建设新时期,发展生产力已经成为直接的中心任务。国家的富强,人民的富裕,教育科学文化事业的繁荣,公有制和人民民主政权的巩固和发展,都取决于生产力的发展。因此,一切有利于生产力发展的生产关系,都是符合人民根本利益的,因而是社会主义所要求的;一切不利于生产力发展的生产关系,都是违反科学社会主义的,都是社会主义所不允许的。只要我们坚持邓小平理论和十五大制定的方针政策,我们一定能够完成调整和完善所有制结构的任务。

(本文是作者 1998 年 3 月在全国政协九届一次会议上的书面发言)

关于社会主义初级阶段基本经济制度的几个问题

党的十五大报告指出:"公有制为主体,多种所有制经济共同发展,是我国社会主义初级阶段的一项基本经济制度。"这是一个有重要理论意义和实践意义的新提法,应该认真学习和领会。本文就此探讨几个相关的理论问题。

提出社会主义初级阶段基本经济制度的重大意义

党中央早已明确了公有制为主体、多种所有制经济共同发展的方针。例如党的十三大报告指出:要"在公有制为主体的前提下继续发展多种所有制经济"。十四届三中全会也明确指出:坚持以公有制为主体多种经济成分共同发展的方针。而十五大把公有制为主体、多种所有制经济共同发展作为我国社会主义初级阶段的一项基本经济制度,这在党的历史上还是第一次。

"公有制为主体多种所有制经济共同发展的方针"和"公有制为主体多种所有制经济共同发展是一项基本经济制度"这两个提法有没有什么区别?有些同志认为没有区别或者认为区别不大,因而对这个新提法重视和研究不够。而我认为这里有重大区别。至少有以下四点区别:其一,方针通常是政策措施,属于上层建筑的范畴,而基本经济制度则属于经济基础的范畴。其二,方针政策是人制定的,而制度尤其是基本经济制度在一定意义上是不以人的意志为转移的客观存在。其三,方针政策必须根据情况的变化而变化,而基本经济制度一旦形成以后,就会比较长时期地存在并按照自身的规律发展。其四，方针政策是按照社会经济规律制定的，而基本经济制度则有自身的发展规律。可见，这两个提法的含义是有很大不同的。

十五大报告对所有制还提出了其他重要的新提法。例如，要全面认识公有制经济的含义，集体所有制经济是公有制经济的重要组成部分，公有制实现形式可以而且应当多样化，非公有制经济是我国社会主义市场经济的重要组成部分，等等。这些新提法都是围绕"公有制为主体、多种所有制经济共同发展是我国社会主义初级阶段的一项基本经济制度"提出来的，是为了完善和发展这项基本经济制度。"基本经济制度"这一提法在这里起着提纲挈领的作用。

为了进一步确立、完善和发展公有制为主体、多种所有制经济共同发展这项基本经济制度，有很多问题需要研究。例如，这项基本经济制度有什么规律，如何深刻认识和正确运用这些规律，如何长期坚持公有制的主体地位，如何增强国有企业的活力，发挥国有经济的主导作用，如何引导非公有经济健康发展，如何正确处理各种所有制经济之间的关系，尤其是公有制经济和非公有制经济的关系。这也说明，加强对这项基本经济制度的研究是非常重要的。

提出社会主义初级阶段基本经济制度的依据

提出公有制为主体、多种所有制经济共同发展是社会主义初级阶段一项基本经济制度，最根本的依据是生产关系一定要适合生产力性质的规律。正如十五大报告所说，我国是社会主义国家，必须坚持公有制作为社会主义经济制度的基础，而我国处在社会主义初级阶段，又需要在公有制为主体的条件下发展多种所有制经济；一切符合"三个有利于"的所有制形式都可以而且应该用来为社会主义服务。而"三个有利于"正是以生产关系一定要适合生产力性质的规律为依据的。许多人过去依据这个规律，认为只有公有制才是社会主义社会的经济基础，否认或反对社会主义社会的一切非公有制经济成分。现在也还有人否认非公有制经济可以在公有制为主体的情况下成为社会主义社会的经济基础。这里的问题在于能否正确运用马克思主义揭示的生产关系一定要适合生产力性质的规律，尤其在于能否全面深刻地掌握中国的国情。中国已经进入社会主义社会，但是还处于社会主义初级阶段，就生产力发展水平来说，还远远落后于发达国家。为了摆脱不发达状态，实现社会主义现代化，必须在坚持公有制为主体的条件下，允许多种所有制经济共同发展。马克思恩格斯早就说过："私有财产是生产力发展到一定阶段上必然的交往形式，这种交往形式在私有财产成为新出现的生产力的桎梏以前是不会消灭的，并且是直接的物质生活的生产所必不可少的条件。"① 我国正反两方面的经验都表明，个体、私营等非公有制经济在社会主义现阶段还是发展生产力所必不可少的条件。

发展社会主义市场经济也是确立这一基本制度的重要依据。马克思曾经设想社会主义社会将消灭市场经济，但实践表明，在社会主义条件下发展市场经济，才能不断解放和发展生产力。把社会主义同市场经济结合起来，是一个伟大创举。这就必须坚持和完善社会主义公有制为主体、多种所有制经济共同发展的基本经济制度。必须指出，我国在完成社会主义初级阶段的任务以后，由于仍要继续发展社会主义市场经济，因此很可能仍要继续在公有制为主体的条件下允许多种所有制经济（包括非公有制经济）存在。因为现在还很难设想在单一公有制的情况下能够发展市场经济，同时也没有充分根据断言现代科学技术和生产力发展将会使一切私有制经济在看得见的未来一定消亡。这是一个值得关注和研究但不必忙于作结论的问题。

提公有制为主体多种所有制经济共同发展是社会主义初级阶段的一项基本经济制度，还由于经过十多年的改革开放，现在已经形成了这样的所有制格局：以工业来说，1978年工业总产值中国有经济占77.6%，集体经济占22.4%，其他所有制经济是空白；而到1996年，国有经济占28.5%，集体经济占39.4%，个体经济占15.5%，其他经济占16.6%。再以商品零售总额来说，1978年国有经济占54.6%，集体经济占43.3%，个体经济占0.1%，其他经济占2%；而到1996年，国有经济占27.2%，集体经济占18.4%，个体经济占32%，其他经济占22.4%，在国民经济

---

① 《马克思恩格斯全集》第3卷，第410—411页。

中已形成了公有制为主体多种所有制经济共同发展的格局。十五大提出这是我国社会主义初级阶段的一项基本经济制度，无疑是非常及时和必要的。

非公有制经济是不是社会主义初级阶段的经济基础

关于非公有制经济是不是我国社会主义初级阶段的经济基础曾有过一些争论。十五大之前，有人认为公有经济才是社会主义现阶段的经济基础，反对私营经济是社会主义现阶段经济基础的提法。按理这个问题在十五大之后可以解决了。因为，既然作为主体的公有制经济和必须共同发展的多种经济成分（包括非公有制经济）都是社会主义初级阶段基本经济制度的组成部分，当然它们也就都是社会主义初级阶段经济基础。如果不受条条框框的束缚，这个道理是容易明白的。

但在十五大之后，有的人还是坚持非公有制经济不是社会主义现阶段的经济基础。他们的主要根据是：社会主义制度是以公有制为基础的，因此不能把私营经济作为我国社会主义经济基础。诚然，我们常说社会主义制度是以公有制为基础的，因为，马克思主义设想生产资料私有制最终是要消灭的，社会主义制度建立在公有制基础上，当然是以公有制为基础的。但如前所说，现在中国还处于社会主义初级阶段，需要在公有制为主体的条件下发展多种经济成分，这样，非公有制经济和公有制经济一样成为社会主义初级阶段基本经济制度的组成部分，即成为经济基础的组成部分，也就是理所当然的了。

有人认为，一个社会中起主导作用的经济成分才构成这个社会的经济基础。他们引用马克思如下的一段话为根据，这段话是："在一切社会形式中都有一种一定的生产决定其他一切生产的地位和影响，因而它的关系也决定其他一切关系的地位和影响。这是一种普照的光，它掩盖了一切其他色彩，改变着它们的特点。"① 他们认为"这就是马克思主义经济学的生产方式一元论思想"，"公有制实现形式以及所有制成分多样化，并不等

---

① 《马克思恩格斯全集》第 2 卷，第 109、82 页。

于一个社会的经济基础可以多元化"。但是，我们只要联系前后文认真读一读马克思的这段话，就能知道马克思这里讲的是政治经济学体系中如何处理经济范畴，讲的是一些经济范畴的地位和关系，这里并不涉及什么是经济基础的问题。至于什么是经济基础，马克思曾有明确的界定。例如他说："人们在自己生活的社会生产中发生一定的、必然的、不以他们意志为转移的关系，即同他们的物质生产力的一定发展阶段相适合的生产力关系。这些生产关系的总和构成社会的经济结构，即有法律的和政治的上层建筑树立其上并有一定的社会意识与之相适应的现实基础。"[①] 马克思说同"物质生产力的一定发展阶段相适合的生产关系"的"总和"构成经济基础，而在我国社会主义初级阶段，在公有制为主体的条件下非公有制经济也是同生产力相适应的，又怎么能否认它是经济基础的构成部分呢？

也有人认为，"把私营经济说成社会主义经济基础，将导致理论上混淆公有制和私有制的界限，否定坚持公有制主体地位的必要性"。这个说法也难成立，因为，坚持公有制为主体，分清公有制和私有制的界限，同私有制也是社会主义初级阶段的经济基础，说的是不同的问题。而且，我们已经明确了公有制为主体的多种经济成分共同发展的方针，因而是在公有制为主体的前提下把多种经济成分作为社会主义初级阶段经济制度的组成部分的。所以，如果有这种顾虑，也是不必要的。

我认为，无论是从说明历史发展（以及说明现实）的角度还是从上层建筑要为经济基础服务的角度看问题，都应该把在公有制为主体条件下共同发展的多种经济成分看成我国社会主义初级阶段的经济基础。从前一个角度看，只有把公有经济私有经营都看成是经济基础，才能全面深刻地认识我国社会主义初级阶段的历史发展和现实。从后一个角度看，现在非公有制经济也还有一个继续发展的问题，为了使之健康发展，也需要上层建筑为它服务，而把它作为社会主义初级阶段的经济基础。在现阶段，非公有制经济显然不属于已经过时的旧基础，而应该和公有制经济一样属于上层建筑为之服务的社会主义经济基础。服务包括容许、支持、扶植、鼓励、引导，也包括监督、管理以及某些情况下必要的限制。如果不把非公

[①] 《马克思恩格斯全集》第 2 卷，第 109、82 页。

有制经济也看成为社会主义初级阶段的经济基础,势必要把它看成是已经过时的"旧基础",重蹈为消灭它"而积极斗争"的错误复辙。

  我们记得,五六十年代曾经有过"经济基础论"的争论。当时杨献珍同志主张五种经济成分(即国营经济、合作社经济、个体经济、私人资本主义经济、国家资本主义经济)都属于新民主主义社会的经济基础,但是他的正确观点受到了批判,造成了很多消极后果。现在中国已进入社会主义初级阶段,和新民主主义社会已有根本区别。但是,在要求多种经济成分共同发展这一个基本点上,他们是相同的。我们应该吸取五六十年代那次争论的教训,承认非公有制经济也是当前我国社会主义社会的经济基础,坚持走有中国特色的社会主义道路。

(原载《特区理论与实践》1998 年第 6 期)

全面建设小康社会和发展公有制经济

一 公有制经济在全面建设小康社会中的使命

全面建设小康社会的一项重要任务是建成完善的社会主义市场经济体制，包括根据解放和发展生产力的要求，坚持和完善公有制为主体，多种所有制经济共同发展的基本经济制度。不论是公有制经济还是私有制经济，在全面建设小康社会中都担负着各自重要的使命。因此，我们要做到两个"必须"，即"必须毫不动摇地巩固和发展公有制经济"，"必须毫不动摇地鼓励、支持、引导非公有制经济发展"。我们不能因为强调私有制经济的使命而忽视公有制经济的使命，也不能因为强调公有制经济的使命而忽视私有制经济的使命。

全面建设小康社会中公有制经济的使命是由其性质、地位、作用决定的。就性质来说，公有制经济虽有多种实现形式，但它们都是公有，在这一点上是和私有制经济不同的。改革以来，私有制经济比重发生了很大变化，但是公有制经济仍在我国国民经济中占有主体地位，国有经济则起着主导作用。以上情况决定了我们绝不能忽视公有制经济在全面建设小康社会中肩负的重要使命。当然，公有制能够在何种程度上完成这种使命，还决定于公有制企业的活力。这就必须深化改革，完善社会主义市场经济体制，同时还要加强和改进企业管理，加快技术进步。

全面建设小康社会中公有制经济肩负的主要使命有：

（一）公有制经济是小康社会的主要经济基础

全面建设小康社会是社会主义初级阶段的一个重要阶段，必须巩固和发展社会主义初级阶段的经济基础。过去人们把社会主义和公有制完全等同起来,现在认识到私有制经济也是社会主义市场经济的重要组成部分,和公有制经济一起成为社会主义初级阶段的经济基础。而由于公有制经济是社会主义国民经济的主体,因此公有制经济在社会主义初级阶段(包括全面建设小康社会的阶段)的经济基础中也具有更重要的地位。事实上,私有经济成为社会主义的经济基础是需要一定条件的,如何使私有经济纳入社会主义轨道,按照社会主义本质的要求经营和运行,是一个尚未完全解决的问题。而无论如何,坚持公有制为主体,巩固和发展公有制经济,则是私有制经济成为社会主义经济基础的必要条件。

(二) 公有制经济是继续完成工业化的重要力量

过去我国社会主义工业化任务主要是由公有制经济承担的。现在我国处于工业化中期阶段,工业化的任务还未完成。在继续完成工业化任务中,公有经济担负重要的使命。从国有经济的现状和发展趋势看,公有制经济仍将是实现工业化的重要力量。中国走新型工业化道路,也要依靠公有制经济同私有制经济一起完成任务。在长时期内国有企业不仅是我国科技进步的主力军,也是我国产业升级的主力军。

(三) 公有制经济肩负着支援"三农"的重要使命

全面建设小康社会最困难的问题是"三农"问题。近年来,农民收入增长缓慢,农村居民收入和城市居民收入的差别呈扩大趋势。而增加我国农民收入需要把大量农民转入城镇,转入第二、第三产业,因此要加快城镇化建设,这也需要公有制经济和私有制经济共同发挥作用。长期以来我国工业是靠农业支援发展起来的,现在到了工业支援农业的时候了。而只有在公有制经济牢固和发展的条件下,才能承担起支援农业、帮助农民增加收入的使命。

(四) 公有制经济在西部大开发中起重要作用

纵观世界经济发展的历史,国有经济在不发达国家更能起到促进经济发展的作用。现在我国西部和沿海地区相比国有经济比重更高,私有经济比重则低。使有些国有企业由负担变为财富,是一个很值得重视研究的问题。

(五) 公有制经济是提高国际竞争力的主要依靠

从发展看,私有经济将在国际竞争中起重要作用,但公有制经济尤其是国有经济仍将是提高国际竞争力的主要依靠。由国家经委选定的520家重点培育的大企业中有514家国有企业,它们主要分布在国民经济支柱行业中,是这些行业的排头兵,占有举足轻重的地位,已成为中国企业参与国际竞争力的重要力量。

此外,公有制经济在增加职工就业和收入,增加国家财政收入,加强宏观调控等方面,也都承担着重要的使命。

中国在人民生活总体上达到小康水平的时候,提出全面建设小康社会,而没有提出过高过急的目标,这也是为可持续的社会主义打下牢靠的基础。我们不能离开发展和巩固社会主义制度来谈全面建设小康社会,因为全面建设小康社会是建设中国特色社会主义的一个阶段。十六大报告中提出全面建设小康社会的目标时,强调"必须看到我国正处于并将长期处于社会主义初级阶段",就是把全面建设小康社会作为社会主义初级阶段的一个重要阶段,把全面建设小康社会和发展、巩固社会主义制度联系起来。实现全面建设小康社会的各项目标也都是为使社会主义能够持续发展。

但是社会主义能不能持续发展,在当前世界上也还是一个问题。苏联东欧社会主义制度的剧变说明社会主义现在还不是必然可以持续发展的。中国生产力水平还低,还属于发展中国家。正如邓小平说的:"现在虽然我们也在搞社会主义,但事实上不够格。"因此社会主义持续发展更要经受严峻的考验。中国实行社会主义市场经济是一个具有伟大历史意义的创举,但是既要看到社会主义和市场经济统一的一面,也要看到社会主义和市场经济矛盾的一面。搞得好,市场经济可以促进社会主义。搞得不好,市场经济可以促退甚至搞垮社会主义。因为市场经济的一个特点是优胜劣汰,而社会主义则要求平等和共同富裕。市场经济的自发性和社会主义要求的计划性(不同于传统计划经济的那种计划性)也是有矛盾的。我们搞社会主义经济,可以使它们统一起来,但是不能消灭其中的矛盾,而要做许多工作,处理好这些矛盾。因此十六届三中全会强调要"坚持社会主义市场经济的改革方向。注意制度建设和体制创新"。全会通过的《关于完善社会主义市场经济体制若干问题的决定》,表明我们面临的改革任务十分繁重艰巨。我们在完成第二步战略目标后没有提出其他更高的要求,也是为了有比较充裕的时间完善社会主义市场经济体制,既为全面建设小康社会提供体制保障,也为我国社会主义制度的可持续发展打下牢固的基础。

为了使我国社会主义制度持续发展,要认真研究和吸取苏联社会主义失败的原因,并采取措施克服这些原因。苏联社会主义失败的原因很多,一个重要原因是在社会主义制度问题上违背客观规律,急于求成,不断地烧"夹生饭"。科学社会主义认为社会主义社会应该建立在发达的生产力基础上,十月革命前俄国生产力很不发达,革命后战争中又遭到破坏,刚有恢复,斯大林就改变了列宁的新经济政策,1936年就宣布苏联"进入社会主义并逐步过渡到共产主义社会"。20世纪60年代初赫鲁晓夫宣布,苏联将在20年内"建成共产主义社会"。后来,勃列日涅夫又宣布苏联已建设成了"发达社会主义",戈尔巴乔夫上台后又搞加速战略,改革上也急躁冒进,以后又改变方向,最终使苏联解体。苏联社会主义先天不足、后天失调的历史,说明我国从"建立小康社会"到全面建设小康社会,为持续的社会主义打下牢靠基础,是完全必要的。

公有制经济缺乏活力也是苏联社会主义失败的一个重要原因,上面已经讲了公有制经济在全面建设小康社会中的使命,完成这些使命必须增强公有制经济的活力。应该说增强公有制经济的活力,也是社会主义持续发展的要求。这是我们必须在全面建设小康社会时期努力解决好的一个重要问题。

二 社会主义需要什么样的公有制经济

社会主义要不要有公有制,要有怎样的公有制,这个问题是有争论的。有人提出问题:国有企业经过改革以后,将和私有企业一样以追求利润为目标,由于不再实行计划经济,国有企业也不再是实现国家统一计划的基层组织而且国有企业也存在职工下岗、收入差别扩大等问题,既然如此,国有企业岂非和私有企业一样,社会主义为什么还要国有企业呢?也有人据此提出这样的理论:社会主义可以建立在完全私有经济之上。这种理论是小资产阶级社会主义和资产阶级社会主义的一个流派。

这个问题对马克思主义来说,似乎是一个不成问题的问题。可是从当前的理论界和实际工作来看,却是一个需要认真研究的真实问题,说清楚这个问题也并不容易。我的初步看法是:第一,社会主义必须要有公有制,但是需要的是社会主义公有制。第二,即使在社会主义社会,也并非公有制就是社会主义性质,因此要解决坚持公有制的社会主义性质的问题。第三,还要找到恰当有效的社会主义公有制实现形式和国有资产管理体制,既使公有制能克服资本主义社会的基本矛盾,又使公有制企业能避免计划经济时期公有制的种种弊端,有利于解放和发展生产力,使人民生活日益改善,逐步实现共同富裕。

关于第一点,不能根据国有企业的现状来否定社会主义社会公有经济的必要性。因为现在公有制经济还在改革的过程中,我们不能完全依据目前国有企业的行为来判断公有制经济在社会主义社会的地位和作用。而依据马克思主义关于资本主义社会基本矛盾的科学分析,建立公有制才能根除资本主义的基本矛盾,即生产无政府状态和资产阶级与无产阶级的对立。而且,发展公有制经济也是社会主义社会实现社会公平、消灭剥削、发扬民主、共同富裕的需要,是增强社会主义国家履行社会职能所需经济实力的需要,也是社会主义社会保障国家安全的需要。我们现在可以得出的结论是私有制还会在社会主义社会中存在和发展,却得不出社会主义社会不需要公有制的结论。

关于第二点,社会主义社会中的国有企业怎样做才具有社会主义性质。有些人总把公有制和社会主义等同起来,把私有制和社会主义对立起来,这是没有科学依据的。事实上,各个社会形态都存在公有制,显然不能说这些公有制都是社会主义性质。在社会主义社会里,也不能像有些人那样把国有企业都看成是社会主义性质。如果国有企业的领导人变质了,发生了严重的贪污盗窃行为,或者企业经营完全违背了社会主义原则,内部分配严重不公平,压迫剥削职工,贫富分化悬殊,这样的企业也不再是真正的社会主义企业。企业公有制的性质不仅表现在所有、占有关系上，还表现在生产、分配、经营、管理等方面。邓小平提出社会主义的本质，社会主义性质的国有企业应该符合这些本质的要求。邓小平是从经济的角度提出社会主义的本质。国有企业还必须发扬社会主义民主，维护职工权利，职工参加管理，这样的国有企业也才是社会主义性质的国有企业。

关于第三点。要把改革国有企业和改革国有资产管理体制以及改革国家宏观调控体系结合起来。传统计划经济体制下的国有企业严格来说不是真正的企业，因此必然缺少活力。20多年来国有企业改革就是沿着增强企业活力的轨道前进，不断探索能够增强企业活力的有效形式。十二届三中全会提出国有企业应是自主经营、自负盈亏、自我约束、自我发展的商品生产者和经营者，前进了一大步。十四届三中全会提出建立"产权清晰、权责明确、政企分开、管理科学"的现代企业制度，又前进了一大步。十六届三中全会提出积极推进公有制的多种实现形式，并指出要"使股份制成为公有制的主要实现形式"，再前进了一大步。但是企业成为有活力的市场竞争主体以后，如何防止和克服竞争可能带来的生产无政府状态，如何减少和避免企业之间和企业内部职工收入分配的贫富悬殊现象，也是必须关注和解决的问题。这两个问题的解决要求完善国有资产管理体制和国家宏观调控，这也是深化国有企业改革的重要任务。十六届三中全会既强调要"增强企业活力和竞争力"，又强调要"健全国家宏观调控"，还强调要"推进收入分配制度改革"，就是要使增强国有企业活力和克服生产无政府状态、职工收入过分悬殊等问题，都可能得到解决。不少方针政策还需要具体化和落实，有些问题还需要进一步研究。例如，怎样使公有制企业都成为完全名副其实的社会主义性质的公有制企业，如何使公有制企业既有竞争力，又有社会主义必要的计划性，如何把非公有制经济逐步完全纳入社会主义轨道，如何根据形势变化正确界定公有制经济和非公有制经济的范围，等等。因此，不能说所有的问题都已找到了解决的好办法，但认真贯彻《关于完善社会主义市场经济体制若干问题的决定》中的政策措施，并不断研究新情况，探索新问题，有望使这些问题逐步得到解决。

（原载《唯实》2004年第2期）

私有制经济还有生命力

进入社会主义革命以后，根据社会主义只能建立在公有制基础上的理论，我们曾经不断地想在中国消灭而且彻底消灭私有制。这样实践的结果，导致生产力的严重破坏，社会主义生产关系也难以完善和发展。

现在我们已经认识到，社会主义初级阶段不仅不能消灭私有制，而且要把它看成社会主义市场经济的重要组成部分。这一点党的十五大已明确宣布，而且已规定在宪法中。这也是我国社会主义改革和建设实践的科学总结。

但是，私有制经济在一些地方仍受到歧视和不公平待遇，许多私营业主有一种不安全感，担心有朝一日财产要被没收充公，不敢放手发展自己的经营业务。这种现象是同对私有制经济还有没有生命力，私有制经济能否同社会主义相容这些问题的认识密切相关的。有些人认为，到了社会主义社会，私有制就没有生命力或没有多少生命力了，并认为，私有制是外在于社会主义的，和社会主义在本质上是不相容的。例如，有的同志只承认私有制经济是社会主义市场经济的重要组成部分，却不承认私有制经济是社会主义经济的重要组成部分。我认为，这种认识是不全面甚至不正确的。

我认为，即使在我国社会主义社会，私有制经济也还有很强的生命力。从现在人们可以看到的和有把握设想的情况，不用说在社会主义初级阶段，就是在社会主义初级阶段以后，也很难得出结论说，有必要和有可能消灭私有制。其理由在于：

1. 马克思曾经认为，随着生产力的发展，生产规模将越来越大。而现代生产力的发展并未证实马克思的预言。实际情况是，生产规模的发展既有大的趋势，也有小的趋势。例如，计算机可以使人在家里工作，即从事私人经营，而与生产社会化不相矛盾。

2. 从当代经济最发达的国家看，它们现在即使实现了社会主义革命也不能消灭私有制经济。例如，个体农场能适应现代生产力，促进生产力迅速发展，如果强使它变为公有制经济，岂非又要破坏生产力。

3. 随着生产力的高度发展和人们物质文化生活水平的极度提高，有些人为了自由和方便，可能更乐于搞私人经营。这既有利于自己，也无损并有利于社会，没有充分的理由不允许这样做。事实上，马克思也没有说过要消灭个体经济，不过他认为个体经济要被资本主义消灭，因而主张要用公有制代替资本主义私有制。但历史表明，资本主义社会也决不可能消灭个体经济。

4. 现在人们越来越认识到不同于资本家的企业家的作用。即使是私营企业，企业家的存在和发展也是有利于社会主义经济发展的。社会主义不仅不应消灭个体经济，而且不应消灭不同于个体经济而又适应于社会主义社会的私营经济，这样才能有利于企业家的成长和发挥作用。

有些人忧虑的是：社会主义允许私有经济存在会不会导致两极分化和资本主义复辟。我认为不一定会，而且只要做好工作，可以说一定不会。因为：社会主义社会中的私有经济和资本主义社会中的私有经济有如下的根本区别：（1）社会主义社会是公有制经济为主体，私有经济是从属于公有制经济的。（2）私有经济的业主是可以拥护社会主义制度的。（3）私有经济的业主的收入是受到限制的，如受到政府规定的所得税、遗产税等的限制。（4）社会主义社会的政权是由人民掌握的，而且我国还有中国共产党的领导。只要共产党和人民政府坚持社会主义方向，不腐化，不变质，实行正确的方针政策，社会主义社会允许私有经济存在就不会导致两极分化和资本主义复辟。

5. 应该看到，在历史上有各种各样的私有制，私有制的性质特征，还在很大程度上受到政府和法律等的影响，这种影响随着历史的发展越来越明显。在社会主义社会，国家完全有可能通过法律、政策等措施逐步改变私有制的性质、特征，使之和社会主义本质、社会主义制度相容，有利于社会主义的巩固和发展。这里的关键是共产党和人民政府坚持社会主义方向，不断提高领导和驾驭私有制经济的能力。

6. 到了社会主义的中级阶段、高级阶段，也仍旧要搞市场经济，而市场经济是要以多种所有制经济为基础的。有的同志说在单纯的公有制基础上也可以搞市场经济，而我国改革的实践说明消灭私有制是绝难搞成社会主义市场经济的。现在国有经济改革这样难，是同没有摆脱计划经济框框搞企业改革有关的，因而非公有制经济的健康发展也难，市场经济健康发展也难。

此外，还有一个吸取历史教训的问题。如果仍旧认为社会主义经济只能是公有制，就很有可能或者难以避免再次发生急于向公有制过渡，搞又大又公又纯的做法。以前所以多次发生这类错误，正是建立在彻底消灭私有制这种思想基础上的。

综上所述，我们要对社会主义条件下的私有制经济有一个正确的认识，要认识私有制经济是可以和社会主义相容的，尤其是在我国社会主义初级阶段它还有很强的生命力。我们要从多方面创造条件，在以公有制为主体的条件下使私有制经济迅速和健康发展。

（原载《上海改革》2000年第6期）

关于所有制是目的还是手段的争论

《中国工业经济研究》1993年第7期全文刊登了我的题为《关于国有企业产权的几个问题》（以下简称《几个问题》）的论文，论文分为三个部分。第一部分说明国有企业必须有法人财产权和明确国有企业产权的意义；第二部分说明国家所有制和市场经济相容，既是可能的，又是有条件的。条件就是改革传统的国家所有制形式和发展多种经济成分；第三部分说明人类社会发展最根本的目的是发展生产力，改善人民生活，包括所有制在内的生产关系主要是作为经济手段发挥作用的，所有制和计划一样是发展生产力的手段。

《几个问题》发表后，"所有制是目的还是手段"引发了中国经济学家论坛的大争论，争论触及深化改革的一个最基本的也是最关键的问题。

我写作《几个问题》主要是为了说明改革传统国有制的必要性，改革国有企业产权制的必要性。文章提出的改革传统国有制企业制度的目标模式，是同后来党的十四届三中全会确定的现代企业制度一致的。《几个问题》引发的争论还涉及政治经济学的一些重要问题。

一　社会主义国有制怎样和市场经济相容

我在《几个问题》中曾提出：为了使国家所有制和市场经济相容，必须"打破整个社会的独家所有制，使社会上的众多企业成为有财产的真正独立的市场竞争主体，使市场机制对资源配置起基础性作用。""从传统社会主义经济体制向社会主义市场经济体制过渡，不仅要改革传统的国家所有制形式，而且要发展多种经济成分，打破整个社会独家所有制或独家所有制占统治地位的格局。这里最困难的是改革国有制企业，使它们绝大多数成为真正独立的市场竞争主体。为此需要重塑国有企业制度，使这些企业具有市场经济条件下企业制度的一般特征。"

要不要打破整个社会独家所有制或独家所有制占统治地位的格局，或者说要不要改革传统的国有制？这是争论的焦点。整个社会独家所有制的问题早已达成共识，而独家所有制在社会上占统治地位的问题认识并不完全一致，因此，在改革中要打破这种独家所有制在社会上占统治地位的格局，遇到的阻力很大。

有些人把改革国有制和私有化等同起来，见到谁主张改革国有制就断言谁主张私有化，这是毫无根据的。社会主义国有制有多种模式，改革国有制可能是使某一种国有制模式变成另一种国有制模式，而并非实行非国有化，更非实行私有化。国有企业从没有经营权到有经营权，从没有财产权到有财产权。国有制是改变了，但国家始终都对国有企业的财产拥有所有权，没有改变国有制的性质。因此，决不能认为改革国有制就是私有化，而要把国有制一般和国有制的具体模式区分开来。

众所周知，马克思主义把所有制看成是生产关系的综合。马克思有一句名言："给资产阶级的所有权下定义不外是把资产阶级生产的全部社会关系描述一番。"[①] 在经济改革中对国有经济生产关系各个方面进行的改革，都可以说是改革国有制。马克思还说过："要想把所有权作为一种独立的关系、一种特殊的范畴、一种抽象的和永恒的观念来下定义，这只能是形而上学或法学幻想。"有的人正是把国有制看成是一种抽象的和永恒的观念，而且这种观念是以传统的国有制为依据的。因此，他们盲目地反对改革传统国有制，认为，改革国有制就是私有化。

这里涉及国有经济和市场经济能不能相容和如何相容的问题。我认为，这是社会主义和市场经济结合的最关键和最困难的问题。《几个问题》中明确说过：说国家所有制和市场经济可以相容是正确的，但是这种相容是有条件的，而不是无条件的。认为不要任何条件国家所有制和市场经济都相容，这样回答问题严格来说是不正确的。党的十四大以前有些人坚决反对社会主义市场经济的提法，认为社会主义和市场经济不能相容，其主

[①] 《马克思恩格斯全集》第4卷，人民出版社1958年版，第180页。

要理由是国有经济和市场经济不能相容。现在有的人又说，国有经济和市场经济在任何条件下都能相容，并含沙射影地把有条件相容的观点说成是"否定社会主义市场经济，认为在中国实行资本主义市场经济"。其实，不论根据实践经验还是理论分析，都不能笼统地回答国有经济和市场经济能否相容的问题。事实上，传统的国有经济在没有改革的情况下是无法和市场经济相容的，而经过改革后的国有经济可以和市场经济相容。党的十四届三中全会已从理论上、方针政策上解决了国有经济和市场经济相容的问题。所以，认为国有经济和市场经济无条件地不相容或无条件地相容的观点都是不正确的。它们相容的必要条件是改革传统的国有制。那种认为主张改革国有制就是否定社会主义市场经济、主张资本主义市场经济的观点，实质上是堵塞国有经济和市场经济结合的道路，堵塞走向社会主义市场经济的道路。

二　所有制是不是也是经济手段

我是主张所有制是经济手段的。提出所有制是经济手段是反对那种不把所有制看成是经济手段的观点的，是反对那种不主张改革传统国有制的观点的，是反对那种把社会主义国有制凝固化的观点的。人类社会的历史表明，社会生产是始终处在变化和发展状态中的，首先是生产力的变化和发展，然后是生产关系相应的变化和发展。所有制是生产关系的最主要内容，因此所有制也是不断变化发展的。这些都是马克思主义的常识，对社会主义社会也是适用的。当然，所有制在社会发展中除了作为经济手段发挥作用，还有其他作用，还有其他性质特征和发展规律。所有制是经济手段的观点和马克思主义于所有制的基本原理是吻合的、一致的。考虑到问题的复杂性和马克思主义在这个问题上有很多原理，我后来在《新华日报》上发表了题为"所有制也是经济手段"的文章。所以说"也是"，一是说发展生产力的经济手段不止是所有制，二是说所有制还有其他作用和特征。我是在肯定马克思主义其他有关原理的前提下探讨这个问题的，这样做是可以的甚至必要的。为什么可以说所有制也是一种经济手段呢？手段是和目的相对而言的。人的活动总是一种自觉的有目的的活动。因此，马克思主义把人的目的理解为关于活动或行为的对象性的自觉意识，手段则是达到或实现目的的桥梁、媒介、方法、工具，是置于有目的的对象性活动的主体客体之间的一切媒介的综合。人的活动是多方面的，因此也有多方面的目的。适应具体的目的，也就会有各种各样的手段。人类最普遍最重要的目的是发展生产力，提高生活水平。共产党人则以实现共产主义为最高目的。因为共产主义建立在生产力高度发达的基础上，可以使人人过富裕的生活，并使生产力进一步迅速发展，充分满足所有成员物质和文化的需要。共产党人之所以主张共产主义，也是因为在一定条件下共产主义最有利于生产力的发展，从而可以消灭剥削实现共同富裕。而实现共产主义要以高度发达的生产力为基础。邓小平同志一再说"社会主义的主要任务是发展生产力"，"马克思主义的基本原则是要发展生产力。"把发展生产力作为目的，所有制是一种经济手段就非常清楚了。

事实上，从人类社会历史看，所有制是作为发展生产力的一种经济手段起作用的。大家知道，生产力和生产关系是不可分割地相互联系着的。以所有制为基础的生产关系是随着生产力的发展而变化发展的。在社会主义社会以前，所有制经过从原始社会的公有制到奴隶主所有制、封建所有制、资本主义所有制的复杂变化过程。不论是各种所有制本身变化或者是一种所有制向另一种所有制的转化，都是既有客观必然性的一面，又有人们有意识活动的一面。也就是说，所有制是被人们当做发展生产力的一种经济手段起作用的。

在社会主义经济改革中，我们也是根据发展生产力的要求来调整和改革所有制的。我们之所以进行经济体制改革，是因为传统的经济体制已经严重阻碍社会生产力的发展，经济体制改革是解放和发展生产力的必由之路。为了发展生产力，改革之初我们就调整所有制结构，贯彻公有制为主体多种经济成分共同发展的方针。这就是把所有制当成发展生产力的一种手段。我们也早就对公有制尤其是国有制进行改革。党的十二届三中全会根据解放和发展生产力的要求提出把所有权和经营权适当分开，党的十四届三中全会进一步提出国有企业要建立现代企业制度，使企业作为法人不仅有经营权，而且有财产权。这里都是把发展生产力作为目的，把改革所有制作为手段，根据发展生产力的要求对所有制进行改革，使不适合生产力发展的传统国有制模式变成适合生产力发展的新的国有制模式。

经济科学对所有制研究的成果表明，说所有制是一种经济手段是有充分根据的。马克思曾经对生产力和生产关系的关系以及生产力和所有制的关系作过非常具体深入的分析研究，提出了一系列科学的历史唯物主义原理。马克思实际上指明了包括所有制在内的生产关系是作为发展生产力的手段发生作用的。例如，马克思说过："人们借以进行生产、消费和交换的经济形式是暂时的和历史性的形式。随着新的生产力的获得，人们便改变自己的生产方式，而随着生产方式的转变，他们便改变所有不过是这一特定生产方式的必然关系的经济关系。"这里马克思是说人们为了发展生产力而改变生产关系，也就是把改变生产关系看成是发展生产力的手段。现代西方产权理论研究如何安排产权结构和形成合理有效的产权制度，具体内容包括产权关系与产权结构的安排，产权主体权利义务的界定，产权契约或协议的履行，实际上也是把所有制看成一种经济手段，从产权的角度对与此有关的问题进行研究。

三　发展生产力是不是人类社会的目的

在《几个问题》中我认为：从人类社会发展的历史看，最根本的目的是发展生产力，改善人民的生活，包括所有制在内的生产关系主要是作为经济手段发挥作用的。

我强调发展生产力是目的，并不是说在任何情况任何意义下都不可以把所有制（确切的说是变革或完善某种特定的所有制）作为目的。当人们进行变动所有制时，所有制也可以成为目的。例如，建立社会主义市场经济体制就包括改革和完善所有制关系的目的（任务）。我和一些同志的分歧不在于所有制是不是可以成为目的，而在于发展生产力是不是目的以及所有制是不是手段。因此，我并不笼统反对所有制是目的的提法，而他们却是完全反对发展生产力是人类社会的目的和所有制是手段的提法的。

必须强调指出的是，在人的多种多样的活动中，生产劳动是最基本的实践活动。马克思说："人为了能够'创造历史'，必须能够生活。但是为了生活，首先就需要衣、食、住以及其他东西。因此，第一个历史活动就是生产满足这些需要的资料,即生产物质生活本身。同时这也是人们仅仅为了维持生活就必须要每日每时都要进行的(现在也和几千年前一样)一种历史活动,即一切历史的基本条件。"① 因此,我们完全有理由说发展生产力是人类社会的根本目的。

反对发展生产力是目的的同志提出了种种理由,但是只要对这些理由认真加以分析,就会发现它们是似是而非的,不能成立的。

例如,有一种说法:我们发展生产力是为了满足需要,怎么能说发展生产力是目的呢?其实,我们发展生产力确实是为了满足需要,但由此不能否认发展生产力也可以成为目的。无须再引用马克思主义经典作家关于发展生产力是人类活动的目的乃至根本目的的大量论述,我国的历次五年计划不是都把发展生产力作为目的吗?各个地区、各个部门制订的发展经济的计划,也都是把发展生产力作为目的的。可见,"发展生产力是目的"和"发展生产力是为了满足需要"这两个命题都是可以成立的,决不能把它们对立起来。

再如,有人说,在阶级社会里,剥削才是目的,主张发展生产力是目的,是"对人剥削人的社会制度的美化"。当然,就阶级社会里剥削阶级剥削被剥削阶级的活动而言,增加剥削确实是剥削阶级的目的。不过,广大劳动者从事生产活动还是以发展生产力为目的的。而且,当某个剥削阶级处于上升时期时,也是把发展生产力作为目的的,尽管这也是为了增加剥削。而当它只顾剥削而不再关心发展生产力时,这个阶级及其统治的社会也就开始走向衰败和灭亡了。这个道理也是马克思一再讲过的,是历史唯物主义的基本内容,难道这也是"对人剥削人的社会制度的美化"?

又如,有人说,我们的最终目的是实现共产主义,发展生产力不是最终目的。说发展生产力是目的并不是说发展生产力是最终目的。谁人又说过发展生产力是最终目的呢?其实,最终目的的提法本身就要剖析。共产党人为了彻底消灭剥削制度,提出共产主义是最终目的,因为无产阶级只有解放全人类才能解放自己,而只有实现共产主义才能做到这一点。不过实现共产主义以后,无产阶级也就不存在了,共产党人也不存在了。共产

---

① 《马克思恩格斯全集》第 1 卷,人民出版社 1956 年版,第 32 页。

党人的最终目的达到了，社会则要继续发展，人类也要继续从事各种活动，继续提出多种多样的目的。所以，就人的活动的一般意义而言，它是没有止境的。用共产党人把共产主义作为最终目的来否认发展生产力是目的，也是一种幼稚的做法。

还有人说："从政治上讲，把发展生产力作为目的也是不对的。"而毛泽东明确说过："发展农业生产是土地改革的直接目的。"邓小平同志反复强调："社会主义的第一个任务是要发展社会生产力。""社会主义就是要发展生产力，这是一个很长的历史阶段。"从这些论述中，完全有理由把发展生产力当作目的。而那种否定发展生产力是目的的观点，在政治上才是不对的。

有人认为，各个社会有特定的生产目的就不能再存在发展生产力这个共同目的。这个观点是站不住脚的。因为，在任何社会里都要发展生产力，否则人类就不能生存，社会就不能存在。前面曾引用了马克思说的几千年来人们都把发展生产力（生产满足衣、食、住等所需要的物质资料）作为第一个历史活动的话。马克思还说过："劳动过程是制造使用价值的有目的的活动，是为了人类的需要而占有自然物，是人和自然之间的物质的一般条件，是人类社会的永恒的自然条件，因此，它不以人类生活的任何形式为转移。倒不如说，它是人类生活的一切社会形式所共有的。"[①] 马克思说的"制造使用价值的有目的的活动"，就是我们说的发展生产力这个目的，他是明确把它看成"一切社会形式所共有的。"

四　所有制有没有选择的问题

在《几个问题》中，我主张所有制（以及生产关系）有一个选择问题，批判者则反对所有制有一个选择问题。但是，在批判我时，他们都把"选择"改成"随意选择"，似乎分歧在于赞成"随意选择所有制"还是反对"随意选择所有制"。这就歪曲了真正的分歧和讨论的问题。

众所周知，"选择"和"随意选择"的含义是有区别的，我说过所有

[①] 《马克思恩格斯全集》第23卷，人民出版社1972年版，第208—209页。

制有个选择问题,但从来没有主张所有制可以随意选择,而且是坚决反对这种主张的。

在《几个问题》中,我说:"有人会问,马克思主义是把所有制和生产关系看成不以人们的意志为转移的,怎么能把所有制看做经济手段呢?我认为,马克思主义确曾强调所有制和生产关系的客观必然性。例如,马克思说过:人们在发展其生产力时,也发展着一定的相互关系;这些关系的性质必然随着这些生产力改变和发展而改变。但这决不是说所有制和生产关系是不能选择的。事实上,从历史的长河看,人们是在不断选择所有制和生产关系的。举个明显例子,在资本主义农业发展过程中,曾经经历过劳役地租、实物地租、货币地租等阶段,这些地租形式的变迁就是当事人选择的结果。所谓不以人们意志为转移,是说选择的所有制形式是否有生命力,能否长期存在,最终不是决定于当事人的意志,而是决定于它能否促进生产力发展。例如,我国农村选择过互助组、初级社、高级社、人民公社、联产计酬等所有制形式。高级社取代了互助组、初级社,人民公社又取代了高级社,但它们不利于生产力的发展,没有生命力,最终被联产计酬取代了。联产计酬促进了生产力迅速发展,成了现在的普遍形式。可见,说所有制不以人们意志为转移和说人们选择所有制并不矛盾。说所有制的发展有其客观的必然性,和说它是经济手段,也不矛盾。"

斯大林曾说:"新的生产力以及同它相适合的生产关系的产生过程不是人们有意识的、自觉的活动的结果,而是自发地、不自觉地、不以人们意志为转移地发生的。"在这里,斯大林把不以人们意志为转移同人们自发的、不自觉的活动等同起来,同人们有意识的、自觉的活动对立起来。我认为这是不正确的。生产关系既然是人们选择的结果,而人们选择的活动至少不是完全自发的、不自觉的。而且,随着社会生产力的发展和科学技术的进步,人们选择生产关系越来越自觉了,说它不是人们有意识的自觉的活动的结果,是不符合实际情况的。究竟什么样的所有制和生产关系有生命力,能长期存在,则最终仍是不以人们意志为转移的。

说手段可以随意选择是缺少科学根据因而是错误的。目的不能随意选择,手段也不能随意选择。手段和目的一样,都是受现实条件和历史条件制约的,而且手段还受目的的制约。例如,我们确定了生产某种产品这一目的以后,在确定手段时,就要使用特定的劳动工具、原材料和生产工艺。即使在有些方面有选择的余地,也决不是可以凭主观愿望随心所欲地选择的。

其实,稍有马克思主义常识的人都不会主张"人可以任意选择生产关系",但是所有制和生产关系确实又是有选择的问题的。我在文章中曾指出,从原始社会到奴隶社会,从奴隶社会到封建社会,从封建社会到资本主义社会,人们是在不断选择所有制和生产关系的。我们进行社会主义革命是选择所有制和生产关系,现在进行社会主义经济改革是在继续选择。所以,提出所有制有个选择问题决不是否定或反对马克思主义历史唯物论的基本原理,不是否定或反对生产关系是客观的物质关系,而是为了正确地全面地理解和宣传马克思主义的历史唯物论原理。

值得一提的是,说生产力决定生产关系,无疑是正确的,但不能认为已经出现的生产关系全都是生产力必然决定的。所有制和生产关系确实有个选择问题,而选择正确与否,则是有客观标准的。我们不能否认所有制和生产关系有一个选择问题,而要力求做到我们的选择是正确的,有科学根据的。

《几个问题》所引发的这场争论是我国经济改革的实践引发的,我认为,这场争论对我国经济改革是起了积极作用的,尤其是促进了国有企业的产权制度改革。争论并未结束,在改革深化过程中,所有制变动会不断产生问题引发争论。所以,对这场争论进行回顾和总结是必要和有意义的。

(原载《经济体制改革》2012 年第 5 期)

第四部分

中国的国有企业改革

重塑国有企业制度

我国企业改革的主要目标是使绝大多数国有企业成为独立的社会主义商品生产者和经营者。经过十多年的改革，在这方面取得了很大成绩，但就大多数国有企业尤其是大中型国有企业而言，离开自主经营自负盈亏的商品生产经营者的目标还远。十多年来，我们是很重视企业改革的，强调要把企业改革作为经济改革的中心环节。那么为什么企业改革进展不快呢？原因很多，首先是客观方面的原因，即企业改革任务复杂，难度很大。其次是主观方面的原因，有人列举放权步调不一致，主管部门不放权，行政监督缺乏力度，以及改革不配套等，这些确实都不利于企业改革的顺利进行。但我想强调的是指导思想方面的原因，即过去改革中我们比较重视改革经营方式，而对改革整个企业制度重视不够。其结果是企业制度的一些基本方面未起根本变化，经营方式的改革目标也未完全达到。

何谓经营方式？何谓企业制度？这个问题需要进一步探讨。但现在有把握这样说：经营方式和企业制度是既有联系又有区别的。国有企业经营方式一般是指企业归谁经营（归所有者经营还是归其他人经营）以及如何经营。国有企业的企业制度至少包括以下内容：（1）产权制度，主要指国有财产归谁所有，企业有没有财产所有权。（2）政企关系，主要指政企结合还是政企分离，政企完全分离还是部分分离。（3）经营目标，指企业经营是以完成国家计划为主要目标，还是以实现利润为主要目标，或者还有其他目标。（4）自主权限，指企业有没有经营自主权，有哪些经营自主权。（5）盈亏责任，指企业不负盈亏责任还是负部分责任或负全部责任，由谁负责任。（6）劳动制度，主要指企业实行自由雇佣劳动制度还是实行劳动终身制。（7）分配制度，指企业和国家的分配关系以及企业内部分配制度，是国家得大头还是企业得大头，企业能不能自主分配和如何自主分配。(8) 领导制度，主要指企业内部采取什么组织结构和领导体制，是董事会制，还是职工代表大会制，还是党委领导制。(9) 破产制度，指企业要不要破产和如何破产。(10) 法律形式，指企业采取公法的形式还是私法的形式，是实行承包制，租赁制，还是实行股份制或其他形式。显然，企业经营方式涉及企业制度中的很多内容，但是没有涉及全部内容，尤其没有涉及产权制度方面的内容。因此，可以说经营方式只是企业制度的一个组成部分，虽然是非常重要的组成部分，但是不能把它们等同起来。

作为传统社会主义计划经济体制的微观基础，国营企业制度有以下一些主要特征：(1) 企业经营的财产属于国家所有即全民所有，企业没有财产所有权。(2) 政府办企业，企业在行政上完全隶属于政府。(3) 企业的经营目标或主要目标是完成国家的指令性计划。(4) 企业不仅国有而且国营，因此没有或者很少有经营管理自主权。(5) 国家统负盈亏，企业不负或很少负盈亏责任。(6) 企业没有劳动用工权，实行劳动终身制。(7) 国家统收统支，企业利润全部或几乎全部上缴，职工工资等级由政府统一规定。(8) 企业实行党委领导下的厂长负责制。(9) 企业没有破产制度，由政府决定关停并转。(10) 企业一般采取经济核算制的法律形式。

为了建立社会主义市场经济新体制，要求绝大多数国有企业成为真正的商品生产者和经营者，成为独立的市场主体。与传统的国营企业相比，这部分国有企业在制度上应该具有以下的特征：(1) 企业作为法人，对于国家授予其经营管理的财产有法人所有权。财产的最终所有权属于国家，国家对财产的所有者不再由政府机构来代表，而由经济组织来代表。(2) 企业完全独立，彻底割断与政府的行政隶属关系。(3) 企业以利润为生产和经营的主要目标。(4) 企业完全自主经营，不仅有简单再生产的自主权，而且有扩大再生产的自主权。(5) 企业完全自负盈亏。(6) 企业有自主用工权，实行自由雇佣劳动制度。(7) 企业自主分配，利润分配能够保证企业扩大再生产的需要。(8) 按照国际惯例，实行董事会领导下的经理厂长负责制，使企业领导体制有利于正确及时决策。(9) 企业实行破产制度。(10) 企业采取股份制或其他符合社会主义市场经济要求的法律形式。

改革开放以后的一段时间内，我们并不明确要使国有企业成为商品生产者和经营者，当时采取的一些给企业扩权让利的措施，只是对传统国营企业制度稍作改良，当然不能解决国有企业的制度问题。党的十二届三中全会提出社会主义经济是有计划的商品经济，国有企业应该成为社会主义商品生产者和经营者，使我国企业改革进入了一个新的阶段。这以后，国有企业改革是以所有权同经营权可以适当分离的两权分离理论为依据的。两权分离理论引导企业改革取得了多方面的成绩，主要是使企业有了或多或少的经营管理自主权。但是由于主要是改革企业经营方式，而没有同时着力于整个企业制度的改革，也带来了不少问题，妨碍了企业改革的不断深化和顺利发展。（1）由于肯定或基本肯定传统的国家所有制形式，否认企业的法人财产所有权，因而没有触动传统的产权制度。（2）由于没有改革产权制度，企业没有自己的财产，当然也就不可能实现企业自负盈亏。企业实行自负盈亏和破产制度等要求也只能停留在口号上而不能付之实施。（3）虽然提出了政企职责分开的要求，并且取得了一些成绩，但由于没有解决产权制度和其他各种原因，多数企业还远未摆脱对政府的行政隶属关系，政企不分的现象依然普遍存在。尽管改革企业经营方式主要是为了扩大企业自主权，但企业自主权也远未落实，离完全自主经营则还远。（4）以上这些问题也给企业经营目标、劳动制度、分配制度、领导制度等方面的改革增加了困难，加上其他原因，传统国营企业制度在这些方面的特征也没有发生根本变化。

从我国企业改革历史看，改革经营方式可以和改革企业制度结合起来，即伴随着改革整个企业制度、改革企业经营方式，也可以不和改革企业制度结合起来，即在维持原有制度的前提下改革企业经营方式。改革经营方式当然也会影响企业制度的其他方面，但企业制度的有些方面，单靠改革经营方式是难以改变的。因此前一种做法是正确的，后一种做法则有片面性，甚至不正确。过去我们主要是采取后一种做法，因此使得传统企业制度没有得到全面的根本的改革，也使得经营方式的改革未取得应有的成效。现在进一步深化企业改革，加快转换企业经营机制，我们既要继续改革经营方式，又要着力改革企业制度，把改革经营方式和企业制度很好地结合起来，重塑国有企业制度。

这里还涉及国有企业改革的理论依据问题。所有权和经营权分离的理论确实是国有企业改革的重要依据，但不是唯一依据。如前所说，国有企业成为真正的商品生产者和经营者必须有自己的财产，企业作为法人要有法人所有权，而国家作为财产所有者则有最终所有权。因此，国有企业改革也要以所有权可以分割为最终所有权和法人所有权的理论为依据。为了实现政企分离，使企业完全摆脱对政府的隶属关系，还要求把政府的行政管理职能和所有权的代表职能严格分开，最好是由经济组织而不由政府机构作为国家所有权的代表，即通常所说的实行政资分开。所以，国有企业改革还要以政企分开、政资分开等理论为依据。总之，在这个问题上，要力求正确、全面，防止片面，否则，也会延缓改革的进程，甚至会把改革引入歧途。

（原载《新华日报》1993 年 6 月 25 日）

国有企业改革与生产力标准

党的十五大的召开,使国有企业的改革进入了一个攻坚的阶段。在推进这一改革的各项政策措施中涉及一些认识问题。尤其涉及如何评价改革是非成败的标准问题。因此,本文拟就国有企业改革和生产力标准问题发表一些看法。

一 坚决贯彻国有企业改革的正确思路

改革开放以来,国有企业总体实力增强了,尤其是出现了一批有竞争力的企业。如上海石化、四川长虹、青岛海尔、华北制药、南京熊猫、北京燕化。1995年与1990年相比,国有独立核算工业增加值由3748亿元增加到8870亿元,增长1.37倍,年均增长18.4%,国有工业企业利税总额由1503亿元增加到2963亿元,增长近1倍,年增长14.8%。国有工业相对地位下降了,绝对值没有下降。

但是,目前国有企业的情况还是相当严峻的。1996年在全部工业实现利润总额中,国有企业所占比重为29.3%,而1994年为50.5%,1995年为41.2%。集体企业和其他经济类型企业则分别上升为34.6%和36.1%。国有企业亏损面大,涉及的资产和职工多。1996年12月末,按照企业个数计算的亏损面为37.7%,按销售收入计算为18.4%,按资产计算为26.8%,涉及资产1.35万亿元,按职工人数计算为38.3%,涉及职工2100多万人。

国有企业的严峻形势产生多方面的严重影响,不仅影响其他方面经济体制改革的深化,而且影响产业结构的调整和科学技术的进步,影响国家的宏观调控和政府机构效率的提高。因此,对搞好国有企业改革要有紧迫感。

十多年来国有企业改革的最大成绩是找到了一条符合国情同时坚持社会主义性质和方向的道路。这条道路可以概括为4个方面：

一是建立现代企业制度是国有企业改革的方向。以公有制为主体的现代企业制度是社会主义市场经济体制的基础，国有企业特别是大中型企业是国民经济的支柱，国有企业改革是经济体制改革的中心环节。现代企业制度的基本特征是产权清晰、权责明确、政企分开、管理科学。到20世纪末要使大多数国有大中型骨干企业初步建立起现代企业制度，成为自主经营、自负盈亏、自我发展、自我约束的法人实体和市场竞争主体。

二是国有企业改革要着眼于搞活整个国有经济。要通过存量资产的流动和重组，对国有企业实施战略性改组，以市场和产业政策为导向，集中力量抓好一批国有大型企业和企业集团，放开搞活一般国有小型企业，以利于更好地发挥国有经济在国民经济中的主导作用。坚持公有经济为主体，多种经济成分共同发展，国家要为多种所有制经济平等参与市场竞争创造良好的环境条件。

三是要搞好企业内部的工作。要把国有企业的改革同改组改造和加强管理结合起来，以营造产业结构优化和经济高效运行的微观基础。加快国有企业的技术进步，形成企业的技术创新机制，加强企业的市场竞争动力。全心全意依靠工人阶级，切实加强企业经营管理者队伍的建设，严格企业内部管理，形成适应市场经济要求的机制，做好企业的各项基础性工作，提高企业的整体素质。

四是要进行配套改革。重点是建立权责明确的国有资产管理、监督和营运体系，促进政企分开，加快建立健全社会保障制度，为国有企业改革提供必要的外部条件。

找到这条道路，花去了十多年的时间。遵循这条道路，继续解决一些尚未解决的问题，国有企业改革是会成功的。

当前深化改革确实困难重重。主要是4个方面的困难：一是解除企业历史包袱难，二是实行政企分开难，三是建立科学有效的国有资产管理体制难，四是统一思想认识难。现在在一些重要问题上，思想还不统一，甚至还很不统一。例如对产权改革、对抓大放小、对公司制改造、对股份合作制等都有不同看法，尤其是对判断改革是非成败的标准有不同看法。有人赞成发展生产力是衡量改革的根本标准，有人认为姓"社"姓"资"是衡量改革的根本标准。这个问题不解决，其他认识问题也难统一，正确的改革道路也难贯彻实施。

二　在生产力标准问题上的不同认识

可以说，在国有企业改革问题上的争论，焦点是要不要坚持"三个有利于"的标准，实质是把生产力还是把生产关系看成衡量改革的根本标准。

最近有一篇广为散发的探讨公有制主体地位的文章，集中反映了把生产关系作为衡量改革根本标准的观点。公有制为主体，国有制为主导，多种经济成分共同发展，这是党的根本方针，是写进了宪法的。但是这篇文章题目说坚持公有制为主体，内容却不是宣传公有制为主体、国有制为主导、多种经济成分共同发展方针。该文提出了下面两个理论观点。

一是说必须坚持社会主义公有制一定优于资本主义私有制的观点。文章说："社会主义公有制优于资本主义私有制，这是坚持公有制主体地位的前提和根据，是坚持公有制主体地位必须解决的首要的和最根本的认识问题。如果这个问题不解决，就不可能有坚持公有制主体地位的自觉性、积极性和坚定性。"

问题提得很"高"。正如邓小平同志指出过的："有些理论家、政治家，拿大帽子吓唬人，不是右，而是'左'。你要反驳这些理论家、政治家，你似乎就是反对公有制，主张私有制。"

我认为，我们是要宣传社会主义公有制优越性，因为公有制确实有它的优越性。但是说社会主义公有制一定优于资本主义私有制，这至少是一种过于笼统的说法。只要指出，社会主义国家历史上实行过的集体农庄和人民公社，这些也都是社会主义公有制，但除个别的以外，它们却没有促进生产力而是阻碍甚至破坏了生产力。所以，从发展生产力来看，我们没有充分根据说社会主义公有制一定优越于资本主义私有制。而只能说，当资本主义私有制已阻碍生产力发展时，如果找到了适当的社会主义公有制形式，同时经营管理也好，社会主义公有制是会优越于资本主义私有制的。也就是说，社会主义公有制优于资本主义私有制是有条件的，不是在任何条件下都是"一定"的。

这里问题的要害在于，如果社会主义公有制一定优越于资本主义私有制，那么我们判断改革的是非成败，也就不必考察对生产力的影响，而只要问姓"资"姓"社"就行了。就是姓"社"的一定好，姓"资"的一定不好。社会主义的"草"也比资本主义的"苗"好。所以，这个观点是把生产关系作为衡量改革是非成败的根本标准的，是反对生产力标准是根本标准的观点的。

二是提出要批判"唯生产力论"。文章说："建国以来，我国理论界既出现过脱离生产力单讲生产关系的严重倾向，后来出现了脱离生产关系单讲生产力的严重倾向，这些都带来了严重的后果。"文章认为从资产比重占优势和国有经济起主导作用来理解和把握公有制的主体地位，就是"唯生产力论"的表现。

十四届三中全会的《决议》中说："公有制的主体地位主要体现在国家和集体所有的资产在社会总资产中占优势，国有经济控制国家经济命脉及其对经济发展的主导作用等方面。"江泽民同志在十四届五中全会上作的《关于正确处理社会主义现代化建设中的若干重大关系》报告中说："坚持公有制的主体地位，重要的是要把握好以下几个方面：一是在社会总资产中要保持国家所有和集体所有的资产占优势；二是国有经济在关系国民经济命脉的重要部门和关键领域占支配地位；三是国有经济对整个经济发展起主导作用；四是公有制经济特别是国有企业要适应社会主义市场经济发展的要求，不断发展和壮大自己。"这篇文章不正是把这种观点称为"唯生产力论"吗？

这篇文章说："应该如实承认，以为只要公有经济资产比重占优势和起主导作用，就是主体的观念已相当普遍地被接受，几乎成为不用论证的几何公理了。这是一个不幸的事实。""它说明唯生产力论作为唯生产关系论的反动而出场，显得似乎很有道理，威风凛凛，神气活现地登上思想舆论舞台，从而轻而易举就征服了大众。"

我们记得"文化大革命"中"四人帮"曾捏造了所谓的"唯生产力

论"，借批"唯生产力论"来破坏社会主义经济建设，为极"左"行为制造根据。十一届三中全会以后明确了经济建设为中心，批判了所谓的反对"唯生产力论"，称之为是违背历史唯物主义的荒谬论点。十一届六中全会关于《建国以来党的若干历史问题的决议》中指出：在社会主义改造基本完成以后，我国所要解决的主要矛盾，是人民日益增长的物质文化需要同落后的社会生产之间的矛盾。党和国家工作的重点必须转到以经济建设为中心的社会主义现代化建设上来，大力发展社会生产力，并在这个基础上逐步改善人民的物质文化生活。我们过去的错误，归根到底，就是没有坚定不移地实现这个战略转移，而到了"文化大革命"期间，竟然提出了反对所谓"唯生产力论"这样一个根本违背历史唯物主义的荒谬观点。这样，"四人帮"的这些谬论绝迹了。想不到现在又有人提出要反对"唯生产力论"，而且实际上是把改革的路线方针称之为"唯生产力论"。所谓"出现了脱离生产关系单讲生产力的严重倾向"完全是捏造的。文章是把改革的路线方针说成是"唯生产力论"。此文主张重批"唯生产力论"，说明仍有人在反对把生产力看做衡量路线方针的根本标准，甚至反对以经济建设为中心。在我国历史上，批判唯生产力论起的就是这种作用。

以上两个理论观点，说明这篇文章是反对生产力是根本标准而主张生产关系是根本标准的。用历史哲学的语言，就是主张"唯生产关系论"。正是由此出发，这篇文章提出了如下一些政策主张：

1. 文章说：社会主义公有制是一个不可分割的整体，坚持公有制主体地位，必须建立全国范围的、统一完整的、以公有制为主体的经济体系。全国范围的、统一完整的公有制是什么呢？学过苏联政治经济学教科书的人都知道，该书是把国有制定义为在全国范围的统一的完整的公有制。这篇文章这里说的公有制指的就是国有制。文章说公有制为主体，实际上是主张国有制为主体。我们在此要分清主体和主导，党的方针是公有制为主体，国有制为主导。把国有制说成是主体，这不是党的方针。

2. 文章说：国有经济，主要是几十万个大中小型独立核算的工业企业以及国家经济命脉部门，必须保持统一完整的体系。文章认为，即使一部分中小企业也不能出卖，否则，不仅出卖那一部分的社会主义性质改变了，而且量变还会引起质变，剩下的那一部分性质也会改变。文章说：从经济领域来讲，就是要保持公有经济在各主要生产部门和流通领域中都占优势和起主导作用。文章还明确说：国有经济必须在包括竞争领域在内的主要产业和行业中占据优势和主导地位。文章所主张的公有制占优势，这里的公有制也是国有制。

这些主张也证明文章要求国有制在国民经济中是主体。作者要求原来的几十万个国有企业保持统一完整的整体，国有经济在生产流通领域都占主体地位，中小企业也不能改制。这样做，如何建立社会主义市场经济？如何建立现代企业制度？如何使国有企业成为真正自主经营、自负盈亏、自我发展、自我约束的商品生产经营者和市场竞争主体？回答是，这些都做不到了。

3. 文章认为，社会主义公有制只能有传统的国有制和集体所有制两种形式，股份制和合作制都不能成为公有制的形式。文章明确说：国有制是社会主义公有经济的高级形式，"科学社会主义把全民所有制作为公有制的高级形式和必须追求的目标"。集体经济只有在国有经济主导下，才能保证其社会主义性质和方向。

按此主张，集体所有制还要把国有制作为发展方向，就是还要向国有制过渡。此外，为什么合作制不是公有制？为什么股份制不能作为公有制的形式？这说明有的人在追求一"大"二"公"三"纯"，因此他们才否认合作社和股份制也是（或者可能是）公有制的一种形式。

4. 文章说："全国范围的统一完整的以公有制为主体的经济体系，还包含地域范围的含义。就是说，除台港澳之外，其他地方都应当坚持以公有制为主体，而不能例外。"江泽民同志曾说，公有制经济在整个经济中应占主体地位是就全国来说的，有的地方，有的产业可以有所差别。江泽民同志提出的方针是完全正确的。

5. 文章说：公有经济和私有经济二者之间的差距就表现为一方的扩张与另一方的缩减。不管这种缩减是绝对的还是相对的，都必然引起二者之间比重关系的变化，如果长此下去，到一定程度时，主从关系就会易位。要保持公有制的主体地位，只讲公有经济自身的发展还是不够的，还必须正确处理公有制与私有制的矛盾。说明确点，就是要限制非国有和非公有经济的发展，其发展速度不能高于国有和公有经济的发展速度。

如果非公有经济一直地长期地快于公有经济，如果非国有经济一直地长期地快于国有经济，公有经济的主体地位，国有经济的主导地位是会变化的。可是，为什么不深化改革使公有经济、国有经济增强活力，发展更快一点呢？现在国有经济以外的公有经济发展是很快的，在公有经济为主体的条件下非公有经济发展快也是好事而非坏事。关于国有经济，经过改革，经济和其他经济成分的相互渗透也会增强活力，维持主导地位，更好地发挥主导作用的。因此，没有理由说长此下去"主从关系就会易位"，除非是坚持使传统的国有经济为主体，反对改革。而反对改革则将葬送社会主义，包括社会主义国有经济和社会主义公有经济。

6. 文章说，"社会主义国家不仅具有一般国家经济职能，而且它代表全体人民对国有经济直接行使所有权，是集政权与所有权于一体的"。"一些人却把社会主义的国家职能描述为你是公有，他是非公有，政府给你们提供平等的竞争机会。把社会主义国家置于这样的地位，还要共产党执政干什么？"换句话说，就是不赞成政企分开，不赞成各种所有制企业之间的平等竞争。可是不实行政企分开，不开展平等竞争，国有经济搞不好，整个社会主义经济也搞不好。文章还说："应该把四项基本原则贯彻到改革开放中去。"我认为，确实应当坚持四项基本原则。"因为在当代中国，只有这样做才能从根本上保证生产力的发展。"而这篇文章实际上是主张什么事都要问个姓"社"姓"资"。但是，有些事情没有姓"社"姓"资"的问题，有些姓"资"的东西，为了发展生产力，现在也还要利用。而按照这篇文章的要求去做，只能是"宁要社会主义的'草'，不要资本主义的'苗'。"

这篇文章也说要建立公有制为主体，国有制为主导，多种经济并存的经济体系，但按照以上政策主张，实际上是要坚持传统的国有经济为主体的所有制格局。作者提出的理论和政策，贯穿的是姓"社"姓"资"的生产关系标准是根本标准这个基本观点。文章说："在当今中国，两种改革开放观的对立，焦点就在于坚持还是反对公有制的主体地位。"这种概括，不仅不确切，而且不符合事实。应该说，焦点在于把发展生产力还是把姓"社"姓"资"作为根本标准。

三　为什么要坚持生产力标准

这里说的生产力标准，是指把发展生产力看做衡量改革是非得失的根本标准，而不是把生产关系看做衡量改革是非得失的根本标准。根本标准不是唯一标准。根本标准之外还可以有其他标准，但这些不是根本标准。唯一标准就不能有别的标准了。

为什么要坚持把生产力标准作为根本标准，我讲四点理由。

首先，这是吸取历史上的沉痛教训。

在党的十一届三中全会以前，曾长期把生产关系作为根本标准，搞一"大"二"公"三"纯"。例如，在人民公社化过程中曾使生产力遭到严重破坏。苏联的集体农庄制度不利于生产力发展，这是他们农业长期停滞的重要原因。苏联《政治经济学教科书》主张国有经济是主体，认为集体所有制是公有制的低级形式，国家所有制是公有制的高级形式，集体所有制要向国家所有制过渡。依据这种理论，不可能建成社会主义市场经济体制，促进生产力的发展，不断提高人民生活水平，其根源就在于坚持生产关系标准。我们进行改革就是要调整生产关系使之适应和促进生产力发展，因此要坚持生产力标准。而有些人的思想还没有统一到生产力标准上来，还坚持生产关系标准，妨碍改革的进程。

其次，这是坚持马克思主义历史唯物主义的科学理论。

马克思主义关于生产力决定生产关系，生产关系决定上层建筑的原理，是历史唯物主义的主要内容。列宁说过："只有把社会关系归结于生产关系，把生产关系归结于生产力的高度，才能有可靠的根据把社会形态的发展看做自然历史过程。不言而喻，没有这种观点，也就不会有社会科学。"① 列宁说这"第一次使科学的社会学的出现成为可能"。这是符合社会科学发展史的事实的。

由于坚持生产关系标准的人往往引经据典来论证自己的观点，我也不能不引证一些经典的论述来反驳他们的观点。例如，毛泽东同志说过：

---

① 《列宁选集》第 2 版，第 1 卷，第 7—9 页。

"中国一切政党的政策及其实践在中国人民中所表现的作用的好坏、大小，归根到底，看它对中国人民的生产力的发展是否有帮助及帮助之大小，看它是束缚生产力的，还是解放生产力的。"① 毛泽东同志还说过，一切合作社，都要以是否增产和增产的程度，作为检验自己是否健全的主要的标准。毛主席的这些论述是符合历史唯物主义原理的。邓小平同志也说："按照历史唯物主义的观点来讲，正确的政治领导的成果，归根结底要表现在社会主义生产力的发展上，人民物质文化生活的改善上。"② 这和毛泽东同志以上意见是完全一致的。邓小平同志又说："对实现四个现代化是有利还是有害，应当成为衡量一切工作的最根本的是非标准。"③ 这里把发展生产力提到了衡量一切工作最根本的标准的高度，因为实现四个现代化就是发展生产力。邓小平同志还说："生产关系究竟以什么形式为最好，恐怕要采取这样一种态度，就是哪种形式在哪个地方能够比较容易比较快地提高和发展农业生产，就采取哪种形式，群众愿意采取哪种形式，就应该采取哪种形式，不合法的使它合法起来。"④ 这个意见，对现在的经济工作也是有重要指导意义的。

邓小平在南方谈话中还说，改革开放迈不开步子，不敢闯，说来说去就怕资本主义东西多了，走了资本主义道路。要害是姓"资"还是姓"社"的问题，判断的标准，应该主要看是否有利于发展社会主义社会的生产力，是否有利于增强社会主义国家的综合国力，是否有利于提高人民的生活水平。这里提出了著名的"三个有利于"的标准，其核心是生产力标准。小平同志深刻说明了不解决生产力标准问题，改革开放就会遇到阻力，迈不开步子。

再次，坚持生产力标准才能从根本上划清科学社会主义同种种空想的界限。

马克思主义的历史唯物主义认为，生产力是一切社会发展的最终决定力量。生产关系和上层建筑只有适应生产力的状况，才能促进生产力的发

---

① 《毛泽东选集》第3卷，第1028页。
② 《邓小平文选》第2卷，第122页。
③ 同上书，第181页。
④ 《邓小平文选》第1卷，第323页。

展。社会主义社会的产生，社会主义从一个阶段到另一个阶段的推进以至共产主义的实现，都离不开生产力的发展。我们已经进入社会主义建设时期，发展生产力已经成为直接的中心任务。国家的富强，人民的富裕，教育科学文化事业的繁荣，公有制和人民民主政权的巩固和发展，都取决于生产力的发展。正如党的十三大所提出的，一切有利于生产力发展的东西，都是符合人民根本利益的，因而是社会主义所要求的或者是社会主义所允许的。一切不利于生产力发展的东西，都是违反科学社会主义的，都是社会主义所不允许的。党的十三大曾总结十一届三中全会以来，我们党在对社会主义再认识的过程中，在哲学、政治经济学和科学社会主义等方面的一系列发展和创新，认为"这里的核心问题是必须破除离开生产力来抽象谈论社会主义的历史唯心主义观念，从根本上划清科学社会主义同种种空想的界限"。应该承认，社会主义还在实践，前人由于历史条件限制而形成的带有空想因素的某些论断难免影响我们，我们自己的认识也难免经历曲折，带有片面性甚至错误。只有坚持生产力标准，才能把理论和实践紧密结合起来，努力调查研究，做到解放思想，实事求是，克服各种错误尤其是空想的因素。而生产关系标准则会起相反的作用，这已经为历史所反复证明了的。

第四，坚持生产力标准才能保证企业改革和整个经济改革不断深化，建成和完善社会主义市场经济体制。

正如江泽民同志所说：邓小平同志把"三个有利于"作为判断改革开放和各项工作是非得失的标准，对全党同志在思想上是一次大解放。深化国有企业改革，建立现代企业制度，也必须以"三个有利于"作为判断是非得失的标准，只有在这个基础上才能真正统一认识，企业改革才能有正确的方向，才能不断深化。

值得进一步探讨的问题是，为什么毛泽东同志早就指出生产力标准是根本标准，他自己后来还是违背了这个标准，犯了严重错误。为什么党的十三大报告和邓小平同志在南方谈话中把生产力标准提到那么重要的地位，讲得那么深刻透彻，而有些同志仍坚持生产关系标准。下面谈谈这个问题。

四　为什么会背离生产力标准

为什么人们有时会背离生产力标准而主张生产关系标准？原因是很复杂的。我主要从认识论的角度来探讨人们背离生产力标准的可能性。我认为，对以下四个问题的认识同能否坚持生产力标准关系甚大。

1. 发展生产力是不是人类社会的目的

这个问题似乎是不成问题的，不要深奥的理论就会知道发展生产力是人类社会的目的。事实却并非如此。有些人是反对这个观点的。他们认为建成和发展社会主义公有制、共产主义公有制才是目的。他们认为发展生产力不是人类社会的目的，当然也就不会把生产力标准作为判断改革是非得失的根本标准了。这一点我是在争论中体会到的。我曾经说过："从人类社会发展的历史看，最根本的目的是发展生产力，改善人民的生活。包括所有制在内的生产关系主要是作为经济手段发挥作用的。"这个观点受到一些人批判。有人说："把发展生产力加以抽象化，把它说成是一切社会的共同目的，是不正确的。""在任何社会，都不可能把发展生产力作为根本目的。""从政治上讲，把发展生产力作为目的，也是不对的。"

那么，究竟发展生产力是不是人类社会的目的。我认为是。目的是同人的活动有关的范畴。人的活动都是有意识的自觉的活动，人在进行活动之前，对活动过程结束时要取得的结果，就已经在头脑中预先存在着，这就是目的。人的活动就是实现这个预定的目的，也就是要使这种观念地存在着的结果成为现实。马克思曾经说过人的有目的的活动是人同其他动物的一个根本区别。

人的活动是由人的需要决定的。人有各种各样的需要，而且需要是不断变化发展的。毛泽东同志曾把人的需要概括为生产斗争、阶级斗争、科学实验。西方社会学家马斯洛认为人至少有生理需要、安全需要、友爱需要、尊重需要、自我实现需要等五种需要。满足每种需要都会进行相应的活动，因此人的活动是多种多样的，而每种活动都会有特定的目的。生产斗争有生产斗争的目的，阶级斗争有阶级斗争的目的，科学实验有科学实验的目的。明白了以上道理，可知发展生产力不是目的的说法，是违背最起码的常识的。

必须强调的是，在人的多种多样的活动中，生产劳动是最基本的实践活动，这是因为："人为了能够创造历史，必须能够生活。但是为了生活首先就需要衣食住以及其他东西。因此第一个历史活动就是生产满足这些需要的资料，即生产物质生活本身。"① 毛泽东同志说："马克思主义者认为人类的生产活动是最基本的实践活动，是决定其他一切活动的东西。"② 因此，我们完全有理由说发展生产力是人类社会的根本目的。就是说，发展生产力不仅是人类社会的目的，而且是根本目的。

反对发展生产力是目的的同志提出了种种理由，但是只要对这些理由认真加以分析，就会发现它们是似是而非的，不能成立的。例如，有人说，在阶级社会里，剥削才是目的，主张发展生产力是目的的，是"对人剥削人的社会制度的美化"。当然，就阶级社会里剥削阶级剥削被剥削阶级的活动而言，增加剥削确实是剥削阶级的目的。不过，广大劳动者从事生产活动还是以发展生产力为目的的。而且当某个剥削阶级处于上升时期时，也是把发展生产力作为目的的，尽管这也是为了增加剥削。而当它只顾剥削而不再关心发展生产力时，这个阶级及其统治的社会也就开始走向衰败和灭亡了。这个道理马克思一再讲过，是历史唯物主义的基本内容。

2. 如何认识生产关系的社会功能

生产关系的社会功能是多方面的，例如，生产关系是上层建筑赖以建立的经济基础，生产关系又是生产力发展的社会形式。人们常说生产力是社会生产的内容，生产关系则是社会形式。生产关系的社会功能还会有其他表现。例如决定社会的性质，决定人们的经济地位，决定阶级状况，等等。这些功能是同时存在同时发生作用的，我们不能用一种功能否定另一种功能。

但是，有些人却用生产关系是上层建筑的经济基础来否认生产关系是发展生产力的社会形式，认为生产关系只能是目的而不能是手段。尤其是认为不能说国有制也是一种经济手段，这是坚持生产关系标准的突出

---

① 《马克思恩格斯选集》第1卷，第32页。
② 《毛泽东选集》第1卷，第259页。

表现。

其实，说生产关系是发展生产力的社会形式，也就是说生产关系在历史上是作为发展生产力的一种经济手段发生作用的，这和它作为经济基础并不矛盾。形式和手段的说法是相通的。为什么原始社会普遍实行原始公社所有制，奴隶社会普遍实行奴隶主所有制，封建社会普遍实行封建主所有制，资本主义社会普遍实行资本家所有制？难道不正是因为这些所有制形式是有利于当时生产力发展的经济手段吗？马克思说："人们永远不会放弃他们已经获得的东西，然而这并不是说，他们永远不会放弃他们在其中获得一定生产力的那种社会形式。"① 马克思在这里也是把包括所有制在内的生产关系看做经济手段的。

邓小平说过计划是一种经济手段。我认为，国家所有制和计划一样是经济手段。从世界范围看，社会主义国家所有制是作为资本主义私有制的对立物而出现的。由于资本主义私有制已经阻碍生产力的发展，马克思主义主张在社会主义革命中建立公有制以解放生产力和促进生产力的发展。而在存在国家的情况下，全社会范围的公有制也就是国家所有制。可见建立国家所有制是为了促进生产力发展，发展生产力才是目的，国家所有制是一种经济手段。而且马克思主义经典作家都认为国家最终是要消亡的，国家消亡了，国家所有制也就不存在了。可见，即使从改变所有制这个角度看问题，马克思主义也没有把国家所有制当成目标。

有人说，把所有制和生产关系看成是经济手段，就把它的地位作用看低了，因为手段比目的次要。这种说法也是不能成立的。

黑格尔说过一段话："手段是比外在的合目的性的有限目的更高的东西——锄头比由锄头所造成的作为目的的、直接的享受更高贵些。工具保存下来，而直接的享受却是暂时的，并会被遗忘的"。列宁摘录过这段话并高度评价过这段话。所以我们不能笼统说目的比手段重要或者手段比目的重要，而要如实地分析社会现象，手段目的这些范畴是用来帮助分析问题的。

我说过所有制有一个选择问题，批评我的人都把"选择"改成"随意

---

① 《马克思恩格斯选集》第 4 卷，第 321 页。

选择",似乎分歧在于赞成"随意选择所有制"还是反对"随意选择所有制"。这就歪曲了真正的分歧和讨论的问题,便于给对方扣帽子,也难以使讨论深入。

"选择"和"随意选择"的含义是有根本区别的,我说过所有制有个选择问题,但从来没有主张所有制可以随意选择,而且是坚决反对这种主张的。

在有些人的逻辑里,目的是不能随意选择的,手段则是可以任意选择的,有人说:"手段是可用可不用的,人们可以选择这个手段,也可以选择那个手段。"基于这样的认识,他们把"选择"和"任意选择"等同起来。但是说手段可以随意选择是缺少根据因而是错误的。目的不能随意选择,手段也不能随意选择。因为,手段和目的一样,都是受现实条件和历史条件制约的,而且手段还受目的的制约。例如我们确定了生产某种产品这一目的以后,在确定手段时就要使用特定的劳动工具、原材料和生产工具。即使在有些方面有选择的余地,也决不是可以凭主观愿望,随心所欲地选择的。

3. 如何认识生产关系的发展趋势

主张生产关系标准的人往往持这样的观点:生产发展的趋势是由小生产变成大生产,相应地,生产关系的趋势是由私有变为公有,最终是整个社会变成一个大工厂。他们把国有制看成公有制的最高形式,而且否认合作社是公有制,否认股份制可以成为公有制的一种形式,主张越大越公越纯越好。

马克思列宁主张过整个社会是一个大工厂,但他们不是把生产关系看成根本标准。他们是历史唯物主义者,承认生产力是根本标准。这是和持上面主张的人的根本不同之处。尽管整个社会将变成一个大工厂的观点现在看来并不正确。

生产关系的趋势是不是越大越公越纯?看来不是。从现代科学技术和生产消费等情况看,个体劳动个体经济可能会长期存在,整个社会不一定会发展成为一个大工厂。因为既没有这种必要性,也没有这种可能性。即使在公有制社会,公有制也会有多种形式,包括合作制、股份制、股份合作制等,当然也会有原先的集体经济,国有经济。可以设想一下,发达的资本主义国家如果实现了社会主义革命，在现代高科技情况下，可以把全社会变成一个大工厂吗？这样做，有什么必要？会导致什么结果？为什么不让合作制股份制作为公有制形式？为什么取消一切个体劳动？

所以，从世界经济、科技的现状和发展趋势看，社会主义国家在看得见的未来，前景不是整个社会成为一个大工厂，而是以公有制为主体的多种经济成分并存，是公有制实现形式多种多样，并允许非公有制存在的混合经济。那种越大越公越纯越好的观点，不仅在历史上造成了灾难，也不符合历史发展的趋势。

值得一提的是，我们说生产力决定生产关系，但不能认为曾经出现过的生产关系全都是生产力必然决定的。有人说："每一种特定的生产关系，总是在生产力发展到要求这种生产关系之后才出现的。人们在生产中究竟结成什么样的生产关系，或者说生产关系的性质是什么，正是由生产力的状况和发展要求所决定的。"按照这种说法，我国一"大"二"公"人民公社的出现难道也是生产力发展的必然结果。我认为显然不能这样说。应该说人民公社也是我们选择的结果，不过选择错了。这也说明，所有制和生产关系确实有个选择问题，而选择正确与否，则是有其客观标准的。这就是生产力标准。

4. 坚持生产力标准会不会导致私有化

有人认为坚持生产力标准会导致私有化，坚持生产关系标准则可以防止私有化，因而反对生产力标准，主张生产关系标准。

坚持生产力标准会不会导致私有化呢？我认为，在我国社会主义条件下，只要坚持党在社会主义初级阶段的基本路线基本政策，是不会导致私有化的。社会主义所有制结构以公有制为主体，以国有制为主导、多种经济成分共同发展，是有其必然性的。我正是从生产力标准提出这种必然性的。因为实行公有制为主体、国有制为主导、多种经济成分共同发展正是我国社会主义初级阶段发展生产力的需要。我们是社会主义国家，不仅有这种必要性，而且有这种可能性。事实上改革以来我们已经形成了公有制为主体、国有制为主导、多种经济成分共同发展的格局，并在不断完善的过程中，因而它已经具有现实性，这种现实性中包含着必然性。

现在经济生活中确实出现了分配不公、贫富悬殊的现象，也存在着两极分化的可能性，这是应该克服和防止的，党和政府已经采取了措施。我们要继续重视和加强这方面的工作，但不能由此否定生产力标准和反对改革。因为只有深化改革，加快生产力的发展，才能为克服两极分化创造有利条件。当然在深化改革过程中，是应该十分重视防止和克服两极分化现象的。

中国不能走资本主义道路，这是小平同志说过的。他说："中国十亿人口，现在还处于落后状态，如果走资本主义道路，可能在某些局部地区少数人更好地富起来，形成一个新的资产阶级，产生一批百万富翁，但最多也不会达到人口的百分之一，而大量的人仍然摆脱不了贫穷，甚至连温饱问题都不可能解决，还会发生严重的就业问题。"这是非常深刻、完全正确的。

因此，在深化改革过程中必须坚持四项基本原则，这也是生产力标准的要求。正如党的十三大所指出的：我们为什么要坚持四项基本原则？就是因为在当代中国，只有这样做，才能从根本上保证生产力的发展。"离开了生产力标准，用抽象原则和模式来裁判生活，只能败坏马克思主义的声誉。"这样做，也难以正确理解和贯彻四项基本原则。

如果违背生产力标准，不以经济建设为中心，凡事问一个姓"社"姓"资"，而不把改革深化下去，必然要妨碍生产力发展。出现了这种情况，使得生产力停滞，倒有可能导致社会主义生产遭到破坏，导致私有制复辟。

（原载《经济体制改革》1998年第2期）

必须加快政企分开的步伐

党和政府早就明确了实行政企分开的方针,并一再提出了促进政企分开、转变政府职能的任务。尽管做了很多工作,取得了一定的成绩,但由于这项任务的艰巨性和复杂性,迄今政企不分的现象仍相当严重。也有人认为国有企业不能也不应该实行政企分开,我不同意这种看法。我国实行社会主义市场经济体制,国民经济是以公有经济为主体、国有经济为主导、多种成分共同发展。它既不同于资本主义国家以私有制经济为主体、国有经济一般数量很少的格局,又不同于传统社会主义经济体制下以国有经济为主体实行高度集中的计划经济的格局。因此,我国不仅要在非国有经济中实行政企分开,而且在国有经济中,也要在绝大多数国有企业中实行政企分开。这样才能使我国国有经济以及整个国民经济充满活力,健康发展。事实上,不论是世界范围内的实践经验还是科学理论的研究成果,都表明在国有经济中实行政企分开是可能的。

我们之所以必须实行政企分开,是因为政企不分会带来许多严重后果。第一,难以建成现代企业制度,企业也难以成为真正的企业。现代企业制度的基本特征是产权清晰,权责明确,政企分开,管理科学。政企不分不仅违背政企分开的要求,也会妨碍实现产权清晰、权责明确、管理科学的要求。第二,市场体系难以健康有序地发展。社会主义市场经济必须建立和发展健康有序的竞争性市场体系,而在政企不分,即官商结合的情况下,是难以建立起健康有序的竞争性市场体系的。第三,宏观调控难以正常进行和顺利实现目标。市场经济条件下的宏观调控要以政企分开为前提,政企不分,政府既当"球员",又当"裁判",宏观调控难以搞好。第四,政企不分,权钱结合,为腐败提供了有利的土壤。这是一些地方和部门"寻租"现象泛滥的重要原因。第五,企业难以增强活力,国有资产流失现象难以根治。由于政企不分，企业不能实行"四自"，经营管理和技术进步都会遇到难以克服的困难。政企职能不清，谁都管谁又都不负责任，是国有资产流失的重要原因。第六，不利于政府实现管理现代化和提高工作效率。政企不分，实现政府管理现代化就缺少重要的前提条件，也必然会对提高政府工作效率产生不利影响。以上分析表明，必须对政企不分可能导致的严重后果和危害有足够的认识。

为了促进政企分开，我提出如下建议：

第一，增强政企分开的紧迫感，痛下决心，加快政企分开的步伐。党政领导要提高对政企分开重大意义的认识，认识到这是事关"两个根本转变"的大问题。最近江泽民同志指出：搞好国有企业，必须由各级党委和政府的主要领导亲自抓，及时协调和解决改革和发展中的重大问题。实现政企分开也应如此。

第二，加大力度，继续进行政府机构改革，转变政府经济职能。要在调查研究和总结经验教训的基础上，进一步进行政府机构改革。还要抓紧做好转变政府经济职能的工作，抓紧不抓紧大不一样。

第三，把解决企业自负盈亏自我发展提上议事日程，下工夫取得进展。由于明确了国有企业的法人财产权，明确了政府对国有企业只负有限责任，因而有可能把企业经营的财产和国家的其他财产严格分开，使企业对盈亏完全负责。还要建立起必要的制度，使企业经营好坏与企业全体成员（包括所有者、经营者、职工）的当前利益与长远利益紧密结合起来。企业自我发展问题也要尽快解决，要创造条件使企业具有扩大再生产的自主权和能力，不是依赖政府而是能够自主地实现扩大再生产。

第四，积极进行国有资产管理体制改革。这是实现政企分开的重要条件。有几个问题需要引起注意：（1）国有资产管理部门是政府部门，不能兼有企业的职能。（2）国有资产经营公司是企业，不能兼政府的职能。（3）中央部委一般不应成为国有资产的授权经营单位，避免出现既是"婆婆"又是"老板"的单位，以防止垄断现象。（4）认真落实法人财产权制度，规范法人治理结构，正确处理所有者、经营者、劳动者的关系，保障各自的权益，防止一方的权益受到另一方的侵犯。

第五，建立和完善以公有制为主体，多种经济成分共同发展的所有制格局。以公有制经济为主体，多种经济成分共同发展的所有制结构是建立社会主义市场经济体制的要求，也是实现政企分开的要求。当前要进一步调整国有经济的经营范围和经营内容，抓大放小，对国有企业实施战略性改组，以增强整个国有经济的活力，发挥其主导作用，并为政企分开创造有利条件。

第六，发展社会主义市场体系，规范市场秩序，这也是政企分开的必要条件。

第七，加强有关立法工作。其中，政府法制建设尤为重要。要明确政府该做什么，不该做什么，促进政企分开。

第八，加快政治体制改革的步伐，把经济体制改革和政治体制改革结合起来，形成促进政企分开的合力。

第九，转变思想观念。例如，要改革计划经济条件下主要依靠政府办企业的观念，树立社会主义市场经济条件下主要依靠企业办企业的指导思想。

第十，在邓小平建设有中国特色社会主义理论指导下，开展多学科的研究工作，为实现政企分开、正确处理政企关系、实现政府管理现代化提供科学的理论基础和政策依据。

（本文为作者1997年3月提交全国政协八届五次会议的书面发言）

不要再用计划经济模式
要求国有企业改革

现在不少国有企业处于困境，是同改革缺少经验走了弯路有关的。我国经济改革实质上是市场趋向的改革。可是国有企业改革却长期未能摆脱计划经济的框框。党的十四大明确了要按照社会主义市场经济的要求改革国有企业，但是迄今有些人仍用计划经济模式要求国有企业改革。主要表现之一是不重视甚至回避企业制度创新问题，不是力求使绝大多数国有企业尽快成为产权清晰、权责明确、政企分开、管理科学从而能够自主经营、自负盈亏、自我发展、自我制约的真正的企业，而是片面强调企业管理和企业领导班子问题。表现之二是仍旧认为国有企业越多越好，不积极对国有经济布局进行战略性改组，不赞成甚至反对抓大放小的方针。

国有经济在社会主义计划经济和在社会主义市场经济中的地位作用是有所不同的，这是由于国有企业在这两种体制中承担的功能不同。计划经济要求全社会是一个大工厂，因此国有企业不能够也不应该成为独立的商品生产者和经营者，不能够也不应该成为市场上的一个竞争主体。同时，国有经济是实行计划经济的基础，也是计划经济得以实现的保证。因此，国有企业是越多越好，国有经济是靠排斥其他经济成分而发展壮大的。而在社会主义市场经济体制下，除了一些特殊的国有企业，绝大多数国有企业都应该成为真正的企业，成为市场上的竞争主体。国有经济在社会主义市场经济中主要应该承担弥补市场机制不足的功能，但在国有企业数量较多的情况下，绝大多数国有企业是必须力求成为自主经营、自负盈亏、自我发展、自我约束的真正的企业的，是要通过市场发挥其主导作用的。在市场经济体制下，国有企业决不是越多越好，国有经济经营范围过宽，在国民经济中比重过大，不仅由于其政企难分机制不活等缺陷而不利于经济效率经济效益的提高，而且势必妨碍甚至排斥其他经济成分的存在和发展，而市场经济是必须建立在多种经济成分共同发展从而使企业成为市场竞争主体的基础上的。社会主义市场经济也不能违背这个规律。

1978年以后开始的国有企业改革，一段时期内实行的是扩权让利，目的是使企业有一定的自主权，但落实自主权困难重重，这段时期当然不可能使企业成为市场上的竞争主体，当时也没有提出要发展社会主义市场经济。1984年，党的十二届三中全会提出建立社会主义有计划的商品经济体制，但后来实际上是搞计划经济为主市场调节为辅，即计划经济和市场调节相结合，仍未摆脱计划经济的框框。国有企业改革依据的是两权分离原则，即国家有所有权企业有经营权，国有企业名义上是法人，却不承认它作为法人应该有财产权，国有企业也就仍旧难以成为自主经营、自负盈亏、自我发展、自我制约的名副其实的企业。很长一段时期内实行的企业承包经营责任制是贯彻两权分离原则的。在实行过程中，一方面是应该给予企业的经营自主权很难完全落实；另一方面是企业内部人控制失控的现象日益突出。加上多种经济成分企业的发展尤其是乡镇企业的崛起，市场竞争使国有企业困难加剧。以上事实说明，用社会主义计划经济模式要求国有企业改革是难以取得成功的。

邓小平南方谈话提出社会主义也可以搞市场经济，党的十四大明确了我国经济改革的目标是建立社会主义市场经济体制。党的十四届三中全会又提出要建立产权清晰、权责明确、政企分开、管理科学的现代企业制度，产权清晰的内容之一是企业作为法人有财产权。以后开始了建立现代企业制度的试点工作。但在试点后的一段时间内，仍是自觉不自觉地企图把所有的国有企业都建成现代企业制度，搞好搞活。有的人还强调国有企业不能少，只能多，越多越好，认为国有企业比重下降就是违背社会主义原则，但是，根据建立社会主义市场经济体制的要求，国有经济在国民经济中不能是主体，只能是主导，不能占优势，只能占恰当的比重。而且，当时国有企业已普遍出现了负债高、冗员多、负担重、经济效益急剧下降等严重情况。这就使得在建立现代企业制度取得成绩的同时，也存在极大的困难，企业不是逐步脱困而是困难增加。这也说明，不按照社会主义市场经济的要求改革国有企业，改革就难以深化，企业脱困也是困难的。

国有企业改革的历史经验表明，只有按照社会主义市场经济的要求，进行制度创新，尤其是在国有经济战略性改组和产权清晰上狠下工夫，才能使国有企业成为真正的企业，实现国有企业改革的目标。要坚决贯彻十四届三中全会和十五大的精神，确立企业的法人财产权，并使股东的所有权到位，同时建立起健全的企业法人治理结构，认真落实产权清晰、权责明确的要求。公司法已颁布多年，要改变不重视公司法的现象，严格按照公司法的规定，规范国有企业的公司制改革，还要下决心解决国有企业公司制改革中股权多元化的问题，克服目前公司制改革中的缺陷。国有企业必须政企分开，现在已成为许多人的共识，这是思想认识上很大的进步，但是，只有改变国有企业过多的状况，并确立了企业法人的财产权，形成了健全的法人治理结构，同时实现了企业股权多元化，才有可能真正实现政企分开。这并不排斥少数国有企业仍要国有国营，政企不能完全分开。现在有人强调企业管理而贬低产权改革。我认为，强调企业管理是完全必要和正确的，但贬低产权改革则是不正确和不应该的，企业管理是一个永恒的命题，当前尤为重要，对此应有充分认识。但是，如果产权不清晰，法人治理结构不健全，是难以从根本上普遍解决我国国有企业的管理落后问题的。企业领导班子问题也是如此。在国有企业改革中要坚决贯彻"三改一加强"的正确方针，而改革企业制度则是其中心环节。因为，只有企业成为真正的企业，改进企业管理和加速技术进步才有牢固的制度基础。这一点，也已为古今中外的历史所充分证明了。

改革实践的历史还表明，只有按照社会主义市场经济下国有经济功能的要求，摆好国有经济的位置，才能搞好国有企业改革，促进经济发展，社会主义市场经济中国有经济的功能是和政府调控市场、弥补市场机制不足的作用联系着的。政府调控市场主要是通过财政政策、货币政策、产业政策、分配政策等方针政策，国有经济也可以成为一种重要手段，但毕竟只是手段之一，而且政府要权衡利弊，量力而行。为了弥补市场机制不足，国有经济要掌握或部分掌握基础设施、基础产业、公用事业、国防工业、先进技术和金融保险等部门，在其中起控制作用。掌握了这些部门，国有经济就能够保证市场经济正常运行和国民经济健康发展，对其他经济成分也能起到主导作用。因此，国有企业并不是越多越好。至于国有经济在社会主义生产关系方面的作用，则主要也不决定于数量和比重，而是决定于它是否按照和如何按照社会主义经济的要求办事。而且事实表明，国有制决不是完美无缺的所有制形式，更不是公有制的最高形式。有一种很多人认同的观点，认为社会主义国家的国有企业就一定是、必然是、自然而然是社会主义性质的。这种观点也大可商榷。因为，在社会主义国家里，国有企业并不就能一定按照社会主义原则办事。公有制企业按照社会主义原则办事，具有名副其实的社会主义性质，还需要人们的主观努力才能实现。

经过不断的实践和探索，我们已经找到了国有企业改革的正确道路，这条道路集中反映在党的十四大、十四届三中全会和十五大的文件中，也反映在江泽民同志的一系列报告中。我体会这条道路最重要的是两点，即正确处理好国有经济的地位和使绝大多数国有企业成为真正的企业，其关键则是按照社会主义市场经济而不是按照社会主义计划经济的要求进行改革。虽然还有需要研究和解决的问题，但遵循这条道路，国有企业改革是一定能够成功的。

（原载《经济日报》1999年5月31日，收入本书有删节）

国有企业改革要不断取得新的突破

充分认识国有企业改革的重要性和艰巨性

我们进行国有企业改革已经整整 20 年了，取得了巨大成绩，但是并不理想。面临的任务还很艰巨。党的十五届四中全会通过的《关于国有企业改革和发展若干重大问题的决定》中，对国有企业改革和发展取得的成绩和存在的问题，作了科学概括的说明，提出全党既要充分认识推进国有企业改革和发展的重要性和紧迫性，又要清醒地看到这项工作的艰巨性和长期性，锲而不舍地努力，不断取得新的突破。这是非常适时和完全正确的。

当前国有企业的状况离国有企业改革的目标还有相当大的距离。国有企业改革的目标是使绝大多数国有企业成为自主经营、自负盈亏、自我发展、自我约束的市场竞争主体和法人实体。那么经过 20 年改革，国有企业现在的情况如何呢？

先看自主经营的情况。中国企业联合会、中国企业家协会不久前在全国范围对千家国有企业进行了问卷调查，一项内容是 1992 年国务院颁布的《全民所有制工业企业转换经营机制条例》规定的企业 14 项经营自主权的落实情况。这是提出建立现代企业制度以前提出的要求，建立现代企业制度也包括这方面的内容。这次调查显示，目前这 14 项自主权的落实情况是：生产经营自主权完全落实的占 55.65%，产品销售权完全落实的占 70.98%，物资采购权完全落实的占 76.35%，留用资金支配权完全落实的占 50.53%，工资奖金分配权完全落实的占 54.24%，内部机构设置权完全落实的占 70.16%，产品、劳务定价权完全落实的占 48.24%，劳动用工权完全落实的占 40.99%，人事管理权完全落实的占 41.08%，进出口权完全落实的占 35.28%，投资决策权完全落实的占 26.3%，资产处置权完全落实的占 16.98%，联营兼并权完全落实的占 15.82%，拒绝摊派权完全落实的占 5.47%。以上情况表明，国有企业离完全自主经营的目标也还远。

再看自负盈亏。这方面没有具体数字，但是近几年企业亏损越来越严重，这给财政带来极大的包袱。从政府对国有企业亏损的重视和担忧来看，说明很多国有企业没有自负盈亏。如果企业自负盈亏了，政府就不必承担负亏的责任，不必如此担忧了。

再看自我发展。许多国有企业债务重，效益差，亏损严重，资金紧张，连简单再生产也难维持，也就难以扩大再生产，不能做到自我发展。现在出现的需求不足生产相对过剩现象，一个不可忽视的原因是国有企业缺乏扩大再生产能力，不能自我发展。

再看自我约束。这方面的问题也是很明显的。例如，企业经营管理差，决策失误多，投资效益低，滥发工资奖金，乃至 59 岁现象等，无不与不能自我约束有关。不解决国有企业的产权问题，不实现自主经营、自负盈亏，没有健全的法人治理结构，企业也决难做到自我约束。

由上可见，国有企业离自负盈亏、自我发展、自我约束的改革目标更远。

这从一个重要方面说明我国国有企业改革的任务既十分重要，也十分艰巨。我们必须更加加强和坚定完成改革任务的决心和信心。

《决定》是推进国有企业改革的纲领性文件

现在深化国有企业改革既有有利条件，也有不利条件。《决定》对此也都作了全面深刻的分析。《决定》是推进国有企业改革和发展的纲领性文件，因此它本身就是深化改革的极为有利的条件。贯彻《决定》精神，必将有利于克服深化改革的不利条件，推进国有企业改革的深化。

《决定》有以下几个鲜明的特点：

1. 深化了国有企业改革的战略思路。国有企业改革有两个重要方面，即建立合理的所有制结构和建立现代企业制度。前一方面的任务就是使公有制为主体、多种所有制经济共同发展成为我国社会主义初级阶段的一项基本经济制度。其中国有制经济是主导,但不是主体。如果国有企业范围过宽,分布过广,数量过多,是难以建立现代企业制度的。在这个意义上,前一方面是制约着后一方面的。以前对于这种关系并不十分明确。《决定》中把"从战略上调整国有经济布局"、"推进国有企业战略性改组"列为最优先的两项任务,放在建立和完善现代企业制度之前,进一步发展了党的十四届三中全会提出建立现代企业制度的思路,是国有企业改革战略思路的深化。关于国有经济的定位,《决定》也更加明确和具体化了。党的十五大把国有经济定位在控制关系国民经济命脉的重要行业和关键领域,《决定》概括为主要包括四个行业和领域:一是涉及国家安全的行业;二是自然垄断的行业;三是提供重要公共产品和服务的行业;四是支柱产业和高新技术产业中的重要骨干企业。《决定》还指出:"从战略上调整国有经济布局,要同产业结构的优化升级和所有制结构的调整完善结合起来,坚持有进有退、有所为有所不为"。这些都是国有企业改革战略思路进一步科学化明确化的表现。

2. 规划了国有企业改革的可行路径。《决定》重申了党的十五大提出的国有企业3年解困和改革的任务,同时第一次提出了到2010年国有企业改革和发展的目标。这是非常必要的,可以把解决当前的问题和完成长远的任务结合起来。《决定》还提出了推进国有企业改革和发展的十条指导方针,坚持这些方针,将能保证3年和10年国有企业改革和发展目标的实现。《决定》提出的十条指导方针,实际上是规划了国有企业改革的一条科学并可行的道路。这十条方针体现了国有企业改革要和所有制结构调整结合起来,要和国有经济布局调整结合起来,要和协调推进各项配套改革尤其是转变政府职能结合起来,要和深化金融改革结合起来,要和加快企业技术进步实行产业结构优化升级结合起来,要和加强和改善企业管理结合起来等正确战略思想。从国有企业本身来说,国有企业改革的道路可以概括为"三改一加强",这也是当前国有企业摆脱困境的主要出路。"三改一加强"作为国企改革的方针早就提出来了,《决定》则大大丰富了它的内容。例如在"加强和改善企业管理"这一部分,提出了加强企业发展战略研究、建立和完善各项规章制度、狠抓管理薄弱环节、广泛采用现代管理技术、方法和手段等具体要求，很有针对性和可操作性。

3. 总结了国有企业改革的成功经验。国有企业改革以来取得了丰富的经验教训，其中不少是成功并有一定普遍意义的成功经验。《决定》认真总结了这些经验教训，科学地提升到方针政策的高度。国有企业改革必须分类指导，这个重要问题过去也重视不够。《决定》贯彻了分类指导的要求，总结了经验教训。除了指出国有经济要有进有退外，《决定》还指出："要区别不同情况，继续对国有企业实施战略性改组。极少数必须由国家垄断经营的企业，在努力适应市场经济要求的同时，国家给予必要支持，使其更好地发挥应有的功能；竞争性领域中具有一定实力的企业，要吸引多方投资加快发展；对产品有市场但负担过重、经营困难的企业，通过兼并、联合等形式进行资产重组和结构调整，盘活存量资产；产品没有市场、长期亏损、扭亏无望和资源枯竭的企业，以及浪费资源、技术落后、质量低劣、污染严重的小煤矿、小炼油、小水泥、小玻璃、小火电等，要实行破产、关闭"。在建立和完善现代企业制度方面，《决定》强调"继续推进政企分开"，提出"要确保出资人到位"，"公司法人治理结构是公司制的核心"，"要积极发展多元投资主体的公司"，这些都是成功经验的总结。其他如放开搞活国有中小企业、做好减员增效、再就业工作、做好社会保障工作、加快企业技术进步、建设高素质的经营管理者队伍等方面，《决定》也都总结了一些有推广价值的好经验。有人说《决定》没有多少新东西，我认为这种说法欠妥。《决定》在总结经验教训的基础上，提出了不少新的东西。事实上，《决定》系统地总结了国有企业改革多方面的成功经验，就具有重大的意义。而在总结经验的基础上，必然会提出新的理论观点和方针政策。问题还在于，对于推进国有企业改革来说，重要的不在于新提法还是旧提法，而在于提法是否正确。那些过去已经制定而《决定》中又一次重申的方针政策，是经过实践检验证明是正确的，我们应该像对待新提法那样认真学习和贯彻。

4. 鼓励广大干部群众在国有企业改革中发挥积极性、创造性。我国国有企业改革是空前艰巨的事业，尽管已经积累了经验和找到了可行的路径，但不能说一切问题都已找到了妥善解决的办法。因此，《决定》一再提出要对一些尚未解决或尚未完全解决的问题进行探索。例如,《决定》中要求"积极探索国有资产管理的有效形式","允许和鼓励地方试点,探索建立国有资产管理的具体方式"。还要求:"积极探索适应现代企业制度要求的选人用人新机制,把组织考核推荐和引入市场机制、公开向社会招聘结合起来,把党管干部原则和董事会依法选择经营管理者以及经营管理者依法行使用人权结合起来。"《决定》强调指出:"各级党委和政府要坚定地站在国有企业改革的前列,解放思想、实事求是,遵循客观经济规律,尊重群众首创精神。要认真改进领导作风,从工交、商贸、金融等各行各业国有企业的实际出发,深入调查研究,总结新经验,研究新情况,解决新问题,团结和带领广大干部群众迎难而上,开拓前进。"这是完全正确的,必将进一步激发广大干部群众在深化国有企业改革中的首创精神。

我还想指出,《决定》是符合国有经济和国有企业发展的规律性的。各国的国有经济各有特点,但也有共同的规律性。这个问题越来越引起人们的重视。我曾概括一些学者的研究成果,指出国有经济存在如下一些规律性现象:①在现代市场经济中,国有经济的存在有其必然性。②国有经济和非国有经济之间存在着相互制约的关系,国有经济从事着不能让私人经济搞、或私人经济不能搞、不愿搞的经济活动。③各个产业部门和国有经济的相容性是不相同的。④国有经济的比重不是越大越好,也不是越小越好,它是受多种条件主要是经济发展的要求制约的。⑤国有企业在国民经济中比重的变化与工业发展阶段有着内在的联系。⑥各国发展国有企业都有其社会目标,许多国有企业就其自身的经济效益来看是不好的,需要财政补贴。但从国际经验看,国有企业是可以搞好的。除了定位必须恰当以外,搞好的主要条件是企业有经营自主权,有明确的财务责任,参加市场竞争。

最近有同志发表文章,认为影响国有经济规模和结构变化的客观因素主要有:①民间企业对国有企业需求的变化。②科学技术进步和国民经济结构的变化。③市场体系的发育和成熟程度。我认为,这位同志的意见是正确的。《决定》符合国有经济和国有企业发展的客观规律,因而能够对国有企业的进一步改革和发展起正确指导和积极推进的作用。

学习《决定》，提高认识，推进改革

《决定》是一个好文件。但《决定》对改革能够起到怎样的作用，还决定于学习和贯彻的情况。当前的任务是要认真学习和掌握《决定》的精神，排除各种思想障碍，把认识统一到《决定》上来，然后坚决贯彻《决定》的基本精神和具体规定，解决改革中的实际问题。这些问题尤其是认识问题的解决也要依靠学习和提高思想认识来解决。

应该说，党的十四大报告、十四届三中全会的决定、十五大报告等文件中，关于国有企业改革都有一系列正确的方针政策，它们推动了改革，但在有些地方有些部门贯彻得并不理想。其原因很多，一个重要原因是思想认识上有障碍。吸取历史教训，通过学习，排除思想障碍，提高思想认识，对《决定》的贯彻和发挥应有的作用是关键性的。

有一种意见认为，国有企业，是共产党执政地位的基本经济依据。我认为，国有企业是社会主义经济制度的重要基础，但把它看成是共产党执政地位的基本经济依据，似乎颇可商榷。在新民主主义时期开始时，国有经济比重很小，但共产党就是执政党，其基本经济依据是什么呢？《决定》指出国有经济"在整个国民经济中的比重还会有所减少"，按照上述说法，岂不是会危及共产党执政的基本经济依据？前些时候，有些同志就是用这类观点来攻击和反对诸城顺德等地中小国有企业放开搞活的措施的。依据这个观点，势必赞成国有企业越多越好，这是和从战略上调整国有经济布局的要求不相符的。

还有一种意见认为，国有企业存在的问题不能最终归结为所有制所致。我认为，确实不能把国有企业的问题看简单了，但是，如果认为国有企业的根本问题不在于国有制，则可能是把问题看得过于浅显了。传统的政治经济学观点把国有制看成是社会主义公有制最高级最优越的形式，但实践的结果和理论的分析都表明这个观点是不能成立的。当前国有企业存在的问题固然是历史长期积累的结果，但在本质上是和国有制的缺陷以及和我国所有制结构的缺陷有联系的。只有看到当前国有企业存在问题的根子在所有制，才能深刻认识为什么要从战略上调整国有经济布局，为什么要推进国有企业战略性改组，为什么要建立和完善现代企业制度，以及为什么要把调整国有经济布局同所有制结构的调整和完善结合起来。

为了学好《决定》，我建议应该把《决定》和党的十四届三中全会的决定和十五大报告等联系起来学习，尤其要认真领会党的十五大提出的"公有制为主体、多种所有制经济共同发展，是我国社会主义初级阶段的一个基本经济制度"，"公有制实现形式可以而且应当多样化"，"非公有制经济是我国社会主义市场经济的重要组成部分"等科学论断。我主张应该把公有制为主体条件下共同发展的多种经济成分都看成是我国社会主义初级阶段的经济基础。现在国有企业改革的一个思想障碍可能还是"恐私症"。有些人总是把私有制和社会主义对立起来，和资本主义等同起来，但是，从生产力发展的趋势来看，从发展市场经济的要求来看，从当代经济最发达国家的经济发展趋势来看，从人们生活方式的发展趋势来看，以及从企业家和知识在经济发展中的作用来看，社会主义时期能不能和该不该彻底消灭私有制是值得研究的。这是重新认识社会主义的一个要继续深入研究的重要课题。而无论如何，在我国社会主义的初级阶段，我们决不能再把公有制和私有制完全对立起来，不能忘掉非公有制经济是我国社会主义市场经济的重要组成部分。

（本文是作者 1999 年 10 月 23 日在中国企业管理研究会理事会上的演讲，原题为"贯彻党的十五届四中全会精神，加快国有企业改革"）

谈谈国有经济和国有企业的若干规律性

做事情要按照规律办事，改革国有企业也是如此。所谓规律是指事物的内在联系，带有普遍性，固定性。为了掌握规律，就不仅要研究国内情况，而且要研究国外情况；不仅要研究现在的情况，而且要研究历史的情况。下面我谈谈国有经济和国有企业的一些规律性现象。

1. 在现代市场经济中，国有经济的存在是有其必然性的。从世界主要国家情况看，尽管各国制度不同，国情有别，但国有经济一般都承担着以下职能：①发展公用事业和基础设施。②发展基础工业。③发展某些支柱产业。④发展某些高新技术。⑤承担特殊的社会职能，如军工生产、维持就业，开发落后地区。

在20世纪70年代，在发达国家的制造业中，国有经济一般占11%，最高不超过25%；发展中国家的制造业中，国有经济的平均比重累计超过10%。以上统计不包括公用事业基础设施等部门。

世界各国发展国有经济有着深刻的经济原因。这就是，在有些时期内，有些经济活动，由于投资大，回收慢，依靠民间的个人和集体是搞不了的，这就必须由国家搞；有些经济活动私人不愿意搞，有些私人也能搞，但为了全社会的利益，不能让他们搞，往往也要由国家搞；还有一些是国家和集体、个人都能搞，但国家搞更有利，经济效益和社会效益更好，国家应该也可以搞。

2. 各个产业部门和国有经济的相容性是不同的。国有经济在有的产业部门优势大，在有的产业部门优势小。国有经济的产业结构也有规律性。例如，20世纪70年代末，邮政行业中，英、法、美、西德、意大利、日本的国有企业都占100%；钢铁业中，英、法、意大利的国有企业都占到75%；汽车业中，英、法的国有企业占50%。

3. 国有经济的比重不是越大越好，也不是越小越好，它是受多种条件主要是受经济发展的要求制约的。各国的经验表明，国有经济的发展总是要受到一系列客观和主观因素的制约的。概括起来，制约国有经济发展的主要因素有：①发展国有经济的必要性。②经济技术条件的变化。③国家的财政状况。④私人经济发展的状况。⑤国有企业的经济效益即成本和收益的比较。⑥社会制度。⑦意识形态。

从一些资本主义国家的情况看，国有企业比重过大往往导致国家负担加重，财政发生困难。因为，国有企业相当一部分不以盈利为目的，不少国有企业是亏损的，要靠政府补贴过日子。国有企业增多，政府的财政负担就会加重，从而导致财政状况恶化。这是有些国家搞私有化的一个重要原因。

从一些社会主义国家的历史经验看，国有经济比重过大则会影响非国有经济（包括集体经济和非公有经济）应有的发展，还会导致国有企业经营管理不善、经济效益不佳。

4. 各国发展国有企业都有其社会目标。许多国有企业就其自身的经济效益是不好的，需要财政补贴。但从国际经验看国有企业是可以搞好的，主要条件是企业的定位要恰当，要有经营自主权，有明确的财务责任，参加市场竞争。

5. 随着社会经济等情况的变化，如社会对国有企业需要的变化，科学技术的变化，产业结构的变化，国有企业必然会发生调整改革的问题，国有企业的调整改革又是和所有制结构的变动、产业结构的变动等联系着的。

6. 计划经济条件下和市场经济条件下国有企业的作用有极大的甚至根本的区别。在计划经济条件下，国有企业是完成国家计划的基本经济单位。在市场经济条件下，多数国有企业要和非国有企业一样成为市场竞争的主体。在计划经济条件下，国有企业必然成为国民经济的主体，否则搞不成计划经济。而在市场经济条件下，国有企业虽然也起着国家对社会经济进行宏观调控的手段的作用，例如，用以解决市场失灵，分配不公，劳动者失业等等问题，但是由于取消了无所不包的指令性计划，加上有些问题也可以用其他手段，诸如税收政策、财政政策、分配政策、金融政策、产业政策、社会保障等政策措施来解决。国家可以权衡利弊，决定采取哪些政策措施来管理、来调节国民经济，决定国有经济的比重。所以市场经济条件下，国有企业不必要也不应该成为国民经济的主体，只要做到在国民经济中起主导作用就可以了。

7. 国有企业采取的经营方式是多种多样的。在西方发达国家，国有企业大都采用国家参股形式，国家独资企业不多。例如80年代，法国2200多家公营企业中，95%左右是国有股份制企业；瑞典国家参股制企业约占全部公有企业产值和资本的3/4；意大利国家参股企业约占全部公营企业资本的60%。可以看出，国有经济的趋势是通过股份制与其他经济成分成立混合所有制企业。

8. 健全公司法人治理结构，使所有者、经营者和职工之间建立起一种相互合作、相互制衡的关系，以及改进经营管理，加快技术进步，努力提高竞争力，也是对国有企业改革和发展的一个有普遍意义的重要问题。

从以上国有经济、国有企业的一般规律看，我国国有企业改革在宏观层次上调整国有经济布局，在微观层次上建立现代企业制度，指导思想是符合客观规律的。我们常说改革要有信心。信心要建立在科学的基础上，我国国有企业改革的道路既符合中国实际，又符合一般规律，是建立在科学基础上的。所以，我们对国有企业改革的成功应有充分的信心。

（本文摘自作者1999年12月14日在河北省张家口市政协八届十次常委会上的演讲：《开创国有企业改革和发展的新局面》）

国有企业改革 30 年的回顾与思考

今年是国有企业改革 30 周年。30 年来，国有企业改革取得了巨大的成绩，积累了宝贵的经验。现在国有企业改革的任务尚未完成。回顾国有企业改革的历程，认真研究和总结经验教训，具有重大的理论意义和实践意义。

一　国有企业改革的进程

国有企业改革是我国经济体制改革的中心环节。早在改革以前，人们就逐步认识到国家对国有企业管得过多过细的弊端。1956 年毛泽东同志在《论十大关系》中指出："把什么东西统统都集中到中央或省市，不给工厂一点权力，一点机动的余地，恐怕不妥。" 20 世纪 60 年代，孙冶方在《关于全民所有制经济内部的财政体制问题》中提出，要以资金价值量为标准来划分"大权"和"小权"，"属于扩大再生产范围的事是国家的'大权'，国家必须严格管理"，"属于简单再生产范围的事是企业应该自己管的'小权'，国家多加干涉就会管死"。1978 年党的十一届三中全会公报指出："现在我国经济管理体制的一个严重缺点是权力过于集中，应该有领导地大胆下放，让地方和工农业企业在国家统一计划指导下有更多的经营管理自主权。"基于当时这种认识，我国国有企业改革是从扩大企业自主权开始，以后又经历了实行两权分离、建立现代企业制度、改革国有资产管理体制等阶段。

第一阶段：扩大企业自主权（1978—1984 年）

1978 年 10 月，四川选择宁江机床厂等六个企业进行扩权试点，这是这一次国有企业改革的开始。十一届三中全会以后,1979年5月,国家计委等六个单位,在北京、天津、上海选择首都钢铁公司等八个企业进行扩大企业自主权的试点。1979年9月,国务院发布了扩大国营工业企业经营自主权、实行利润留成、开征固定资产税、提高折旧率和改进折旧费使用办法、实行流动资金全额信贷等五个文件,又要求地方部门按照统一规定选择少数企业试点。1979年底试点企业扩大到4200个,1980年又发展到6000个,约占全国预算内企业数的16%,产值的60%,利润的70%。1981—1982年在工交企业实行的经济责任制,以及1983年、1984年试行的利改税制度,也都是以扩大企业自主权为指导思想的。

在20世纪50年代后期,我国就提出对国有企业进行改革并曾进行改革,但当时的改革主要是在中央和地方权限的划分上做文章。1978年开始的改革则把重点放在调整国家与企业关系上,着眼于调动企业和职工的积极性和主动性。因此,扩大企业自主权的改革思路与过去改革的思路比较,是一个很大的进步。但是,扩大企业自主权的改革思路是在计划经济的框框下进行的。这一阶段理论界许多同志提出国有企业要自主经营、自负盈亏。但扩大企业自主权的改革思路是不可能实现这个要求的。

第二阶段:实行两权分离(1985—1992年)

1984年10月党的十二届三中全会通过的《关于经济体制改革的决定》中提出社会主义经济是在公有制基础上的有计划的商品经济,并明确提出要使企业成为自主经营自负盈亏的商品生产者和经营者。《关于经济体制改革的决定》还指出:"过去国家对企业管得太多太死的一个重要原因,就是把全民所有同国家机构直接经营企业混为一谈。根据马克思主义的理论和社会主义的实践,所有权同经营权是可以分开的。"由此国有企业改革进入了两权分离阶段。在这一阶段,两权分离是通过多种形式的企业经营承包责任制实现的。企业经营承包责任制的基本特征是:包死基数,确保上交,超收多留,欠收自补。到1987年底,预算内的承包面达到78%,大中型企业达80%。1988年2月国务院发布了《全民所有制工业企业承包经营责任制暂行条例》,1990年第一轮承包到期的预算内工业企业有3.3万多户,占承包企业总数的90%,接着又开始了第二轮承包。

两权分离的改革思路同以往扩大企业自主权的改革思想相比，是又一次飞跃，对发挥企业积极性主动性产生了积极作用，这种积极作用是不容否认的。但是企业承包经营责任制也有其固有的缺陷，主要是企业仍在相当程度上隶属于政府机关，不能实现政企分开，尤其是两权分离理论只承认国有企业有经营权，所有权完全属于国家，不承认企业作为法人应该有财产权，这就决定了国有企业不可能真正实现自主经营自负盈亏，而且会带来企业结构、产业结构固定化等弊端。

第三阶段：建立现代企业制度（1993—2002年）

1992年10月，党的十四大提出我国经济体制改革的目标是建立社会主义市场经济体制。1993年11月，十四届三中全会通过的《关于建立社会主义市场经济体制若干问题的决定》提出，建立产权清晰、权责明确、政企分开、管理科学的现代企业制度是我国国有企业改革的方向，并规定企业拥有包括国家在内的出资者投资形成的全部法人财产权，以其全部法人财产权依法自主经营自负盈亏，充实和发展了两权分离理论。1994年国务院确定100家企业进行建立现代企业制度的试点，各省市自治区也进行了试点，试点取得了经验。但由于长期积累的历史问题没有解决，当时国有企业困难重重，全部国有工业企业有1/3明亏、1/3潜亏、只有1/3赢利。为了给建立现代企业制度创造条件，1997年党中央决定用三年时间帮助企业脱困，采取了多种措施，到2000年底，全国6599户国有大中型亏损企业减少到了4391户，基本上完成了"三年脱困"的目标。

在建立现代企业制度试点中发现，仅仅从企业层次着眼是建立不起现代企业制度的，必须着眼于搞好整个国有经济，才能深化国有企业改革，完成改革的任务。1995年9月，党的十四届五中全会指出："要着眼于搞好整个国有经济，通过存量资产的流动和重组，对国有企业实施战略性改组。这种改组要以市场和产业政策为导向，搞好大的，放活小的，把优化国有资产分布结构、企业结构同优化投资结构有机结合起来，择优扶强，优胜劣汰。"党的十五大报告进一步阐明了这个指导思想。十五届四中全会《关于国有企业改革和发展的若干重大问题的决定》中把它概括为"从战略上调整国有经济布局和改组国有企业"，并作为推进国有企业改革和发展的一条重要指导方针。由此可见，调整国有经济布局和建立现代企业制度一样，是这一阶段国有企业改革的指导思想。

党的十五大和十五届一中全会要求到20世纪末使大多数国有大中型骨干企业初步建立现代企业制度。经过努力，国务院确定的和各地选择的2700户现代企业制度试点的企业很大部分按时完成了股份制改革，基本实现了改制任务。到2000年底，我国基本形成了公有制为主体、多种所有制经济共同发展的格局、初步建成了社会主义市场经济体制。其后的两年里进一步推进国有企业的改革，发展和完善社会主义市场经济体制。

第四阶段：改革国有资产管理体制（2003年至今）

这一阶段继续采取多种措施建立完善现代企业制度和调整国有经济的布局、结构，其中一项关键措施是改革国有资产管理体制。我国国有资产管理体制很不合理，存在的主要问题有三个：一是政企不分，政资不分。政府部门既要承担社会经济管理职能，又要承担国有资产所有者职能；既具有国有资产的管理者和监管者的身份，同时又是国有资产的经营者。由此造成职责混乱，难以形成企业公平竞争的环境。二是多头管理，产权责任主体不明确。其结果是企业办事程序复杂，效率低下，难以建立国有资产的产权责任制，国有资产大量流失。三是中央和地方分工和权责不明晰。2002年11月，党的十六大提出了深化国有资产管理体制改革的任务。指出：要在坚持国家所有的前提下，充分发挥中央和地方两个积极性。国家要制定法律法规，建立中央政府和地方政府分别代表国家履行出资人职责，享有所有者权益、权利、义务和责任相统一，管资产和管人、管事相结合的国有资产管理体制；关系国民经济命脉和国家安全的大型国有企业、基础设施和重要自然资源等，由中央政府代表国家履行出资人职责；中央政府和省市（地）两级地方政府设立国有资产管理机构。2003年10月，十六届三中全会《关于完善社会主义市场经济体制若干问题的决定》中又指出：要建立健全国有资产管理的监督体制；坚持政府公共管理职能和国有资产出资人职能分开；国有资产管理机构对授权监督的国有资本依法履行出资人职责，维护所有者权益，维护企业作为市场主体依法享有的各项权利，督促企业实现国有资产保值增值，防止国有资产流失；建立国有资本经营预算制度和企业经营业绩考核体系。2003年3月，成立了代表国务院履行国有资产出资人职责的特设机构——国务院国有资产监督管理委员会；到2004年6月，全国各省也成立了相应的机构；截至2007年底，全国市（地）级国有资产监管机构的组建工作已基本完成，国有资产监管的组织体系基本建立。国务院国资委以《企业国有资产监督管理暂行条例》为依据，共制定了企业改制、产权转让、资产评估、业绩考核、财务监管等16个规章和40余件规范性文件，各地国有资产监管机构也相继出台了1000多件地方性法规和规章制度，国有资产监管的法规体系基本形成。经过几年的努力，加强了企业国有产权管理工作，基本形成了国有资产的出资人财务监管体系，规范了国有企业改制和产权转让制度，推动了国有经济布局和结构的调整，国有企业特别是中央企业的改革发展也取得了明显进展。

有人认为，经过改革，国有经济比重降低了，现在国有经济在国民经济中已经不起主导作用了。这种说法不符合实际情况。据国务院国资委主任李荣融的介绍：改革以来国有企业数量虽然减少了，但国有经济整体素质和竞争力不断提高，国有经济的控制力、影响力和带动力大大增强。截至2006年底，全国国有企业户数共计11.9万户，比2003年减少3.1万户，年均减少8%，但户均资产2.4亿元，比2003年增长22.7%。国有资本向能源、原材料、交通、军工、重大装备制造和冶金行业集中的态势明显。2006年基础行业的国有资本3.3万亿元，占全部国有企业占用国有资本总量的70.6%，比2003年提高5.4%。国有资本的控制力不断增强，国有资本直接支配或控制的社会资本1.2万亿元，比2003年增长1.1倍。目前，中央企业80%以上的国有资产集中在军工、能源、交通、重大装备制造、重要矿产资源开发领域，承担着我国几乎全部的原油、天然气和乙烯生产，提供了全部的基础电信服务和大部分增值服务，发电量约占全国的55%，民航运输总周转量占全国的82%，水运货物周转量占全国的89%，汽车产量占全国的48%，生产的高附加值钢材占全国的60%，生产的水电设备占全国的70%，火电设备占全国的75%。党的十五大报告明确指出：国有经济起主导作用，主要体现在控制力上。

经过30年的渐进式改革，我国国有企业的面貌焕然一新，成绩斐然。

建立现代企业制度取得成效，企业法人治理结构趋于完善，为加强企业管理和加快技术进步建立了制度基础，国有企业的活力和竞争力明显增强，国有经济的布局结构有所改善，保证和促进了社会主义市场经济体制的建立和完善。在我国国民经济中，国有经济的整体素质和竞争力、控制力、影响力和带动力上了新的台阶，国有经济不仅仍占有主导地位，并且比以前更好地发挥着主导作用。

二 国有企业改革道路的理论分析

我国国有企业改革经过了漫长曲折的过程，这个过程是由多种主客观因素决定的。从主要方面来看，改革的指导思想和改革阶段的发展是有内在联系甚至是有必然联系的。探索我国国有企业进程的轨迹，研究国有企业改革的道路，对于总结历史经验和继续完成国有企业改革的任务都是必要的。

1998 年我曾提出国有企业由产品生产者转变为商品生产者和经营者过程中的五种理论模式。这五种国有企业模式反映了我国国有企业改革的轨迹。它们是：（1）实行供给制的企业模式。（2）实行经济核算制的企业模式。（3）有简单再生产自主权的企业模式。（4）有经营权的企业模式。（5）有法人所有权的企业模式。①

第一种模式是马克思主义经典作家曾经设想过的企业模式，他们曾把整个社会设想为一个大工厂，这样企业就类似一个车间，就要用产品分配来代替产品交换，对企业实行供给制的管理办法。这种模式在俄国战时共产主义时期实行过，在我国革命根据地也实行过。第二种企业模式在斯大林主持下编写的苏联政治经济学教科书中有完整的表述，即企业不仅归国家所有，而且由国家经营，实行经济核算制度。它是苏联和我国以及其他一些社会主义国家改革前实行的模式。第三种企业模式是孙冶方 20 世纪 60 年代提出的模式，孙冶方把资金价值量的简单再生产和扩大再生产作为划分企业和国家职权的界限，主张企业有资金价值量简单再生产的自主

---

① 周叔莲：《我国国有企业模式的演变》，《中国社会科学院研究生院学报》1998 年第 1 期。

权。第四种企业模式是《关于经济体制改革的决定》中肯定的模式，其理论根据是所有权和经营权可以适当分离，国家掌握所有权。第五种企业模式主张企业不仅有经营权，而且有法人财产权，国家则保留最终所有权。

我认为，这五种企业理论模式反映着由产品生产者向商品生产经营者递进的过程。它们的依次递进是有着某种必然性的，就是渐进式的改革。

就企业独立性来说，第一种模式的企业附属于政府机关，没有独立性，第二种模式的企业有了一定的独立性，第三种模式的企业有了更多的独立性，第四种模式要求政企职责分开，企业的独立性又增强了。不过第二种模式、第三种模式、第四种模式的独立性都是相对的独立性，企业不能摆脱或不能完全摆脱对政府的依赖，只有到了第五种模式，企业才有了完全的独立性。

就企业经营自主权来说，第一种模式的企业没有任何意义上的经营自主权。第二种模式的企业开始有自主权，不过严格来说企业仍不存在经营问题。第三种模式的企业有了简单再生产的自主权，但仍不承担经营的职能。第四种模式的企业开始有了经营自主权。第五种模式的企业有了完全的经营自主权。

就盈亏责任制来说，第一种模式的企业没有盈亏责任，也负不起盈亏责任。第二种模式的企业需要核算盈亏，但由于国家统收统支，企业也不负盈亏责任。这不是说盈亏对企业职工和管理人员没有任何影响，对个人的影响是有的，但企业没有独立的利益，负不起也不需要负盈亏的责任。第三种模式的企业在盈亏责任制方面和第二种模式的企业情况相仿，企业对盈亏也负不起责任。第四种模式的企业在盈亏上可以负一定的责任，因为企业有了经营权，有了相对独立的经济利益。但是，在这种情况下企业仍不能实行自负盈亏。在企业没有自己财产的情况下，要求第四种模式的企业建立一定盈亏的责任制是可能的，实现自负盈亏则不可能。只有实现了第五种模式，企业才可能真正自负盈亏。

就财产的所有权关系来说，从第一种模式到第四种模式，企业的财产都只归国家所有，企业没有任何意义上的财产所有权。第一种模式的企业在财产使用权上也受到很大限制；第二种模式和第三种模式的企业对财产有了使用权；第四种模式的企业对国家授予其经营管理的财产有了占有使用和依法处分的权利;第五种模式的企业对国家授予其经营管理的财产有了法人财产权,国家则保持最终所有权。第五种模式和第四种模式的根本区别就在于企业有无法人财产权。

我把这五种国有企业模式称之为理论模式,是为了从理论上分析我国国有企业改革的进程。事实上,1978年改革前我们已经处于第二种模式,从1978年到1984年的第一阶段改革就是要从第二种模式转变为第三种模式,从1985年到1992年的改革就是要从第三种模式转变为第四种模式。这些模式都已经不仅是理论模式而且是现实模式了。不过当时第五种模式还只是理论模式。我归纳理论界一部分同志的意见,认为第四种模式向第五种模式转变有其必然性。这是由两权分离这个改革思路的发展所决定的。

两权分离理论比起传统的两权合一理论是一个巨大的进步,必须坚持,但是为了给企业自主经营自负盈亏奠定科学的理论基础,至少要从以下三个方面充实和发展这一理论。(1)必须实行政府行政管理权和国家所有权的分离。(2)对国家所有权要实行分割,国家保留最终所有权,企业得到法人财产权。(3)在企业内部实行所有权和经营权的分离。为了使企业真正能够自主经营自负盈亏,是必须使企业具有财产所有权的。在国有经济中,这就是要实行国家最终所有权和企业法人所有权的分离。也就是在国家保留最终所有权的前提下,使企业对国家授予经营管理的财产不仅有占有使用处分权,而且有财产权。这样企业就成了财产所有者。企业的经营权有了所有权作为依据,企业作为财产主体也就可以实行自负盈亏了。国家对财产最终所有权类似于西方股份公司中股东掌握的股权,股权虽然也是所有权(最终所有权),但股东不能直接掌握公司的财产,公司的财产是由公司作为法人直接掌握的,公司是财产所有者。股份公司的盈亏责任最终由股东负责,国有企业盈亏的责任最终也由国家负责。不过,把国家所有权分割为国家最终所有权和企业法人财产权以后,国家授予某一企业经营的财产已经和国家的其他财产严格区分开来了,企业作为真正的法人首先要负起盈亏的责任,国家负最终责任的也只是这特定部分的财产,像股份公司的股东那样只负有限责任。国家不再像过去那样实行统负盈亏和担负无限责任了。

在改革的第三阶段中，经过党的十四届三中全会、十四届五中全会、十五大、十五届四中全会，以上问题大体按照上述思路在方针政策上得到了解决。从建立现代企业制度开始，国有企业的第五种理论模式也成为现实模式了。

应该说，我国在理论上和实践上都已经形成了一条比较科学和有效的改革国有企业的道路。这条道路是30年经济改革的结晶、内涵极其丰富，经验值得珍视：

1. 国有企业改革的目标是建立"产权清晰、权责明确、政企分开、管理科学"的现代企业制度。这四句话是互相联系的统一整体，应有正确全面的理解。要通过建立现代企业制度，使绝大多数国有企业成为真正自主经营、自负盈亏、自我发展、自我约束的商品生产经营者和真正独立的市场竞争主体。

2. 坚持以国有经济为主导、公有经济为主体、多种经济成分共同发展的方针。包括非公有经济在内的多种经济成分共同发展，是中国特色社会主义的一个主要内容。没有国有经济的主导作用和公有经济的主体地位，就谈不上社会主义。而没有非公有经济成分的发展，就不能建成有中国特色的社会主义。因此，国有经济的改革要同发展多种经济成分结合起来。

3. 着眼于搞好整个国有经济，实行分类指导。抓好大的、放活小的，对国有企业实施战略性改组。对国有大中型企业实行规范的公司制改革。以资本为纽带，通过市场形成具有较强竞争力的跨地区、跨行业、跨所有制和跨国经营的大企业集团。采取改组、联合、兼并、租赁、承包经营和股份合作制、出售等形式，加快放开搞活小型企业的步伐。

4. 把深化改革与促进发展、提高经济增长质量结合起来。为此，要在改革过程中始终重视企业管理，努力改进和加强企业管理，把企业改革和企业管理有机结合起来。

5. 推进企业技术进步，鼓励、引导企业和社会的资金投向技术改造，形成面向市场的新产品开发和技术创新机制，积极促使企业成为技术进步的主体。

6. 实行鼓励兼并、规范破产、下岗分流、减员增效和再就业工程，形成企业优胜劣汰的竞争机制。采取积极措施,依靠社会各方面的力量,关心和安排好下岗职工的生活,搞好职业培训,拓宽就业门路,努力适应改革和发展的新要求。

7. 实行政企分开,这是深化国有企业改革的关键。进一步明确政府和企业的权利和责任。国家按投入企业的资本额享有所有者权益,对企业的债务承担有限责任。政府不能直接干预企业的经营活动,企业也不能不受所有者约束,损害所有者权益。要进一步转变政府职能。政府的职能应转变到制定和推行宏观调控政策,搞好基础设施,创造良好的竞争环境上来,建成服务型政府。把不应由政府行使的职能逐步转给企业、市场和社会中介组织。进一步改革和调整政府机构。

8. 积极推进各项配套改革。建立有效的国有资产管理、监督和营运机制,促使国有资产的保值增值,防止国有资产流失。建立社会保障体系,实行社会统筹和个人账户相结合的养老、医疗保险制度,完善失业保险和社会救济制度,提供最基本的社会保障。建立城镇住房公积金,加快改革住房制度。加快金融体制改革,积极稳妥地发展资本市场。这将有利于企业采取多种方式充实资本金,并有利于培育和发展多元投资主体。

9. 加强企业领导班子建设,完善企业法人治理结构,充分发挥企业家的作用。

10. 全心全意依靠工人阶级。没有工人群众的支持,企业改革是不可能成功的,企业也是办不好的。

三 国有企业改革尚未完成

国有企业改革是空前艰巨的事业,虽然改革已经取得的成绩是辉煌的,同时走出了一条成功的道路,但是改革的任务尚未全部完成,还有很多任务包括一些难度很大的任务有待完成。

(一)建立和完善现代企业制度有很多工作要做。一些国有企业尚未按照《公司法》的要求进行公司制股份制改造,名义上已经建成现代企业制度的,也往往"形似神不似"。截至2006年底,159户中央企业的母公司,只有6户是多元股东的企业,其他153户都是国有独资企业。由于央企改制大多在子公司层面进行，如果话语权最多的大股东不改制，也难以要求下面改制的企业严格按照现代企业制度行事。公司法人治理结构不健全和内部人控制问题是普遍现象，多数按照《公司法》注册的国有独资公司，董事会成员与经理人员高度重合，董事会的决策职能与经理层的执行职能事实上合一，与按照《企业法》注册、实行总经理负责制的国有独资企业一样，都是"一把手"负责制。其结果是大企业的兴衰成败系于一个人身上，风险极大。"一把手"在投资决策、人事、财务等方面权力过大，甚至一个人说了算，与现代企业制度要求的决策权与执行权分开、重大事项集体决策的体制相悖。由于一个人的权力过大，企业的决策机构中没有利益超脱的、能真正代表股东利益的董事，缺乏制度上的有效制衡，容易使"一把手"在处理国家、企业、经理层、职工利益关系上，为自己和下属人员在薪酬、福利方面谋取私利。在"一把手"的默许、授意、指使下，一些企业往往编制不实的财务会计报表，夸大业绩，使触动"一把手"利益的改革和重组难以推进。

（二）国有经济布局结构仍不尽合理。虽然经过多次调整，国有企业小而散的状况尚未完全改变。2006 年，在 11.9 万户国有企业中，小型企业比重为 87.4%，其中 9.7 万户地方国有企业中，小型企业占 89.5%。亏损企业也较多，2006 年底，亏损企业共计 5 万户，亏损面达 42.1%，企业亏损额达 2122 亿元，冲销国有企业整体经济效益的 14.8%。相当一部分企业资产运行效率低，2006 年净资产收益率和销售利润率均低于 1% 的企业有 5.2 万户。还有不少企业盲目扩张，债务风险很大。2006 年底，资产负债率超过 80% 的企业有 4.7 万户，占 39.5%，其中有近 2.5 万户企业处于资不抵债状态。中央企业的分布也仍然过宽，在国民经济的 95 个大类行业中，中央企业三级以上企业涉足 86 个行业，分布面达 90% 以上。[①] 再以北京市为例，按照国民经济行业分类，市国资委监管范围内的国有及国有控股企业涉及 20 个门类中的 17 个，在国民经济的 95 个大类中涉足 76 个行业，行业分布面为 80%。企业数量也过多，规模较小，北京市 2006 年的财务快报显示，82 家市监管企业户均资产为 103.5 亿元，

---

① 国资年鉴编委会：《中国国有资产监督管理年鉴》，中国经济出版社 2007 年版。

其中26家企业资产不足10亿元，少数企业净资产不到1亿元，大中型企业占全部三级及三级以上企业总数的比重不到10%。而且管理层级过多，资本链条过长，不少二、三级企业业务重叠交叉，专业化发展能力薄弱，主业不强，缺乏核心竞争力。有的企业资产不多，却有四级或更多的管理层级，层级过多使有些企业出现失控现象。

（三）垄断企业改革任务艰巨。垄断行业是中国国有经济中最集中和控制力最强的领域，垄断行业中的主要大型骨干企业，几乎都是中央国有企业。垄断行业大多数是具有一定自然垄断性的行业，如电力、铁路、邮电、民航、电信、邮政、天然气，但技术的发展和经济理论的创新在很大程度上已经弱化了通过管制维持垄断的理由。从20世纪90年代以来，我国已对电力、电信、民航等行业进行了政企分离、政资分开、业务分离、引入新竞争者等方面的改革，如电力行业实行了"电网分开"，电信行业实施了"成立联通"、"移动分家"、"南北分拆"等改革，改革取得了进展，但问题依然严重。总体上垄断行业改革仍滞后于整个经济体制改革的进程。现有改革偏重现有企业重组、忽视创造公平准入环境和引入新企业，没有形成真正竞争的市场结构。而且在产权改革和监管改革方面也相对滞后，难以避免垄断行业滥用垄断优势地位。自然垄断和行政垄断交织在一起，抑制了行业技术进步和创新，使外部资本面临很高的进入成本，造成了资源配置的扭曲和这些行业的低效率。目前社会上对不少垄断行业收费高、服务差、效率低而职工收入畸高等现象意见颇大。根据中国企业家调查系统2007年对企业经营者的调查，有47.4%的被调查者认为垄断行业改革是当前最紧迫的三项改革之一。这些都说明垄断行业改革是一场真正的攻坚战，是今后国有企业改革的重点。

（四）国有企业创新能力不强。国有企业，特别是中央企业，在获得科技资源方面具有优势，大量的科研人才集中在大型国有企业。过去几年中国有企业自主创新活动也不断增强。尽管如此，我国国有企业的自主创新能力还较低，而且总体上自主创新的活跃程度还不如非国有企业。据中国企业家调查系统2006年秋季对中国4000多家企业的调查，54.3%的企业当年研发投入比上年增加，只有8.2%的企业有所减少，研发投入增加的企业所占比例比研发投入减少的企业所占比例要高出46.4个百分点。

但是，其中非国有企业要高出48个百分点，而国有企业只高出32个百分点。可见，非国有企业增加研发投入的现象比国有企业更加普遍，国有企业增加研发投入的积极性不如非国有企业。在同样的调查中，企业当年新产品销售收入占全部销售收入比重增加的占52%，减少的占8.6%，增加的比减少的高出43.4个百分点。但是，其中非国有企业要高出45.4个百分点，而国有企业只高出27.4个百分点。可见，国有企业新产品开发和投入市场的活跃程度不如非国有企业。同一时间国有工业企业增加值占规模以上工业企业增加值的比重有所上升，国有企业销售收入和净利润逐年大幅度增加，而国有企业又拥有大量的高层次科研人员，在这种情况下，国有企业增加研发投入不如非国有企业，国有企业新产品投入也不如非国有企业，说明国有企业自主创新存在严重不足。国有企业也存在经营管理不善的现象。有的国有企业财务资金管理松散，对会计报表的财务管控不力，投资决策屡有失误。企业管理信息化和风险防范体系与发达国家的大公司相比更有差距，花架子多，缺乏实效。有的企业对安全生产重视不够。

（五）改革遗留问题需要解决。多年改革中遗留下来许多应该重视和解决的问题。全国人大财经委员会课题组去年年底对江西、湖北、贵州、重庆、新疆、上海、广东和福建八省市国企改制的调研，提供了这方面的情况。一个问题是，国有企业改制过程中职工转换身份的经济补偿标准偏低，有时偏低的补偿标准都得不到严格执行。一些地方的年补偿标准为500元到1000元，武汉市相当一部分企业仅为591元/年。部分国企老职工因企业改制生活陷入困境，很多企业的离退休职工和下岗老职工，在转换身份后，不仅没有得到经济补偿，原有的一些养老、医疗方面的福利都被取消了。一些内退职工因尚未办理退休手续，不能在社保基金领取养老保险金，只能在企业领取每月二三百元的生活费，由于物价上涨，基本生活都难以维持。重庆市共有270万国企职工，其中离退休职工100万，在改制时按每人每年600元计提医疗费10年，计提的费用连青壮年都不够用，远远不敷老职工的医疗支出。调研报告认为，国企职工在改革中承担了巨大的改革成本，应在国家财力能够承受的范围内尽可能给予一定补偿，中央国企2007年利润1万多亿元，建议将这些利润的一部分回报改制企业职工的付出和贡献。另一个问题是有些企业改制后陷入困境。如有的地方股份合作制不但没有发展起来，反而再次使企业陷入困难。上海实行股份合作制的企业最多时超过1.5万家，现在仍有8600多家，这些企业反映，现在既无法倒退回去，也无法取得所有股东同意进行新的改制，感到上天无路，入地无门。调研报告认为，政府不能笼统地将国企一改了之，要有补救改革失败的具体政策，积极帮助企业解决改制后的困难问题。再一个问题是，在2003年政府机构改革中，按行业设立的工业管理机构基本撤销，但有些被撤销的机构稍加归并，换个名称后继续存在。有的地方转变为若干行业管理办公室，有的地方转变为若干行业投资促进中心，政企不分的问题依然存在。此外，如企业主辅分离改制分流、分离企业办社会职能以及政策性关闭破产等方面，也有大量工作要做。

（六）国有资产管理体制有待改进。党的十六大以来，我国国有资产管理改革取得了显著的成绩，近年来国有企业取得良好的业绩，是和国资委的工作分不开的。但是对于国资委的工作也有不同的评论，前述调研报告中就说：一些地方国资监管机构片面理解做大做强国企，将精力过多放在组建大型企业集团上，甚至人为捏合，盲目扩张企业规模。报告还说：一些企业反映，有的国资监督管理机构是个新"婆婆"。我参加过一次讨论会，在会上，与会同志在充分肯定国资委的工作以后，认为目前国有资产监督管理体系还存在以下五个方面的问题：

第一，国资委在角色定位上，依然存在既当"裁判员"又当"运动员"的问题，对国有企业而言，基本上还是"婆婆"加"老板"的管理方式。有人强调，国资委本身存在身份定位的模糊，"特设机构"本身并没有明确的概念界定，国资委是经济组织还是政府组织的问题依然没有得到回答。

第二，国资委在管控模式上，具有太多"淡马锡"的情结，具有把自身建设成为全国国有资产经营公司的倾向，但是这种做法既不符合中国国情，也不符合国有经济"有进有退"的战略思路。

第三，国资委在整体工作部署上，缺乏战略向导，没有从国民经济和国有经济的高度去思考国有企业的定位，重点只是关注企业之间的重组。客观上，许多央企在国资委提出做行业前3名的压力下，盲目扩张和投资，跑马圈地，目前中央企业已经成为地方国有企业引进的重要战略投资者。

第四，国资委在企业考核上，重视短期利益和对经济业绩的考核，忽略了对社会公共效益的考核，没有在考核上处理好国有企业本身具有双重职能定位的问题。有人指出，如果按照市场经济原则，将国家在资金（例如债转股）、土地、特许经营权等方面的低成本甚至零成本投入，按照市场价格计算，国有企业的经济业绩将会大打折扣。

第五，谁来监管国资委的问题。目前，国资委作为"出资人"代表，集监督、管理职能于一身，那么谁又来考核这个"代表"的工作业绩呢？有人还担心，国资委和国有企业有可能形成利益共同体，以追求保值增值而忽略国有经济重要的战略性功能，或者以承担社会公共职能为借口逃避经营低效率的责任。

以上意见不一定都正确，更不能据此否认国有资产管理改革已经取得了巨大成绩。但进一步改革和完善国有资产管理体制，确实还有艰苦的工作要做。

应该指出，我国国有企业改革存在的问题，很多是和政治体制改革滞后有关的。十七大报告指出：政治体制改革作为我国全面改革的重要组成部分，必须随着经济社会发展而不断深化，与人民政治参与积极性不断提高相适应。还指出，要加快行政管理体制改革，建设服务型政府，并提出了原则要求。我们一定要把经济体制改革和政治体制改革更好地结合起来，加快改革行政管理体制、建设服务型政府的步伐。只有这样做，我们才能完成国有企业改革尚未完成的任务。

（原载《中国井冈山干部学院学报》2008年第9期）

解决自身问题仍是国企
改革的一项极其重要的任务

近几年,关于国有企业改革又有激烈的争论。争论的主要问题有:国有企业改革的目标,国有企业改革得失的评估,深化国有企业改革需要解决的问题和主要任务,国有企业改革的定位等。我就其中的几个问题谈点看法。

一 我国国有企业改革的目标

我国国有企业改革是经济体制改革的一个组成部分,深化国有企业改革是完善社会主义市场经济体制的要求。根据这个要求,我国国有企业改革的目标是多维度的。对此,我认为主要有四个维度的目标。

一是作为企业一般的目标。绝大多数国有企业都应该是真正的企业,即自主经营、自负盈亏,以盈利为目标。达到这个目标必须建立产权清晰、权责明确、政企分开、管理科学的现代企业制度,使企业有活力和创新能力。

二是作为国有企业一般的目标。社会主义国家和资本主义国家都有国有企业,而作为国有企业的任务主要是提供公共产品和服务。公共产品和服务的范围是一个相当长的序列,包括国防产品、基础设施、社会保障、基础研发活动等。国有企业应该很好地完成这个任务。

三是作为社会主义企业的目标。社会主义国有企业的特征是什么?苏联《政治经济学教科书》曾对计划经济条件下社会主义国有企业的特征作出规定,这显然不适用于社会主义市场经济条件下的国有企业。邓小平曾经说过，社会主义的本质，是解放生产力，发展生产力，消灭剥削，消除两极分化，最终达到共同富裕。据此，社会主义国有企业改革应该达到分配合理、克服职工收入悬殊、民主管理、保障职工权利、企业盈利全民共享等要求。

四是作为社会主义初级阶段国有企业的目标。中国现在正处于并将长期处于社会主义初级阶段。社会主义初级阶段的基本经济制度是国有经济为主导、多种经济成分共同发展，必须巩固和发展公有制经济，也必须鼓励、支持、引导非公有制经济发展。在社会主义初级阶段，国有经济既要发挥主导作用，又要与非国有企业公平竞争。国有经济在国民经济中的主导作用，既要表现在发展生产力上，在改进经营管理、促进技术进步上起到表率作用；也要表现在社会主义的发展方向上，在合理分配、民主管理、承担社会责任上起到模范作用，引导其他企业逐步增加社会主义因素。

国有企业改革四个维度的要求既有区别，又有联系。现在存在着对后两个维度改革目标不够重视甚至忽视的现象，应该注意纠正。只有协调推进、全面完成这四个维度的要求，才能完成深化国有企业改革的任务。

二 当前国有企业改革需要解决的重要问题

30多年来，我国国有企业改革取得了巨大成绩，但是目标还远未达到，任务也尚未完成。深化改革需要解决哪些问题呢？我认为，当前国有企业存在的主要问题有：

1. 建立现代企业制度进度迟缓

党的十五大明确要求"力争到本世纪末大多数国有大中型骨干企业初步建立现代企业制度"。而目前在120多家央企中，只有寥寥几家实现了股权多元化，而且极少是混合制股权多元化，实现整体上市的企业还是空白。尤其很多央企还是按照上世纪80年代通过的、现在已经过时的全民所有制企业法建立的国有企业，董事会试点企业只有30多家。很多名义上建立了现代企业制度的企业，也是貌是神非。

2. 国有企业的市场表现不如民营企业和外资企业

根据国务院发展研究中心张文魁的研究,过去几年,国有企业在营业收入、营业利润、总资产、净资产等方面的增值速度,都远不如私营企业,效益指标也远逊于私营企业。即使在近几年的高速增长期,国有企业仍有大量企业亏损。2005—2006年,全国国有企业亏损面高达40%以上,2007—2008年亏损面接近30%,其中一级企业的亏损面高达45%以上(《中国改革》2010年10月)。

3. 国有经济布局仍不合理,垄断行业改革难,市场公平竞争有阻力

目前在国民经济95个大类中,国有经济涉及94个行业。其中,在396个国民经济行业类别中,国有经济涉足了380个行业,行业与布局达到96%。如批发零售餐饮业,目前还有两万多家国有企业,是国有企业分布的第二大领域,占全部国有企业的17.8%。国有企业在一些公用事业和重要工业领域中,通过各种方式阻碍行业开放,使得民间资本难以进入。由于国有企业占用了很多付费很少甚至不需要付费的资源,包括土地、矿产、贷款、特价经营权等,市场公平竞争阻力很大(《经济要参》2011年2月2日)。

4. 国有资产管理体制有缺陷

国有资产管理包括国有资产运营管理和国有资产监督管理两种职能。国资委的特设监管机构的定位及其"出资人"职能使得这两种职能难以分清。在实践中,国资委的监督管理职能日渐被它的运营管理职能排挤,致使国有企业出现许多乱象,如企业利润随意分配,有的高管肆意贪腐,企业内部和国有企业之间职工收入差别悬殊(《改革内参》2011年12月)。由于国资委既当裁判,又当运动员,导致国有企业政企不分的现象依然十分严重。

还需要重视的是,从上世纪90年代开始,许多地方的国有资产出现所谓"平台化"趋势,就是国有资产被流入到新成立的国有公司当中,这个国有公司的主要职能不是日常生产经营,而是所谓的资产经营或资本运作,包括利用流入的国有资产到资本市场融资或到银行借贷,并从事资金分配和股权管理等活动。本世纪,国有资产"平台化"趋势明显加速,这在上海、北京、天津、四川、重庆都有表现。国有资产的"平台化"不仅

模糊了政企边界和企企边界，而且扭曲了资金配置体系，挤压了民间资本的发展空间。这种趋势是和改革以来一直强调的国有企业的法人财产权和整套法人制度相违背的，其风险和影响需要引起注意（《改革内参》2011年第46期）。

"十二五"规划建议中提出："要营造各种所有制经济依法平等使用生产要素，公平参与市场竞争，同等受到法律保护的制度环境，推进国有经济战略性思想，加快国有大型企业改革，深化垄断行业改革，完善各类国有资产管理体制。"从当前国有企业国有经济存在的问题看，建议提出的要求和任务很有针对性，是完全正确的。

三 关于国有企业改革的定位问题

不少研究者主张国有企业改革要再思考，再定位。再思考很有必要，中国是按照社会主义市场经济制度的要求改革国有企业，建立社会主义市场经济制度是史无前例的事业，需要不断思考和探索。关于再定位，如何再定位有很多种不同意见。一种意见是认为要取消国有企业，实行私有化。理由是国有企业已阻碍我国生产力的发展。我认为，从我国经济发展的情况看，这个理由不能成立。苏联实行私有化引起的灾难，我国"抓大放小"过程中资产流失造成一批暴发户的教训，都不可忘记。而且国有企业在世界各国是普遍存在的，我国现阶段更不能全盘取消。再一种意见是主张国有企业完全退出竞争性领域。我认为，国有企业经营范围的发展趋势是一个应该和可以研讨的问题。不过目前我国仍有2/3的国有企业和40%的国有资产分布在一般生产加工行业和商贸服务等行业，这些大都是竞争性行业。这种情况虽不合理，却是现实。姑且不论现在全部退出是否可能，如果真的全部贸然退出，也会在经济上和社会上引起混乱，可能又会造成一批暴发户。可行的办法是各种经济成分的企业实行公平竞争，优胜劣汰，使国有经济逐步退出不该进入的行业。第三种意见是认为现在公有制为主体已变为私有制为主体，必须壮大国有经济，既抓大，又抓小，扭转这种状况（《中国社会科学内部文稿》2012年1月）。这种意见认为在社会总资产中公有制经济的资产应占55%—60%，相应的其从业人员和产值的比重也应为50%—60%；2010年公有制经济的资产比重只有26.9%，已远低于公有制为主体的临界值。这种意见主张的国有企业改革再定位，似乎是主张退回到原来计划经济为主、市场调节为辅的状况。显然这是违背完善社会主义市场经济体制的要求的。

还有一种意见主张国有企业改革再定位不是定位在国有企业本身，而是定位在提升整个国家的经济竞争力和产业有效率和活力。这种意见认为，过去国有企业改革的目标主要是解决国有企业"善其身"的问题，今后第二次改革目标主要是解决企业"善天下"的问题。判断国有企业好还是不好，不能仅仅看国有企业自身的状况，重要的是更要看国有企业是否导致整个行业和整个经济体更有活力和效率，特别是市场竞争秩序是否合理，是否保证了公平竞争，非国有企业的竞争环境是否得到改善。这种意见有一定的依据，提出了当前国有企业改革要着重解决的一些问题，应该重视。不过，也要看到，现在企业"善其身"的问题还远未解决，而"善天下"就差得更远了。解决国有企业本身的问题仍是国有企业改革的一项极其重要的任务。其实，我国国有企业改革也是一直从发展整个国民经济着眼的。《关于国有企业改革和发展若干重大问题的决定》中就指出，改革国有企业是为了"促进经济持续快速健康发展，提高人民生活水平，保持安定团结的政治局面，巩固社会主义制度"。《决定》提出了推进国有企业改革和发展必须坚持的十条指导方针，第一条就包括：以公有制为主体，多种所有制经济共同发展；调整和完善所有制结构；促进各种所有制经济公平竞争和共同发展。这些都是"善天下"的任务。随着国有企业改革的深化，改革的内容和重点必然会有变化，前面我提出我国国有企业的社会主义性质和所有企业公平竞争的问题，就是当前需要关注的问题。更重要的是，要把国有企业改革和政府职能转变紧密结合起来，把经济体制改革和政治体制改革结合起来。这些也都是原来的定位，是原来早就决定而且一再表明要努力完成的任务。严格来说不是再定位，不过，以前做得少，甚至一度停滞了，现在应该下决心去完成这些任务了。

（原载《中国党政干部论坛》2012年第9期）

关于企业管理的几个问题

本文准备就如何认识资本主义企业管理以及如何评价资产阶级企业管理理论上的几个问题，谈一些看法。

资本主义和社会主义企业管理的区别

过去曾经流行一种看法，认为资本主义国家的企业管理和社会主义企业管理存在根本区别，是没有什么值得我们学习的。现在人们都认识到资本主义企业管理有可供我们借鉴的地方。但是在学习资本主义企业管理经验时又发生了某些照抄照搬的现象。不仅在实践中对资本主义企业管理和社会主义企业管理的区别有所忽视，而且在理论上也有人否认这两种管理存在的本质区别。因此，研究资本主义和社会主义企业管理的区别，对于弄清向资本主义企业管理学习什么和如何学习都是很有必要的。

马克思曾阐明了管理的两重性问题，即管理的内容和性质既受生产力制约，也受生产关系制约。由于生产关系不同，就会给企业管理带来性质上的区别。资本主义企业管理和社会主义企业管理相比，有以下一些重要差别：

一　管理的目的不同

列宁曾说资本主义是为掠夺而管理。资本主义企业管理的目的是为资本家攫取最大限度的利润，这是由资本主义所有制的性质所决定的。社会主义企业管理的目的则是为了满足整个社会成员物质和文化的需要，这也是由社会主义所有制的性质决定的。

当然对管理的目的，也不能机械地理解。例如，不能否认资本主义企业管理也要考虑满足社会的需要，而社会主义企业管理也要增加利润。资本主义企业如果不通过改进管理努力满足社会需要（通过市场需要反映出来的社会需要），也就难以达到增加利润的目的。社会主义企业如果不通过改进管理努力增加盈利，也就难以达到满足社会及其成员日益增长的物质和文化需要的目的。因此对管理的目的必须有辩证的理解。

但辩证地理解管理的目的决不能混淆两种制度下企业管理的目的有根本的不同。有一种说法认为，现代资本主义企业管理的目的变了，例如有人说资本主义企业采用目标管理后不再以利润为唯一目的了。这种说法值得商榷。马克思曾说生产剩余价值是资本主义生产的绝对规律，因此通常说增加利润是资本主义管理的唯一目的。这当然不意味着资本主义企业管理没有其他目标（如提高质量，降低成本、扩大市场等），但又不能把其他目标和增加利润等量齐观。马克思关于资本主义生产目的的科学分析对现代资本主义企业也是完全有效的，实行目标管理并没有改变也不可能改变资本主义管理的目的，就像不能改变资本主义生产的本性一样。国外资产阶级经济学家早就鼓吹资本主义生产目的变了的理论，企图抹杀社会主义生产关系和资本主义生产关系的根本区别。我们应该看到这种理论为资本主义制度辩护的性质。

二 计划化的性质和程度不同

资本主义私有制决定了资本主义社会单个企业是有计划的而整个社会是无计划的，社会主义公有制决定了社会主义单个企业和整个社会都可以是有计划的。这一点，也是对比社会主义企业管理和资本主义企业管理必须注意的。

整个社会能不能有计划，对单个企业的计划管理有决定性的作用。在社会主义制度下，由于整个社会能够有计划按比例地发展，企业才有可能把目前利益和长远利益结合起来，把局部利益和整体利益结合起来。企业不仅有近期的打算，制订近期计划，而且有长远的打算，制订出有科学根据的长期计划。企业的活动，企业的管理不仅考虑本身的利益，而且要使本身的利益服从社会的利益。在资本主义制度下，企业受市场支配，由价值规律自发调节，企业内部计划管理无论怎样好，也摆脱不了跟市场转的命运。现在有些资本主义国家也制订社会经济发展计划，我们不能完全否认这种宏观经济计划的作用，但由于受资本家所有制的限制，资本主义国民经济是不可能真正做到有计划按比例地发展的，因此现代资本主义企业仍摆脱不了社会生产无政府状态的困境。这就使企业首先考虑的是眼前利益，很难认真考虑甚至根本不能考虑长远利益。有的管理学者说现在美国企业考虑近期利益多而考虑远期利益少，认为这是美国经营管理新出现的危机。其实，这种状况对资本主义企业管理是必然的，很难说是"新出现的危机"。

亚当·斯密曾经说过资本主义生产是由一只看不见的手支配的。他指的是市场的自发调节。现在有人宣扬说，由于管理的发达，市场调节已被管理调节代替了，看不见的手因而也被看得见的手代替了。这种说法也不符合实际情况。它混淆了资本主义社会企业内部的管理和整个国民经济的管理之间的界限，前者是受管理调节的，后者则不可能完全由管理调节，不可能完全摆脱市场的自发调节。这不仅是由于资本家之间、各资本集团之间为了更多地攫取利润，存在着你死我活的竞争，而且它们为了各自的利益完全可以不顾以至牺牲社会的利益，国家的利益。这是资本主义国家生产无政府状态和周期经济危机产生的客观必然性。它充分表明资本主义国民经济还是由看不见的手支配的。不根本改变资本主义制度，不废除资本主义所有制，社会经济不可能由看得见的手代替看不见的手进行调节。

应该指出，我们现在的计划工作搞得不好。但这不是社会主义制度的问题，而是工作中的缺点错误造成的。我们不能由于当前计划管理不好而否认社会主义经济是计划经济以及它和资本主义经济相比的巨大的优越性。社会主义计划经济的优越性不仅已经为马克思列宁关于社会主义经济的理论所证明，而且已经为社会主义建设的实践所证明。例如我国"一五"时期国民经济的计划管理和企业的计划管理都是比较好的，取得了显著的成效。

三 对经济效果的要求不同

各个社会都关心提高经济效果，但不同的生产关系对经济效果又有不同的要求。资本主义企业最关心的是剩余价值率和利润率，社会主义企业最关心的则应该是人民需要满足的程度。

这当然不是说资本主义企业不关心提高劳动生产率，资本家是非常关心劳动生产率问题的。资本主义企业甚至也不能不关心工人的生活福利，但这归根到底还是为了保证资本家的利润。

这当然也不是说社会主义企业不要关心利润率，利润率对社会主义企业和社会主义社会也有非常重要的意义。在社会主义制度下，每个劳动者创造的利润首先是对社会的贡献。企业的成本利润率、资金利润率反映着经营管理的好坏，对劳动力和生产资料利用的效率，对社会贡献的大小。

有的同志认为经济效果仅仅是生产力范畴，这种看法是不全面的。经济效果包含着极为复杂的内容，不同的内容由不同的指标反映出来。有些经济效果指标反映生产力的状况，属于生产力范畴，有些经济效果指标反映生产关系的状况，属于生产关系的范畴，有些经济效果指标既反映生产力的状况又反映生产关系的状况，既属于生产力的范畴又属于生产关系的范畴。因此，不能否认经济效果属于生产关系范畴的方面。否则，就会忽视生产关系在经济效果方面对企业管理的影响。

四　工人在管理中的地位和作用不同

资本主义制度下生产资料属于资本家所有，因此企业经营管理也由资本家及其代理人当家做主。社会主义制度下生产资料属于整个社会或劳动者集体所有，劳动者成了生产资料的主人，因而也成了企业管理的主人。

第二次世界大战以后出现了一个值得注意的情况，就是有些资本主义国家的企业吸收工人参加管理。为什么会出现这种情况？它有什么意义？有什么可供我们借鉴的地方？这些问题是应该认真研究的。应该看到，这种情况是工人阶级进行斗争的结果，是社会主义国家革命和建设的影响的表现。同时，出现这种情况也绝没有改变资本主义所有制和资本主义企业管理的阶级属性。资本主义企业吸收工人参加管理仍是为了资本家的利益，只是在有利于至少是无害于资本主义制度时，资本家才会愿意这样做。

有的同志根据我国社会主义企业中还存在着不民主现象。认为在管理方面社会主义企业还不如资本主义企业民主，这种看法是不正确的。我们一定要设法根除企业管理中的不民主现象,现在我们也正在加强企业的民主管理。但是,即使和西方最民主国家的企业相比,我国社会主义企业在民主管理方面也远远超过它们,因为在我国社会主义企业中工人是主人,理所当然地参加管理活动,而资本主义企业即使吸收工人参加管理,也没有改变工人的奴隶地位。有的同志过分夸大资本主义企业吸收工人参加管理的意义,忽视了社会主义企业民主管理和资本主义企业民主管理的根本区别,这也是离开生产关系孤立考察企业管理导致的片面性。

生产关系对企业管理的影响不仅表现在处理生产关系问题上,而且表现在处理生产力问题上。例如泰罗研究劳动动作,揭示了节约劳动时间的规律,这是有关生产力的规律。但是,当利用这些规律组织生产劳动时,生产关系就发生作用了。在资本主义企业里,资本家就要尽量榨取工人的劳动,泰罗制正是为了实现这个目的。在社会主义企业里,既要考虑节约劳动时间,又要考虑劳动者健康、休息和全面发展,因此我们既要学习泰罗制,又不能照搬照抄。可见生产关系对生产力的管理也是有影响的。

通过两种社会制度下企业管理的对比,可以看到,社会主义制度就其客观方面来说,在改进企业管理方面比资本主义制度存在着无比的优越性。这是因为,社会主义制度以生产资料公有制为基础,消灭了剥削,国民经济能够有计划按比例发展。但是,要使社会主义制度的优越性发挥出来,还必须做好工作,否则,即使客观上具备有利条件,社会主义企业管理也是搞不好的。

我们要向资本主义企业管理学习什么

既然资本主义企业管理和社会主义企业管理有着性质上的区别,为什么我们又要向资本主义企业管理学习呢?这是因为,它们除了不同的方面以外,还有着共同的方面。马克思曾说:"凡是直接生产过程具有社会结合过程的形态,而不是表现为独立生产者的孤立劳动的地方,都必然会产生监督劳动和指挥劳动。"① 资本主义企业和社会主义企业都建立在社会化

---

① 《资本论》第 3 卷,第 431 页。

大生产的基础上，这就是两种企业管理具有相同之处的基础。从以上对两种管理区别的分析中，也可以看到它们的相同之处。由于资本主义企业是资本主义社会的基层经济组织，是资本主义国民经济的细胞，在改进经营管理方面积累了丰富的经验，很多经验是值得社会主义企业学习的。

有的同志根据列宁说的"资本家所关心的是怎样为掠夺而管理，怎样借管理来掠夺"，因而怀疑资本主义企业管理有值得我们学习的地方。这种怀疑是不必要的。列宁在这里是指资本主义企业管理的目的是掠夺剩余价值，即剥削工农劳动群众，这无疑是正确的。但是由此不能把资本主义企业管理的内容和掠夺简单地等同起来，这样等同起来就不符合列宁的原意了。其实，正是列宁在十月革命胜利后一再指出要向资本主义企业管理学习。他说："只有那些懂得不向托拉斯的组织者学习就不能创造或实行社会主义的人，才配称为共产主义者；我们无产阶级政党，如果不去向资本主义的第一流专家学习组织托拉斯大生产的经验，那末这种本领便无从获得了。"① 他还建议在俄国研究与传授泰罗制，有系统地进行这种制度，并且使它适应下来。

有一种意见认为，资本主义企业组织生产力的经验是可以学习的，而处理生产关系的经验则是不可以学习的。这种意见也值得商榷，它把资本主义企业处理生产关系的经验简单地等同于资产阶级对于无产阶级的剥削了。事实上，资本主义生产关系并不仅仅是无产阶级和资产阶级的关系，除此之外，例如还有资产阶级之间的关系，无产阶级之间的关系，同时还有企业和国家的关系，企业和企业的关系，企业内部上、下级单位之间的关系和同级单位之间的关系，等等。资本主义企业在处理这些关系时某些对社会主义企业有用的经验，我们也是可以借鉴的。可见，资本主义企业组织生产力的经验固然可以学习，处理生产关系的经验也是可以汲取的。

还有一种意见认为，资本主义企业对于生产力中物的要素的管理经验，如对于机器、设备、原料、能源的管理经验是可以学习的，而对于生产力中人的要素的管理经验，即对于劳动力的管理经验则是不可以学习的，理由是资本主义企业对劳动力的管理带有剥削的性质。这种意见也需

---

① 《列宁选集》第3卷，第555页。

要商榷。诚然，资本主义企业对于物的管理经验是应该学习的，而对于人的管理经验同样是可以借鉴的。因为，资本主义企业对于劳动力的管理固然是为了剥削，但也不能简单地把两者等同起来，诸如他们组织劳动、培养劳动者、节约劳动力、调动劳动者积极性等方面的经验，都有我们可以借鉴之处。而且，如果离开了资本主义企业管理劳动力的经验，也难以理解他们管理物的要素的经验。否认前者有可以学习的地方，学习后者也会受到不应有的种种限制。

概括起来，资本主义企业管理有组织生产力、处理生产关系和处理其他关系（如上层建筑方面的关系）等方面的内容，所有这些内容，我们都要认真研究，并汲取其中有利于社会主义企业管理的经验。资本主义企业管理中当然不是一切内容都可以照搬照抄到社会主义企业中来，和社会主义性质不相容的管理方法，社会主义企业管理是不应该采用的。但是，这并不是说资本主义企业管理中只有组织生产力的经验才可以学习，更不是说我们不应该对资本主义企业管理进行全面的研究。当前，为了提高我国企业管理水平，要着重在以下一些方面学习资本主义企业管理的经验。

一 学习他们重视企业管理

资本主义企业是在发展过程中日益认识到管理的重要性的，他们花了极大的精力提高企业管理水平，并把企业管理变成了一门科学。从资本主义发展的历史看，只有那些重视管理和努力改进管理的企业才能发展壮大，不重视管理和管理差的企业就难以在竞争中站住脚跟和取得胜利。从资本主义国家发展的历史看也是如此。经济发达的资本主义国家，企业管理也都比较先进。这也正是它们经济迅速发展的一个条件。例如英国的管理人员在很长时期以来是世界上最成功的，但以后他们落后了，这是英国经济由迅速发展到停滞的一个重要原因。美国原来管理比较落后，不利于经济迅速发展，以后管理科学和管理实践发展了，促进了经济的发展。美国和西欧国家之间的管理差距，是美国经济发展一度快于他们的重要原因之一。日本的情况也是如此，人们称技术和管理是日本现代化的两个轮子，许多外国从事管理对比研究的学者都认为日本管理先进对他们经济发展起了极为重要的推动作用。说日本企业的经营方式"揭开了'奇迹般的生产率'的秘密"。资本主义企业由于重视管理，因此也重视培养管理人才，一些大公司尤其重视培养高级管理人才，力求使企业有强有力、高水平的领导班子。我们当前企业管理水平还很低，特别是不少人对管理的意义还认识不够。由于"四人帮"长期诋毁管理工作，流毒深远，有些影响还待肃清。认识资本主义企业重视管理，现在对我们也还是必要的。

二　学习他们组织生产力的经验

学习资本主义企业组织生产力的经验是极其重要的，现在我国生产力的潜力远远没有充分发挥，原因之一就在于企业不善于组织生产力。资本主义企业在组织劳动力、实行专业化协作、合理利用生产资料、节约原材料和燃料动力、发展科学技术等方面都积累了比较丰富的经验，是人类社会的共同财富。资本主义企业提高质量和降低成本的经验尤其值得我们重视，提高质量才能使产品有销路，降低成本才能使企业增加盈利。有人说，日本丰田汽车公司成功的重要经验，就是"把质量保证作为技术工作的中心"，"把降低成本作为企业的根本目的"。"彻底杜绝浪费是丰田生产方式的基本思想。"[①] 这些说法是很有道理的，我们社会主义企业也迫切需要树立这种思想。资本主义企业为了组织生产力，争取用最少的劳动消耗取得最多的利润，还有一套比较科学的管理技术和管理方法，诸如全面质量管理、价值工程、系统工程、投入产出法、技术经济分析等，我们也可以从中学习到有用的东西。

三　学习他们组织商品生产、商品流通的经验

资本主义企业为了在竞争中获胜，在组织商品的生产，流通方面也积累了比较丰富的经验，例如按照市场需要组织生产，努力推销商品扩大市场，进行市场调查和市场预测，努力加速资金周转，这些经验对社会主义企业也是有可取之处的。当前值得注意的还有资本主义企业进行决策的经验。决策是企业经营的中心问题。诺贝尔奖获得者西蒙认为"管理就是决策"。(《管理决策之新科学》) 传统的观点把决策看成是最后作出决定的

[①] 大野耐一：《丰田生产方式》，第5页。

瞬间行动,现代决策论认为这是一种误解,因为决策是包括情报的收集、审查与分析和制定各种可选择的方案的长过程。有的管理学者认为决策过程可分为三个阶段:(1)收集情报,(2)制定各种方案,(3)在各种方案中选择一种最优方案。社会主义企业作为相对独立的商品生产者,不仅要善于管理,而且要善于经营。鉴于过去我们忽视了企业经营问题,当前更应当重视这个问题,研究和借鉴资本主义企业在决策方面的经验。

四 学习他们改进管理体制的经验

资本主义企业尤其是大企业也很重视改进管理体制。他们改进管理体制是为了维护资本主义所有制,因此决不能从根本上解决资本主义生产关系和生产力发展的矛盾,但是我们也不能否认他们通过改革管理体制促进了生产力的发展。他们根据企业规模、技术发展、市场状况等因素,不断调整企业内部关系,使各个单位及其职工的责任、权力和利益紧密联系起来,建立起严格的责任制度。通用汽车公司斯隆曾说:"在大企业里完善管理工作是以集中化和分散经营二者之间的调动为基础的",从集中化"得到的是效率和节约",从分散经营"得到的是主动性、责任心、人才的培养发展、接近于事实的决定以及解决问题的灵活性"。这是他所主张的解决企业内部体制问题的原则。美国从 20 世纪四五十年代开始,企业管理有着分权的倾向,这和上述决策问题受到重视有关。因为在企业规模越来越大的情况下,所有决策权都集中在最高管理阶层是不利于正确决策的,分权则有利于决策。欧美、日本很多大企业实行的事业部制,就是这种分权趋向的产物。有的学者把事业部制说成既是分权化的单位,又是利益责任单位,又是产品责任单位。可见事业部制在一定条件下有利于建立责任制和正确进行决策。现在我国正在进行经济体制改革,资本主义企业改进管理体制的经验对我们也是有借鉴意义的。

五 学习他们调动职工积极性的经验

资本主义企业非常重视调动职工积极性,因为不调动职工积极性就不可能增加资本家的利润。资本家通常是用大棒和胡萝卜相结合的办法对付工人,由于大棒这种强制办法会激化资产阶级和无产阶级的矛盾,因此发达的资本主义国家越来越重视采用胡萝卜这种诱导的办法。他们在管理制度、工资制度、福利制度、领导作风、人群关系、思想教育等各方面采取措施激发职工的积极性。西方流行的行为科学，其主要目的就是缓和资本主义社会的阶级矛盾和调动职工的积极性。当前美国、日本流行的目标管理，设法把企业的目标变成每个职工的目标，其目的也在于调动职工的积极性。各国企业管理上的有些特点，也是为了适应本国情况的调动职工的积极性。例如日本企业采用的"终身雇佣制"，"年功序列制"，也都在一定方面一定程度上起了调动职工积极性的作用。日本企业也很重视对职工进行思想教育。如对职工进行"社训"（即职工守则）的教育，"爱厂如家"的教育。过去我们把资本主义企业调动职工积极性的措施简单化归结为欺骗。这里确实存在着资本家对工人的欺骗，但是既然资本主义企业在阶级利益根本对立的情况下还能在一定的程度上调动职工的积极性，至少他们的理论和方法是有值得我们重视和研究的地方的。我们社会主义企业如何把职工积极性充分调动起来，还是一个有待进一步解决的问题，很有必要研究和借鉴资本主义企业的经验教训。

六 学习他们如何借鉴外国企业管理的经验

在企业管理上，各个资本主义国家之间也是相互学习的。例如英国工业化开始较早，有些国家曾向英国学习企业管理的经验。第二次世界大战后美国企业管理比较先进，欧洲、日本等国都曾向美国学习。现在美国又在开始向日本、欧洲一些国家学习企业管理。他们在学习中都曾注意把国外的先进经验和本国、本企业的具体情况结合起来，同时注意发扬本国、本企业行之有效的优良传统和经验。我们在向国外企业管理学习时，也要注意这方面的经验。这样，我们才能防止和克服照抄照搬等缺陷，才能在总结本国经验和汲取其他国家经验的基础上建立起适合我国国情的科学的社会主义企业管理体系。

如何评价资产阶级管理理论

研究资本主义企业管理涉及对资产阶级企业管理理论的评价问题。这是因为，资本主义企业管理是在一定的理论指导下形成发展起来的，这是它区别于以往企业管理的一个重要特点。我们知道，企业管理是伴随着企业同时产生的。早在资本主义社会以前，一些规模较大的手工作坊和商业企业就存在管理问题。不过当时的管理是凭经验进行的，我们可以把这种管理方法称之为经验的管理方法。资本主义初期企业管理也是采用的这种管理方法。在经验积累的基础上，出现了管理方法的程序化，即按照一定的程序或程式进行管理。这种方法可以称之为程序的管理方法，它不再依赖于管理者直接经验的积累，但基本上也还是一种经验的管理方法，没有把管理经验上升为理论，在理论指导下进行企业管理。后来美国人泰罗利用科学方法对企业管理的许多问题如劳动动作问题、劳动时间问题、工资率问题、计划工作问题等进行研究，提出了通常称之为"科学管理"的古典管理理论，使企业管理不再单凭经验而越来越依靠理论的指导。不考察近代和现代的企业管理理论，也就难以深刻理解近代和现代的企业管理。对资产阶级管理理论没有正确的评价，也就不能正确对待资本主义企业管理的经验。

曾经有过一种流行的观点，认为资产阶级管理理论是剥削阶级的意识形态，是资产阶级剥削无产阶级的工具，否认它有科学性。我们认为，在阶级社会里，企业管理理论和企业管理一样，涉及阶级关系和阶级利益问题，确实是有阶级性的。资产阶级企业管理理论则是为资本主义和资产阶级的利益服务的。但是，马克思主义从来没有把社会科学理论的阶级性和科学性截然对立起来，没有否认一些资产阶级社会科学理论的科学性。马克思曾深刻而又具体地分析了以亚当·斯密和里嘉图为代表的资产阶级古典经济学的阶级性和科学性，马克思主义政治经济学就是资产阶级古典经济学的继承和发展。

马克思在《资本论》第二版跋中曾说："法国和英国的资产阶级夺得了政权。从那时起，阶级斗争在实践方面和理论方面采取了日益鲜明的和带有威胁的形式。它敲响了科学的资产阶级经济学的丧钟。现在问题不再是这个或那个原理是否正确，而是它对资本有利还是有害，方便还是不方便违背警章还是不违背警章。"① 有人据此认为从那时起资产阶级经济理论再不具有科学性了，这是一种误解。联系上下文看，马克思这里是说，资产阶级政治经济学再不能像里嘉图那样有意识地把"阶级利益的对立、工资和利润的对立、利润和地租的对立当作他的研究的出发点，"② 敢于揭露资本主义基本矛盾，古典经济学让位于庸俗经济学了。这个说法无疑是完全正确的，但这并非是说资产阶级经济学不可能再具有科学性。只要对资本有利，资产阶级经济学也还是可能揭示某些正确的原理的。事实上，资产阶级经济学也是不断在发展着。

还要看到，资产阶级企业管理理论还和政治经济学理论有所不同。后者以生产关系为研究对象，前者则不仅研究生产关系，而且研究生产力。有的资产阶级企业管理理论还以生产力的组织问题为主要内容，它所揭示的生产力规律带有自然科学规律的性质。因此，即使到了帝国主义时期，资产阶级企业管理理论仍有可能揭示管理中的规律性，更不用说它会反映资本主义组织生产的经验。由此可见，我们固然不能否认资产阶级管理理论的阶级性，但是也不能否认资产阶级企业管理理论的一定科学性，而应该对各种理论进行具体的科学的分析。

一 要用实践来检验这些理论

资产阶级企业管理理论五花八门，有人形象地比喻为热带的丛林。上面说资产阶级企业管理理论有科学性，当然不是说所有的理论都具有科学性，有很多理论并没有科学性。管理理论和管理经验有所不同，理论是思维的产物，在思维过程中，有思维者的立场观点方法发生作用。因此，即使理论是从实际出发的，也并不一定正确反映实际，更不一定揭示实际中的内在联系即规律性。理论有没有科学性，归根到底要由实践来检验。泰罗的管理理论所以有科学性，就是由于它的很多内容经过实践检验证明是正确的。美国管理学家威拉曾把泰罗的管理理论概括为以下六个原理：（1）时间研究原理。进行时间研究，对所有作业规定标准时间。（2）按

---

① 《马克思恩格斯全集》第23卷，第17页。
② 同上书，第16页。

件计酬原理。实行差别计件的工资制度。(3)计划与作业分离原理。管理者担当计划职能,劳动者担当作业职能。(4)作业的科学方法原理。管理者要研究作业方法,训练劳动者。(5)经营控制原理。高级管理阶层将某一部分权力交给较低管理阶层,只处理例外事项的管理问题。(6)职能管理原理。管理者实行管理职能的分工和专业化。这些原理的很多内容,反映了企业管理的规律性,至今仍是现代企业管理的重要依据。

二 要给各种理论以应有的历史地位

我们对一种理论进行评价不仅要用实践来检验它,而且要给它以应有的历史地位。这就是要考察这种理论和已有的理论比较提出了什么新的问题,新的观点和新的方法,这些问题、观点和方法具有什么意义。例如,西方行为科学于20世纪30年代出现以来,对资本主义企业管理有多方面的影响。行为科学开始是以美国哈佛大学教授梅耶为代表的一批管理学者在芝加哥西方电气公司的霍桑工厂经过多年实验提出来的与传统理论不同的新理论,它的要点有:(1)传统管理把人假说为"经济人",认为金钱是刺激积极性的唯一动力,行为科学则提出"社会人"的假说,认为除了物质条件外,还有社会的和心理的因素影响人的生产积极性。(2)传统管理认为生产效率简单地受工作方法和工作条件所制约,行为科学则认为生产率的升降主要决定于"士气",而士气决定于个人家庭,社会生活以及企业中人与人的关系。(3)传统管理只注意到"正式组织"问题,行为科学还提出了"非正式组织"的作用。依据行为科学理论,资本主义企业管理也有了变化和发展。明显的如吸收工人参加管理,30年代末美国有的工厂就制订了工会和资方合作管理生产的制度,其中包括职工建议制度和有职工参加的生产委员会,以此来共同寻求节约方案,进行改革,帮助工厂克服困难。再如实行工作扩大化和丰富化的制度,以此来提高工人的"士气"。工作扩大化是让职工承担多样化的工作,使每个人做周期更长的工作。工作丰富化除了个人的工作多样化外,还要求把工人的工作内容提高到包括产品设计、计划、工艺、组织和控制等管理职能。这些办法都取得了一定成效。西方行为科学是为资本主义制度服务的,而且它的内容并非都是科学的,但是它对企业管理的理论和实践提出了一系列新问题和新观点，因而在企业管理理论发展上占有重要地位。有些理论提出的问题和观点仅仅是过去理论的复述或改头换面，有些理论是一些空泛的议论而缺乏实际意义，这些理论就说不上有什么贡献。有些理论宣扬或搬弄历史上反动的东西，例如，鼓吹封建的管理办法，这些理论本身也就是反动的了。以上各种情况，都是我们研究国外企业管理理论会碰到的。

评价资产阶级企业管理理论还有一个坚持无产阶级立场的问题。资产阶级企业管理理论既然是为资产阶级利益服务的，马克思主义者在承认它的一定的科学性的同时，当然不能无条件地赞同它所反映的资产阶级对无产阶级的剥削、压迫和欺骗。当评价一种理论在资本主义社会起什么作用时，我们既要看到它可能包含的科学真理，又要看到它起着维护资本主义剥削制度的作用。对前者，我们是肯定的；对后者，我们则持批判态度。而在考虑这些理论可否运用于社会主义企业管理以及如何运用于社会主义企业管理时，则还有一个坚持社会主义道路的问题。社会主义企业管理既要有利于发展生产力，又要有利于巩固和发展社会主义生产关系。在这方面列宁为我们作出了榜样。他指出泰罗制有两个方面："一方面是资产阶级剥削的最巧妙的残酷手段，另一方面是一系列的最丰富的科学成就。"[①]我们在评价资产阶级企业管理理论时分清这两个方面，就能够做到坚持无产阶级立场和社会主义道路。

（作者1983年8月在"中国工业企业管理教育研究会"第二届年会上的报告。原载《工业企业管理问题研究》，中国财政经济出版社1986年版）

---

① 《列宁全集》第3卷，第511页。

第五部分

中国的经济体制改革和转变经济发展方式

建设具有中国特色的经济结构的几个问题

当前，我国人民正在党的领导下，认真贯彻"调整、改革、整顿、提高"的八字方针。其中调整经济结构是一项十分重要的任务。调整的目标是实现经济结构的合理化。这就是要从我国国情出发，逐步建立起社会主义现代化的经济结构。显然，这是一项长时期的任务，在完成当前调整任务以后，还有大量的工作要做。本文准备从方法论的角度，谈谈有关中国式社会主义经济结构的几个问题。

我们研究经济结构，是为了建设具有中国特色的社会主义现代化经济结构

国外对经济结构的研究，自第二次世界大战以来发展很快。新中国成立后，我国对经济结构也一直在进行研究，但是着重研究的是生产关系的结构。对生产力的结构，主要是从国民经济比例的角度进行研究的。1979年国务院财经委员会组织了四个组对经济问题进行调查研究，其中有一个组是经济结构组。这样，大家就更加重视研究经济结构了。

为什么我们现在要重视研究经济结构呢？直接的原因，是因为我国经济结构中存在很多问题，迫切需要加以研究和解决。从根本上说，是因为实现现代化要求建立一个合理的现代化经济结构，而这个经济结构，又必须适合我国的国情，具有中国的特色。也就是要建设中国式的社会主义现代化经济结构。

第一，加速现代化要求有一个协调的工农业关系。过去我们只提工业化，现在提现代化，现代化比工业化更能说明我们要达到的目标，它比工业化包含的内容更多更全面。但工业化还是现代化一个主要内容。怎样实

现工业化呢？从历史发展看，任何国家都是从农业国向工业国过渡的，这里就有一个处理农业和工业关系的问题。这个问题是很复杂、很困难的，我们过去没有处理好，世界上其他很多国家也没有处理好。不仅实践上存在问题，理论上也存在问题。例如，有一种理论，认为工业的比重越高越好，因此很多国家想方设法提高工业的比重，结果损害了农业，工业也上不去。由于这个教训，现在国外经济学界对于工业化的看法也和二十年前不同了，那时过分强调工业，现在比较重视工业和农业的协调发展了。

第二，加速现代化要求有一个合理的农业结构。在一个经济落后的国家里实现现代化，从产业部门来说，很重要而又很困难的问题是加速农业的发展。农业不发达，工业受到限制，商业、服务业也难以迅速发展起来。发展农业要解决很多问题，农业结构就是其中一个重要问题。农业结构合理了，才能充分发挥自然优势，才能有效地利用地力、人力、物力和财力。我国过去有一段时期，适合畜牧的地方不发展畜牧业，适合种植经济作物的地方不发展经济作物，全国各地都"以粮为纲"，这样做，农业怎么能迅速发展呢？还要注意一个问题，农业的社会再生产过程是和自然再生产过程结合在一起的。发展农业生产，必须注意保持生态平衡，防止破坏自然资源。否则，农业生产就不可能保持持久的高速度。

第三，加速现代化要求有一个合理的工业结构。处理好工业内部结构也是一个既重要又复杂的问题。例如，在轻工业和重工业的关系问题上，一直存在着争论。有人强调轻工业重要，有人强调重工业重要。从世界历史看，优先发展轻工业有成功的经验，也有失败的教训，优先发展重工业有成功的经验，也有失败的教训。我国"一五"时期尝到优先发展重工业的甜头，以后又吃到优先发展重工业的苦头。这个问题处理不好，现代化也不能顺利进行。

第四，加速现代化要求处理好生产和流通的关系。社会再生产过程既包括生产过程，也包括流通过程。流通过程可分为买的过程和卖的过程。大家知道，工厂进行生产，首先要购买机器设备和原材料等等物资，生产出产品以后，又要把产品卖掉，再买进需要的设备物资，这样再生产才能顺利进行。因此，保证社会再生产顺利进行，不仅要处理好生产内部的关系，还要处理好生产和流通的关系。这也是加速现代化的重要条件。

第五，加速现代化要求处理好就业结构问题和技术结构问题。就业结构主要是指劳动力在国民经济各个部门的分配问题。解决好就业结构，有利于生产的发展和人民生活的改善。就业结构和技术结构有密切联系。技术结构包括先进技术、中间技术、落后技术的关系。处理好各个时期的技术结构，使之同当时经济发展的状况和要求相适应，同财力、物力、人力相适应，才能促进国民经济的发展。

第六，加速现代化要求处理好积累和消费的关系。积累和消费的比例关系属于分配领域，但最终是受生产制约的。如果片面优先发展重工业，生产出来的产品主要是生产资料，要想提高消费的比重也困难，因为生产资料一般不能直接用于生活消费。这说明分配、消费是受生产制约的。积累和消费的比例关系又对生产有巨大的反作用，积累和消费比例不合适，生产结构就会受到消极影响。

其他如所有制结构、地区结构、城乡结构等等经济结构问题，对实现社会主义现代化也有重要意义。在我国这样一个具有十亿人口、八亿农民的社会主义大国中，建立合理的经济结构还会遇到许多特殊问题，要求经济结构适合我国的国情，扬长避短，发扬优势。总之，我们要建设一个比较合理的经济结构，加速我国的社会主义现代化。

既要建立起合理的生产关系结构，又要建立起合理的生产力结构

现在对什么是经济结构有不同的看法。有些同志认为经济结构指的就是生产关系，有些同志不同意这种看法，认为它还包括生产力。这不仅是概念问题，而且涉及研究的对象、方法以及对当前经济结构的认识，因此需要弄清楚。经济结构这个概念过去我们也是使用的，但是比较普遍把它等同于生产关系，研究经济结构就是研究生产关系。这样的理解是有一定根据的。理论上的根据是："生产关系的总和构成社会的经济结构。"这是马克思在《〈政治经济学批判〉序言》中说的。实践上的根据是，当时我们的主要任务是变革社会的生产关系。我们研究资本主义制度是为了揭露它的矛盾，因此要把重点放在资本主义生产关系上。过去我们研究旧中

国是要推翻帝国主义、封建主义、官僚资本主义的统治，全国解放后又面临着社会主义改造的任务，因此对经济结构的研究要把重点放在生产关系上。

但仅仅把经济结构理解为生产关系是不全面，不正确的。

从理论上说，马克思并没有把经济结构说成只是生产关系。马克思除了说经济结构是生产关系外，还说过经济结构是生产力的结构和生产关系的结构的统一。马克思在《资本论》第三卷中说："生产的承担者对自然的关系以及他们互相之间的关系，他们借以进行生产的各种关系的总和，就是从社会经济结构方面来看的社会。"（《资本论》第3卷，第925页）马克思说的生产的承担者对自然的关系，也就是劳动者对自然的关系，这讲的就是生产力，他把这种关系也称之为经济结构。可见，马克思认为经济结构也包括生产力的结构。马克思说的"他们借以进行生产的各种关系的总和"，除了包括我们通常说的生产关系外，还包括工业和农业，工业、农业和商业，生产和流通等部门之间的关系，这显然也有生产力的内容。马克思把经济结构既理解为生产关系的结构，又理解为生产力的结构，这是比较全面的，因为经济就是生产力和生产关系的统一。马克思在《哥达纲领批判》中讲"权利永远不能超出社会的经济结构以及由经济结构所制约的社会的文化发展"。这里的经济结构也包括生产力在内，因为马克思在这里是讲按劳分配的，而按劳分配也是由生产力水平所决定的。列宁在1918年写的《论"左派"幼稚性和小资产阶级性》中谈到俄国当时的社会经济结构时，列举了宗法式的农民经济、小商品经济、私人资本主义经济、国家资本主义经济、社会主义经济。他指的经济结构也是指生产方式，包括生产关系和生产力。因此，认为马克思主义讲的经济结构只是指生产关系，这是没有根据的。

从实践上说，由于我们过去把经济结构只理解为生产关系，把生产力排除在外，忽视了对生产力结构的研究，因而产生了许多消极后果：

第一，过去很少研究现代化过程中生产力结构将发生什么变化，例如，农业将发生什么变化，工业将发生什么变化，商业将发生什么变化，等等。为了实现现代化，这些问题是应该研究的，研究这些问题才能掌握现代化的规律。不去研究这些问题，也就掌握不了这方面的规律。

第二，过去对国民经济各部门之间的关系也缺乏深入的研究。农业和工业的关系还有些研究，例如，研究农业是基础，工业是主导，但也不够具体，不够深入。农业内部、工业内部则研究得更不够。例如，农业内部种植业和畜牧业的关系，工业内部能源工业和其他工业部门的关系，过去都研究得不够。我们长期实行"以钢为纲"，这究竟有什么根据，照理应该研究钢铁工业和其他工业的关系及其发展趋势，应该研究钢铁工业和整个国民经济的关系及其发展趋势。但我们并没有系统进行这方面的研究，这样就难免不出差错。

第三，过去我们多次离开了生产力的性质和水平来变革生产关系。变革生产关系应该根据生产力发展的状况，为了正确变革生产关系，应该研究生产力的状况。而过去我们却没有深入研究生产力的状况，这样，变革生产关系就难免不发生偏差。例如，一度曾实行以人民公社为基本核算单位，实行半供给制，并一而再、再而三的搞"穷过渡"，取消自留地和集市贸易，破坏了生产力。当前我国生产力发展很不平衡，有高度现代化的生产力，也有极其落后的生产力。根据生产力的这种不平衡状况，在生产关系上就应该在社会主义公有制占优势的情况下，允许多种经济形式、多种经营方式长期并存。而在传统观念中，却认为社会主义社会只能允许社会主义公有制，并急于把集体所有制变成全民所有制，更不允许其他经济成分存在。这种变革生产关系上的"左"的倾向和错误，同忽视生产力结构的研究有密切关系。

根据以上分析，可见经济结构既包括生产关系，也包括生产力。现在我们面临着经济体制改革的任务，因此必须重视生产关系结构的研究，与此同时，也要十分重视生产力结构的研究。由于过去我们忽视了对生产力结构的研究，在这个意义上，当前更要注意对生产力结构进行研究。

还要指出，经济结构和经济比例是既有联系又有区别的。过去我们对生产力的结构主要是从经济比例这个角度进行研究的。有些同志认为经济结构就是经济比例，我们认为这种意见也欠妥当。

首先，经济比例是一个量的关系，而经济结构既包括量的关系，也包括质的关系。而且质的关系是量的关系的前提。在分析经济比例之前，先要知道国民经济是由哪些部分、哪些方面组成的，如何组成的。这些问题是经济比例回答不了的。同时，现在经济生活变动很快，不断有新的生产部门出现。例如，过去没有原子能工业，没有电子计算机工业，而现在有了这些工业，就产生了新的比例关系，如果不先研究这些新的生产部门的发生发展，也就难以深入研究由它们引起的新的比例关系问题。还有，为什么这种比例关系合适，那种比例关系不合适，这也不是仅仅研究经济比例所能回答的。

其次，经济结构所研究的问题，有许多是经济比例问题，也有许多不是经济比例问题。例如，应该优先发展重工业还是优先发展轻工业？整个国民经济应该以哪些部门为主导部门？重工业、轻工业、农业内部应该以什么为主导部门？如何做到既迅速提高劳动生产率，又充分就业？如何改进进出口构成以扩大出口和合理进口？这些都不是或主要不是经济比例问题，如果只研究经济比例，也难以解决这些重大问题。

再次，当前我国国民经济结构中一些主要比例关系严重失调，克服这些比例失调现象是这次调整经济结构的首要任务。但调整经济结构不仅要解决比例失调问题，如前所说，还有一个建立合理经济结构的问题。例如，我国积累率经过几年调整，可能达到比较合理的比例，但那时还不能说已经建立了合理的现代化的经济结构。要建立一个合理的现代化的经济结构，还有许多问题要研究和解决。

由此可见，经济结构和经济比例既有联系又有区别，要看到它们的联系，但不能把它们等同起来。

那么究竟什么是经济结构呢？简单地说，经济结构就是国民经济的构成。具体一点说，经济结构是国民经济各种成分、各种组织、各个部门、各个地区以及社会再生产各个方面的构成及其相互联系、相互制约的关系。

国民经济是一个有机整体，经济结构就是研究这个有机整体的构成。国民经济像一个人一样，有许多组成部分，像生理学研究人的各个组成部分和它们的相互关系一样，经济结构就是研究国民经济各个组成部分和它们的相互关系。

我们可以运用系统分析的理论来帮助理解什么是经济结构。系统分析是当前世界上流行的一门科学，它把研究的对象理解为从周围环境中划分出来的一个整体，这个整体称作一个系统，它由许多部分组成，这些部分称为分系统，分系统又由许多称作支系统的部分组成。系统分析就是研究一个系统内部各种从属系统（分系统、支系统等）之间的相互联系、相互制约的关系以及这个系统和外部其他系统的相互联系、相互制约的关系的。我们可以把国民经济看成一个从其他系统划分出来的整体。所谓其他系统包括政治系统、文化系统、国际系统，等等。国民经济和它们之间也有相互联系、相互制约的关系。国民经济这个整体从部门来说由工业、农业、交通运输、商业、服务业等分系统组成，分系统又由支系统组成，如农业由农林牧副渔组成。经济结构就是研究它们之间的错综复杂的关系的。

从国情出发，逐步实现我国经济结构的合理化

为了逐步实现我国经济结构的合理化，建设具有中国特色的社会主义现代化经济结构，我们要特别重视以下这些基本国情：第一，我们是社会主义国家，实行社会主义制度。社会主义制度不仅在生产关系结构上和资本主义制度有根本区别。而且在生产力结构上和资本主义制度也有重大区别，第二，我国人口多，农民多，人口和劳动力对经济结构的发展有很大影响。我国素称地大物博，但由于人口多，按人口平均拥有的资源，相对于很多国家来说是比较少的。特别是由于农民多，将给现代化建设带来很多特殊问题。正如邓小平所说："耕地少，人口多特别是农民多，这种情况不是很容易改变的"。第三，虽然经过建国以来三十多年的建设，我国生产力有了巨大的发展，但是，总的说来，现在生产力还不发达，生产水平还比较低，集中表现为劳动生产率低。同时经济结构还很不合理，存在问题很多。邓小平同志也曾指出，我们在实现四个现代化过程中一定要看到底子薄这个重要特点。第四，我们同经济发达国家技术上的差距很大，客观上存在着从国外引进先进技术加快现代化进程的可能性。在当前世界上，任何国家都不能闭关自守，一个国家的经济结构不应该也不可能完全立于世界之外和其他国家不发生联系。因此，国际形势对经济结构也有重要影响，这也是研究国情时需要注意的问题。

我们要从国情出发，逐步建设起合理的经济结构。从生产力结构的角度看，中国式的社会主义现代化经济结构应该有以下一些主要特征：第一，有发达的现代化农业，用较少的劳动力就能生产足够的农产品，满足国民经济发展的要求。第二，有发达的现代化轻工业，能满足人民提高物质文化生活的要求。第三，有发达的现代化重工业，能够在国民经济中起主导作用。第四，能源工业发达，保证国民经济发展的需要。第五，有真正成为先行的现代化交通运输业。同时，有发达的商业、服务业。第六，生产力配置合理，各地能充分发挥本地区的优势。第七，大中小企业正确结合，各种技术（自动化，机械化和手工劳动）正确结合。第八，有发达的对外贸易。第九，有发达的科学研究和文化教育事业。第十，人民有较高的物质文化生活水平和较高的思想觉悟、道德水平。

如果考虑到生产关系结构，那么，最主要的就是要适应多层次的生产力状况，建立起合适的生产关系。当前要在社会主义公有制占优势的条件下，允许多种经济形式和多种经营方式并存。

怎样才能建立起合理的经济结构呢？我认为，主要要抓住以下几个环节：

1. 认真研究国情

陈云同志不久前指出："我们搞四个现代化，建设社会主义强国，是在什么情况下进行的。讲实事求是，先要把'实事'搞清楚。这个问题不搞清楚，什么事情也搞不好。"国情包括多方面的内容，诸如，社会经济制度、生产力状况，科学文化水平，经济管理水平、自然环境、资源条件、历史沿革、文化传统、民族特点、国际交往等，都是国情的重要内容。我们尤其要注意研究那些对社会主义建设经常起决定作用的国情，把它们作为重点进行研究。要做到既掌握住全面，又抓住重点，弄清楚国情各个方面的相互联系和相互制约作用，同时要在动态中掌握国情，因为国情是在不断变化的。应该看到，掌握中国国情还是非常艰巨的任务，是必须下工夫认真研究的。

2. 制订有科学根据的长期规划

要在掌握国情的基础上制订有科学根据的计划和规划。不仅要有年度计划、五年计划，而且要有更长时期的规划，因为改善经济结构是一个长期的连续性的任务。不仅要有一个经济规划,而且要有一个科技社会规划。由于科技革命对经济发展的影响越来越大,各种社会因素对经济发展的作用越来越大,因而规划不仅要包括经济的内容,而且要包括科技、教育、劳动条件、福利设施、环境保护等内容。这种长期计划还应该是一个滚动计划。应该在充分调查研究的基础上制订这样的计划。

3. 大力发展国民经济的落后部门和主导部门

首先要把农业搞上去。经济发达的国家第二产业、第三产业的迅速发展是农业发达的结果。农业发达的主要标志是劳动生产率高。1976 年美国平均每个农业劳动生产力生产粮食 174000 斤,肉类 13000 斤,鸡蛋 3032 斤,牛奶 43000 斤。1977 年我国平均每个劳动力生产粮食 1932 斤,肉类 50 斤,蛋类 14 斤,牛奶 7 斤。美国近三十年来农业劳动生产率的增长速度快于工业,1950—1976 年按工时计算的劳动生产率,农业每年平均增长 5.6%,工业制造业增长 5.2%。农业劳动生产率高是和装备水平高分不开的。1977 年美国平均每个农业劳动力占有固定资产 47566 美元,而工业制造业平均每个劳动力占有固定资产 30155 美元,农业为工业的 1.58 倍。我国工业装备水平低,农业的装备水平更低,因此劳动生产率也低。

当前我国发展农业主要靠政策,靠科学。政策加科学,可以使农业有较快的发展。随着经济的好转,我们应该逐步增加农业投资,从根本上改变农业的物质技术基础。除了农业,还要把能源搞上去,把交通运输搞上去,把建筑、建材搞上去。此外,还应高度重视教育和科学的发展。这些部门现在是落后部门,应该逐步成为先进部门。

4. 发展社会主义商品经济,发挥各个地方的优势

过去在处理生产关系和生产力上都存在"一刀切"的毛病。说炼钢铁,不管有没有矿石、燃料,都炼钢铁。说搞化肥,不管有没有原料、资金,都搞化肥。牧区和经济作物区也都"以粮为纲"。经济非常落后的地区也要优先发展重工业。这样做,经济怎么能上去?

过去各省都想搞独立的完整的经济体系,这既不可能,也无必要。有人认为我国一个省等于欧洲一个国家,因而主张省也应该有独立完整的经济体系。其实,欧洲一些国家的经济体系也是既不独立也不完整的。

当前国际专业化主要是沿着部门内专业化的方向发展的。例如,美国

的拖拉机制造业专门生产大马力的轮式和履带式拖拉机，英国则生产中型的轮式拖拉机，联邦德国生产小马力的拖拉机。在英国，拖拉机制造业有五分之四输往国外，联邦德国有三分之二，意大利和法国有一半以上。现在已有一系列所谓欧洲式产品，即有许多西欧国家参与了这种产品的生产。例如，所谓西欧式的"R—1800"载重汽车是在英国装配的，它的零件则由瑞士（发动机）、联邦德国（控制设备）、美国（底盘、弹簧）和意大利（车身）生产。

这里还有一个允许一些地区先富起来的问题。地区之间发展不平衡是历来存在的，现在也无法完全消除，只有各地因地制宜地发挥优势，允许有些地区先富起来，才是真正走向共同富裕的道路。一国之内各个地区存在差别是必然的，要承认差别，处理好它们的关系。还要注意，发挥地方优势要有一个过程，要认真调查研究本地究竟有什么优势，有计划有步骤地发挥这些优势，防止盲目生产、盲目建设。发挥地区优势还应该有利于整个国家经济优势的发挥。

5. 改革经济管理体制，充分发挥中央、地方、企业和劳动者个人的主动性和积极性

我们要发挥计划经济的优越性，有计划有步骤地建立合理的经济结构。不要像资本主义国家那样自发地形成现代化经济结构，这样时间太慢，代价太大。为此，要建立合理的经济管理体制，当前改革经济管理体制的关键是要让企业有活力。要坚持计划经济，实行计划指导下的市场调节，依靠经济手段、行政手段和思想工作，建立一种中央、地方、企业都能自动地改善经济结构的机制。还要处理好调整和改革的关系，使它们互相促进。

（摘自作者 1980 年 5 月在一次经济管理研究会上的报告）

两个"转变"：经济发展战略的指导思想

我们应该有什么样的战略指导思想呢？这是一个很值得研究的问题。这里我强调一点，就是当前制订经济发展战略必须贯彻两个"转变"的要求，尤其要把转变经济增长方式作为战略指导思想，在制定战略目标和战略措施时认真贯彻。下面就几个问题谈点粗浅的意见：

一 转变经济增长方式的含义

什么是经济增长方式？现在有种种说法，例如：外延型和内涵型，粗放型和集约型，速度型和效益型，数量型和质量型，等等。十四届五中全会通过的《建议》中的提法是"经济增长方式从粗放型向集约型转变"。我认为这个提法比较确切和科学。

所谓粗放型经济增长，是指经济增长主要靠投入的增加；所谓集约型经济增长，是指经济增长主要靠投入要素效率的提高，即靠提高要素生产率，或者说是提高效率。

现在我国经济增长的70%是靠投入的增加。国外有的国家经济增长中70%靠科学技术进步，而我国科学技术（包括管理）进步在经济增长中的贡献只有30%。因此，我们说中国现在还是粗放型为主的经济增长方式，需要向集约型为主的经济增长方式转变。

我认为不能把粗放和外延、集约和内涵等同起来。笼统地说外延就是粗放，内涵就是集约，是不确切的。因为外延扩大再生产可能是粗放的，也可能是集约的，内涵扩大再生产可以是集约的，也可以是粗放的。

我们通常把建设新企业视为外延型扩大再生产，把改造老企业视为内涵型扩大再生产，并强调要改变重视新建忽视改造的现象。现在强调内涵是必要的，但有些新建也是需要的，而且内涵也可能是复制古董。所以，应该全面认识粗放和外延之间、集约和内涵之间的联系和区别。

转变经济增长方式的要求是多方面的，正如江泽民同志所说："在现代化建设中，必须把实现可持续发展作为一个重大战略。要把控制人口、节约资源、保护环境放到重要位置，使人口增长与社会生产力发展相适应，使经济建设与资源环境相协调，实现良性循环"。[①] 而转变经济增长方式的关键则是提高效率，即提高生产率在经济增长速度中的贡献份额。经济发展战略和长期计划中应该提出这方面的具体要求和指标，真正落实和体现转变经济增长方式的要求。

为了实现经济增长方式的转变，需要进一步提高对"转变"必要性、重要性、紧迫性的认识。现在有些人的认识还很不够。这并不奇怪，因为长时期来我们追求速度而忽视效益，习惯于粗放经营。改变这种习惯并不容易。问题还在于，当前我们还缺少保证和促使经济增长方式转变的体制条件，至少这方面的很多条件还不充分和完善。所以，十四届五中全会强调实现经济增长方式转变要靠经济体制改革。我们应该认真领会这个观点。

二 经济体制要有利于经济增长方式的转变

经济体制是生产关系的重要表现。经济体制也要有利于经济增长方式的转变，才能保证这个转变的顺利进行。这里涉及经济增长方式转变的条件问题。现在理论界对转变经济增长方式问题讲得不少，但对其中转变经济增长方式的条件问题讲得不多。而转变经济增长方式是需要条件的。第二次世界大战后，日本和苏联都曾面临转变经济增长方式的任务。结果是日本转变了，苏联没有转变。原因何在呢？我认为主要是条件问题。

转变经济增长方式需要哪些条件呢？我认为至少要有六个方面的条件，即：1. 国民经济尤其是工业有一定的基础，产业结构适应集约型增长的要求，并有较高的积累率和投资能力。2. 科学技术有一定的水平，

[①] 《正确处理社会主义现代化建设中的若干问题》。

而且进步较快。3. 重视经营管理，不断改进经营管理。4. 有一支素质较高的职工队伍和企业家队伍。5. 经济体制有利于实现集约型经济增长。6. 政府实行促使转变经济增长方式的政策。这些条件都是很重要的，忽视任何方面的条件都会影响经济增长方式的顺利转变。

那么我国是不是已经具备了这些条件呢？我的看法是，条件基本具备了，可是还有欠缺，还需要充实和完善。尤其是经济体制方面的条件，不能说已经非常充分了。

应该说，在自然经济条件下，在传统计划经济条件下，只可能实行粗放型或粗放型为主的经济增长，不可能实行集约型或集约型为主的经济增长。在社会主义计划经济条件下，一段时期内经济发展速度可以很快，有些部门技术进步也可以很快并达到很高的水平。但是就整个国民经济而言，技术进步受到很大限制，速度不快，水平也不高。到了一定时期，经济发展速度也会放慢，导致经济领域问题丛生，严重阻碍社会主义制度优越性的发挥。

只有进行经济改革，建立社会主义市场经济体制，并在具备其他一些必要的条件时，才有可能实行集约型为主的经济增长方式。这是因为，实行经济增长方式的转变主要靠企业，企业有了转变经济增长方式的动力和压力，才可能实现转变。这种情况，不管资本主义社会还是社会主义社会都是一样，那种认为社会主义制度不能实行经济增长方式转变、资本主义制度才能实行经济增长方式转变的观点是缺乏根据的，因而也是错误的。在这里，社会制度的性质并不是转变的必要条件，但是说市场经济体制才能保证经济增长方式的转变则是有根据的。因为，在市场经济条件下，企业才能是自主经营、自负盈亏、自我发展、自我制约的商品生产者和经营者，同时才能存在竞争而有序的市场体系，这样企业才会有实现集约经营的动力和压力。加上其他必要条件，才能真正实现经济增长方式的转变。

现在我们还处在建设社会主义市场经济体制的过程中，还没有建成这种体制，这是现行经济增长方式转变最主要的困难。因此，十四届五中全会通过的《建议》中强调："实现经济增长方式从粗放型向集约型转变，要靠经济体制改革，形成有利于节约资源、降低消耗、增加效益的企业经营机制，有利于自主创新的技术进步机制，有利于市场公平竞争和资源优化配置的经济运行机制。"这是说得非常深刻的和正确的。

值得思考的一个问题是:《建议》中说的企业经营机制、技术进步机制、经济运行机制等三个机制具体内容是什么,如何才能形成这三种机制?

我认为形成这三种机制的基础是使企业成为自主经营、自负盈亏、自我发展、自我制约的商品生产者和经营者。自主经营、自负盈亏、自我发展、自我约束简称"四自"。有人反对企业"四自"的提法,我不同意这种主张,我认为企业必须"四自",这样才能是名副其实的企业。

要形成有利于节约资源、降低消耗、增加效益的企业经营机制,除了"四自"还要求企业善于管理,加快技术进步。当前还要进行企业改组,即做到"三改一加强"。可以说"三改一加强"是企业集约经营之路。

要形成有利于自主创新的技术进步机制,企业"四自"也是基础和前提。尤其要重视解决企业自我积累、自我发展的问题,使企业有扩大再生产的自主权和条件,成为技术进步的主体。此外,还要形成竞争有序的市场体系,使企业有技术创新的强大动力和压力。

要形成有利于市场公平竞争和资源优化配置的市场运行机制,就要求更高了。因为这不仅是企业的微观问题,而且是整个国民经济的宏观问题。除了要求企业成为真正的企业,要求建立竞争有序的市场体系,还要求具有健全的市场法规和市场监督管理制度,即建立正确有效的宏观管理制度。而实行企业"四自"也是基础。

既然转变经济增长方式主要要靠企业,毫无疑义,各种经济成分的企业都要成为有活力的商品生产者和经营者,成为市场竞争主体。为此,除了重视国有企业的改革和管理问题,还要重视非国有企业乃至非公有企业的改革和管理问题。非国有企业、非公有企业也要建立起适应社会主义市场经济的企业制度,这也可称之为现代企业制度。当前尤其要重视集体企业的体制改革问题,做到产权清晰、权责明确、政企分开、管理科学。非国有企业、非公有企业也有改组改造和加强改进经营管理的问题,也有增加活力、增加竞争力的问题。对非公有企业还有加强管理监督,使它们更好地纳入社会主义市场经济轨道的问题。

我认为,要把深化国有企业改革和发展多种经济成分结合起来。国有企业不是可有可无，但现阶段只能要求国有经济起主导作用。不能要求它起主体作用。主导不等于主体，现阶段国民经济的主体是包括国有经济、集体经济在内的整个公有经济。从目前存在的问题看，还要进一步调整国有经济范围，退出一些不该国有的部门，加强必须加强的国有部门。因此要认真贯彻"抓大放小"的方针。

国有企业改革必须加强领导，加强规划。改革中的有些问题看来需要最有权威的领导来解决。最近看到一个材料，反映上海国有资产管理体制改革中出现的问题，提出在建立了国有资产经营公司以后，仍难实行政企职责分开。例如，国资部门所有者职能仍难到位，国资公司行政职能仍难转移，运行方式仍难改变。这些问题，国资部门和各主管部门都解决不了，需要更高的领导机构来解决。

三 正确处理速度和效益的关系

江泽民同志在党的十四届五中全会上说："多年来的经验表明，我们讲发展，难就难在把速度和效益有机结合起来。问题往往出在偏重数量扩张，单纯追求增长速度，而忽视经济质量，效益不理想，整体素质不高。这是我们今后经济工作中需认真解决的一个关键问题。"解决这个问题难度也很大。据了解，全国省市制定的增长速度低于党中央《建议》的只有个别省市，其他的都超过《建议》，都在10%以上。因此，速度和效益的关系问题还是要注意的一个问题，要根据转变经济增长方式的要求来处理好这个问题。

转变经济增长方式并不是不要高速度，而是要在提高经济效率、经济效益的基础上争取高速度，要投入少、产出多的高速度，要持续稳定的高速度。现在就全国经济发展情况而言，在一个较长时期内保持高速增长是有可能的，在资源、资金、技术、市场等方面都具备长期高速增长的条件。

不过，也要看到当前和今后增长速度受到制约的一面。例如，受基数高的制约，受资源供给的制约，受资金、技术、市场等方面的制约。所以，也不宜把增长速度定得过高。正确的做法是在提高经济效率、经济效益的前提下争取高速度,这样的速度是越高越好。而如果继续偏重数量扩张,单纯追求增长速度,把增长速度定得过高,势必会为了速度而妨碍提高经济效率和经济效益,仍旧走粗放经营之路,违背转变经济增长方式的要求,也不会实现持续稳定的高速度。

四 把城乡关系作为战略问题来抓

有些人往往把转变经济增长方式看成只是工业部门的事情,这种看法是不正确的。转变经济增长方式应该是整个国民经济的任务,也就是各个经济部门都要转变经济增长方式,由粗放型向集约型转变。因此,我们不仅要在工业中而且要在农业中转变经济增长方式,不仅要在城市中而且要在乡村中转变经济增长方式。如果我国的工业是集约经营了,而农业还是粗放经营,不能说我们已完成了转变经济增长方式的任务。

在农业中和在乡村中转变经济增长方式,很大程度上要靠工业发挥主导作用和城市发挥带动作用。这就涉及城乡关系问题。在长期规划中要把这个问题作为一个战略问题来研究和处理。

上面我曾说,今后中国能够长时期维持高速增长。原因何在?我认为最主要的原因在于中国有一个广大而又不富裕并迫切要求现代化的农村。现在我国还是一个工业农业国,按人口构成说还是农业工业国,农村人口还占多数。我国农民比较穷,随着经济发展,如果农民达到现在城市居民的生活水平,由此引起的市场需求就会使我们有几十年的高速增长时期。现在经济发达国家增长速度很低,主要是受市场需求的限制。我国经济增长的最大潜力在于有无比广大的市场,这首先是而且主要是农村市场。

(原载《市场经济导报》1996年第11期)

从研究提高经济效益到研究转变经济发展方式

"文化大革命"后期,李先念委托谷牧在国家基本建设委员会成立一个研究组,研究中国工业化、经济效益(当时称为经济效果)、基本建设等问题。我从经济研究所借调到这个研究组,研究组曾到一些工矿企业调查经济效益状况,但由于"四人帮"的干扰,研究工作难以顺利进行。不过通过调查,我深切地感受到,中国经济效益问题的严重性。粉碎"四人帮"后,我和研究组同志认真研究了基本建设投资效果问题。后来我调到工业经济研究所,又长期参加了经济效益的研究工作。经济效益问题后来延伸和发展为经济增长方式和经济发展方式问题,我又对这些问题进行研究,写过若干篇论文。改革开放以来中国经济学界经历过从研究经济效益到研究经济增长方式、从研究经济增长方式到研究经济发展方式的过程。我以上的经历从一个侧面反映了这个过程中研究的情况和提出的问题。

一 研究中国经济效益差的原因和对策

1979年中国进入了经济调整时期,贯彻调整、改革、整顿、提高的方针,要求努力提高经济效益,走出一条发展经济的新路子。根据这个要求,从1979年到九十年代前半期,我研究经济效益的重点在以下几个方面:

1. 研究基本建设的投资效果。我和谭克文、林森木合作写了多篇研究基本建设规模和投资效果的文章。主要有:《基建战线过长的问题为什么长期不能得到解决》(《经济研究》1979年第2期)、《基建投资效果差的原因在哪里》(《人民日报》1980年4月2日)、《论提高投资效果》(《经济研究》1980年第6期)、《压缩基本建设规模，争取经济工作的主导权》(《红旗》1981年第3期)。我们提出：长期以来，中国基本建设效果很差，花钱多，办事少，损失浪费严重。我们经常讲基本建设战线长，财力、物力、人力使用分散，管理混乱，但这种"长、散、乱"只是表现形式，投资效果差才是问题的实质。投资效果差的主要原因是投资规模过大，超过了国家能够提供的物力和财力，致使不少建设项目打打停停，长期不能发挥效益。投资规模过大的症结要从基本建设管理体制和经济管理体制中去寻找。中国现行基本建设管理体制和经济管理体制基本上是沿用苏联五十年代初期的办法，在这种管理体制下，各地区、各部门、各企业有争项目、争投资、争材料设备的积极性，没有提高经济效果的动力和责任。在第一个五年计划期间，建设规模比较小，问题还不突出，以后问题就突出起来了。在这种体制下，搞好基本建设的综合平衡是很困难的。要解决基本建设规模过大，提高投资效益，一定要搞好综合平衡，按照基本建设程序办事，还必须有计划、有步骤地改革基本建设管理体制和整个经济管理体制，使得各地区、各部门、各企业都能关心最大限度地提高投资效果。后来，我在《基本建设规模和社会经济机制》(《经济理论与经济管理》1983年第4期)中分析了影响基本建设规模的多方面原因，指出"必须从多方面进行工作，建立能够保证基本建设规模合适的社会经济机制"。这不仅要从经济领域着眼，而且要从整个社会领域着眼，从经济管理体制、国民经济体制、经济杠杆、行政干预制度、经济立法和经济司法、经济信息网络、思想政治工作等多方面创造条件，使各个部门、各个地区、各个企业都具备强大的动力和经受必要的压力，能够自觉地关心基本建设的微观经济效果和宏观经济效果，实现基本建设规模的合理化和投资效果的最优化。

2. 研究工业企业的经济效果。1981年我在《工业生产要讲求经济效果》(载《经济效果问题广播讲座》)中分析了中国工业生产经济效果差的状况及其原因和出路。当时，工业经济效果差的主要表现是：生产中消耗大，浪费严重；产品质量差，有的甚至是废品；流通过程迟缓，物资积压严重；企业利润率下降。文章指出：虽然中国工业总产值的增长速度是比较快的，但是由于经济效果差，实际的社会财富没有相应增加，人民并没有得到应有的实惠。从1950年到1979年，中国工农业总产值年均增长9.4%，国民收入年均只增长7.3%，1958年到1978年工农业总产值每年增长6.3%，每个人的消费水平每年只增长2.8%，职工的实际工资甚至还有下降。在很长的时期内，我们只重视工业发展速度，忽视了经济效果，这样做就带来了工业挤农业、重工业挤轻工业、基本建设挤生产维修、积累挤消费等一系列问题，表明盲目追求工业生产高速度必然违背国民经济按比例发展的要求，从而破坏合理的经济结构，导致经济效果下降。这当然不是说工业发展速度越慢越好，事实表明，没有一定的经济发展速度，也难以取得比较好的经济效果。但确定工业发展速度要看到它受资金、能源、原材料、市场等多方面的限制。过去那条依靠优先发展重工业、多上基本建设项目、大量增加能源和原材料消耗的路子已经走不通了，要认真研究如何在当前条件下做到投资和积累不那么多、速度不那么快、但是经济效果比较好的办法，走出一条依靠提高经济效果发展工业的新路子来。后来，我又在《提高经济效果，促进经济发展》（《人民日报》1982年4月2日）中提出，要从以下几个方面努力提高经济效果：一是消耗高、质量差、亏损大的企业实行关停并转；二是整顿现有企业；三是改善经营管理；四是有计划、有重点地进行设备的技术改造，五是有计划、有步骤地进行经济管理体制改革。我指出：我们要想方设法把现有工业企业的潜力充分发挥出来，要转变经济发展战略，由以外延扩大再生产为主转变为以内含扩大再生产为主。过去工业基础薄弱，必须主要依靠新建来扩大再生产，现在工业有了相当的基础，今后发展工业则应主要依靠内含扩大再生产。八十年代末，中国开始进行治理整顿，我发表文章指出，为了提高经济效益，要正确处理治理整顿和深化改革的关系。有些人认为治理整顿就是"不要改革"；就是"回归旧体制"，这种认识是完全错误的。治理整顿中有必要也有可能在企业改革、财政金融体制改革、物资管理体制改革、计划体制改革等方面深化和完善，努力扭转经济效益下降的局面。[①]

---

① 周叔莲：《努力提高经济效益》，《经济管理》1990年第2期。

3. 研究工业中宏观经济效果和微观经济效果的关系、长远经济效果和目前经济效果的关系。我指出，提高工业经济效果要处理好宏观经济效果和微观经济效果的关系。宏观经济效果和微观经济效果是相对的概念，这里主要是指整个工业部门经济效果和个别工业企业经济效果的关系。微观经济效果是宏观经济效果的基础，只有微观经济效果提高了，宏观经济效果才能提高。但是，微观经济效果和宏观经济效果之间有时也会发生矛盾。那些盲目生产、盲目建设的企业，从本单位看可能有比较好的经济效果，但是由于破坏了国家计划，和其他企业抢原材料和能源，以小挤大，以落后挤先进，从整个社会看是不利的。每个企业和单位在努力提高微观经济效果的同时，一定要关心宏观经济效果，使微观经济效果服从于宏观经济效果。提高工业经济效果还要处理好长期经济效果和目前经济效果的关系。社会主义社会的一切经济活动，既要改善目前的经济效果，又要改善长远的经济效果；既要为人民当前的利益着想，又要为子孙后代的利益着想。目前经济效果和长远经济效果也会出现矛盾，必须正确处理这种矛盾，把长远经济效果和目前经济效果很好地结合起来。(《工业生产要讲求经济效果》)

4. 研究经济效益低和经济效益下降的区别以及影响它们的客观因素和主观因素。我在《努力提高经济效益》中指出：在分析影响经济效益的因素时，应该弄清经济效益低和经济效益下降是两个不完全相同的问题。经济效益低是指一个时点上经济效益的状况，经济效益下降则是指经济效益的动态变化状况。某个国家在一个时点上的经济效益低，但如果影响经济效益的诸多因素有所改进，则在以后另一个时点上的经济效益将有可能提高，尽管其经济效益比其他国家仍然要低。经济效益下降常常是由于影响经济效益的一些主要因素不仅没有改进，而且趋于恶化的结果。我还指出：在分析经济效益的动态变化时，还应分清客观因素和主观因素。我把自然条件、生产力状况、产业结构、经济体制、管理水平等称为客观因素，把经济发展战略、指导思想、方针政策、人的主动性等称为主观因素。客观因素和主观因素的变动都有两种可能性，一种是导致经济效益提高，一种是导致经济效益下降。同客观因素相比，主观因素的作用更为重要，因为客观因素不仅变化较慢，而且它的变化方向和速度也常常是由主观因素决定的。

5. 研究国民收入和工农业总产值的同步增长问题。党的十二大提出，从1981年到2000年，中国要在提高经济效益的前提下，争取工农业总产值翻两番。有人提出国民收入也可以和应该翻两番，主张国民收入要和工农业总产值同步增长。但也有人认为国民收入和工农业总产值不可能也不必要同步增长。当时中国经济发展速度主要是以工农业总产值衡量的，研究工农业总产值增长和国民收入增长的关系，就是研究如何提高经济效益，是具有现实意义的。马洪让我研究这个问题，经过研究，我写了《论国民收入和工农业总产值同步增长》（《湖南经济研究》1984年第2期）、《再论国民收入和工农业总产值同步增长》（《经济与管理研究》1984年第3期）、《税利要和生产同步增长》（《技术经济与管理研究》1984年第1期）等论文。当时，有人认为工农业的有机构成会不断提高，尤其工业产值在工农业总产值中的比重会上升，因而认为工农业总产值中净产值比重会呈下降趋势，国民收入不可能和工农业总产值同步增长。我对这种意见作了分析和辩驳，认为国民收入和工农业总产值在一定的条件下是可以同步增长的。我列举了美国、日本、苏联等国家一段时期内国民收入和工农业总产值同步增长的史实，还列举了中国1952年、1953年、1955年、1963年、1966年、1978年、1981年国民收入也大体是与工农业总产值同步增长、有的年份甚至超过工农业总产值增长速度的史实。我指出，中国实现国民收入和工农业总产值同步增长的可能性是存在的，但又是相当困难的。一段时期内，中国国民收入的增长速度比工农业总产值增长速度慢很多，主要原因是经济工作受到"左"的指导思想影响，盲目追求工业总产值的增长速度，而忽视经济效益的提高。我们要按照走经济建设新路子的要求，着重从以下几个方面努力，使国民收入增长速度快一点，使它和工农业总产值同步增长：一是努力减少物资消耗，克服普遍存在的严重浪费现象；二是完善产业结构，真正把农业作为战略重点，处理好工业内部结构，使建筑业、运输业、商业服务业有较快的发展；三是充分利用劳动力；四是合理积累和充分利用资金；五是提高产品加工深度；六是利用世界新技术革命的成果，加快技术改造的步伐；技术改造首先要有利于节约能源和原材料，提高产品质量；七是提高企业素质；八是加强和改进宏观经济管理，改革和完善经济管理体制。

二 从研究提高经济效益到研究转变经济增长方式

1995年9月党的十四届五中全会提出，"九五"计划时期要"积极推进经济增长方式转变，把提高经济效益作为经济工作的中心，实现经济增长方式从粗放型向集约型转变"；要"向结构优化要效益，向规模经济要效益，向科技进步要效益，向科学管理要效益"。转变经济增长方式是提高经济效益的延续和发展，从这以后，我对经济效益的研究转向研究转变经济增长方式。1995年11月，国务院研究中心在北京召开了全国"经济增长方式转变理论与实践研讨会"，我写了《转变经济发展方式的含义》、《现代经济增长方式的特征和我国转变经济增长方式的迫切性》、《中国转变经济增长方式的条件和困难》、《转变经济增长方式与经济体制改革》系列文章，以《关于转变经济增长方式的几个问题》为总题目，作为提交给研讨会的论文。这些论文后来发表在《经济工作者学习资料》（1996年第28—29期）等刊物上。论文试图说明以下几个问题：

1. 什么是转变经济增长方式。经济增长方式是指生产要素的组合和使用方式。生产要素可分为劳动和资本（土地一般被包括在资本中），现代意义上的生产要素还包括科学技术和经营管理。而生产要素如何组合、如何使用，需要研究。生产要素的投入是为了产出，投入要素的组合和使用对产出有很大影响，要很好地把生产要素组合和使用，使产出增加。因此，转变经济增长方式包括四项内容：一是提高生产要素的质量，包括劳动者的素质和资本的质量；二是优化生产要素的组合，发展趋势是由劳动密集到资本密集再到技术密集；三是改进生产要素的配置；四是发挥生产要素的潜能。

2. 转变经济增长方式的标志。标志很多，包括技术进步、质量提高、效益提高和效率提高，还有总量标志即经济增长速度，节约资源、保护环境等。效率就是投入要素的生产率，即单位投入的产出量。现在我国的情况是投入多产出少，单位投入产出量的增长率（或者叫综合（全）要素生产率）低。改革以来，中国的投入效率是增加的。有人计算，1953—

1978年，中国平均每年经济增长率为6%，劳动贡献率为23.7%，资本贡献率为69.6%，全要素生产率贡献率为6.7%。1979—1993年年均增长率为9.2%，劳动贡献率为16.6%，资本贡献率为58.4%，全要素生产率贡献率增加到25%，这说明投入效率是增加的。但同经济发达国家相比，投入效率仍然很低，还处于投入多产出少的粗放经营阶段，必须实现向集约经营的经济增长方式转变。全要素生产率贡献率达到50%，才算达到转变第一步目标的要求。

3. 转变经济增长方式与提高经济效益的关系。转变经济增长方式与多年来强调的以提高经济效益为中心的精神是一致的。提出转变经济增长方式意味着中国的经济增长进入一个新时期，即集约型经济增长为主的时期。在粗放型经济增长阶段，提高经济效益也是可能的。但在集约经营阶段，提高经济效益的地位、作用、要求和措施都会不同。

4. 转变经济增长方式与实现可持续发展的关系。党的十四届五中全会提出了"实现经济和社会可持续发展"的要求，这是作为国民经济和社会发展的一个长远奋斗目标提出来的。可持续发展是80年代提出的一个新概念，是指既满足现代人的需要，又不损害后代人满足需要的能力。当前中国可持续发展的核心是发展，但要求在保持资源和环境永续利用的前提下进行经济和社会的发展。转变经济增长方式应该包括节约资源、保护资源、保护环境、控制人口等要求。我们必须把转变经济增长方式和实现可持续发展的要求结合起来。

5. 中国转变经济增长方式的必要性和紧迫性。中国的经济增长应该是现代经济增长，而现代经济增长是建立在技术不断进步基础上的集约型增长。无论是资本主义国家还是社会主义国家，发展的初期实行粗放式、外延的经济增长方式是难免的。不过，到了一定的阶段，就要转变为集约式、内涵的经济增长方式。单位投入的产出量增长率，即综合要素生产率的增长率在经济增长中的贡献会增加，科学技术的贡献会增大，经济增长主要依靠科学技术（包括管理）。中国改革以来的技术进步贡献率平均为25%，1991—1993年平均为33.1%，低于发达国家50年代的水平。这说明中国的技术进步贡献率和全要素生产率的增长率还很低，还没有走出粗放的经济增长方式的轨道。转变经济增长方式是中国的当务之急。

概括起来，中国转变经济增长方式的紧迫性是由以下情况决定的：（1）现在这样的高速度，由于投入多，产出少，付出的代价太大。如果不改变粗放的经营状况，长期维持高速增长是很困难的。（2）在粗放经营条件下力争高速度，难免导致经济大起大落，出现严重的通货膨胀。（3）中国产业结构面临着合理化和高度化的任务，需要大量的资金投入，只有走集约经营的道路，才能达到这一目的。（4）中国人口多、人均资源少，要多产出，又不破坏资源和环境，也只能走集约经营的道路。（5）中国要扩大对外开放，提高国际市场上的竞争力，也要求加快经济增长方式的转变。（6）实现集约型的经济增长方式，才能更好地发展生产力，实现社会主义的生产目的。

6. 中国转变经济增长方式的条件。转变经济增长方式是需要条件的，如果不具备必要的条件，即使强调要转变经济增长方式，也未必能实现这种转变。转变经济增长方式至少要具备以下一些条件：一是国民经济尤其是工业有一定的基础，产业结构能适应集约型增长的要求；二是科学技术有一定的水平，进步较快；三是重视经营管理和不断改进经营管理；四是有一支高素质的职工队伍；五是经济体制有利于实现集约型增长；六是政府实行促使转变经济增长方式的政策。我认为中国基本上具备了转变经济增长方式的条件。一是经过四十多年的建设，已经建成了比较完整的工业体系和国民经济体系，经济规模已经相当可观，合理的地区布局已经展开，并正在完善之中；二是中国已经有了一支庞大的科技队伍，改革开放以来已引进了几万项先进技术，为转变经济增长方式提供了技术基础；三是经过长期的管理实践，积累了经验教训，培养了一支经营管理队伍，不少企业已具有较高的经营管理水平；四是培养了一支有觉悟、有能力、有技术的产业工人队伍，这支队伍数量在不断扩大，水平在逐步提高；五是经济体制改革不断深化，初步形成了社会主义市场体系，扩大了企业的自主权，正在进行现代企业制度建设，一部分国有企业已具备活力；六是经过党的十四届五中全会，在转变经济增长方式上统一了认识，明确了方针，制定了必要的政策。

7. 中国转变经济增长方式的困难。尽管中国已基本上具备了转变经济增长方式的条件，但是有些条件需要完善，同时面临着很多困难。

(1) 国有企业还未普遍成为独立的商品生产经营者和市场竞争主体，困难很多，缺乏活力，成为转变经济增长方式的主要依托尚有很长的一段路要走。乡镇企业虽然异军突起，但由于起步晚，技术水平低，管理不先进，实现经济增长方式转变也有不少困难。（2）还没有形成促进科技进步并尽快使高科技产业化的社会经济机制，制约着经济增长方式的转变。（3）企业管理水平总的来说比较低，产业结构、产品结构和企业组织结构存在很多问题，尤其是中国还处于经济体制的改革过程中，社会主义市场经济体制还不完善，还未完全形成有利于转变经济增长方式的制度基础。（4）中国人口多，劳动力多，就业压力大，粗放经营的惯性依然存在。在强调转变经济增长方式的必要性、可能性的同时，我们要清醒地认识转变的艰巨性和复杂性。要充分利用已具备的条件，积极地转变经济增长方式，同时要充实和完善各种条件，克服各种困难，脚踏实地地前进。

8. 当前转变经济增长方式要注意的问题。（1）控制经济增长速度。现在还有盲目追求速度的机制和条件，而速度过高必然影响经济增长质量。（2）重视企业技术改造。中国经济已有一定规模，可以通过企业技术改造增加生产的，就不要铺新摊子。技术改造效益高，投资省，进度快。（3）重视企业管理。企业管理关系到生产要素能否有效地组合和使用，不抓好企业管理，就难以转变经济增长方式。（4）努力节约。现在浪费成风，这和转变经济增长方式的要求是背道而驰的。坚持资源开发与节约并举，把节约放在首要位置。（5）加快改革步伐，深化经济体制改革。经济增长方式能否转变关键在于改革，尤其是国有企业改革。科技进步、管理进步、结构优化、实现规模经济都要求深化改革，完善社会主义市场经济体制。

1996年3月，我在全国政协八届四次会议上提交了"转变经济增长方式要靠深化改革"的书面发言。后来，我又发表了《实现"纲要"，要把两个转变结合起来》、《地区经济发展战略要把实现"两个转变"作为指导思想》、《企业家要在"两个转变"中发挥更大的作用》等研究转变经济增长方式的论文。

三 研究转变经济发展方式和转变经济增长方式的联系和区别

2007年,党的十七大提出"加快经济发展方式转变",人们在学习中提出转变经济发展方式和转变经济增长方式两种提法是什么关系。当时有一种意见,认为十七大用转变经济发展方式替代了转变经济增长方式的提法。我在《对十七大提出转变经济发展方式的理解与思考》(《中国社会科学院要报》第61期,2007年12月10日)中认为这种意见不够确切。我指出:经济发展方式虽然不同于经济增长方式的内容,但是转变经济发展方式仍然要求转变经济增长方式。而按照上述这种意见,似乎转变经济增长方式的提法失效了,不存在转变经济增长方式的任务了。而事实上,中国仍面临着艰巨的转变经济增长方式的任务,不过它要和转变经济发展方式的其他任务紧密结合起来完成。在十七大报告中也多次提到增长方式的问题。所以,确切地说,从十四届五中全会提出转变经济增长方式到十七大提出转变经济发展方式,不是用一种提法替代另一种提法,而是中国国民经济发展战略的一个重大发展。

那么,什么是经济增长方式和经济发展方式呢?我认为,经济增长方式内容比较明确,它是指通过生产要素的变化,包括数量增加、结构变化、质量改善,实现经济增长的方式和模式。而经济发展方式的内容则比较丰富复杂,其全部内容和体系结构尚待研究。但可以明确的是,它除了包括经济增长方式的内容,还包括产业结构、经济体制、收入分配、居民生活以及城乡结构、区域结构、资源利用、生态环境等方面的内容。转变经济发展方式,既要求从粗放型增长转变为集约型增长,又要求从通常的增长转变为全面、协调、可持续的发展。经济增长理论是经济学的一个专门学科。有很多经济学家专门研究经济增长问题,也有不少经济学家在研究经济增长的问题时,超出了经济增长含义的范围,涉及经济发展中的许多问题。例如,美国经济学家库兹涅茨写过《现代经济增长》和《各国的经济增长》两部著作,他根据对一些国家长期统计资料的分析,认为现代经济增长具有以下几个特征:一是人均产值和人口的高增长率;二是全要素生产率的高增长率；三是经济结构急剧变动；四是社会结构和意识形态迅速变化；五是全球化的发展趋势。中国许多经济学家也早就指出：转变经济增长方式不仅包括经济效益的提高，而且包括经济增长持续稳定健康地进行，产业结构的优化升级和生产的规模化，社会经济制度不断完善，人民的生活质量显著提高及生活环境改善。党的十七大明确提出"转变经济发展方式"，并把它作为"关系国民经济全局紧迫而重大的战略任务"，这是认真总结实践经验和深化理论认识的结果。党中央不仅十分重视转变经济增长方式问题，也十分重视转变经济发展方式问题。党的十四届五中全会提出实现经济体制和经济增长方式的两个根本转变以后，党的十五大又把完善分配结构和分配方式、调整和优化产业结构、不断改善人民生活作为经济发展的重要内容。党的十六大提出了全面建设小康社会的奋斗目标，强调要走新型工业化道路，大力实施科教兴国战略和可持续发展战略；全面繁荣农村经济，加快城镇化建设；促进区域经济协调发展；深化分配制度改革，健全社会保障体系。进入新世纪新阶段以来，党中央又根据面临的形势和任务提出科学发展观和促进国民经济又好又快发展等战略思想。这样，十七大明确提出转变经济发展方式，就是自然而然的了。

我认为，十七大提出转变经济发展方式，可以从以下几点来认识和理解：（1）经济发展中出现了一些迫切需要解决的问题。十六大以来，中国经济保持平稳快速发展，经济实力大幅上升，总的说经济形势是很好的。但也出现了一些值得重视的问题，其中有些是原来就存在的，但现在尖锐化了；有些是新出现的问题。例如，随着经济快速增长，资源消耗和资源供给的压力明显加大；生态环境压力越来越大，越来越多的地区成为不适宜人类生存的地方；由于积累消费比例不合理和居民收入差距扩大，低收入者收入水平低，制约着经济健康发展；国际贸易不平衡，外贸顺差过大，国际收支盈余过多。此外，城乡不平衡、区域不平衡、经济社会发展不平衡等矛盾也趋于突出。这些都是经济发展方式的问题，不是单靠转变经济增长方式所能解决的，需要靠加快转变经济发展方式来设法解决。（2）就经济增长方式论经济增长方式，难以实现根本转变经济增长方式的要求。近年来，随着经济增长速度加快，增长方式粗放的问题更加突出。转变经济增长方式要求生产要素结构优化，质量提高，达到节约资源、增加产出的目的，这势必涉及经济发展方式中方方面面的问题，单靠转变经济增长方式不仅难以根本转变经济增长方式，还可能产生一些新的问题。必须把转变经济增长方式和转变经济发展方式结合起来。（3）经济发展方式是包括生产、分配、交换和消费等环节的一个大系统，经济增长方式涉及的主要是生产，是经济发展方式大系统中的一个分支系统。提出和研究经济发展方式，有利于理清生产、分配、交换、消费诸领域之间和各自内部的关系。转变经济发展方式有利于解决当前面临的一些深层次矛盾，从而也有利于经济增长方式的根本转变。（4）经济发展还涉及生产力和生产关系、经济基础和上层建筑的关系，还需要政治建设、文化建设、社会建设的配合。提出转变经济发展方式，使人们更重视处理好生产力和生产关系、经济基础和上层建筑等问题，更有利于经济建设、政治建设、文化建设、社会建设互相配合、互相协调、互相促进，保证国民经济又好又快地发展。

四　研究转变经济发展方式的几个重要问题

近几年，我对转变经济发展方式需要重视解决的几个重要问题进行研究，主要研究的问题有：

1. 转变经济发展方式要转变发展观念。2008年，有关部门对"十一五"规划实施进行中期评估，发现经济增长速度的目标已经超额完成，而转变经济发展方式的有些重要任务却未能完成，前几个五年计划也是这种情况。为什么转变经济发展方式如此困难？我认为，传统发展观念还在发挥作用是重要原因，转变经济发展方式必须转变经济发展观念。我指出，盲目追求高速度是传统发展观念的核心，转变发展观念首先要转变盲目追求高速度的观念。过去追求发展速度主要表现为追求工农业总产值，现在主要表现为追求国内生产总值，两者有所不同，但经济上盲目追求高速度必然带来种种恶果，这一点是相同的。总结建国60年的经验教训，完全有根据说不顾客观条件盲目追求高速度，一不利于产业结构优化升级，二不利于节约资源保护环境，三不利于建立社会主义福利制度，四不利于深化经济体制改革，五不利于建立科学的干部考核制度，六不利于政府职能转变。这样也就难以顺利推进经济发展方式转变。现在已经具备转变发展观念的有利条件。最有利的条件是党中央提出了科学发展观，转变发展观念就是把一切不符合科学发展观的观念，转变为符合科学发展观的观念，并贯彻落实在实践中。我指出：树立和贯彻科学发展观会遇到一些思想理论问题，需要多做调查研究工作，开展讨论，加以解决。例如，有一种观点，认为经济发展速度快才能解决就业问题，中国面临严峻的就业形势，速度越快越好。我认为，解决就业问题确实需要一定的发展速度，但是就业多少不仅决定于速度快慢，还决定于产业结构、技术结构、企业规模结构和有关的各种政策。以解决就业问题为理由追求过高的速度，不一定能够解决就业问题，而且会带来种种恶果，最终也不利于就业问题的解决。还有一种观点，认为速度快，生产增加了，才能实现公平分配。事实上，生产和分配既有联系也有区别，生产发展使蛋糕增大，可能有利于公平分配，但并不会自动导致公平分配，而中国近十多年来的情况是，生产发展了，各种收入差距反而不合理地更加扩大了。所以，这个观点也不能成为追求过高速度的理由。再有一种观点，认为经济发展不要担忧资源短缺，只要价格由市场机制即由竞争决定，资源问题就能够解决。现在中国资源价格定价机制不合理，确是导致资源供给和使用问题的重要原因，价格机制和定价的合理化会有助于解决资源问题。但是，不能认为可以不顾资源供给状况确定发展速度。地球上的很多自然资源是有限的，即使科技进步可以找到有些资源的替代品，也有一个时间接续问题。何况有些资源不一定会进入市场。再有一种观点，认为先污染后治理是经济发展规律。从历史看，很多经济发达国家和发展中国家在经济发展中确实走的是先污染后治理的道路，但现在我们不能再走这条道路了。因为这条道路代价太大，而且地球的生态环境已到了恶化的顶点，不容许再增加污染了。这条道路不仅对不起子孙后代，也使当代人受困于污染的环境，甚至使他们喝不到干净的水和呼吸不到清洁的空气，从而难以有幸福的生活。我们要以科学发展观为指导，对这些观点进行研究讨论，辨明是非，克服各种片面性，转变发展观念。①

---

① 周叔莲：《加快经济发展方式的转变》，《新视野》2010年第3期。

2. 转变经济发展方式要深化体制改革。我在《加快经济发展方式的转变》中还指出，加快转变经济增长方式要求继续深化改革，奠定牢固的制度基础。不仅要求深化经济体制改革，而且要求深化政治体制、文化体制、社会体制等方面的改革。实现现代化需要全面推进经济建设、政治建设、文化建设、社会建设。这四个建设都有改革的问题，也都有转变发展方式的问题。因此，党的十七大强调："要把改革创新精神贯彻到治国理政的各个环节，毫不动摇地坚持改革方向，提高改革决策的科学性，增强改革措施的协调性。"我指出：现在中国社会主义市场经济体制还不完善，未来十年要建成比较完善的社会主义市场经济体制。要深化对社会主义市场经济规律的认识，从制度上更好地发挥市场在资源配置中的基础性作用，形成有利于科学发展的宏观调控体系。要坚持和完善公有制为主体，多种所有制经济共同发展的基本经济制度，巩固和发展公有制经济，鼓励、支持、引导非公有制经济发展。要根据邓小平同志倡导的三个有利于标准处理所有制问题。公有制并非就是社会主义，即使在社会主义社会里，公有制经济也未必一定是社会主义性质，符合三个有利于标准的公有制才是真正的社会主义公有制。私有制经济按照三个有利于标准办事，这种私有制经济的发展不会影响中国社会的社会主义性质。要坚持平等保护物权，形成各种所有制经济平等竞争、相互促进的新格局。现在地方保护主义、市场分割现象严重，要改变这种状况，形成统一开放、竞争有序的现代市场体系，发展各类生产要素市场，形成能够反映市场供求关系、资源稀缺程度、环境损害成本的生产要素和资源价格形成机制。还要看到，社会主义和市场经济必须结合，也可能结合，但社会主义和市场经济之间也存在矛盾，要从体制、机制、政策等方面正确处理和解决矛盾。要积极稳妥地深化政治体制改革。政治体制改革是全面改革的重要组成部分，必须随着经济社会发展而不断深化，与人民政治参与积极性不断提高相适应。政治体制改革滞后，不仅影响政治文明建设，延缓经济体制改革的进程，而且是权钱交易、官商结合、寻租、腐败等现象频发的重要原因。要努力完成党的十七大规定2020年实现全面建成小康社会在政治建设方面的奋斗目标，从扩大人民民主、发展基层民主、加快建设社会主义法治国家、建设服务型政府、完善制约和监督机制等方面，发展社会主义民主政治。当前应该着力加快行政管理体制改革，建设服务型政府；加快推进政企分开，政资分开，政事分开，政府与市场中介组织分开，切实转变政府职能，理顺中央和地方政府的关系。行政管理体制改革是政治体制改革的一个重要方面，但不能用行政管理体制改革取代政治体制改革。不积极进行政治体制改革，行政管理体制改革也是搞不好的。经济学界研究转变经济发展方式似乎有一种规避政治体制改革的现象，而政治经济学研究经济问题是不能脱离政治也离不开政治的，这也正是政治经济学的长处，马克思主义政治经济学更不能脱离政治研究经济问题。政治体制改革是艰难和有风险的，而且会遇到阻力，特别是既得利益阶层的阻力。正如党的十七大所说："人民民主是社会主义的生命。发展社会主义民主政治是我们党始终不渝的奋斗目标。"我们必须下定决心，克服困难，进行政治体制改革，这也是加快转变经济发展方式的要求和条件。

3. 研究城市化和新农村建设的关系，提出加快城市化绝不能放松新农村建设。城市化是中国现代化的重要内容，也是解决"三农"问题的前提条件和重要举措。因此，需要加快城市化的步伐。但是，加快城市化一定要按照客观规律办事，包括经济规律和自然规律。加快城市化要考虑如下几个问题：一是城市化与工业化和经济发展的关系。如果城市化脱离了经济发展，城市化也难以健康发展。二是加快城市化需要什么条件？我认为解决就业问题是加快城市化的一个重要条件。越来越多的人来到城市，就业问题不能解决就会带来很大的麻烦。三是加快城市化会带来什么问题，加快城市化要研究如何解决这些问题。有人认为，推进城镇化就是加快社会主义新农村建设，似乎城市化就可以解决三农问题了。我认为，加快城市化不能代替新农村建设。一定要破除轻视农业、农村、农民的看法，农业始终是国民经济的基础。推进城市化不是要消灭农业、农村和农民，而是要为建设新农村创造条件。建设新农村的主体是农民，我们要想方设法让人们既热爱城市，也热爱农村，不能把推进城市化和建设新农村分割开来和对立起来。吸取国内外的经验教训，推进城市化要稳中求进，而且在中国这样一个人口大国，城市化率要达到多少才算完成城市化，也应当从中国的国情出发，不能照抄照搬外国。中国的农村和农业也是有扩大产业和增加就业的潜力的。中国农业有精耕细作的传统，在农业现代化进程中，产前、产中、产后都有增加就业的机会。同建设新农村和发展现代化农业相联系，许多服务业需要发展，也一定可以发展起来。农民也应该和可以通过学习、培训等渠道来增加自己的人力资本。增加农民人力资本来扩大就业，提高收入，是我们应该考虑的一个重要问题。在建设新农村发展现代化农业过程中，要发扬中国农业精耕细作的传统，向生产的广度、深度进军，这是增加农民收入，缩小城乡差距的一个重要途径。中国现有13亿人口，将来可能会达到15亿，对农产品的巨大需求必须基本立足国内。农业和农村必须保有一支庞大的劳动大军。壮劳动力进城，老弱妇女留在农村，要满足城市对农产品的需求，是不可想象的。与建设新农村的声音相比，现在加快城市化的声音太高。如果因此而放松了新农村的建设，那将犯绝大的错误。(《扎扎实实转变经济发展方式》2010年4月在中国宏观经济学会座谈会上的发言，部分内容载《中国宏观经济学会通讯》第15期)

4. 研究生产和消费的关系。生产和消费是什么关系？谁是目的，谁是手段，谁服从谁，需要研究。可能有三种情况：一种情况是消费是目的，生产是手段；一种情况是生产是目的，消费是手段；一种情况是生产和消费互为目的和手段。从历史看，在资本主义社会以前的社会里，消费是目的，生产是手段。在资本主义社会里，生产是目的，消费是手段。资本主义生产是为了利润，生产因此成了目的，社会为生产而生产，消费成了手段，在生产发展的基础上实现高消费，形成了消费社会。马克思主义设想的共产主义社会，为了人的全面发展，实现各尽所能，各取所需，因而消费又成了目的。

在社会主义社会，消费是为了人的自由全面发展，生产是实现这一目的的手段。在经济全球化和对外开放的条件下，我们明确消费是目的并不就能够避免资本主义社会的消费观念对社会主义生活方式的影响，但它至少提出了以下几项重要任务。一是要在科学发展观的指导下，建设符合社会主义本质和特征的科学消费观。科学消费观是科学发展观的重要组成部分。二是要研究、建立和倡导一种适合中国国情的科学而又可行的消费模式。三是要从这种消费模式出发，研究转变经济发展方式，包括调整经济结构、优化产业结构、转变经济增长方式等要求，因为消费既是生产的终点，也是再生产的起点。四是努力避免资本主义社会的消费观念对中国社会主义生活方式的消极影响。

现在中国同时存在着消费不足和消费过度两种现象。全国还有几千万人没有摆脱贫困，几亿人还不富足，消费不足是主要问题。但是也存在过度消费、不健康消费、有害消费等现象。中国社会生活中已经出现向欧美高消费学习和看齐的趋向，这不符合我们是社会主义国家的国情和现实的经济发展情况，也不符合未来发展的要求，需要倡导科学的符合小康社会的消费观念，建立和推广健康、幸福、可持续的消费模式。①

5. 建议"十二五"规划要以转变经济发展方式为主线。我在2010年4月中国宏观经济学会召开的座谈会上指出，"十二五"规划要以转变经济发展方式为主线。我举出四条理由：第一，这是适应后危机时代国际经济形势的需要，因为不可能再走中国生产、美国消费的路子，出口不可能再像以前那样旺盛。第二，这是中国经济全面协调可持续发展的需要。第三，有连续性，易于理解和贯彻。很长一段时间宣传科学发展观，转变经济发展方式包含要解决面临的突出问题，如居民收入差距过大，社会保障制度建设滞后，资源能源消耗过度，环境污染严重，群体性事件频发等问题。第四，可以带动社会发展方式、政治发展方式、文化发展方式的转变。国内外有人主张中国要以消费为主导，建立一个消费大国。现在消费率过低，针对这个情况，强调消费，提高消费率，是必要的。主张以消费为主导则要考虑几个问题：一是生产和消费的关系，不生产就不可能消费。二是我们现在还是发展中国家，没有条件像发达国家那样实行高消费。三是即使我们生产发达之后，也不应建立像欧美国家那样的消费社会。四是十七大提出了依靠消费、投资、出口协调拉动经济增长，这个提法比较科学、灵活。从人口角度来讲，我们已经是消费大国，但是高消费还做不到，只能是一个小康水平。扩大内需尤其是扩大消费需求，是为了国民经济全面协调可持续发展，不是为了

---

① 周叔莲：《宁可慢些，但要好些——关于正确处理当前经济发展中几对关系的认识》，《学习时报》2010年5月3日。

追求特别高的速度。盲目追求高速度是一个痼疾。不克服这个痼疾，就难以顺利转变经济发展方式。①

（原载《首都经济贸易大学学报》2012 年第 4 期）

---

① 周叔莲：《"十二五"规划要以转变经济发展方式为主线》，《中国宏观经济学会通讯》2010 年第 19 期。

关于"中等收入陷阱"问题的思索

20世纪末到21世纪初,我国进入到了中等收入阶段。2007年,世界银行在《东亚复兴——关于经济增长的观点》一书中提出要"避免中等收入陷阱"。此后,"中等收入陷阱"问题引起了我国经济学界的关注,开展了热烈的讨论。这场讨论对于深化改革,对于加快改变经济发展方式,对于我国中长期经济持续健康快速发展都具有重要的意义。我提出以下几个问题,向读者请教。

研究"中等收入陷阱"的意义和局限

我们研究"中等收入陷阱"的主题是研究中国会不会陷入"中等收入陷阱"和如何避免陷入"陷阱"。对中国会不会陷入"中等收入陷阱"是有不同看法的。有些人强调中国还有二十年高速增长期,不会陷入"陷阱"。而多数人认为中国有陷入"中等收入陷阱"的风险。有人概括主要有五个风险:一是增长动力减弱,发展进程放缓甚至可能停滞;二是出现比较严重的财政或金融风险;三是出现较大范围或规模的社会动乱;四是环境承载力减弱,制约进一步发展;五是国际政治经济环境变化多端,陷入政治经济军事冲突的可能性增大。(课题组:《中国跨越中等收入阶段的有利条件和未来发展面临的挑战》,《经济要参》2011年第41期)

有人不赞成使用"中等收入陷阱"这个概念,认为每个国家的经济发展都会有自己的瓶颈,所谓的"陷阱"和收入水平没有必然联系,并认为我们一直在研究中国经济未来如何健康、稳定、持续增长,换个提法和命题研究同一问题并没有多少新意,还会导致单纯追求GDP的倾向(张学良:《理性思考中等收入陷阱》,《文汇报》2012年1月19日)。我认为这个看法是有一定根据的,"中等收入陷阱"这个概念并不精确,讨论中确实要防止一些偏向。但是,研究这个问题还是必要的。第一,中等收入阶段是客观存在的,"中等收入陷阱"也具有普遍性;第二,低收入阶段、中等收入阶段和高收入阶段都有"陷阱",但是中等收入阶段的陷阱有其特殊性;第三,研究世界上许多国家陷入"中等收入陷阱"的原因和防治"中等收入陷阱"的经验,不仅有理论意义,而且有实践意义;第四,中国已面临着落入"中等收入陷阱"的风险,研究这个问题有很强的针对性。

研究"中等收入陷阱"不仅是换一个提法和命题。即使换一个提法和命题,由于视角的转换和扩展,也可能看到新的问题,会有新的发现。这几年对于"中等收入陷阱"的研究已取得了一批研究成果。有些文章把"中等收入陷阱"和世界工业化进程联系起来研究,在国际比较中发现了与"中等收入陷阱"有关的一些典型化事实。例如,与先进国家相比,后进国家以较少的时间完成大体相同的工业化城市化"工作量",增长速度在"挤压"之下提高,出现了高速增长期,一旦"挤压"增长潜力释放完毕,将会合乎逻辑地发生增长速度回落。又如,工业化过程有两种不同类型的增长回落,一种是落入"中等收入陷阱"时发生的增速回落,另一种是高速增长潜力基本释放完毕的情况下出现了进入中速增长和高收入阶段标志的增速回落。这两类增长回落有相似之处,但重要的是两者的区别。再如,"成功追赶者"当高速增长接近尾声,增速开始"下台阶"时,经济结构也会出现急剧变化,趋势是工业比重趋稳并逐步下降,服务业取代工业成为经济增长的首要动力,投资比重下降,消费比重上升,但此时的结构调整并非由于服务业比过去增长更快,而是由于工业增长趋缓相对提升了服务业的比重。投资消费的比例也属于这种"相对变化"。再如,随着增长速度下降,增长动力机制也将发生实质性改变,由此引出增长模式转变的问题。增长模式的转变是体制、战略、政策的系统改变。(刘世锦:《中国经济增长模式评估与转型选择》,《改革》2012 年第 1 期)

研究"中等收入陷阱"也有其局限性。这个概念不是很明确的。世界银行提出这个概念是以一个国家(地区)的人均 GDP(准确说是 GNI)

作为划分收入阶段的界限的,但是人均 GDP 并不能准确反映产业结构、积累消费、居民收入、生活水平等情况。人均 GDP 相同或相仿而居民收入和生活水平却可能很不相同。由于物价汇率等原因,用 GDP 比较不同阶段也有困难,在不同国家不同时间之间进行比较困难更大。即使用通常用的国际元来比较,也不是很准确的。对于美英等主要发达国家何时进入中等收入阶段,至今未见有明确一致的说法。有人认为工业化中欧美等先行国家由于是技术前沿的开拓者,因而实现长期持续增长,给人的印象是它们未曾陷入过"中等收入陷阱"。而有的文章又说美国在 1929—1940 年和 1944—1960 年经历过 12 年和 20 年的持续停滞,英国也在 1943—1954 年经历过 12 年的持续停滞,这又表明美国和英国也曾陷入过"中等收入陷阱"。

研究"中等收入陷阱"要防止可能出现的一些偏向。由于以 GDP 划分阶段,有些人误认为规避"中等收入陷阱"就是要使 GDP 高增长。某校一次干部学习班讨论中国如何规避"中等收入陷阱"时,第一条意见是坚持加快发展速度。理由是"中等收入陷阱"最突出要害之处就是经济徘徊或停滞,最关键最有效之举就是加快发展不停步。这种意见显然是片面的,正如有人提出的,"要特别注意防止以突破中等收入陷阱之名,单纯追求 GDP 增长之实"。

世界银行的一份报告中说,许多经济体常常都能够非常迅速地达到中等收入发展阶段,但是只有很少国家能够超越这个阶段。这个观点曾被很多文章引用。但是,说"许多经济体常常都能非常迅速地达到中等收入发展阶段"未必符合历史事实。有些人说改革后中国用了二十多年就从低收入阶段进入中等收入阶段,并以此说明低收入阶段的发展比中等收入阶段的发展容易。但是,他们没有计算中国改革以前低收入阶段的时间。从新中国成立到改革就经历了三十年,还没有计算新中国成立前的时间。事实上,自鸦片战争后中国就已经开始工业化,并努力跨越低收入阶段的"贫困陷阱",直到 21 世纪初才进入中等收入阶段,用了一个半世纪的时间。世界上这种长期艰难跨越"贫困陷阱"的国家并不鲜见,现在世界上还有十亿人口在低收入国家,中国也还有一些地方处于低收入阶段。因此不能为了强调"中等收入陷阱"的严重性而把跨越"低收入陷阱"说容易了。

研究"中等收入陷阱"不能和"低收入陷阱"、"高收入陷阱"完全割裂开来。处于不同阶段的国家（地区）面临不同的发展问题，但许多问题及其原因是有连续性的。中等收入阶段的问题可能是低收入阶段延续下来的。有些问题在低收入阶段没有成为"陷阱"，但在中等收入阶段成为"陷阱"了。中等收入阶段没有解决的问题，也可能在这个阶段没有成为"陷阱"，而在高收入阶段就成为"陷阱"。所以，要把中等收入阶段的发展问题和低收入阶段、高收入阶段的发展问题联系起来研究。防治"中等收入陷阱"既要治标，也要治本，这样才可以为高收入阶段的健康持续发展打下基础。

跨越中等收入阶段就进入高收入阶段，有人估计，这顺利的话，中国十多年后就会进入高收入阶段。因此需要认真思索一个问题：中国要建成什么样的高收入国家？一种普遍的倾向是把欧美发达国家的高收入作为理想目标，认为进入高收入阶段就是实现美国那样的生活方式和消费模式。现在有一种现象，为了高增长，就要求高消费，生产成为目的，消费成为手段。在生活不富裕，正常消费得不到满足的情况下，努力增加生产、扩大消费是必要的，但消费是不是越高越好呢？高消费是否就是健康消费呢？高消费是否有利于人的自由全面发展呢？尤其是，如果全世界近六十亿低收入、中等收入国家的居民都像美国那样高消费，实现美国的生活方式和消费模式，地球能否承受得了呢？提出和研究这些问题当然不应该得出结论，说低收入和中等收入不应该进入高收入，但是必须思考在高收入国家如何建成健康的、富裕的、可持续发展的生活方式和消费模式，建成与之相适应的经济发展方式。这是一个决定人类前途命运的问题。

具体深入分析"中等收入陷阱"的原因

导致"中等收入陷阱"的原因很多。各个国家有不同的原因，一个国家不同年代落入陷阱的原因也会不同。而且原因是有层次的，有表层的，较深层次的，根本的；还有内因外因之分，有时外因比内因更为重要。弄清楚一个国家为什么落入"中等收入陷阱"，要具体研究这个国家的社会经济发展史。在国别研究的基础上，可以概括出不同类型国家落入陷阱的一些共同原因和根本原因。如果不进行具体研究，概括出来的原因可能失之笼统，不完全符合甚至完全不符合实际情况。有一篇文章说，一些国家困在陷阱最为重要的原因是贫富差距过大，形成了两极分化，能否阻止贫富分化，是能否跨越"中等收入陷阱"的关键所在。这个说法似乎过于笼统，贫富差距过大确实是很多国家落入陷阱的一个重要原因，但不一定是最为重要的原因，不能说阻止贫富差距一定是跨越"中等收入陷阱"的关键。

这篇文章指的可能是一些拉美国家，但这样分析拉美国家的"中等收入陷阱"也过于简单笼统。拉美一些主要国家19世纪70年代工业化开始起步，在20世纪六七十年代增长很快，但后来增长一度停滞倒退，经过一百年的发展，仍然没有走出中等收入阶段，没有进入高收入阶段。因此，"中等收入陷阱"也被称为"拉美陷阱"。一些拉美国家为什么落入"中等收入陷阱"，一般认为主要有四个原因：一是长期僵化地实施进口替代发展战略；二是没有解决好收入分配不公平问题；三是城市进程缺乏管理，导致大量社会问题；四是不能有效管理外资，缺乏自主发展能力。（《国务院发展研究中心调查研究报告专刊》2011年第72期）可见，也不能把贫富差距过大、两极分化作为拉美国家落入"中等收入陷阱"最为重要的原因。

有人认为长期奉行进口替代战略是拉美国家落入"中等收入陷阱"的根本原因，这个观点值得商榷。研究拉美国家的社会经济史将会发现，社会经济制度尤其是基本政治经济制度对这些国家的经济发展有重要的甚至决定性的影响。苏振兴主编的《拉美国家社会转型期的困惑》一书中记载：19世纪拉美国家独立革命以后，虽然缔造了一大批独立的共和国，却延续了旧殖民体系的许多基本制度。其中最突出的有奴隶制度、种族歧视制度、社会等级制度、大地产占有制的土地制度、各种前资本主义生产关系和劳工制度。该书还记载：拉美国家独立以后，奴隶制度又继续存在了数十年；奴隶制度被废除后，在拉美被称为"非洲人后裔"的黑人群体并没有获得土地或其他补偿；拉美地区的土地占有严重不公，1970—2000年大部分拉美国家土地占有基尼系数在0.8以上。我认为，拉美国家的基本政治经济制度可能是它们落入"中等收入陷阱"的根本原因。拉美地区长期社会动荡，政局不稳，意识形态争论激烈，这些都影响经济发展，而其根源则是基本政治经济制度。

苏联和东欧国家是陷入"中等收入陷阱"的另一类国家，也为分析陷阱的原因提供了案例。很多文章从计划经济体制分析苏联和东欧国家落入陷阱的原因。有一份研究报告认为，苏联陷入陷阱的主要原因是：一是计划经济体制在比较高的经济发展阶段上难以持续提高微观效率、宏观效率、配置效率和技术水平；二是长期执行重工业优先发展战略，导致产业结构失衡和经济发展不可持续；三是居民消费受压抑，投资需求难以持续增长；四是对全球市场参与度很低，市场空间无法拓展。(《国务院发展研究中心调查研究报告专刊》2011年第74期) 这个分析是比较全面中肯的。我想补充的是，对计划经济体制的分析不能完全取代对苏联基本社会经济制度的分析。计划经济体制是苏联基本经济制度的一个重要内容，但不是全部内容，除此之外还有所有制、分配制度、城乡制度等基本经济制度。除了基本经济制度，还有政治、文化、社会等领域的基本制度。经济、政治、文化、社会等领域的基本制度都对经济发展产生影响，甚至起到决定性的作用。从因果关系来分析，苏联计划经济体制主要是由政治制度和所有制决定的，意识形态和经济发展战略也有决定作用。苏联政治经济制度对苏联陷入"中等收入陷阱"的影响是根本性的，不能在研究的视野中消失。

有一篇论述苏联解体教训的文章说，苏联剧变的根子主要在于其以党代政、党国不分的政治体制。苏联国家和社会职能倒置，国家承担了社会的职能，社会不能独立自主地解决一些本来应该由社会解决的问题。文章还说，在加强政权建设时，由于没有基本的民主观念，而走上了专制的道路。苏联没有权力划分，没有权力制衡，一切权力都集中于一个中心，集中到各级党的机关手中。各级领导人被认为是掌握了能预见未来的特殊天赋才能的人，有能力作出唯一正确的决定。(《社会科学报》2011年12月22日) 在苏联社会主义模式中，实际上是政治决定经济，政治决定一切。在这样的政治制度下，国民经济是不可能持续发展的，陷入"中等收入陷阱"就难免了。

在拉美国家和苏联及东欧国家陷入"中等收入陷阱"中，都能找到基本制度的根源，这里说的基本制度包括经济、政治、社会、文化等领域的制度。基本经济制度是陷入陷阱的根本原因，基本政治制度同样是根本原因。在这些国家里，往往不是经济基础决定上层建筑，而是上层建筑决定经济基础，基本经济制度是由政权建构和维持的。基本社会制度如城市剥削农村、贫富身份固化等也是陷入陷阱的原因。文化教育科技制度的作用也不可忽视，在中等收入阶段向高收入阶段发展中，科学教育发挥着重要的作用。我认为，研究"中等收入陷阱"一定要重视社会经济基本制度的影响，要把"中等收入陷阱"和社会经济基本制度联系起来研究。

研究"中等收入陷阱"要和全面建设小康社会紧密结合

20世纪末，我国人民生活总体上达到小康水平。2000年人均GDP超过1000美元，正式进入中等收入国家行列。但是，这个小康还是低水平的、不全面的、发展很不平衡的小康。因此，党的十六大提出要在21世纪头二十年集中力量全面建成惠及十几亿人口的更高水平的小康社会，使经济更加发展、民主更加健全、科教更加进步、文化更加繁荣、社会更加和谐、人民生活更加殷实。党的十七大适应形势的变化，对全面建设小康社会提出了更高的要求。十七届五中全会通过的"十二五规划建议"，又提出要深入贯彻落实科学发展观，以科学发展为主题，以加快转变经济发展方式为主线，深化改革开放，为全面建成小康社会打下具有决定性意义的基础。所谓小康，是指温饱有余而还不富裕的状态，全面建成小康社会就是使我国人民生活由小康进入富裕，也就是由中等收入阶段开始进入高收入阶段。尽管在党的文件中至今没有出现"中等收入陷阱"的提法，但全面建设小康社会也是为了避免"中等收入陷阱"。全面建成小康社会是我国避免"中等收入陷阱"的重要保证。

党的十六大、十七大形成的全面建设小康社会的纲领，也是我国避免"中等收入陷阱"的纲领。这是一个科学的经过努力可以实现的纲领。

首先，这个纲领对我国中等收入阶段面临的矛盾和问题作了全面、深刻的分析，使我们思想上有应对这些问题的准备。十六大报告指出：我国正处于并将长期处于社会主义初级阶段，人民日益增长的物质文化需要同落后的社会生产力之间的矛盾仍然是我国社会的主要矛盾，并分析了生产力和科技教育落后等七个问题。十七大又系统分析了我国进入新世纪新阶段呈现的一系列新的阶段性特征，剖析了我国自主创新能力不强等八个主要特征。

其次，这个纲领对于如何解决我国中等收入阶段面临的矛盾和问题提出了指导思想、方针政策和明确的任务。十六大提出：要"加快建设现代化，保持国民经济持续快速发展，不断提高人民生活水平"。十七大提出：要"促进国民经济又好又快发展"。还提出了中国特色新型工业化道路、农业现代化道路、自主创新道路、城镇化道路、建设新农村等构想，这些都是我国避免"中等收入陷阱"必须采取的措施。

再次，这个纲领既总结了我们自己发展的经验，也吸取了国外发展的经验。十六大提出走新型工业化道路，十七大提出加快转变经济发展方式，推动产业结构优化升级，都是研究总结自己经验和国外经验的结晶。科学发展观也是总结中国自己的经验和研究其他国家的经验而形成的。

最后，这个纲领重视改革开放和社会主义初级阶段基本制度的完善。十六大报告提出要坚持和完善基本经济制度，深入国有资产管理体制改革。十七大又提出要完善基本经济制度，健全现代市场体系。两次党的代表大会都提出要坚定不移地推进政治体制改革。十七大进一步强调要扩大社会主义民主，建设社会主义法治国家，发展社会主义政治文明，并把深化改革开放作为贯彻落实科学发展观的内在要求。十七届五中全会针对改革的现状，提出必须以更大决心和勇气全面推进各领域的改革。这些任务既是我国避免"中等收入陷阱"的要求，也是进入高收入阶段后避免"高收入陷阱"的要求。

研究"中等收入陷阱"要和全面建设小康社会紧密结合起来，促进全面建设小康社会任务的完成。要使这项研究能够增强全面建设小康社会的动力和压力，能够吸取其他国家跨越"中等收入陷阱"的经验教训，能够推动和帮助解决全面建设小康社会的困难和问题。全面建成小康社会是很艰难的，当前面临的贫富差距、资源环境、国有企业和垄断行业改革、中小企业发展、政府职能转变以及腐败等问题，解决起来都困难重重。和以往改革不同，现在改革不仅有思想认识的困惑，更有既得利益集团的阻碍。十六大、十七大都提出了改革任务，也取得了进展，但行动迟缓，成效不大，改革严重滞后。很多理论问题也需要研究。例如，公有制和私有制的关系。宪法规定公有制为主体多种所有制经济共同发展是社会主义初级阶段的基本经济制度，而有的人认为只能说私有制是社会主义市场经济的重要组成部分，不能说它是社会主义经济的重要组成部分。那么社会主义初级阶段的经济是不是社会主义经济？有人认为社会主义市场经济可以在全部公有制甚至全部国有制基础上建成，意思是说消灭私有制也可以建成社会主义市场经济。这种看法是不是仍受苏联社会主义政治经济学的影响，是不是对私有制的歧视，会不会阻碍社会主义基本经济制度的完善？再如，国有企业的性质。国有企业是否就是社会主义全民所有制企业？什么样的国有企业才是社会主义企业？有的人无条件地赞成发展国有企业，认为国有企业一定比私有企业好。而苏联是在国有经济占绝对统治地位时解体的。再如，扩大民主。有人认为政体西化是未来30年中国最大的陷阱。问题是，社会主义民主和资本主义民主有没有共同点？中国当然不能照搬西方民主制度，但是西方民主制度有没有可以给我们学习的东西。如果不发扬民主，不实行权力制衡，能彻底消除腐败吗？能使人民自由全面发展吗？能提高文化软实力、建成创新型国家吗？再如，政府和市场的关系。我国现在的市场经济是政府主导的市场经济，在很多场合市场在资源配置中并不起基础作用。这既有优势，也有缺陷，而且缺陷越来越多，越来越大。究竟应该如何处理好政府和市场的关系，也要深入研究。

  理论界一段时期以来对全面建设小康社会的研究重视不够。相对于许多问题的研究讨论，对全面建设小康社会的研究讨论较少。有些人把全面建设小康社会看得过分简单容易，认为只是翻两番的问题。有些人急于实现现代化，瞧不起小康社会，没有认识到全面建设小康社会是我国实现现代化的必经阶段。理论界对转变经济发展方式讨论很热烈，这是一个艰难复杂的系统工程，深入讨论是必要的。但是转变经济发展方式是全面建设小康社会的任务之一，是全面建设小康社会这个更大系统工程中的一个分支系统。研究转变经济发展方式必须和研究全面建设小康社会结合起来，使它们相互促进和认识不断深化，全面掌握它们的规律。否则，可能会重视了树木而忽视了森林，甚至只见树木不见森林。理论界研究"中等收入

陷阱"和全面建设小康社会结合不够,也说明对全面建设小康社会的意义认识不足。(见下表)

关于中国全面建设小康社会的进程统计表　　　　(单位:%)

	2000 年	2010 年
全面建设小康社会	59.6	80.1
经济发展	50.3	76.1
社会和谐	57.6	82.5
生活质量	58.3	86.4
民主法制	84.8	93.6
文化教育	58.3	68
资源环境	65.4	78.2

从表中的数字看,2020 年肯定能轻轻松松完成全面建设小康社会的各项任务。但是,实际上有些任务完成的难度很大。表中的有些数字和人们的感觉也差距较大。例如,社会和谐、生活质量的完成情况好于经济发展,民主法制的完成情况更好。我认为,全面建设小康社会有一个高要求还是低要求的问题。十六大提出的全面建设小康社会是高要求,十七大提出了更高的要求。如果不能按照十六大、十七大要求那样全面建成小康社会,就可能难以避免落入"中等收入陷阱"。

对于全面建设小康社会中的难题,尤其是改革方面的难题,有人强调要顶层设计,顶层推动,也有人强调要基层讨论,民主讨论。我认为两者都需要,它们应该也可以结合起来。我们对社会主义经济政治文化社会等领域的客观规律还所知甚少。为了提高认识,需要解放思想,百家争鸣。还要允许在研究中犯错误,对错误有一种包容的精神。

(原载《中国井冈山干部学院学报》2012 年第 3 期)

提高生产率仍是根本问题

提高劳动生产率是一个重要的、尚待进一步研究的根本问题。具体一点讲，就是中国要努力提高全要素生产率，这是我国国民经济持续又好又快发展的根本问题。提高生产率也就是提高经济效益。在转变经济发展方式的过程中，要高度重视提高经济效益。转变经济发展方式的要求很多。例如，优化产业结构、改善人民生活、公平分配、节约资源、保护环境，而其中一个非常重要甚至根本性的要求就是提高经济效益。经济效益指标很多，归结起来可以说就是提高生产率，包括提高劳动生产率、资本生产率、土地生产率、能源资源生产率等各种要素的生产率，其综合表现就是全要素生产率。重视提高生产率，就是要重视转变经济增长方式问题的研究。我认为，现在对转变经济增长方式重视不够，研究不够。

转变经济增长方式，是1995年党的十四届五中全会首次作为方针和战略提出来的。全会提出，要实现经济增长方式从粗放到集约的转变，千方百计提高经济效益。当时提出两个根本转变。后来十七大提出转变经济发展方式，把两个转变都包括了。十七大提出要促进经济增长由主要依靠物质资源消耗向主要依靠科技进步、劳动者素质提高、管理创新转变，这也就是要求转变经济增长方式。十七届五中全会通过的"十二五"规划建议，提出要把转变经济发展方式作为主线，并提出了五个"坚持"，包括了转变经济增长方式的主要措施和任务。

十四届五中全会以后，我国经济理论界曾掀起一个研究经济增长方式的热潮，取得了如下共识：由粗放型经济增长方式转变为集约型增长方式，关键是要提高劳动生产率和全要素生产率。当时刘国光、李京文主编的《中国的经济大转变》中指出：全要素生产率决定了一个国家的经济集约程度，对经济增长方式转变的判断，可以采用全要素生产率的测算来表示。

从提出转变经济增长方式到提出转变经济发展方式，在认识上和建设方针上是巨大进步，但前一个提法没有也不能取代后一个提法。有的同志认为转变经济发展方式取消了转变经济增长方式的提法，我认为这种看法是片面的。如果取消经济增长方式的提法，将会导致对提高经济效益和提高生产率的忽视，也将难以全面完成转变经济发展方式的任务。一段时间以来经济理论界不那么强调提高经济效益和提高生产率，这是不是因为比较以往经济效益有了较大提高？但是应该看到，现在我国经济效益在很多方面并不理想，和先进水平比较差距很大，尤其是浪费现象十分普遍和严重。提高经济效益和生产率是需要长期努力完成的艰巨任务，因此决不能忽视对转变经济增长方式的研究。

不论从当前还是从长远来说，提高生产率都有极其重要的意义。我国已面临着严重的能源资源约束，只有提高能源资源生产率，才能在同样的能源资源供给情况下有更快的经济发展速度。这是当前实现国民经济又好又快发展的前提条件。我国正在步入中上等收入水平阶段，面临着"中等收入陷阱"的风险。陷入这个陷阱原因可能很多，但总归会是经济发展速度低迷，而提高全要素生产率是保证达到一定经济发展速度、避免陷入陷阱的必要条件。提高生产率不仅对经济发展速度有重要影响，而且是优化产业结构、节约资源、保护环境、增加居民收入、提高居民生活水平的要求。

提高生产率不仅意义重大，而且有很多问题有待研究。例如，我国生产率的现状如何，趋势如何？建国以来尤其是改革开放以来提高生产率有些什么经验教训？再如，如何处理调整产业结构和提高生产率的关系，如何处理提高生产率和增加就业的关系？再如，如何做到经济增长主要依靠科学技术进步、劳动素质提高、管理创新。现在这些方面都有困难，尤其是遇到体制机制上的问题，要求深化改革。如何才能增加改革动力，积极稳妥地在各个领域深化改革？再如，经济发展方式和经济增长方式各自的内涵是什么，相互关系如何？从历史看，经济增长是经济发展方式的物质基础，而经济增长方式和经济发展方式的内涵又有差别，它们各自决定于哪些因素，如何使我国生产率的提高促使经济持续较快增长和实现转变经济发展方式的要求,保证全面建设小康社会任务顺利完成和社会主义制度永续发展?再如,如何测量全要素生产率,如何比较各国和中外的全要素生产率,也是有待研究的问题。这些也都说明研究经济增长方式的必要性和重要性。

(原载《中国社会科学院经济观察报告(2011)》,社会科学文献出版社 2011 年版)

第六部分

苏联的经济体制改革

关于苏联经济体制改革的几个问题

——1987年对苏联经济体制改革的观察

1987年1月,我和中国社会科学院的几位同志去苏联考察,会见了苏联科学院经济学部以及经济研究所、社会主义体系经济研究所等单位的负责人和研究人员。我们主要是考察苏共二十七大以来苏联经济体制改革理论和实践的情况。最近,苏共中央又召开了6月全会,通过了《根本改革经济管理的基本原则》,苏联最高苏维埃批准了《苏联国营企业法》。这两个文件提出了苏联今后改革的整体方案。我根据了解的情况,向大家汇报四个问题:

一　苏联经济理论的发展

从社会主义国家经济改革的历史看,经济改革是以经济理论的发展为前提的,先是经济理论上有所突破,然后才会有经济改革的实践。而且,经济改革的广度和深度,在很大程度上决定于新的经济理论的内容。这种因果关系不是偶然的,因为传统体制是在传统理论指导下形成的,要改变传统体制,首先要突破传统经济理论。实践上突破到什么程度,决定于理论上突破到什么程度。所以,经济改革以经济理论的发展为先导,可以说是一个带有规律性的现象。

苏共二十七大以来,苏联经济理论有很大的发展。戈尔巴乔夫在苏共二十七大的政治报告中,就苏联的经济体制改革提出了一系列理论问题。这些理论对苏联当前的改革和今后改革的发展趋势都有重要影响,值得重视。

(一) 对于传统经济体制的评价

二十七大以来,苏联对传统体制的评价发生重大变化。从赫鲁晓夫到契尔年科的苏联历届领导人,虽然承认苏联经济体制有其局限,需要"改革"和"完善",但都认为它是基本适应苏联生产力性质的。戈尔巴乔夫则不同,他在苏共二十七大政治报告中说:"目前的生产关系形式,经营与管理体系基本上是在经济粗放发展的条件下形成的。它们渐渐的过时了。开始丧失刺激作用,而某些东西已变成障碍。"基于上述认识,戈尔巴乔夫提出"不能局限于局部的改进,必须进行根本的改革"。

阿甘别吉扬在和我们座谈时说,苏联现行经济管理制度是在一种与现在截然不同的条件下形成的。现在条件已经变化甚至发生了根本变化。主要的变化有四点:一是资源条件已不允许经济继续采用粗放发展的形式。二是科技革命已进入新的阶段。三是社会问题大大增加了。四是对外经济条件改变了。他认为,现行经济管理机制已不起积极作用了,已经不适应当前条件了,而且不是部分地不适应,而是根本不适应。因此,不可能只是对它修修补补。而是要进行根本的重新的改革,就是要使所有的环节和各种因素得到综合治理。

在今年1月全会上,戈尔巴乔夫还谈到苏联社会中存在危机现象,认为苏共中央没有及时认识社会中危机现象滋生的危险性。

由于以上认识的变化,苏联对东欧国家的体制改革的态度也发生了变化。过去苏联一直视自己的体制模式为正统的样板,把东欧国家任何激进的改革,都看做"离经叛道"。戈尔巴乔夫一改过去的做法,公开正面肯定东德和匈牙利等国的改革经验,表示苏联要从中"竭力吸取一切有益的东西,并认为交流社会主义建设的经验,是各国加速发展的一个源泉"。

(二) 对于苏联社会发展阶段的认识

戈尔巴乔夫第一次提出苏联的社会是"发展中的社会主义社会"。这是去年10月2日,戈尔巴乔夫在全苏高等学校社会科学教研室主任会议上说的。《真理报》去年为纪念十月革命69周年发表的社论中重复了这个提法,社论说:"党的二十七大解决了总的问题,拟定了总的目标,现在必须对完善发展中的社会主义的社会关系的实际措施赋予可靠的科学认识。"

戈尔巴乔夫不仅否定了赫鲁晓夫的"共产主义建成论",摒弃了勃列日涅夫的"发达社会主义建成论",并以"完善社会主义"的提法代替安德罗波夫"完善发达社会主义"的提法。他明确提出,苏共现阶段的战略任务不是建设共产主义,而是"在加速社会经济发展的基础上有计划地和全面地完善社会主义"。他提出的"发展中的社会主义",正是他的"社会主义完善论"的一个重要补充。这一新提法不但继续肯定苏联社会的现阶段仍是"社会主义",而且明确提出这个社会主义尚在"发展中"。

对这个提法的理解存在着分歧。最近苏共中央一位副部长说,苏联社会主义还处于早期阶段。他说苏联过去在社会主义阶段问题上的错误是太急,还有许多阶段要走。也有人坚持苏联已进入发达的社会主义。我们在莫斯科大学经济系座谈时,有人就对私有经济和雇工采取了完全的断然的否定态度,理由是苏联已处于发达的社会主义阶段,允许私有经济和雇工的存在(即使在公有经济占绝对统治地位的前提下),就是把历史拉向倒退。

(三) 对于生产力和生产关系的认识

这就是抛弃生产关系会"自动适应"生产力的传统观念,主张不断完善生产关系,为改革的必要性提供理论依据。过去理论上强调社会主义生产关系和社会生产力发展的一致和协调一面,现在戈尔巴乔夫则强调它们之间矛盾的一面。他指出:"有一种认识是站不住脚的,即认为在社会主义条件下,生产关系与生产力性质相适应仿佛是自动得到保证的。然而在实践生活中,情况要复杂得多。"他说:"生产力的根本改造和生产关系的完善决定了人们现阶段所有工作的性质和主要内容。"

在1月全会上他又批评一些人一成不变地把社会主义社会结构看成是没有矛盾的社会,不同阶层与集团的多种利益是一成不变的。

苏联科学院经济研究所所长阿巴尔金在阐述苏共二十七大的经济政策时说:"从苏共二十七大提出的理论概括和理论结论中首先得出这样一点:加速社会主义社会经济进步的必要前提是,不断完善生产关系,使生产关系紧紧符合迅速发展的生产力,及时发现和解决生产关系和生产力之间产生的非对抗性矛盾。"他还指出:"两者关系的这种吻合不是通过一次行动就能得到的,也不是一劳永逸就能确定下来的。""完善生产关系,这不是一个独立的孤立的过程,它是首先有计划地全面地完善整个社会主义的这一整套措施中的一环。"

(四)对于社会主义所有制的认识

苏共二十七大提出要以"新的眼光"研究"社会主义所有制及实现这种所有制的经济形式"。这种提法把所有制关系形成两个层次,(1)所有制的基本关系,(2)实现所有制的经济形式。在1月全会上戈尔巴乔夫说,社会主义所有制有丰富的内容,其中包括人与人之间、集体与集体之间、部门与部门之间、国内各地区之间在利用生产资料和生产成果方面的多边关系体系及一系列经济利益。

对几种所有制的看法都有变化;

1. 对国家所有制。勃列日涅夫时期把苏联当时的国家所有制形式看成社会主义所有制的高级形式,似乎不需完善,更不需改革。安德罗波夫不同意这种僵硬的观点,提出从财产国有化到人民成为财产的真正主人有一个发展过程,但他仅着重提到克服劳动群众意识中的劳动异化残余。戈尔巴乔夫在二十七大提出,包括国家所有制在内的社会主义所有制关系"处于运动过程中,需要进行经常的调整"。以后一些经济学家还提出公有制本身并不能保证取得成效,在公有制占统治地位的情况下,在发展生产力和掌握科技成就的道路上也会出现障碍。实现公有制的形式如果不符合它所固有的特点,不符合经济生活条件的变化,就会产生不良后果。

苏联过去一直指责企业经济自治理论是"无政府工团主义"。戈尔巴乔夫在二十七大正式提出要把"对所有制关系的调整"和"在经济中进一步加深社会主义自治"联系起来,为了加深社会主义人民自治,需要推广"公开原则",扩大"直接民主",把选举制推广到作业队长、车间主任和国营农场行政科长一级,寻找一长制和选举制结合的形式。后来又提出要选举企业一级领导人。这在理论上也有所突破。

2. 对集体所有制。苏联过去长期忽视集体所有制的作用,提倡集体所有制和全民所有制的"接近"和"融合"。这种认识也有了变化。现在已不急于要集体所有制同全民所有制"融合",相反强调"集体所有制的潜力远远没有全部发挥出来","许多集体所有制企业和组织都显示出经营的积极性,"要求"大力支持它们的形成和发展"。

3. 在个体所有制问题上。苏共二十七大后也否定过去长期存在的"小私有生产是旧的残余","扩大私人经济"会"动摇社会主义经济基础"的观点。现在肯定个体劳动是"对社会主义生产的重要补充,"是"社会主义经济的组成部分","不会使苏联农业按资本主义方式发展"。据估计,苏联12900万总劳动力中约有1700万—2000万,即13%—16%参加个体劳动活动。

4. 兴办合资企业。现在苏联不仅同东欧一些社会主义国家建立合资企业,而且决定同西方资本主义国家建立合资企业。到今年年初,苏联已同美国四家公司签订了兴办合资企业的正式协议,并探讨同西欧和日本兴办合资企业的可能性。

今年5月11日阿巴尔金来中国访问,说到社会主义生产关系与所有制会越来越复杂化,多样化,组织经济生活的形式也越来越复杂化,多样化。还说,这可以看做是社会主义发展的一个规律。这个观点值得重视。

(五)对于商品货币关系的认识

苏联对于社会主义制度下的商品货币关系曾进行过多次大讨论。在20世纪60年代的讨论中,一些方面突破了斯大林时期的理论框框。主要是:基本上否定了两种生产资料所有制是存在商品货币关系的原因,认为不仅消费品是商品,生产资料也是商品;价值规律不仅在流通领域发生作用,在生产领域也起着作用。有少数经济学家认为,在社会主义商品生产中价值规律起着调节生产的作用,他们反对把计划和市场对立起来,主张制定计划要以对市场的需求预测为依据,认为应当让企业自由选择经营目标和达到目标的途径,计划机关通过价格,税收、利税使企业达到计划规定的总方向。还有人主张价格形成应建立在供需均衡的基础上,企业应自由选择供销伙伴,应使价格更灵活更自由,允许在协商的基础上确定价格。70年代初,苏联开始批判"市场社会主义",这种批判一直延续到80年代初。其结果是，多数经济学家对社会主义制度下存在商品货币关系持否定观点，或者对此估计不足。

在苏共二十七大上，没有再批判市场社会主义，相反，会上强调要克服对商品货币关系的偏见。戈尔巴乔夫在报告中说，要重新研究商品货币关系的作用，"克服对商品货币关系所持的成见和在按计划领导经济的实践中对其评价不足的现象"。

现在苏联很多经济学家已肯定，商品货币关系是"社会主义所固有的"。阿巴尔金说，苏联历史证明这一结论是正确的，即商品货币关系是计划经济的必然属性，应当根据它在社会主义制度下所固有的新内容充分加以利用。他不同意这种关系是从资本主义那里引进的说法，认为这种关系是"从我国的企业、联合公司的活动中产生和发展起来的"。

阿巴尔金主张用商品货币关系来有计划地调整国民经济，制定有效的分配政策。在和我们座谈时，阿巴尔金说，社会主义分配中价值规律无疑是起作用的，用价值规律来弥补按劳分配规律的作用，这里没有什么问题可以争论。戈尔巴乔夫在1月全会上也说，对商品生产价值规律的偏见导致包括劳动报酬方面出现平均主义等消极现象，也包含了这个意思。

最近《共产党人》一篇文章说，对商品货币关系的成见表现在四个方面：一是忽视社会主义商品货币有不同于资本主义的新内容；二是认为社会主义生产本质上不是商品生产；三是对社会主义生产的计划性和商品性缺乏正确认识，把它们对立起来；四是否定价值规律的作用，或加上许多条件，使价值规律作用所剩无几。

（六）对于企业地位作用的认识

苏联经过几次改革，虽然企业的某些管理权限有所扩大，但并没有改变企业是上级行政机构附属物的地位。统收统支、统购统销，吃"大锅饭"的状况没有发生实质性的变化，企业搞经济核算只是为了补偿现有的消耗，只是为了保证简单再生产。因此，企业经营积极性低，经济效益差是普遍现象。1985年企业中有13%的企业亏损，亏损企业从1987年的3800个增加至4000个。

戈尔巴乔夫往苏共二十七大的政治报告中明确提出企业是社会主义商

品生产者，苏联官方文件这样肯定企业的地位还是第一次。这就为把社会主义企业转变成真正的企业即社会主义商品生产者提供了理论和政策依据。他对束缚企业手脚的许多条条框框进行了尖锐的批评，明确要求企业转向自负盈亏和完全的经济核算。

据阿甘别吉扬的解释，苏联所谓自负盈亏是自负消耗部分的盈亏，自筹资金是自筹投资的资金。而完全的经济核算，不仅包括自负盈亏和自筹资金，还包括劳动者收入的多少完全决定于企业的经营状况和收入。也有人解释完全的经济核算包括自负盈亏、自筹资金和人民自治。完全自负盈亏可以视为苏联企业改革的目标模式。

（七）对于新经济政策的评价

戈尔巴乔夫在二十七大的政治报告中，曾提出要创造性地运用列宁关于粮食税的思想，以便在农业中建立有效的经济机制。运用列宁关于粮食税的思想，也就是要运用列宁关于新经济政策的思想。

二十七大以后，苏联有些经济学家也提出列宁的新经济政策仍有现实意义。

据西方通讯社报道，最近几年，苏联倾向于改革的人又搬出新经济政策作为政治上讲求实际和经济上开放的象征。这些人撰文认为，可以合法地运用市场机制来提高社会主义经济效益，计划经济和市场经济并不是水火不相容的。报道说，《真理报》记者科列斯尼琴科在10月28日《真理报》上也说："我们生活在不同的时代，但是我们在经济调整改革中能够而且必须运用列宁的经验教训。他的经验告诉我们要灵活，在必要的时候，果断地改变我们的策略。经验告诉我们不要害怕承认错误，也不要害怕重新开始，甚至多次开始一项第一次没有完成的工作。"

（八）强调要破除旧观念，树立新思维

戈尔巴乔夫一再提出破除旧观念，树立新思维。

戈尔巴乔夫1986年7月31日在哈巴罗夫斯夫的讲话中说："目前的改革不仅包括经济，而且也包括社会生活的所有其他方面：社会关系、政治体制、精神和意识形态领域，党和我们全体干部的工作作风和方法。改

革是一个内容广泛的词,我要在改革和革命两个词之间画一个等号。""改革是在整个社会关系系统中以及人们的头脑和心灵中,在心理状态中和对现阶段,首先是对蓬勃的科学技术进步产生的任务的理解中的一场真正的革命。""我们也不能让已经过时的原理迷住我们的眼睛,妨碍我们前进。"

在1月全会上,戈巴尔乔夫进一步指出:苏联关于社会主义的理论概念在很大程度下停留在三四十年代的水平上。这是符合实际情况的,意味着思想理论要进一步地大大解放。

二 苏联经济改革的现状

提出新的理论是为了新的实践。苏联经济改革的实际情况如何呢?下面根据有关部门的介绍和苏联报刊上的资料,对苏联近年来进行的尤其是1987年进行的经济改革的主要内容作些介绍。

(一) 大规模经济试验普遍推广

苏联报刊上提到大规模的经济试验,这是指1984年1月1日在五个部开始的经济试验,这一试验以后逐年扩大范围,故名之曰大规模的经济试验。这一试验今年将在苏联全部国营企业实行。1983年苏联部长会议通过了在五个部的七百多个生产联合公司和企业内进行经济试验的决议。根据决议,试验的主要内容有:

1. 扩大企业的经营自主权,加强其在制定计划中的作用。为了扩大企业的经营自主权,国家减少了下达给企业的指定性计划指标,除中央批准的外,其余计划指标由企业自行决定。

2. 修改对企业的考核指标,把按合同规定的供货义务完成情况作为考核企业的主要指标。目的是使企业的经营活动更好地服从国家和社会的利益。

3. 使劳动报酬和其他福利同最终生产成果挂钩。试验规定的工资基金的形成办法是:基年工资基金加上工资基金增长额,基年工资基金是指基年经过核实发放的工资总额,工资基金增长额就是计划年度工资基金的增长数。上一年的工资基金在新的一年是否如数发放,取决于劳动生产率的增长速度是否等于或超过前五年的年平均增长速度,否则按一定比例减少。工资基金增长额则由企业根据国家规定的条件和比例计算,物质鼓励基金、社会文化设施、住宅建设基金的形成和使用办法大体相同。

4. 鼓励企业提高产品质量和技术水平。规定凡属技术改造项目,不论预算造价多少,均可由联合公司(企业)审批。还规定,优质产品每增长1%,物质鼓励基金增2%,退回的劣质消费品每增长1%,物质鼓励基金提成减少3%。

据苏联报刊上的材料,这一试验是取得积极成果的,主要表现为,试点企业合同供货义务普遍完成得较好,劳动生产率明显增长,产品质量和技术水平有所提高,产量和利润都有较快增加。

但依靠以上措施是难以彻底解决传统体制下企业缺少自主权和积极性等问题的。苏联报刊上的材料也说明,实行这种试验,企业仍是行政机构的附属物,而且评价企业的指标仍缺乏科学性,企业仍然不能成为商品生产者,因此也难以充分调动企业及职工的积极性、创造性。阿甘别江曾说:"依靠这种试验不能形成新的经济机制,这种试验是一种过渡形式。"

(二)实行自筹资金和完全的经济核算

1985年4月伏尔加汽车厂和苏麦机器制造厂开始了自筹资金的经济试验。

伏尔加汽车厂的做法是:固定利润在国家和企业间分配的比例,上缴国家预算占47.5%,上缴汽车工业部占5%,企业留利占47.5%。伏尔加汽车厂有权利把留利用于其社会经济需要。

苏麦机器制造厂的利润分配比例是,上缴国家预算30%,企业留利占70%。该厂1985年获利6240万卢布,比1984年增加33%,比计划数增长4%,企业留利中用于科技进步和企业进一步发展的为2100多万卢布,用于物质鼓励的为900万卢布,用于住宅建设和社会文化设施的也是900万卢布。苏麦厂反映,他们的试验与大规模经济试验的原则区别在于,企业可以自行支配利润了。在进行大规模经济试验前,企业利润的主要部分被拿走了,转给了国家预算和各个部,企业需要时再拨下来,但什么时候拨和拨多少，企业事先都不知道。

这两个厂的试验中也有存在一些问题，一个突出的问题是上级机关仍下达大量的指标，苏麦机器制造厂反映，他们仍无权注销用过20多年早已破旧的机床，另一个突出问题是协作单位破坏供货合同。伏尔加汽车厂反映，1985年该厂同协作单位签订的1300项合同中有420项违约供货，汽车厂不得不花1700万卢布从国外进口零配件和花150万卢布从国内非合同单位购买原料。破坏合同的原因是多方面的，一是中央机关存在问题，不及时拨款。二是协作单位为了完成产值产量任务，力求生产大型、沉重、质量低劣的产品。三是有的企业把优质产品出口，劣质产品供应国内。

（三）经济形式经营方式多样化

根据个体劳动法，将允许在生产服务行业的29个项目中从事个体劳动。我们访问时，苏联已有少数私人餐馆、私人商店开业。一些不盈利的小型国营商店、修理店也出租给职工经营，饮食业也在推行承包制。农业中家庭承包已经正名，并允许发展家庭承包。工业企业建筑业及商店在推行小组承包。

将允许私人组织合作社。英国《金融时报》1986年11月28日报道，阿巴尔金说："个人将能自主地建立生产合作社。合作社享有很大的自主权，可以在不受国家控制的情况下把自己生产的产品投放到市场上去，并自行规定产品的价格。这项改革将为苏联经济增添一个崭新的部门，十年内其产值可能占苏联国民收入的10%到20%。"他认为，这些主要为消费市场生产优质产品的部门对苏联经济的影响将比实行个体劳动法所产生的影响更大。

（四）工资改革

苏联国家劳动和社会问题委员会第一副主席列·科斯京介绍苏联生产领域工资改革时说，这种工资制度将以经济核算制原则为基础。各单位有权决定给谁提高，如何提高和什么时候提高基本工资和职务工资以及决定何处得到这部分钱。这只能从自己的钱库中支出，而这要通过提高劳动效率和质量，用更少的人来完成更多的工作。

苏联国家劳动和社会问题委员会部务委员列·库涅利斯基说，在1976—1990年期间，工业、建筑业、农业、交通运输和邮电这些国民经济重要部门都实行劳动报酬新条例。在这些部门工作的人几乎占苏联国民经济中就业的工人和职员总人数的2/3。联合公司、企业和生产领域各组织的经理和其他领导人几十年来一直没有变化的固定工资将提高。加强工人和领导人员对本职工作的责任心。例如，工人在严重违反工艺纪律、产品质量低劣情况下，可降低技术等级三个月，以后要在确定技术水平后才恢复其原等级。各生产单位的领导人至少在三年内就应进行一次鉴定。根据鉴定结果作出提高或降低固定工资的决定，发给、减少和取消补贴的决定，在不适应所承担的生产职责时甚至可作出解除其职务的决定。

苏联国家劳动和工资问题委员会副主席托尔斯托夫说，在这次改革中，根本特点是各方面都突出了最熟练的工作人员。至于提高工资的日期，则取决于劳动集体自己。因为它们首先必须对在职人员作出充分的评定（他们中的一些人可能被裁减），并筹措所需资金。工资要首先照顾较熟练的劳动。如果工人的基本工资平均增长20%—25%的话，那么高度熟练的工人就应该增长40%—45%。工人的工资上不封顶。所有定额应在对在职人员评级的一定时间内定下来，这种评级工作每五年可进行两次。还规定专家们的职务工资要比工人的基本工资有更大的提高。在工资方面特别照顾到那些直接从事新技术和新工艺研究工作的工程师，还为专家们的高效率劳动结果或者为其完成的特别重要的工作规定数额为职务工资50%的补贴。要为所有专家规定等级。

还规定从1987年1月1日起将实行新的奖金制度。上级将不再为企业规定奖励的条件。企业完全有权根据自己的生产特点自己研究和制定奖励工人和专家的条例。只有企业领导人的基本奖励指标由各部规定。将为领导者确定月奖金额，在工业和建筑部门可达到职务工资的75%。而根据所有专门奖励制度发放的奖金则要大幅度下降，在工业部门为年职务工资的2.6%。据说过去这些专门奖励制度并没能有效地加强领导者对按基本指标完成计划的关心。

（五）在轻工业和商业中完善生产和经营管理工作

轻工业改革的主要内容有：

——计划的基础是商品订货，这种商品订货是在考虑到批发集市销售商品的结果而形成的，大大减少由中央批准的指标的数量。

——利润是企业经济核算的基础。在生产联合公司（企业）的五年计划中确定上缴国家和地方预算以及部的利润提成定额，工资基金增长定额，经济刺激基金构成定额，劳动生产率增长额和平均工资增长额间的固定比例。经济定额作控制数字，事先下达到生产联合公司（企业），在五年计划期间是稳定的。

——广泛推行轻工业企业同邻近部门和商业组织进行直接的长期经济联系。这种联系通过为期数年的经济合同来建立。

——允许按合同价格销售特别时兴的商品。提高交易会在批发销售商品方面的作用，轻工业部系统的生产联合公司（企业）可以在这些交易会上自由销售商品。

——加重对逾期交货和供货不足的制裁。对于逾期供货或者原材料供货不足，供货者应向订货者支付增加一倍的违约金。

——广泛发展直属商品网，建立销售新的特别时兴的轻工业品和其他产品的商店网。

商业改革要在以下方面采取措施：

（1）在计划工业方面。扩大国营商业和消费合作社企业在编制活动计划方面的自主权。商业企业可独立自主地制定经济和社会发展计划。

（2）在经济刺激方面。国营企业可根据规定的固定定额设立统一的生产和社会发展基金以及劳动报酬基金。企业有权利用统一的生产和社会发展基金来解决生产和社会问题。职工的劳动报酬根据企业自行支配的收入加以规定，劳动报酬的高低取决于工作的最终成果。

（3）在管理的组织结构方面。要完善商业管理的组织结构，合理配置商业网点并使其专业化，消除管理机构的重叠现象。要在莫斯科、列宁格勒以及其他城市发展出售特别时髦商品的商业网点和经营地方生产的商品的商业网点。改善商业企业和生产消费品的联合公司的关系，加强商业在确定产品品种和改进产品质量方面的作用。作业队应是商业部门劳动组织的基本形式，它按计件工资支付劳动报酬，根据每个工作人员的劳动贡献分配工资。

（六）改革对外经济联系工作

决定采取一些新的方式和途径，实行比较开放的政策，使对外经济联系的规模、结构和形式符合苏联经济集约化和加速科技进步的要求。主要措施有：

（1）投放22个部以及70个大型联合公司和企业直接经营进出口贸易。

（2）改组苏联对外贸易部和苏联国家对外经济联络委员会的工作，把它们的部分职能下放到一些部门部。

（3）在得到直接开展进出口业务权利的各部和企业的编制内，建立外贸联合公司和经理部，实行经济核算。

（4）加强苏联联合公司、企业和组织同经互会国家伙伴的直接联系。

（5）成立苏联部长会议国家对外经济委员会。委员会将负责领导和协调在国外市场活动的苏联各部、主管部门和企业的工作。

（6）同外国的组织和公司，包括西方国家的组织和公司商谈建立合资企业。

（七）实行产品质量国家验收制度

从1987年1月4日开始，苏联将在28个部的1500家企业开始实行产品质量国家验收制度或者叫超部门质量检验制度。

苏联在一年半以前在19家企业开始产品质量验收试验，据说结果是好的。1986年10月开始在一些企业执行国家验收制度，先对30%的产品进行验收。11月至12月，这一水平提高到70%。从今年起，国家验收机构将检验70%的汽车，其中包括几乎全部的载重汽车和3/4的大轿车。拖拉机、谷物联合收获机、土豆联合收获机、甜菜联合收获机全部都要经过检验后，才能发往农村。

国家验收机构还将检验所有牌号的电冰箱、电视机、摩托车、自行车的质量。

据塔斯社说，国家验收只是实行提高工业品使用性能纲领的第一阶段。下个阶段要把苏联制造的机器、仪器和设备的技术经济参数提高到世界水平。

（八）扩大地方苏维埃的权力

去年苏共中央、苏联最高苏维埃主席团和苏联部长会议通过了《关于根据苏共二十七大的决议，进一步提高人民代表苏维埃的作用和加强它们对加速社会经济发展的责任心的措施和决定》。决定指出：要加强人民苏维埃的活动，更好地动员广大劳动人民群众去解决苏联社会所面临的任务，利用一切可能性满足人民的需要。必须扩大苏维埃的职权，提高它们对本地区生活各个方面的责任心。各级地方苏维埃有权解决本地区的一切经济和社会问题，有权协调本地区内所有企业和组织（包括全苏和共和国所属的企业和组织）的活动，有权决定用业务经济干部充实政府机关。

此外，苏联还将改善集中的领导。苏联经济改革中始终强调坚持民主集中制的原则，所以很重视改善和加强集中领导问题。要求中央领导机关集中力量解决经济战略、速度、比例和平衡问题，减少给企业下达的指令性指标，更多地通过长期稳定的经济定额来实现领导，不干涉企业日常事务。苏联正在对计委、科委、供委等机关的职权范围进行修订。他们为了克服各部各自为政的现象，强调成立跨部门的综合体，已经成立国家农工委员会，机器制造管理局，燃料动力综合体管理局，计算和信息委员会，建设委员会和对外经济委员会等国家委员会或部长会议直属局，还将成立有关社会问题的类似机构。他们还将改革各部的工作，由于部的很多权力将下放给企业，决定撤销部与企业间的中间环节（全苏工业联合公司），由部直接领导企业，以精简机构。并要求各部从行政的领导方法为主过渡到经济领导方法为主。

三　苏联经济改革的计划和前景

现在苏联已经有了经济改革的整体方案，方案由《国营企业法》和

《根本改革经济管理的基本原则》两个文件构成，是在前述新的经济理论指导下，总结近几年经济改革的经验后制定的。

苏联《国营企业法》草案是今年2月公布的，以后经过全民讨论，今年6月30日由苏联最高苏维埃会议通过。据报道，通过的定本和草案相比有一些关键性的修改。例如：（1）草案说企业自行制订五年计划和年度计划，没有提由谁批准，定本规定企业自行制定并批准这些计划。（2）草案说物资供应通过集中分配与批发贸易实现，定本把二者的顺序倒了过来，并说只对某些种类的物资实行集中分配。（3）草案规定实行三种价格，即集中规定的价格，与消费者协商的价格，企业自己规定的价格。定本说，随着完全的经济核算制、自筹资金、批发贸易和直按经济联系的发展，合同价格和自行定价的应用范围将不断扩大。（4）草案说企业在完成合同义务的情况下，有权自行处理超计划产品，定本删去了"超计划"三字，扩大了自行处理产品的权限。

把苏联《国营企业法》和《根本改革经济管理的基本原则》结合起来看，苏联经济改革的内容就是使企业真正成为社会主义商品生产者，并在此基础上，改革宏观经济管理制度。也可以说，是在改革和完善宏观管理的同时，为企业成为社会主义商品生产者创造必要的内部条件和外部条件。

在创造内部条件方面，改革的主要内容有：

1. 企业自行制定并批准五年计划和年度计划。企业以国家订货、企业组织直接订货及消费者需求为基础，从社会需要出发，制定和批准自己的五年计划和年度计划。

2. 企业实行完全经济核算制，自筹资金。企业的生产活动、社会活动和劳动报酬依靠自己赚得的资金来实现，国家不垫款。不再用先进企业挣来的钱去养活落后企业，长期亏损而又无法扭亏为盈的企业应改组或关闭。

3. 企业占有使用并支配固定资产，流动资产等财产，可以转让或出租。企业的经营收入由自己支配，上级不得没收。

4. 完成供货合同后，企业可以自行支配自己的产品。产品的出售价格，部分由国家集中规定，部分与消费者议定，部分自己规定。

5. 企业的对外经济活动是企业全部工作的一个重要组成部分，大量提供出口产品的企业有权直接进行进出口业务。

6. 企业在实行一长制的同时，实行自治。使职工有更多的可能参与生产和社会发展重大问题的决策。

7. 企业有权在联合的基础上成立共同的生产单位，直至合并。

在创造外部条件方面，改革的主要内容有：

1. 调整上级机关和企业的关系，规定上级机关要为企业的有效工作创造条件，不得干涉企业的经营管理活动，禁止修改经济定额和将法律没有规定的指标下达给企业。企业由于执行上级机关侵犯企业权利的指示而蒙受的损失，应由下达指示的机关赔偿。

2. 改革对经济的集中领导，提高领导的质量水平，把力量主要集中于决定国民经济的战略、速度和比例以及经济平衡等主要方面，改革中央对下级企业经济环节的日常工作进行干预的做法。

3. 在四五年内实行生产资料批发贸易，只对特别短缺的物资实行集中分配，使企业有可能迅速地获得所需的各种生产资料。

4. 对价格机制——批发价格、收购价格、零售价格和收费标准进行有相互联系的改革，改革应能导致国民经济健康化和提高生产效率。这项改革要在最短时间内完成，以按照新的价格编制下一个五年计划。

5. 加强国家经济管理改革的法律基础。允许企业采取不被法律禁止的任何经济活动，同时在社会中广泛发展民主原则，认为这是根本改革经济管理和使新经济机制有效地发挥作用的不可替代的条件。

苏联今后的改革准备分两个阶段进行。第一阶段是从现在到1990年。规定1987年底以前要做好实施国营企业法的准备工作。1988—1989年各企业都要实施国营企业法，实行完全的经济核算制和自筹资金，这个阶段还要对计划工作、价格体系、财政信贷、物资技术供应进行改革，并制定出在第十三个五年计划（1991—1995年）时期有效的稳定的经济定额，以便带着新的机制进入第十三个五年计划。

第二阶段是第十三个五年计划时期。进入这个时期就应该有新的经济机制，在这之后，完善经济管理的工作要继续进行。重点转变到使管理体系为各个环节和组成部分都和谐努力地工作。

上面介绍了今后苏联经济改革的主要设想。那么苏联经济改革的前景将会如何呢？明确回答这个问题是困难的。因为影响经济体制改革的因素很多。这些因素又都是变动的，它们的影响也时有变化。这里主要是对影响苏联经济体制改革前景的一些因素进行粗浅的分析。

在苏联社会经济生活中，存在着进行改革的深刻的根源，存在着推进改革的种种因素：

第一，经济存在困难，非改革不可。一个时期以来，苏联经济增长率下降。粗放型增长因素枯竭，科学技术落后，与西方发达国家在科技和经济发展方面差距不是缩小而是扩大了。苏联国民收入的增长速度第八、第九、第十、第十一个五年计划分别为41％、28％、21％和17％。其他各项经济指标和社会指标增长率也下降了。苏联不仅在按人口计算的产量方面，而且在生产的绝对量方面，有被日本超过的现实危险。

第二，领导有改革的决心。党的领导人和领导核心是否有改革的决心，对改革的进程是有重要作用的。从各种迹象看。戈尔巴乔夫是有改革的决心的。

第三，改革有比较坚实的理论依据。上面介绍的苏联在经济体制改革理论研究上的进展，说明苏联的改革已有了比较坚实的理论基础。就是说，改革不是出于某些人的感想，不是由于感情用事，而是出于理性认识，是国家、人民深思熟虑的结果。这当然不是说他们的理论问题都解决了，应该说是进一步解决的理论问题还很多，但是改革既然有了理论依据，那是必将进行下去的。

第四，初步的改革已经取得了成绩。迄今为止，苏联的经济改革只能说是初步的，但也是有成效的。1986年计划执行结果也比较好，国民收入增长4.1％，而计划规定是3.9％，第十一个五年计划的年平均增长率为3.6％。农业得到了好收成。工业生产增长率为4.9％，比第十一个五年计划的年平均增长率高1/3，是几年来最高的。整个工业的劳动生产率增长了4.6％，而计划规定的任务是4.1％，产品年度增长额的96％是靠劳动生产率的提高达到的。对于已经进行和正在进行的经济改革，苏联人民一般都还是可以接受并且加以支持的。

还要看到，改革是世界性的潮流。几乎所有的社会主义国家都在进行改革，这对于苏联也是一种压力和动力，中国经济改革取得的成就无疑对苏联的改革也有促进作用。

苏联的经济改革当然会遇到很多困难和阻力。这些困难和阻力，有些是社会主义国家在经济改革中都会遇到的，有些则是由于苏联的特殊国情而发生的。总起来看，以下几个方面的困难对苏联经济改革的进程会有较大的影响。

1. 经济改革需要探索如何由产品经济向商品经济过渡。这里有一系列的困难问题需要解决。例如，传统体制下的企业如何变成真正的商品生产者经营者，如何由统一分配产品变成商品在市场上流通，如何使僵化的不合理的价格体系变成灵活的比较合理的价格体系，如何由以直接控制为主的宏观经济管理变成以间接控制为主的宏观经济管理，如何做到微观放活和宏观管好的恰当结合，等等。对于所有的社会主义国家都是难题，很难说有一个国家已经找到了彻底解决这些问题的妥善办法。

2. 经济改革将影响人民安定的生活。苏联人民在传统体制下生活不富裕，但很安定。改革要真正起到充分调动劳动者积极性的作用，就要在经济生活中发生重大的变动。如收入差别扩大，有人要失业等，这将会对广大群众早就习以为常的安定生活带来严重影响，引起很多人这样那样的意见和不满。现在苏联刚开始改革。有人就对有些商品的价格上涨表示不满。随着改革的发展，这类不满会日益增多。

3. 经济改革将影响一些人的权利。经济体制改革涉及经济生活中责权利的再分配，因此必然影响一些人的权利，可能引起这些人的抵触情绪甚至公开的反对。莫斯科大学经济系教授波波夫在一篇文章中说，阻碍或反对改革的有以下几类人：一是各类经济机构的工作人员，因为改革威胁着他们的工作岗位；二是主管部门的机关工作人员，因为现行管理体制对他们有利；三是改革中地位和作用会有所改变的机关工作人员，虽然他们会保住工作岗位，但地位变了，发号施令的权力将受到限制；四是某些地方党组织的工作人员，因为改革将使他们原来积累起来的管理经验和技能失去作用；五是一些"保守分子"，根据"理论的想象反对改革"；六是那些"中间分子"，包括工人、工程师和领导人中的"中间分子"，他们靠现行体制得到一部分"非劳动收入"，即不是靠劳动最终成果而得到的那部分收入。他们在改革中小心谨慎,怕这怕那,也起着阻碍作用。波波夫说的六种人,除了第五种人,其他五种人阻碍或反对改革都同权力和利益有关。这个分析是有相当充分的根据的。

4. 人们对有关经济改革的重大问题的认识不一致。经济体制改革会遇到很多新情况新问题,人们在认识上也会出现较大的分歧。对理论问题认识上的分歧又有两种情况。一种是已经明确或比较明确的问题。但有些人由于名利原因持不同观点;一种是还不明确,需要进一步探讨的问题,人们认识有分歧。从苏联经济界和经济学界的情况看,对经济改革的很多重大问题认识上仍存在较大的分歧。

5. 经济改革会引起其他方面的问题。例如,经济体制改革要求政治体制相应地改革。苏联在改革中还会遇到民族问题。遇到和东欧一些社会主义国家的关系问题。

6. 外交政策和军费支出会影响经济改革。西方国家的政治家和经济学家非常重视苏联外交政策对改革进程的影响,这颇有道理。他们认为苏联是一个超级大国,谋求争夺世界霸权,因此要拥有世界上最强的军事实力,军费占用了大量财富。苏联军费支出大,使经济绷得很紧,这是不利于改革而有利于维持传统经济体制的。同时,军队对改革的态度也会严重影响改革的发展进程。

苏联领导人对于经济改革的困难是有认识的。他们过去在改革上非常谨慎,可能同这种认识也有关系。

总起来看,苏联的经济体制改革是会继续进行下去并且会适当加快速度的。这几年他们采取谨慎的做法是有根据的。现在提出要加快改革的进程,雷日科夫在今年六月召开的苏联最高苏维埃会议上说:不能重复1965年改革的可悲经验,那时行动迟缓,作出决定时犹豫不决,实际上使新的经营管理机制效益化为乌有。苏联改革能加快到什么程度,现在还难以肯定。从伏尔加汽车厂和苏麦机器厂实行完全自负盈亏试验中发生的问题看,解决这些问题的难度还是相当大的。今后实行全面改革,情况会有好转,可是新旧体制交错过程中出现的种种问题,现在还未见到过细的研究和提出有效的办法。美国《纽约时报》7月1日发表一篇文章,认为戈尔巴乔夫的改革计划只有方向但缺乏细则,这话颇有道理。苏联能否在今后四年基本完成经济改革的任务，还有待于观察。

四　几个值得思考的问题

各国的经济改革中都会遇到一些难题。所谓难题，一是由于问题本身复杂，二是由于缺少经验。从更深的层次说，是由于对经济改革的规律还没有很好掌握或缺少认识。我们研究其他国家的经济改革，一是为了学习他们的经验，二是为了避免再走他们的弯路。下面想从这个角度，以苏联经济改革为主，联系东欧一些社会主义国家的情况，谈几个值得思考的问题。

（一）关于改革的长期性和艰巨性

苏联进行经济改革的历史已经很长了，可以说斯大林去世后就开始改革，先是1953年进行农业改革，以后是1957年进行工业和建筑业改革，从1957年算起到现在也30多年了。按照计划，苏联完成改革大约还要两个五年计划的时间。

东欧一些社会主义国家改革的历史也很长。例如南斯拉夫20世纪50年代初就开始改革，有段时间改革很有成绩，现在面临很多困难。50年代波兰、匈牙利也曾企图改革，因种种原因未能改成。以后匈牙利于1968年开始大规模经济改革，步子较快，提供了很多经验，现在也面临困难。

为什么社会主义国家经济改革必然是长期的呢？看来长期性同艰巨性有内在的联系。就是说，因为改革会遇到很多困难，解决这些困难需要一个相当长的时期，因而改革必然具有长期性。

那么改革中会遇到些什么困难，哪些困难是主要的呢？这是有待进一步研究的课题。从实践经验看，困难是多种多样的，各个国家各个时期的困难也会有所不同。上面我曾提到当前苏联经济改革面临的几个主要困难，其中一些不一定有普遍性。除此以外，改革还会遇到其他困难。例如处理改革和发展的关系，把理论变成政策并使政策达到预期目的，等等，都是很难的。因此改革既要坚决，又要谨慎；既不要消极等待，又要防止急躁冒进。匈牙利副总理拜赖茨不久前说："我们低估了改革任务的艰巨性和完成这一任务所需要的时间。""深入地进行改革是一个很长历史时期的任务,现在这一点看得越来越清楚了,我们这一代人的任务只能是为此奠定基础。"他讲的是匈牙利的经验,但也说明对改革的长期性、艰巨性确实要有足够的认识。

不久前苏联也曾开展改革是快一点好还是慢一点好的争论。社会学家扎斯拉夫斯卡娅说:"要求改革进行的很快和彻底,孕育着一定的危险","在匆忙的情况下,可能用官僚主义的总结来取代实际变化,用假活动和完成放宽的指标来取代真正改革的活动。结果,改革的原则思想可能会威信扫地"。她也反对改革拖得太久,认为不要拖得太久也不要搞得太快。对待改革采取既坚决又谨慎、力求快些又不急躁的态度,可能是较为妥当的。

(二)关于改革的阶段性

改革的长期性必然产生改革的阶段性问题。这也是探讨经济改革规律研究的主要内容。苏联过去的改革已经历过好几个阶段。一般分为五个阶段:第一阶段是赫鲁晓夫时期的改革。从1957年开始到赫鲁晓夫下台。第二阶段是柯西金时期的改革。这是1965年开始的以执行新经济体制为主要内容的改革。第三阶段是勃列日涅夫末期的改革。这是以实施1979年夏天公布的"新决议"为主要内容的改革。由于是加强集中,有人称之为"反改革阶段"。第四阶段是安德罗波夫时期的改革,即安德罗波夫于1982年11月至1984年2月执政期间进行的改革。第五阶段是戈尔巴乔夫执政后的改革。这之前还有契尔年科执政时期,由于时间短,也没有新的改革措施,所以不作为一个时期。其他国家的改革也都有阶段性。

从一些国家过去改革经历的阶段来看,改革走着改改停停、进进退退的曲折路线。

这就提出一个问题:如何正确划分改革的阶段,使改革能够顺序前进,不断深化,而不至于再出现改改停停、进进退退的局面。划分阶段要考虑各个阶段任务的衔接,保证改革不断深化。每个阶段都要有明确的任务,并且要求扎扎实实地完成这些任务。这些任务完成了就可以进入使改革进一步深化的下一阶段,而不再走回头路,翻来复去地提出老任务。这样做每个阶段的时间需要长一点，但由于真的做到了一步一个脚印，尽量减少反复，总起来看还是会比较快地完成整个改革的任务的。

究竟应该怎样划分阶段，是要根据改革的任务和情况确定的。由于改革是把集中的经济体制改变为集中与分散恰当结合的经济体制，整个改革过程也许可以根据计划化程度分为以下四个阶段，即指令性计划为主指导性计划为辅阶段；指令性计划和指导性计划并重阶段；指导性计划为主指令性计划为辅阶段，基本上或完全实行指导性计划阶段，并据此确定各个阶段的主要任务。

（三）关于改革的多样化和规范化

传统经济理论把社会主义经济看得很简单，所有制结构就是集体所有制和全民所有制，前者还要向后者过渡，全民所有制则一律国营。流通就是或者主要是统购统销，凭证供应被看成是正常现象甚至是优越性。分配则是统收统支加按劳分配。改革的实践表明，社会主义经济会越来越多样化。例如，所有制除公有制外，还会有个体所有制，私人所有制，外国资本，公有制也会多样化复杂化。各种各样的联合会产生多种新的所有制，股份制肯定也会发展。经营方式除原有国营、集体所有集体经营外，承包经营、租赁经营等形式在社会主义国家已普遍出现。流通主体、流通渠道、流通方式也都在多样化。分配制除了按劳分配以外，其他分配制，如等价交换、按资金分配、按土地分配等也在发生作用。社会主义经济呈现多样化，这也是经济改革的一个规律。

但是社会主义经济还有一个规范化的问题，改革也有个规范化的问题。社会主义社会必须社会主义经济占主导地位，起主导作用，社会主义经济要按照社会主义原则活动，社会再生产必须正常地有规律地进行，国民经济生活也要正常地有规律地进行。这些都要求规范。如果只有多样化而没有规范化，就会出现违背社会主义准则、违背社会主义法纪、经济生活混乱、投机倒把和犯罪活动滋长等现象。所以，改革中有一个使多样化和规范化结合起来的问题。如何使它们结合好，也是值得思考的。

加强立法工作是规范化的一个重要内容。要用法律来指导改革，指导经济生活。在苏共中央6月全会上，戈尔巴乔夫说，改革应该包括立法活动,形成经济改革的法律机制。又说,在经营领域中某种行动在合法或非法上模糊不清的现象应该完全杜绝,应该更广泛地实行一般法律原则,"允许做法律不禁止做的一切事情"。可见立法工作和司法工作是十分重要的。

仅仅靠法律当然还不能解决规范化的全部问题,此外还要加强社会监督,加强组织性和纪律性,等等。戈尔巴乔夫说,"为了使改革能更快地在各个领域取得具体成果,需要有严格的秩序、组织性、纪律性"。这话有理。如果不讲秩序,违背纪律,改革是搞不好的。

(四)关于经济发展和经济改革的关系

探讨经济改革的规律也要探讨经济改革和经济发展的关系,处理好这个问题是改革能否顺利进行的关键之一。这就要求改革能够促进经济的发展。

经济发展可以有不同的途径,或者是粗放的、外延的,或者是集约的、内涵的。社会主义国家的经济体制改革一般应该使有利于经济的集约的或内涵的发展,也就是应该有利于科学技术进步、经营管理提高和经济效益提高。但是改革并非自然而然地就能实现这个要求。为此,需要有明确的指导思想,要使具体的改革措施服从于这个要求,而不是同这个要求无关,更不能背道而驰。

既然经济改革要能促进经济内涵的发展,那么是不是经济外延的发展就不需要经济改革呢?或者说,经济改革过程中可以不重视经济外延的发展呢?从苏联东欧国家的情况看,经济改革也是有利于外延的经济发展的。即使从经济外延的发展来看,也要求改革传统经济体制,形成新的经济机制。

有些国家还具备着经济外延改革发展的有利条件,例如有较多的劳动力、较多的自然资源。在这种情况下,改革也将能促进经济外延的发展,这些国家在改革中不可忽视经济外延的发展,而应该在重视经济外延的发展的同时,大力引导经济向内涵的方向发展。在实现经济外延的发展过程中,要尽可能地提高劳动生产率和资金利用率,尽可能地采用先进的科学技术和经营管理方法,做到在较高的技术和管理基础上实现外延的扩大再生产。

为了使改革能够促进经济尤其是经济内涵的发展,一定要注意使企业的权责利相应地发生变化。各国改革的经验都表明,企业没有权和利当然不行,但有了权和利,没有相应的责任同样也不利于经济的发展。偏重于扩权让利而忽视加强企业的责任,使企业预算约束更加软化,是搞不好经济改革的。

为了使改革能够促进经济发展,还要研究影响经济发展的各种主要因素,从各方面保证经济的发展。改革确实是经济发展的强大动力,但是也要看到,改革并不能包括和代替一切工作。例如,改革能够促进技术的进步和经营管理的改善,但是并不能代替科学技术和经营管理工作。改革对企业管理有重要影响,可以为改进企业管理提供有利条件,但是不能代替企业管理。所以,在改革中,要防止单打一,做好多方面的工作,包括科学技术、经济管理、企业管理等方面的工作。

(本文系作者 1987 年 7 月 17 日在民建中央、全国工商联、民建北京市委、北京市工商联组织的现代经济知识报告会上的报告)

苏联的经济形势

——1990年重访苏联的札记（一）

1990年2月，中国社会科学院派出以刘国光为团长的经济学家代表团去苏联参加中苏经济体制改革学术研讨会。会后又在莫斯科和列宁格勒访问了一些科研单位、大学和工厂企业，同苏联的一些专家、教授和干部进行了座谈。我作为代表团的一个成员，参加了会议和座谈。这是我第二次访问苏联，第一次访问是1987年1月，这以后苏联经济发生了很多变化。这次访问中我注意了解这些变化，访问归来后又收集了有关资料，就苏联经济形势、经济改革等问题写了几篇札记，供关心这个问题的同志参考。

苏联经济状况极其严重

中国代表团到达莫斯科的第一天晚上，苏联朋友举行宴会欢迎我们。在宴会上，主人在苏联当前经济形势问题上发生争论。记得是中国代表团有人问起苏联目前经济情况如何，基塔连科（苏联科学院远东研究所所长）回答说苏联存在经济危机，雅连缅科（苏联科学院技术进步与预测研究所所长）立即反驳，认为不能说苏联存在经济危机。后来发现，关于苏联存在经济危机的说法还是相当普遍的。甚至有的苏联同志还说苏联经济走进了死胡同。

第二天正式开幕的中苏经济改革理论讨论会上，阿甘别吉扬院士（苏联经济管理学院院长）在报告中详细介绍了苏联的经济现状。他说，假如试图把当前的经济状况用两句话来描述的话，那么我说经济状况极其严重，但不是没有希望。存在着消费市场、货币流通和财政制度的危机。由于在实现经济改革方面的严重错误,危机在近2—3年来,特别在1989年更加尖锐了。

他提到三个错误。第一是错误的预算计划。预算的支出增加了,而收入降低了。预算赤字几乎增加了2倍。1989年赤字为920亿卢布,占国民总产值的10%。

第二是基本建设中实行了错误的经济机制。这个经济机制尽管遭到了许多学者的反对,但还是被政府通过了。它追求建筑安装工程量,工资是根据这一建筑安装工程量来支付的。这就导致未完成工程量急剧增长,改革年代增长了600亿卢布,因这些工程支付工资300亿卢布。

第三个错误是形成工资基金的经济定额不妥。企业只需改变产品品种,不增加生产而依靠价值高的品种就可以增加工资基金。因此,工资基金失去了控制,增长过快。一个月增长10%—12%,有的一个月甚至增长19%。而消费品仅增长3%—4%,最高也只是5%—6%,这里还包括价格提高的因素。工资基金1988年超支180亿卢布,1989年超支250亿卢布,这就引起货币发行过多。货币发行1988年为100亿卢布,1989年为180亿卢布。

阿甘别吉扬说:近两年来居民增加的货币收入中得不到商品和劳务保障的达400亿卢布。不久前的估算表明,"多余的钱"总计达1650亿卢布。在居民手里约有1000亿卢布,其中600亿卢布是"多余的",此外在储蓄所里还有3300亿卢布,再加上债务,其中约有1000亿卢布是"多余的"。

大量"多余"的货币影响着价格,引起通货膨胀。一方面,便宜的商品消失了,商品的平均价格提高了,缺乏严格控制的商品价格全都提高了,合作社商品价格和集体农庄市场商品价格都提高了。特别要提一提的是大量的黑市市场,在那里价格提得很高。对苏联黑市市场还没有精确的估计,根据莫斯科进行的调查,莫斯科的黑市市场估计有70亿—80亿卢布。他认为,这一数字是比较现实的。

关于苏联通货膨胀的情况,国家统计委员会公布的通货膨胀指数为7.5%。阿甘别吉扬认为,在这一指数中没有充分考虑黑市的因素。把这一因素考虑在内,他认为通货膨胀至少达到10%。而苏联的存款利率仍保持在原来2%—3%的水平上。货币在贬值,因此出现了众所周知的"逃避货币"的过程,引起普遍的抢购风潮,这是这次危机中最严重的现象。他说,根据200个城市1200大类商品的统计,3—4年前这些大类商品中1100类基本不脱销,虽然品种单调,质量也不好。但是目前只有150类不脱销,其他1050类商品都没有了。这就是众所周知的全面短缺。

商品短缺是莫斯科市民的重要话题

如何克服严重商品短缺现象,是苏联人民当前最关心的问题之一,也是我们和苏联经济学家交谈中经常涉及的问题,我们在参观访问中也注意观察商品供应情况。在列宁格勒,我们参观了一家食品店,发现店里的商品还是比较多的,也没有人抢购,供应不像原先听说的那样紧张。不过,据说这是由于列宁格勒禁止外地人购买食品,去年没有这个禁令,外地人来列宁格勒抢购商品,供应就极其紧张。我们进入这家食品店时,陪同参观的苏联同志就曾提醒我们不要购买食品。在莫斯科,我们去过的一些商店,确实看到有些货架上空空如也,有些柜台前排着长队。莫斯科那家最大的百货公司,我1987年初去过,这次再去,发现供应比那时也差多了。

让我引用一位记者的文章来反映莫斯科的供应情况。他在去年岁末是这样报道莫斯科商品供应严重短缺的情况的,这种情况迄今没有多少改进:

记者这几天到过莫斯科的几十家商店。吃穿用商品的紧张程度超过近十年的任何一年。凡在节前抛出畅销品的地方,必有长队;凡顾客稀少的地方,陈列的往往是滞销货。从市场供应情况来看,今年除夕是苏联多年来最缺乏节日气氛的一个岁末。

彩电、冰箱、吸尘器、洗衣机、电风扇、电熨斗近两年经常脱销,今年起在企业、机关内部分配供应。红场旁的莫斯科最大的百货商场家电部里,只有电视机天线、三四种过时的单卡录音机、三种门铃。照相器材部里,见不到一只照相机和一个彩色胶卷。半年前还是尺码、式样较齐全的男服部,货架空了一大半,门口还有几十人排队。水晶、玻璃和瓷器部只有三种商品:塑料盆、7卢布一只的瓷盘和擦澡用的泡沫塑料,可是有20

多人排队，据说今天有可能来货。隔壁的食品部，今天干脆不开门。

五年前，食品店的熟肉部里虽说也排长队，但一般总有五六种香肠熟肉可售。今年多数食品店里，上午有一两种香肠，下午往往售完。两年前还货源充足的糖果、半年前还不难买的奶油蛋糕，最近都脱销。一年前还放满柜台的匈牙利肉鸡早已不见。合作商店里比官价高3倍的议价优质香肠、火腿、瘦猪肉，一年前买的人不多，现在要排两小时队才能买到。

苏联冬菜本来就单调，今年就连洋白菜、土豆、胡萝卜、洋葱、甜菜"冬菜五常委"也常常凑不全。由于蔬菜在收、运、藏、售过程中损失1/3以上，土豆产量比中、美、英、两个德国总和还多的苏联，竟要从民主德国、波兰、古巴进口土豆供应市场。往年初冬并不缺的苹果、经常能见到的进口柑橘，今冬只要一上货架，总要排一个多小时的队才能买到。

莫斯科的28个自由市场是苏联食品供应状况的一面镜子。5年前，那儿的新鲜瘦猪肉1公斤6—7卢布，最近已升为13—15卢布，净膛乳猪每只100卢布，几乎是苏联职工平均月薪的1/2。橘子和葡萄都是10卢布1公斤。

一位工程师苦笑着对记者说："黄瓜和西红柿都各要20卢布1公斤，酸奶油8卢布1公斤，过年吃一盆拌色拉要近50卢布。我月薪300卢布，也要咬咬牙才舍得吃这盆色拉。"

苏联有4300万居民（占人口的15％）月收入低于75卢布（官方承认的"贫困线"），200万困难户的人均收入仅50卢布。一位老太太在橘子摊前犹豫了半天还没下决心掏钱，她说："我想给孙女买1公斤橘子当新年礼物，可是这要用去我退休金的1/7。"

去年6月，西德《世界报》就在一篇文章中说，短缺是莫斯科市民一切谈话的主要内容。文章说，莫斯科买不到土豆，而"苏联种了8700万吨土豆——比美国、中国、英国和联邦共和国的总和还多。可是，国家从集体农庄和国营农场买下的1700万吨土豆，据《星期副刊》报道现在只有700万吨到顾客手上（约为40％），而且质量极差，其中有一半要扔掉"。

"短缺商品的清单可任意往下列：目前没有大米，没有咖啡和可可，茶叶不多——更不用说肉类和鲜鱼了。食盐曾断档几个星期，火柴成了紧俏商品，一年来几乎买不到肥皂和牙膏。"

"虽然现在是夏季，但今年莫斯科水果和蔬菜很少。国营商店的陈列柜里放着皱巴巴的生菜，有一些与其说是红的，不知说是绿的西红柿，就是俄国的传统蔬菜圆白菜也蔫了。虽然货架空空，但莫斯科每年要烂掉价值600万马克的蔬菜。火车站附近现在有来自南方的装着瓜果和西红柿的车皮，放在闷热的夏日气温中。整个地区飘着甜丝丝的腐烂味。"

"供应状况在过去的一季度里急剧恶化，排长队购物早就成了苏联公民的日常义务。人们站队买水果、蔬菜，买肉和大蛋糕，买白糖和鱼，当然买酒也要排队了。如果说二三年前主要是在出售酒类的商店前排队的话，那么现在所有商店前都排起了队。为了买儿童凉鞋，早上7时顾客就到库图左夫大街的儿童商店排队了。这家商店是10点钟开门营业。"

文章还说，如果说苏联首都的状况已经是令人担忧的话，那么，地方上的情况就更严重了。在总共15个加盟共和国中有8个要凭购物券买某些食品。例如，在俄罗斯联邦共和国有26个行政区肉类定量供应，有32个行政区黄油配给，53个行政区白糖凭票供应。《真理报》记者从萨兰斯克城报道说，每月有10万人拿着食品券到许多商店去搜寻"紧缺商品"，有数千张肉票和奶制品票过期，因为根本就没有货。由于肉类供应不足，每天都有苏联公民从小地方旅行几百公里去较大的城市买东西，来回跑的人"冲击莫斯科的商店"。每年以这种方式流出苏联首都的肉达50万吨。

西伯利亚巴尔瑙尔的一位女读者在《消息报》上写道："我们是能忍耐的，但还要我们忍多久呢？"而据《星期副刊》6月5日至17日作的最近一次民意测验，有33%的被询问者说，他们"肯定过不上物资不短缺和不用排队的日子了"。40%的人认为，在最近的将来状况不会有变化，只有20%的人表现得比较乐观一些，他们希望问题在今后四五年内得到解决。

苏联经济改革为什么没有带来"黄金时代"

中国和东欧一些国家的经济改革，都曾一度促进经济得到较快的发展，市场供应明显改善，人民生活显著提高。这被人称之为"黄金时代"。

很多苏联人包括我们接触的很多苏联经济学家都羡慕中国市场供应好，认为苏联经济改革得到这样的成绩就好了。为什么苏联经济改革没有带来这样的"黄金时代"，为什么伴随苏联经济改革的是经济形势越来越严峻呢？

对于这个问题，有各种各样的说法。有的人认为是改革步子太快了，而且政策多变。有的人认为是改革被延误了，从而带来了财政危机和经济危机。这些看法不能说全无道理，但也不能充分说明问题。说改革步子太快了，事实上这几年工业、农业中的改革都受到限制，步子迈得并不大。政策多变的情况确也存在，但是为什么整个改革都没有带来经济较快的发展呢，政策多变的原因又是什么呢？这些问题仍有待说明。说改革被延误了，指的是哪些改革呢？为什么被延误呢？事实上，有些改革还是进行了，为什么也没有产生积极效果呢？这也有待说明。看来，经济改革中出现的困难固然要和经济改革联系起来研究，但是影响经济发展的还有其他因素，这些因素也不可忽视。

在这次中苏经济改革理论讨论会上，雅连缅科认为结构政策是苏联经济改革没有带来消费品生产和供应加速改善的原因。这是颇有启发的。他说，苏联经济改革没有取得成果，是由于改革与结构政策没有联系起来。苏联经济的结构改革没有能进行得比它能够进行的更快些。

他着重分析了苏联结构改革进行得很慢的某些原因。他说："主要原因一是苏联经济承担的非经济负担过重。以机器制造业为例，它一半为国民经济固定资产再生产服务，另一半则为军事部门固定资产再生产服务。这是成百上千亿卢布的各种技术，它们的投入和报废需要再生产。""问题不仅在于大部分最好的资源被用于国防需要，问题还在于经济所承担的压力使得不能形成正常的经营机制。苏联的行政命令体制不是官僚主义者的恶意和臆造，而是不得不采取的管理形式，亦即国民经济中长期存在的各种条件的必然结果。"他指出，这种体制类似英国在战时采用过的行政管理体制。他接着说：现在裁军过程和各种政治过程在很大程度上决定着结构改革的速度。这些过程进展相当迅速，但没有快到足以为结构政策和经济改革创造广阔的天地。苏联的国防工业正在进行转产，但是，"从军事经济中拿出再分配的资源还为数不多"。

中国有的经济学家早就指出，苏联改革未出现其他国家那样的"黄金时代",一个重要原因是在改革前和改革中未及时转变经济发展战略和调整产业政策。他认为,综观包括中国在内的各社会主义国家的改革,应是经济体制模式、经济增长模式（由单纯追求数量增长转向讲求效益为中心）、经济结构模式三个模式的同时转变,而不应只是体制模式的转变。之所以要求三个模式的同时转变,是由于各社会主义国家改革前在三个模式上都有很大的扭曲和畸形。在改革前和改革中要求三个模式特别是产业结构模式的转变方面,各国虽各有注意不够的地方,但比较而言,这方面苏联就更差了,致使改革一上手就不见起色。例如：中国在改革起步时就着手调整产业结构畸形和比例失调,目前工业总产值中轻重工业约各占一半,加上改革后一度农业发展较快,这使商品供应显著丰裕而又多彩。苏联农轻重比例失调是长时间的老大难问题,而进入第十二个五年计划时期（1986—1990年）,农轻重比例仍严重失调,三者比例关系是2：2：6,工业总产值中轻重比例是1：3。他还认为,苏联改革推开的方式有误,在改革实施步骤上未能使农村改革先行一步；政治体制改革推行的时机、内容和方式失误,也是经济改革未能取得短期成效的重要原因。这些看法,我认为是颇有见地的。

苏联部长会议主席雷日科夫1989年12月14日在第二次苏联人民代表大会上的报告曾全面分析造成苏联目前状况的原因。他认为,如果只找其一方面的原因是不对的,因为苏联目前的经济情况是一系列彼此相互联系的原因造成的。他谈了其中四个主要方面：

第一,根深蒂固的消极因素。这就是优先发展重工业,导致不是面向消费者的严重变形的社会生产结构。许多部门生产水平低,技术落后,国民经济对科学技术进步不敏感,结果是效率低,特别是重要的经济领域效率低。

第二,经济改革中存在的缺点,包括新的经营机制不够完善,缺少应有的经济调节手段,赋予企业经济自主权的同时没有相应地采取措施提高责任心和加强纪律性。结果是集团利己主义加重了,国民经济必需的多种产品产量下降,价格上涨,加剧了物资和财政的不平衡。

第三,在准备实行一系列重要的全国性措施时没有充分估计后果,仓促实行的结果带来失误。这首先是反酗酒运动,尽管这是同社会恶习作无情斗争，却造成了巨大的物质损失和精神损失。再如，在缺乏必要资金的情况下制订许多地区性和部门性计划，导致国民经济更严重的不平衡。雷日科夫认为同非劳动收入的斗争不彻底也属于这方面的严重错误。

第四，出现了使经济发展严重复杂化的不尽如人意的现象，包括生产和劳动纪律松懈，责任心下降，民族之间发生冲突，工人罢工，运输中断，这些都造成巨大的损失。1989年11月间仅因罢工就损失750万个工作日，少生产20多亿卢布产品。

雷日科夫说，只有国民经济各个环节和全体劳动者在极其明确、非常协调的计划基础上，进行紧张的组织良好的工作，才能摆脱已经形成的局面。

苏联经济发展的前景

对于当前经济形势的严峻和改善经济状况的重要性和紧迫性，苏联朝野上下都是有认识的，但是对于如何改善经济形势，则看法大有不同。

苏联政府已经确定了使经济健康化的方针和一系列政策。雷日科夫在第二次苏联人民代表大会上的报告中指出，使经济健康化的时期可分为两个阶段。第一阶段是1990—1992年，这个阶段要采取一整套非常措施来克服业已形成的经济局面。第二阶段是1993—1995年，这个阶段要使国民经济领导的经济方法能够最大限度地发挥作用。

雷日科夫说，我们在评价形势时看到，社会问题正变得越来越尖锐。今天，这些问题已经跃居第一位，要求尽快予以解决。道路我们已经选定，这就是经济以面向社会为方向。1990年实施的紧急措施在此占有特殊地位，所以应该把注意力集中到这些措施上。

他说，为此要采取重大的结构对策。1990年国民收入将增长2.8%，这应该在消费和非生产性建设货源增长6.5%的情况下实现。工业生产将增长2.6%，其中"乙"类增长7.6%，"甲"类增长0.8%。国家对生产建设的集中投资比5年计划预算减少270亿卢布，而对社会领域的投资额增加50亿卢布。他提出，这种有利于消费成分的比例变化将贯穿计划的各个部分，这是突然而又十分困难的转变，但由于国内的紧张局势，这种转变是必要的。

他说，这一时期的另一项重要任务是使货币流通和消费市场正常化。为了稳定市场，主要在三方面采取措施：1. 增加商品和服务的供给。2. 扩大新的、非传统的、吸引居民资金的渠道，并长期"拴住"这些资金。3. 国家对居民货币收入的增长进行调节。

阿甘别吉扬在中苏经济改革理论讨论会上所作的报告中介绍了苏联政府为了改善经济状况准备采取的措施。他说，苏联政府已经制定了一个治理经济的纲要，这一纲要基本上是正确的，纲要的措施之一是减少国家预算赤字，从920亿卢布减到600亿卢布，为此，准备减少中央集中的生产性基建投资，减少军事费用，减少对亏损企业的补贴，减少依靠国家预算维持的各种机构的费用，同时要增加收入。另一个措施是抑制居民货币收入的增长。为此，最高苏维埃通过了累进工资税法。但不久前政府由于来自基层的强烈反对而降低了这方面的要求。看来，抑制居民货币收入增长不可能有重大成效。1990年计划居民货币收入增长500亿卢布，许多人认为这个计划可能突破。还要在扩大消费品生产方面采取巨大措施。为此已从联邦德国、意大利和其他一些国家借了30亿美元，购买了轻工业和食品工业设备，以便扩大生产能力，改造这些部门。对这些部门也给了更多的投资。还规定消费品生产者可以免交工资累进税，同时扩大消费品商品的进口。1989年消费品商品进口增加了19%，计80亿卢布。1990年将继续执行这一方针。

他说：把所有这些措施考虑在内，再加上增加有偿的服务，1990年可以增加商品和服务额约400亿卢布，同增加的现金收入500亿卢布相比，缺口为100亿卢布，比1989年小，1989年缺口为250亿卢布。政府将采取多种措施回笼货币，包括提高存款利率，发行100亿卢布债券，以后以汽车等畅销消费品偿还，扩大出售住房。根据1989年苏共中央3月全会的决议还在农业中实行一系列专门的措施。除这些措施以外，还有一些行政命令性措施，如加强活动的控制，暂停某些自主权，扩大消费品的国家定货，扩大不得实行新产品的加价和议价的范围。还拨出60亿卢布，提高最低退休金额。

阿甘别吉扬认为政府纲要对于根本改变现状和很快地把国家从危机中

解脱出来还不够，纲要还需要补充。他说，科研人员和专家提出了各种补充意见。一是建议扩大有偿支付的范围，首先是大大增加住房出售量，利用居民自己的钱来改善他们的居住条件。从削减的中央投资 270 亿卢布中拿出 120 亿卢布增建住房，一年可以建造 150 万间住房，假如每间 8000 卢布，这是一个可以接受的价格，从而为例如四个人住在两间屋子里的那些人们提供了迁移到三间一套去居住的可能性，这样可以收回 120 亿卢布。再是建议集中进行车库建设。现在需要 1000 万个车库，可以安排好多余的基建力量每年建设 200 万—300 万个车库，每个车库售 2000—3000 卢布，比黑市车库价格要低 1/2 以上，一年又可收入 60 亿卢布。还可以为提供给市民的别墅用地修路和敷设电线水管，每块别墅用地收 1000—2000 卢布。目前申请别墅用地的家庭有 1000 万户。这样一来，今年新增加的 500 亿卢布现金收入可以完全回笼，也可防止今后再多印票子。

阿甘别吉扬认为，1991 年将是特别困难的一年。实行退休金法一年要多开支 290 亿卢布，休假法要多开支 90 亿卢布。还要提高助学金，提高最低工资，所以 1991 年将会新增大量开支，需要早作准备。

他认为最困难最复杂的任务是回笼积存下来的 1650 亿卢布。他建议用预付车款并在若干年后保证供应汽车的办法，回笼一批货币。其他畅销品亦可照此办理，包括住房、家具，等等。再就是要提高利率，临时增加消费品进口。他说，实行以上这些办法，可以保证两年半内或三年内使市场恢复正常。起码可恢复到 1986 年水平，这是过去最好的市场，虽不宽裕，但比现在正常。

苏联科学院经济研究所所长，苏联部长会议副主席阿巴尔金接见中国代表团时也谈到了解决结余购买力的问题。他说，现在结余购买力有 1650 亿卢布，要求在一年内解决是不切实际的，打算在 3 年内解决，每年解决 500 亿—550 亿卢布。现在已决定发行 100 亿卢布的专项商品债券（有汽车、第四代彩电、冰箱、录像机等），居民买了债券 3 年后可以得到这些商品。还将发行 150 亿卢布的高利率债券（利率比现在银行存款利率高一倍），实行住宅商品化，把房屋卖给个人所有。还准备扩大土地租赁，准备用拍卖方式出售紧俏消费品。通过这些方式每年削减 500 亿卢布的购买力。此外，还要通过军工转民用，利用合作社个体经济等，增加消费品的生产和供应。

苏联经济发展的前景如何？这个问题上也有争论。有人认为，只要贯彻以上措施，苏联经济可望在两三年内摆脱困境，走上健康发展的道路。但也有人对此抱悲观态度，有人则认为采取一系列激进行动才能克服苏联经济危机和政治危机。1989年9月13日《华盛顿时报》报道：亚罗申柯（苏联人民代表，该文称他为叶利钦的亲密顾问）与阿甘别吉扬对苏联经济困境的估价针锋相对。文章引用阿甘别吉扬的话说："是的，我们出现了危机，如果我们犹豫不决，或者采取一些使危机加剧的行动，那么在一年内我们可能会遇到困难和社会骚乱，但是叶利钦认为在这方面我们已束手无策，这种看法是不符合实际情况的。"阿甘别吉扬在中苏经济改革理论讨论会的发言中说："经济正常化起码要2—3年。但如人民忍无可忍，前途无望，像波兰一样发生罢工，我国经济是承受不了的，会崩溃，倒退10—15年，然后再缓慢而费力地克服倒退。这是极而言之。目前我们尚有狭窄的却是现实的摆脱危机的出路。"阿甘别吉扬的这个估计可能是有道理的。

（原载《经济工作者学习资料》1990年第24期）

苏联经济改革的进展、问题和困难

——1990年重访苏联的札记（二）

1987年1月我初次访问苏联时，苏联正在准备进行大规模的经济改革。这一年6月举行的苏共中央全会通过的《根本改革经济管理的基本原则》中明确规定：1987年底以前要进行实施苏联国营企业（联合公司）法的细致准备工作，1988—1989年各企业都要普遍实施国营企业法，所有企业都要改行完全的经济核算和自筹资金的方针，要对计划工作、价格形成体系、财政信贷、物资技术保障实行改革，以便带着新经营机制进入第十三个五年计划。1987年以来苏联经济改革进展如何呢？苏共6月全会的要求在多大程度上实现了呢？

苏联经济改革的进展

关于苏联经济改革的进展，得到的信息是矛盾的。有的人认为苏联这几年的经济改革取得了非常大的成绩，有的人又认为苏联传统经济体制没有什么变化，经济改革没有取得成绩。看来这两种看法都有片面性。

1988年苏联经济改革的进展是比较大的。这一年开始贯彻国营企业法、合作社法、个体劳动法，工业中有19000个企业实行国营企业法，实行完全经济核算，他们占工业产值的60%，工业职工的55%。所有制形式也向多种形式发展，1988年底个体户已达50多万个，合作社发展更快，1988年第三季度数目增加一半，产值增加1.5倍，第四季度合作社已有5万个（登记的达到8万多个），总人数超过80万，产值占全国商品和劳务总额的比重，比上年增加10倍。1987年底有合资企业23家，1988年底已超过 160 家，还有 500 家在商谈。农业中租赁制有很大发展，1988 年有 1/5 的农场农庄内部实行了各种形式的租赁制。1988 年也开始改变计划制定程序，制定计划由自上而下改为自下而上，给企业一定的自主制定计划的权利，还开始了物资分配体制的改革，要求以物资批发贸易形式逐步代替传统的计划分配方式，1988 年实行批发贸易供货的物资约占全部物资的 15%。

1989 年苏联经济改革进展不大。这一年经济改革的一个特点是在工业部门试行租赁制。苏联国营企业（联合公司）法中规定企业经济核算有两种形式：一是以定额分配利润为基础；二是以定额分配收入（指从进款中补偿物质消耗所得的收入）为基础。1989 年末通过了苏联和加盟共和国租赁法，把租赁作为企业经济核算的第三种形式。据中苏经济改革理论讨论会上苏联专家提供的材料，1990 年初苏联已有 1332 个工业企业、731 个建筑组织、4911 个集体农庄和国营农场、988 家零售贸易企业和 1043 家公共饮食企业实行租赁。

通过经济改革，苏联经济体制也发生了变化。特别是在广泛推行企业完全经济核算制以后，企业留利水平有了明显提高。表1、表2是改革前后企业利润分配变化的情况，说明改革以后企业留利比重增加很多，从而增强了企业的独立性和盈利冲动。

表1　　　　　苏联全部工业企业利润分配情况（%）

年份	1970	1980	1985	1986	1987
所得全部利润	100	100	100	100	100
其中：上缴预算	62	60	58	58	55
留归企业	38	40	42	42	45

表2　　　苏联国民经济各部门企业与经济组织的利润分配（%）

年份	1970	1980	1985	1986	1987
所得全部利润	100	100	100	100	100
其中：上缴预算	59	59	56	51	46
留归企业和经营组织	41	41	44	49	54

随着改革中企业留利的增加，职工的工资及社会福利也有了明显的增加。表3是苏联国民经济各部门职工月平均货币工资及社会福利收入增加的情况：

表3　苏联国民经济各部门职工月平均货币工资及社会福利收入（卢布）

年份	1970	1980	1985	1986	1987
国民经济各部门职工月平均货币工资	122	168.9	190.1	195.6	202.9
同基期相比的年平均增长率	—	3.3	2.4	2.9	3.7
各部门职工平均货币工资加从社会消费基金中得到的付款和优惠	164.5	232.7	269	278	289
同基期相比的年平均增长率	—	3.5	2.9	3.3	4.0

经济改革对经济发展的积极作用

苏联经济改革对发展经济也起了积极作用，阿巴尔金在《经济问题》杂志1989年第4期发表的一篇文章中，曾提供了改革以来经济发展取得的主要成果：一是1987年苏联整个物资生产部门第一次在就业人数绝对减少的条件下，靠提高劳动生产率取得了这些部门国民收入和产值的增长。具体情况如表4所示：

表4　苏联靠劳动生产率提高取得的产业和工程比重（%）

	1976—1980年	1981—1985年	1987年
创造的国民收入	78	87	100
工业产值	75	96	100
农业产值	100	100	100
建筑安装工程量	94	37	100

二是国民收入和人均实际收入指标在1988年有了明显的改进。苏联

国民收入的平均增长速度1981—1985年为3.6%，1986年为4.1%，1987年为2.3%，1988年为4.4%；人均实际收入的平均增长速度1981—1985年为2.1%，1986年为2.5%，1987年为2.0%，1988年为3.5%。

三是由于优先发展服务行业，使得国民总产值较国民收入具有更高的增长速度。具体情况如表5所示：

表5　　　　　苏联国民总产值和国民收入的增长速度（%）

	1980年	1985年	1987年
国民总产值	100	122	131
创造的国民收入	100	119	127
国民总产值		100	108
创造的国民收入		100	106.5

根据阿巴尔金提供的材料，在1957年到1987年期间，苏联人均寿命从67.7岁增加到69.8岁。住宅建设长期停滞的情况也有了改变，改革时期交付使用的住宅面积大量增加。1970年交付使用的住房为106万平方米，1975年为1.09万平方米，1980年为105万平方米，1985年为113万平方米，1987年为131万平方米。

从一些调查材料看，苏联经济改革对提高企业经济效益也曾起过促进作用。由于向企业扩权让利，1986年起企业效益有了明显提高，产品成本下降，企业亏损下降（见表6）。实行完全经济核算的企业与未实行完全经济核算的企业相比，效益明显要好。

表6　　　　　苏联工业和建筑业产品成本的年平均下降率（%）

	1971—1975年	1976—1980年	1981—1985年	1986年	1987年
1卢布工业商品量的耗费下降	0.6	0.08	0.3	0.9	0.7
1卢布建筑安装工程量的耗费下降	0.5	0.6	0.25	1.3	2.0

表7　　　　　　　　苏联国民经济某些部门的企业亏损情况

	亏损企业 占全部企业的百分比(%)			亏损数（百万卢布）			亏损企业亏损额占 全部企业利润的百分比(%)		
年份	1980	1985	1987	1980	1985	1987	1980	1985	1987
工　业	16	13	13	6402	6206	4279	8.9	6.3	3.7
国营农场	56	23	16	6255	2152	1846	（注）	21.7	13.7
建　筑　业	31	23	13	2460	2102	1771	33.7	17.9	9.8
供应和销售	26	19	21	1175	590	399	34.0	14.0	13.0
居民生活服务	27	28	23	167	223	137	21.0	22.7	11.0

注：1980年全国国营农场的利润为负60亿卢布。

表8　　1987年苏联工业企业完成供货合同，利润增长以及成本降低情况　　　　单位:%

	完成供货合同的百分比	利润增长率	成本下降率
全部工业企业	98.3	5.7	0.7
其中实行完全经济核算的企业	98.7	9.5	1.3
未实行完全经济核算的企业	98.2	4.8	0.5

经济改革也促进了科学技术进步。据苏联国家统计委员会公布的材料，1988年国家投资450亿卢布用于对现有生产进行技术改装和改建，比前一年增加5%。1988年在工业中安装了大约9000条机械化流水线和自动化作业线，其中有500条转子作业线和转子传送带作业线，也比前一年稍多一些。由于在工业中采用科学技术成就，节约了约40亿卢布。用于科学的开支与前一年比较增加了近7%。国家订货的完成情况是：在供应最重要品种的新产品方面完成了83%，其中在跨部门性质的国家专项科技计划研制方面完成了74%，在经互会成员国科技进步综合纲要的任务方面完成了89%。机械制造综合体的产品更新了11.4%，超过计划规定的9.2%。

从一些典型企业看，改革更是调动了他们发展经济的积极性。塔斯社记者谢尔盖·克拉夫琴科1989年2月22日写的一篇报道中说，第聂伯彼得罗夫斯克（乌克兰）轧管厂在该部门第一个向苏联黑色冶金工业部租赁了自己的企业，期限是到 1995 年。租赁者打算大大提高产品质量、竞争力和利润率，加速社会经济计划的完成。厂长尤里·布里亚克向塔斯社记者说："在我们企业产品的用户中有约 300 个苏联的部和主管部门，40 家外国伙伴。工厂内部各个部分也向企业租赁承包，即车间向工厂管理处、生产队向车间领导租赁承包。这可以扩大其自主权限，提高集体对达到最高最终成果的责任心。现在工厂在稳定地工作，估计在今后数月内可以大大提高自己的利润。"厂长介绍说，租赁可以使集体把超国家计划所赚得的钱留给自己使用，只向部里缴纳事先说定的设备、原料和劳动资源付费。集体根据自己的意愿花自己的钱，无须上级的指示。它已决定把挣得的一部分钱用在生产的现代化上，而剩余的钱用在实现社会计划上。工厂计划每年为工人和专家们建设一座有 100 套住宅的楼房和几十座带有宅旁园地的单独小住宅。还决定要同几个集体农庄加强合作伙伴关系，拨款为它们购买农具、建设住房和其他社会文化设施。作为交换，本企业劳动者将可以得到额外的农产品。租赁者在感到自己是企业的主人之后，开始更加爱惜地使用财源，关心减少设备的停工情况和修理费用，关心提高产品质量。他们的收入直接取决于这些情况。据初步计算表明，这里工人的月平均工资至少可提高 1/4。

塔斯社还曾报道莫斯科一家工厂改为合作社后提高生产效益的情况。记者季布罗娃 1988 年 11 月 5 日报道：莫斯科低压电器厂在改为合作企业的 3 个月内，劳动生产率提高了 15%。在这段时间里，该厂超额完成生产任务 40 万卢布，这是该厂 60 年历史中前所未有的。合作社主席（前厂长）科罗廖夫对记者说，工厂这些年的财政状况十分窘迫，过期偿还不了的债款达 250 万卢布。他们分析了工厂的情况，得出一个结论：能发挥工人积极性，刺激工人关心其劳动成果的组织管理形式是合作社。这样，苏联电机工业部和工厂成了平等的伙伴，他们平等的关系是以合同为基础的。工厂有近 2000 家供货厂家和订货厂家，合作社按国家价格同这些厂家进行交易，按时地完成各项合同义务。合作社主席说：不是所有职工都成了合作社社员，只有 420 人成了社员，大多数社员都是工厂原来的骨干，其余 1100 人受雇在合作社劳动。每个职工都是按日分配任务，并根据完成任务情况付酬。初步经验表明，这是一个很有成效的方法——合作社实际上不再出废品，工资提高了 50%，一个月差不多能拿到 340 卢布。科罗廖夫说，我们打算扩大生产，还打算和一个同我们专业相近的亏损工厂联合。

不能过高估计苏联经济改革的成绩

根据上面介绍的材料，可以说苏联经济改革没有取得进展和成绩的说法是不符合实际情况的。但是，也不能把苏联经济改革的成绩估计过高。1989 年初，苏联《消息报》经济观察家在评论苏联国家统计委员会关于 1988 年国家社会经济发展公报时曾说："克服多年来国民收入增长速度下降的令人不安的趋势，可以认为是 1988 年的重要成果。"苏联官员在举行有关 1988 年苏联社会经济发展结果的记者招待会上也说："最近 3 年的经济指标证明，社会生产增长速度和经济活跃程度下降的趋势得到了克服。"当时我国有的经济学家也曾认为，1988 年的成绩表明苏联的国民经济已经开始走出谷底。现在来看，这都是把苏联经济改革的成绩估计高了。我在第一篇札记中曾介绍了苏联目前十分严峻的经济形势。1989 年苏联工业总产值增长 1.7%，农业总产值增长 1%，国民生产总值增长 3%，国民收入增长 2.4%。国民收入是 80 年代中增长最低的一年，未达到计划增长 4.5% 的目标。苏联国家统计委员会主席瓦季姆·基里琴科在《政府公报》中评价 1989 年国家经济发展统计报告时写道，关于加快经济增长问题在苏联具有特别迫切的意义。他认为，引起不安的理由是：人均国民收入的数量近于未变的水平。因此，不能说苏联已经克服了社会生产增长速度下降的趋势。

苏联经济改革的进展并不顺利。苏共 6 月全会提出的带着新的经营机制进入第十三个五年计划的要求完全落空了，现在看来这个要求在第十四个五年计划时期也未必能实现。这一点很多苏联经济学家都这样看。应该指出，《根本改革经济管理的基本原则》中规定，企业（联合公司）应当对自己活动的结果承担全部责任，应使所有的企业都转入完全经济核算和自筹资金。但是，即使企业实行了完全经济核算和自筹资金，也并未做到一个真正的企业所应该做到的自负盈亏。苏联《国营企业（联合公司）

法》还规定：在完全经济核算和自筹资金的条件下，企业享有广泛权利，国家保证这些权利的恪守。现在名义上相当多的苏联企业已实行了完全经济核算的自筹资金，但这些企业并没有真正享有广泛权利，没有得到应有的自主权。苏联很多厂长认为，工厂自主权虽然已经宣布，但还远未成为事实，改革只给企业带来自主的外部形象，实际上变化有限。

苏联《社会主义工业报》1989年9月1日曾刊登了一篇社会学问卷调查材料的文章，调查对象是11位厂长，其中的一个问题是：现在企业和企业厂长的自主权受到哪些限制。文章说，除了一个厂长以外所有厂长都认为，自主权还只是宣布的而不是实际的。多数人的观点是：如果他处于合作社社员的位置，就可以认真地谈自主权了。厂长们还注意到这样一个矛盾：在法律上企业被称为"国营的"，也就是说，并非集体而是国家是企业的主人，国家通过自己的机构——部长会议、国家计委、财政部和各专业部来支配企业，那么厂长自主权实际上又有什么呢？厂长还认为，改革和自主权的主要障碍是短缺现象。所有厂长都一齐在喊："计划得不到原料保障！"各部和国家供应局两手一摊说，你们现在是自主的企业了，就和供货单位建立长期的直接联系吧。供货单位还是很高兴的，可是合同还是不能签，因为它们的供货单位也没有同它们签合同。主要原因是原料得不到保障，四处碰壁。厂长还反映，从上面下达的"神圣"定额压制了自主。有各种定额：从废金属回收到工资增长和劳动力增长的比例关系。厂长们已经起来反对党的机关和苏维埃机关分配给被宣布自主的企业的"额外任务"。他们承担了一大堆各种各样的工作——农村的、道路的、交通运输的、收拾垃圾的、建设的工作，上帝知道还有什么！厂长如果不愿意把关系搞坏，就得被牵着鼻子走，这使劳动集体很气愤。不听话……惹恼了地方当局可不是闹着玩儿的。当谈到厂长们在基本建设方面的自主权时，他们"暴怒了"。什么自主权？包工限额掌握在上面一个陌生的汉子手里，由他来决定建什么，不建什么！厂长科瓦连科苦恼地写道："1989年我们有700万卢布的设计资料，所有工程都是非常需要的，是五年计划规定的，从这些工程的开工情况来看，我们的全部发展计划都被克扣，包工限额只分给250万卢布。"一位厂长得出了总的结论：目前改革只给企业带来自主的外部特征（比如说，我是选举的，而不是任命的），别的什么变化也没有，只是现在对限制的形式作了某些掩饰，离结束改革遥遥无期。文章还介绍了厂长、总经理什库连科的看法。他说："改革赋予那些希望掌握自主权的领导人很多自主权。我从一开始就拒绝承认'上面'国营企业法中规定的对我的权利的某种侵犯，除了国家统计委员会，我没有打过任何报告。除了一年一次的综合检查以外，我没有允许进行任何检查和监察。我撵走了检查人员并且禁止给他们在出差证明上签字。由于破坏了成套供应我向部里提出 8.3 万卢布的罚款。可是在这件事上我却在仲裁机关那里成了输家，有什么办法呢？然而我让人明白，不能和我开这样的玩笑！我不指望部里有完全不同态度，因为我们的关系可以说等于零，甚至请我我也不去莫斯科找它。我并非不那么强硬地反对地方当局妨碍我们权利的意图。简单地说，如果厂长坚强勇敢，就能称为有自主权的厂长。"他的看法是企业实现自己的自主权是极其困难的。

苏联农村推行租赁承包制也不顺利。苏联报刊曾强调要扭转农村租赁承包缓慢的局面。塔斯社 1988 年 10 月的一份电讯中说，格鲁吉亚萨古拉莫伊斯克国营农场去年还欠 75 万卢布的债，今天已经进入盈利的农场行列。发生变化的原因很简单，农场把主要生产部门都改为租赁承包了。这样的例子并非绝无仅有。搞租赁的农庄农场一年每公顷谷物产量平均比未搞租赁的农庄农场多半吨，每头奶牛的产奶量平均多一吨。但是租赁关系目前还有不少复杂问题。理论和立法还落后于大规模推行租赁关系的实践，租赁法刚刚开始起草。然而，这还不是全部问题。特别是发放给租赁者的贷款数额还不足以建立巩固的经济。确定土地和其他生产资料租赁费的客观标准还没有制定出来。而影响在农村推广租赁关系的一个重要原因是，落后的、甚至某些中等的农庄农场的农民不大关心转向新制度。当初出于社会公正考虑，在所有农庄农场都实行了有保证的劳动报酬，这种报酬按中间工序计算。农庄农场活动的最终成果——谷物产量和挤奶量等，在行政命令管理体制下对劳动报酬实际上是没有影响的。现在这种做法受到谴责，但目前仍然存在。甚至有这样的情况：亏损的农庄农场（这类农庄农场几乎占 1/5）农民的报酬与高盈利的农庄农场的报酬毫无差别，甚至比高盈利的农庄农场的报酬还要高。农村租赁关系推广缓慢还有一个原因，就是农庄农场的专家和领导人抵制。他们习惯于固定工资额。他们明白,在新条件下只有工作有成绩的人才能得到好报酬。因此,今后不只是要说服专家们相信租赁关系对他们有好处,还要使他们从物质上关心参加租赁集体工作。

苏联发展合作社和私人经济也有很多问题有待解决。西德《商报》1989年8月10日刊登一篇报道,题目是《不满的人结成联盟反对工作富有成效的合作社》。文章说:

一开始,这些合作社获得了在没有当局指示情况下也可以进行生产以及自己决定价格和工资的权利。私营合作社证明是有生命力的,在两年之内,私营合作社的就业人员由零增加到100多万人。在合作社里要求工人艰苦工作,合作社的工资从一开始就要比国营企业的工资高得多。国营企业的平均工资约为230卢布,合作社的工资每月可以达到500—1500卢布。这很快就引起了领取由国家决定的微薄工资的苏联公民的忌妒。而他们没有考虑到合作社里较大的劳动强度。饭店合作社和中间商合作社受到了特别严厉的攻击,在这些私营饭店里的价格确实要比国营饭馆的价格高得多,但饭菜和服务的质量也相应地要比国营饭馆的高。此外,饭店合作社必须以比国家价格高两倍的价格到农民市场上购买几乎所有的产品。中间商合作社也受到了严厉的指责,中间商合作社是利用市场的空隙,它们在国营企业购买商品,然后将购买的商品以更高的价格出售到其他供应条件差的地区。据苏联《经济报》报道:"丰收"合作社在摩尔达维亚共和国购买了10车皮罐头水果,然后以贵1倍的价格卖给卡累利阿共和国的工厂商店,盈利8万卢布。但这家杂志没有提出这个简单的问题,即卡累利阿共和国的商人到底为什么不能自己与摩尔达维亚共和国的商人建立直接联系。另一件事情是:乌克兰的一家合作社在给乡村接通煤气方面取得了成就。这家合作社安装煤气要比国营公司安装快、质量好,而价格却不比国营公司高。国营企业认为,这是"不正当"的竞争。由于群众和干部要求使合作社从属于国营企业,莫斯科已出面干涉,而且马上从三个方面采取措施:第一,提高了合作社成员的税收。第二,限制合作社的活动。第三,地方当局使合作社与国家经济相协调。

文章还说,医生合作社受到了特别严厉的攻击,人们禁止医生合作社在医院里租用仪器。不再允许合作社治疗例如像性病这样一些疾病。合作社虽然也找到了保护者，首先在最高苏维埃找到了保护者，最高苏维埃能够阻止太高的利率。但是，总的来说"私营合作社"周围的气氛变得敌对了。在哈萨克的乌斯登发生骚动时，哈萨克人也使合作社受到破坏。合作社也许在这场敌对运动中能够生存下来，但合作社的进一步发展将受到阻止。文章最后说，这场"合作社战争"已经表明，广大居民对任何私人经营活动的敌对程度有多大，感到不满的居民和干部的联盟正在使改革者的"合作社"计划破灭。

《商报》这篇文章的内容和观点未必都正确，但是提出了苏联经济改革中遇到的重要问题。只有正确处理这些问题，改革才能顺利发展。

这次访问苏联发现，苏联指令性计划制度变动甚少，这是苏联经济改革进展不大的重要表现，也是苏联经济改革延缓的重要原因。阿甘别吉扬曾说："决定经营机制前途的主要问题之一是国家订货的内容和比重。在我看来，1988年的国家订货规定得不正确，在许多方面破坏了新的经营管理体制，不可能真正显示出自己的效益。实际上是国家订货这种新形式里放了旧的内容，国家订货被偷换成国家命令。如果说政府在1988年计划中按照合并的品名表编号提出国家订货后将其数额限制到约占产品总产量的70%，那么有权使国家订货具体化并可扩大其品名表的部分主管部门下达到企业的国家订货数额则达产品总量约90%—100%。同时，国家订货是按照像从前上级组织为下级组织规定指令性计划任务那样的形式下达的。"

1989年规定不给各部随意确定国家订货任务的权利，国家订货直接由政府在年度计划中确定，同时规定国家订货占总产量的比重为60%—70%。而从我们接触到的情况看，这个规定同样未能贯彻。苏联国家计委经济研究所和中国经济学家代表团座谈时，该所有位同志说1989年国家订货实际上还是100%，而且国家订货与指令性计划并无区别，虽说企业可以掌握产品的30%—40%，实际上是有名无实。

苏联经济改革的困难和阻力

阿甘别吉扬在一次谈话中说，他和其他一些人低估了实行改革过程中会遇到的问题，以及反对派的力量。他说，在领导机关里，没有人"公开进行抵制，但破坏活动特别是暗藏的破坏活动仍很厉害"，这主要是来自中层经济管理部门。"人们不知道还有别的办法。他们从小接受的就是这一套，很难把它们扔掉。"他认为，苏联在一开始推行改革计划时本应更加"果断和迅速"。但"我们当时对改革的认识并不十分清楚……当时显得并不十分迫切。"而现在"我不得不承认自己低估了存在的问题。我低估了旧结构的惰性……领导机关里对改革的抵制实际上比预料的要大"。他说，改革初期苏联出现了一些积极的变化。这些最初的变化使人们产生了一种"欣快感，这是可以想象到的，因为他们在那之前的几十年里眼睁睁地看着生活状况不断恶化，最后陷于停滞"。"突然发生了急剧变化，当时似乎一下子一切都会好转。就连科学家也很难不产生这种感觉。"而改革派之所以没能取得更大的成就，主要就是因为对存在的问题和经济停滞状况估计不足。同时，改革派对反对派的能量和人民不愿意抛弃旧习惯的心理也估计不足。他还说，尽管国营企业法已经生效，该项法律规定国营企业享有更大的自主权，但是，由于中央权力很大的各部仍然继续从上面给各个国营企业硬性规定生产定额，结果把该项法律的重要性冲淡了。

阿巴尔金曾把改革阻力看得更广泛。他前年年底说，改革的阻力至少来自三个阶层：第一，官僚主义机关人员；第二，意识形态机构的工作人员；第三，部分社会下层人士。他认为，改革构想本身是不可能在短期内在空地上以朴素的觉悟形式诞生出来的，但现在已彻底地形成了。这在很大程度上是由于经济科学在最近 10 年也许是 15 年内打下了基础。我们现在仍有一系列大胆而又先进的建议，可是一些做实际工作的机关不愿意使这些建议付诸实施。至于意识形态机构的工作人员，特别是社会科学工作者，从中小学和高等学校到科研机构的工作人员，他们掌握了党的整个宣传系统，他们指导学术讨论会、举办讲座和作报告。在这些人中间也有值得注意的有头脑的人，但是这些人大多数不接受革命改造进程，不能放弃旧观点。对于第三个阶层，即一部分下层人士，他们也不会按另一种方式干活。他们一般并不反对改革，因为改革许诺了好处，但是反对采取有使他们失去津贴的危险的措施。也不单单一部分工人是这样，连农民也并非都愿意实行租赁承包。有时你会听到这样的说法：把土地分给农民吧，我们就会解决我们的全部食品问题。可是并非所有农民都愿意搞承包。人们是这样说的："既然最低限度的报酬是有保障的，我又何必要得到土地和一头扎进去呢？我国业已形成的生活水平造成了一定的消费量，十分富于惰性的消费量。一个人有一套在某种程度上说还不错的住房，实际上也就不可能再得到另一套住房了。有了电视机，孩子有学上，有衣有鞋穿，夏天可以让孩子们去少先队营，自己也可免费得到价值 30 卢布的优惠度假证。"总之，他是满意的。要是有人对他说："努把力，你可以赚得更多些。""为什么？买汽车吗？积攒 10 年，每个月为此留下 100 卢布吗？见鬼去吧，最后还是安安稳稳地过 10 年吧。"需求是稳定的、有限的。因此，不想改变生活方式，习惯于已经稳定下来的生活速度，习惯于享受有充足保障的生存条件。他认为，这种历史上形成的消费水平也取决于受到的教育和市场状况。

有人认为苏联改革受到由官僚组成的新阶级的阻碍。厂长谢尔盖·安德烈耶夫在列宁格勒出版的文学和政治评论杂志《涅瓦河》月刊 1989 年 1 月的一期上说，戈尔巴乔夫的改革计划受到了一个"新阶级"的严重阻碍。他说："上层权力机构的各种决定只有在对这个新阶级有利时才能得到贯彻执行。"这个新阶级是一个"生产和经营管理阶层"，其中包括 1400 万党的官僚、政府部长和管理人员。他写道，自从戈尔巴乔夫于 1985 年 3 月上台以来，苏联经济缺乏重大进展的问题和民主遇到的阻力在很大程度上是这个新阶级造成的。"我们必须承认，我国经济已陷入了危机"，这个危机还在恶化。改革之所以进展缓慢不是因为有某些神秘的力量的作怪，而是由于"有组织的破坏"。他说："上层领导的许诺不能落实，远远谈不上有助于加强人们对改革的信心。"反对改革的人在利用人民的不满和消极情绪。他还认为，在世界上苏联式的社会主义产生的只是"令人灰心丧气的影响"，并被认为是一个"只能导致崩溃"的制度。也有人认为，国内各阶层的悲观情绪是改革的严重阻力。《苏维埃文化报》1989 年 8 月 29 日刊登的一篇文章说，公开性使许多不习惯经受知识和真理考验的公民精神紧张、心理发生变态，这是不足为奇的。某些读者由于在报纸上找不到所期望的关于发现最终医治商品短缺、犯罪现象和艾滋病的灵丹妙药的消息，就用逃避来解脱自己：够了，厌烦了，再也没有劲儿了，我不再接着干了。在各个社会阶层都可以遇到这种心理状态。在目前情况下，问题是这样摆着的：或者人民通过苏维埃来亲手实际管理国家，或者悲观主义者关于可能恢复行政命令制度的暗淡预测成为现实。平民情绪十分强烈，期望有新的救世主，救世主一旦出现，就会指引迷途。作者认为，我们社会正在形成又一个关于改革的意义和目的的神话，许多不现实的期望都同这种神话有关。人们的意识（不乏宣传机构的帮助）中，已经形成了这样的概念，即改革的每个步骤都直接同经济繁荣和增加福利有关。当然，我们有权期望每个步骤都取得明显的进展。然而同时不能不看到，改革的出现首先是由于要防止民族灾难，而民族灾难是在维护原有状况的情况下必然要发生的。

苏联哲学博士布坚科认为阻碍苏联改革进展有四大主观原因。第一个原因是，对我们行动的条件和任务理解差。有人昨天还仇视对消极现象和过去的不正常现象提出的批评，把它看成是给"过去一代人的功绩"抹黑。第二个原因在于，甚至在我们非常理解应当怎样做的那些地方，我们的工作也缺乏必要的干劲和速度。第三个原因是，无论是执行者，还是领导人都缺乏应有的纪律，即在党内和国家机构内粗暴地违背民主集中制原则。有些人由于当官的欲望准备扼制劳动者的一切积极性，有些人还反对改革，从来也不准备进行改革，不期待、也不欢迎改革，只是用口头上推崇改革来掩饰自己的立场，但是却不为改革做一点事。第四个原因在于，大量的社会力量被用于抵制反改革者、麻木不仁的官员、官僚主义者和保守主义者的反抗。我们每一个人为了使正义的和正确的事业"突破"官僚主义的障碍，耗费了多少精力和体力。

国外学者也写了大量文章分析苏联改革的困难和障碍。日本《呼声》月刊1989年12月号刊登的一篇文章，认为苏联改革现在遇到了八大障碍。这就是：第一，爆发了民族问题。民族问题动摇了推进改革的体制，造成了政治混乱、社会混乱和经济损失。第二，劳动群众的动向，工人的反抗。他们由于生活困难和劳动条件恶劣而举行了罢工，如煤矿工人罢工，等等。第三，切尔诺贝利核电站事故以及亚美尼亚和塔吉克两共和国发生地震灾害。这些自然灾害使苏联不得不支出庞大的金额进行救灾，从而使经济停滞更加严重。第四，庞大的军费开支依然对国民经济是一种压力。从国民生产总值的实际情况看，苏联的经济只有日本的40%、美国的20%。在这种基础上养活425万人的军队并配备庞大的装备，不能不大大影响苏联落后的基本建设和民生部门的发展。第五，在行政改革的过程中，被排斥出去的党的领导干部越来越阳奉阴违，保守派在公开和背地里进行抵抗，以争取把在改革的口号下实施的"经济管理方法"恢复到原来的"指令型管理方法"。另一方面，激进派反对保守派的动向也出现了，权力斗争加剧，政治、经济、社会发生严重的混乱。第六，围绕引进市场机制发生了难题。商品缺乏现象始终没有得到克服，另一方面却有大量的储蓄和家庭存款。在这种情况下，便影响了实行旨在搞活经济的市场机制，从而出现通货膨胀危机，无法修改价格政策。第七，根据《国营企业（联合公司）法》，企业实行了独立核算制和自行筹措资金制度，取名为"经营管理方式"。但是，这种"经营管理方式"依然不能自主地实行，与由上级机关控制的方式即"行政管理方式"相对立。在两种方式同时存在的情况下，经营管理非常混乱，新的制度没有产生实际效果，经济改革反倒面临着复杂的困难。第八，军事技术与民需技术完全分离，阻碍了技术的推广。尽管优秀的基础技术得以开发，但是却不能与应用技术和生产技术挂上钩。因为没有市场活动，这些基础技术不能够形成具有国际竞争能力的最终产品。我认为，《呼声》月刊的这个分析，可能是比较全面的。

（原载《经济工作者学习资料》1990年第24期）

苏联经济改革的目标

——1990年重访苏联的札记（三）

什么是根本的经济改革

苏联方面提交给中苏经济改革学术研讨会的主题报告题为《根本经济改革：首要和长期的措施》。何谓根本的经济改革，报告未作具体说明。而在1989年11月召开的全苏根本经济改革问题科学实践会议上，阿巴尔金对此曾作过如下解释：

第一，改革带有根本的性质，这不是给老房子修饰门面，而是打破行政命令体制，用崭新的社会主义经济模式来代替之。行政命令体制已成为生产力特别是与劳动相关的最主要的生产力发展的严重障碍。

第二，经济改革不是一个自治和孤立的过程，而是整个改革的一部分。如果没有根本的政治体制改革，经济改革是不可能成功的，而经济改革又是国家根本政治革新和彻底民主化的条件和前提，是改革的经济基础。经济改革的实现涉及社会发展的一切方面，涉及社会精神基础和价值观念体系。

第三，这一改革的深度和根本性意味着，它不仅涉及经济生活的外部形式和结构，不仅涉及中央管理机构、财政信贷杠杆系统和管理机构的组织与功能，而且贯穿于经济体制的基础，应能革新整个所有制关系和发展这种关系的各种形式，只有这样，它才能实现自己提出的目标。改革包括局部改造的过渡时期和改革的完成阶段。

第四，改革的目的不是用另一种制度，或者说不是用中性社会来代替社会主义，而是要革新社会主义，给它以新的生命力。这里应该旗帜鲜明。选择社会主义不是口号,不是思想烙印。这是人民的选择。这种选择包括选择制度、结构、经济关系的形式和方法以及进行建设的准则。这是革新整个经济生活,包括所有制关系的准则。

以上是苏联对于根本经济改革的有代表性的解释。

改革的最终目标

苏联经济改革的目标是什么呢?苏联方面提交的主题报告中专门有一节阐述改革的最终目标,可供参考。报告中说:

根本经济改革的最终目标,在于使经济健康化,即能够保证生产的高效益,使人民生活符合现代生活水准,实现社会公正,解决最严重的生态问题。只有这样,才谈得上整个改革的完成和改革的成功;只有这样,才能在自由和民主条件下为发展苏联社会而创造各种前提;只有这样,才能巩固社会主义的理想和价值观念。

为达到此目的,就需要这样一种经济体制:第一,将建立起有效的劳动刺激以及和高度的组织纪律性相结合的进取精神;第二,能够有效地协调所有社会生产者的活动,以保证其能量与生产资料不白白浪费,使每个人在利用创造最大产值的资源时,生产社会所需产品。

根据列宁生前最后几年对生机勃勃的革命实践和新经济政策的分析得出的社会主义构想,根据社会主义国家和其他国家的经验,根据我们自己的改革经验和多年的科学研究,可以确定在可选择的社会主义范围内的新经济体制模式的基本特点。其重要原则如下:

第一,公有制的多种形式,它们的平等和竞赛是公民经济自由的牢靠基础,这个基础保证它们有可能最大限度地发挥自己的能力,并形成强大的个人和集体的经济动因。

所有制的多种形式不是过渡性的,而是社会主义经济正常发展的产物。它可以消除劳动者脱离生产资料、政权、参与管理经济事务的异化。生活本身和来自基层的主动性提出了国家所有制不断多样化的任务,即发展租赁、合作化、农民所有制、农场所有制、股份公司及其他经济联合体等形式。它们可以保证最彻底地实行完全的经济核算制、经济责任制、自筹资金、自治的原则。每一种形式在某地的利用应使这一形式符合当地生产过程社会化的实际水平和最高的效益。

只有更新所有制关系,才可以解决社会主义经济中暂时尚未找到答案的关键问题,即形成企业及其工作人员长期关心的消费和积累的最佳比例,以及生产潜力的更新和增长。为此,就需要放弃所有制收入与社会主义制度不相容的僵化观念。历史经验表明,对待这种收入的态度应与对待货币、利润、市场和其他各种具有一般经济内容并且能够服务于各种社会生产方式的形式持同一态度。舍此则难于刺激积累和提高投资效益,难于保证消费市场的平衡。

与此同时,在社会化形式内的所有制收入,如存款和债券的利息、股息、股份和积累的收入、保险费、退休金和投资基金均受到国家的有效调节,这就排除了社会上人们难以接受的非劳动收入的增加和人剥削人现象。

第二,所有制、生产和分配的劳动基础是"挣"而非"分",对总成果的劳动贡献是衡量消费的主要尺度。行政命令体制的基础是把企业的产品拿来分掉。因此,当企业处在给得少而得到多的有利情况下,他们就不挣了,而是在争着分光。于是,劳动优先仅仅停留在口头上,分配优先则是事实。这就是不劳而获的经济思维的要害所在。新经济体制应当使经济全面发展,每一个人都应该亲身体验到,消费只有靠劳动所得,分配靠生产出来的产品。

第三,运用市场作为协调社会生产者活动的主要形式。经验使我们确信,除了把市场机制作为协调经营管理主体活动和利益的方式,别无其他合适的选择。这是一种调节经济活动最民主化的形式。试图建立一种计划与市场相互对立的经济导致行政命令的经济管理体制,这种体制不可避免地滋生官僚主义和缺乏责任心,造成物质资源的极大浪费,使劳动积极性和主人翁精神受到压制。

所有制形式多样化在保证经营管理主体的自主权和经济责任的同时,也为市场机制的正常运转创造了前提。市场的形成切不可半途而废,它只有在自由的价格和经济竞争的情况下才能有效发挥自己的职能。有计划地调节市场是必须的,它只有不违反市场发展规律,而是在其基础之上才能实现。

财政金融市场（有价证券市场）是市场机制最重要的因素，它能确保社会资金的流动性，使之迅速转入最有效使用的领域，促进积累和科技进步。

必须承认在社会主义制度下的劳动力市场，实际上它一直存在着并且严重影响着劳动报酬的水平。试图通过行政手段硬性规定劳动力资源的流动、收入分配差别的水平和程度，将使个性自由受到限制，导致分配上的平均主义，阻碍每个劳动者人尽其才的职业选择。

与此同时，在社会主义条件下，劳动力市场将在经济上既受制于各种形式的社会保障制度和国家保护劳动者权利的制度；又受制于以平等成员关系、共同占有关系而非雇佣关系为特点的各种集体所有制形式的广泛运用。

第四，发达的社会保障制度是为了保证所有公民有平等的权利得以协调发展和人尽其才，保证全社会所有丧失劳动能力的公民的正常生活，改善自然环境，保障健康，发展教育科学和文化事业。而所有这一切都是确保始终不渝地实现人道主义和社会公正的原则。

社会主义新经济体制的另一个重要特点是经济效益和社会公正的平衡。原来的社会主义经济模式的理论依据是，以公有制、消灭人剥削人的制度和按劳分配为原则体现的社会公正本身保证着经济效益。实践证明这种出发点是不切实际的。经济效益与社会公正之间的矛盾是客观存在。

第五，国家在发展经济和社会的远景计划和具体计划的基础上对经济实行有计划的调节，并通过以下途径进行：（1）直接管理国营企业（联盟的、加盟共和国的和公用事业企业），国家所属的自然资源和财产；（2）根据招标和合同原则安排国家订货；（3）国家投资和补贴；（4）调整物价；（5）税收，税收优惠和财政制裁；（6）通过银行利率、储备定额、外汇汇率和其他方法来调节货币发行量；（7）利用国家商品储备来稳定市场和价格；（8）制定经济活动法规，其中包括警告垄断行为、鼓励健康的竞争，保护消费者和环境。

加强公民的社会保障，制定和实施相应规划是国家的主要任务。除国家参与调节经济和社会过程外，发挥越来越大作用的将是非国家经济机构、民主的社会机构（消费者协会、生产者协会以及生态科技和其他社会组织）。

新经济体制的基本特征能够保证苏联经济的高效益，转向消费者的需要，促进科技进步。这是我们今天设想的新经济体制，时间和经验将改进和丰富我们关于这一体制的设想。这种体制符合社会主义原则，从根本上不同于行政命令体制。这种新经济体制不是完善业已形成的传统经济体制，不是仅仅取消其中的某些陈旧的部分，改革将是一种符合内在逻辑的、完整的体制被另一种同样符合逻辑的、完整的体制所取代。正因为如此，两者是格格不入的。经济改革的迫切性及其执行过程中不可避免的困难也正在于此。

苏共中央纲领（草案）中的提法

苏联理论界目前普遍把经济改革的目标称之为计划市场经济。苏共中央全会2月7日通过的党的二十八大行动纲领草案第三部分的标题就是"主张有效的计划—市场经济"。中苏经济改革学术研讨会开幕那天，《真理报》上全文刊载了这个纲领草案。苏方主席沙塔林院士在研讨会开幕词中说，这个纲领是他们一系列谈话的依据，很好地说明了"什么叫计划市场经济"。纲领（草案）中的有关内容如下：

根本经济改革的结果应当是用计划—市场经济取代本身具有垄断性和缺乏主动精神、消耗大和经营不善以及忽视消费者利益的命令主义的分配制度。计划—市场经济的基础是多种多样的所有制形式，独立商品生产者的竞争，发达的财政体系，大力促进个人和集体对利益的关心。

不进行所有制关系的深刻改革，经济改革就是不可思议的。苏共主张多种多样的所有制形式。这些形式平等地、健康地进行竞争，是公民自由、工作人员发挥自己能力、保障消费者权益的经济基础。

把国有财产改造成为由劳动者自己在租赁、完全经济核算、承包、股票等现代形式的基础上，根据生产规模、地区特点、一体化联系的发展程度等情况进行民主管理的财产。

党主张大力促进在健康基础上发展合作社运动，首先加强包括集体农庄在内的生产协作，扩大各种形式的劳动集体所有制的活动范围，其中包括入股、合股、股份等形式。个体劳动所有制，其中包括生产资料的个体所有制的存在，同苏联现阶段的经济发展并不矛盾。采用任何形式的所有制，都应当排除工作人员脱离生产资料和人剥削人的现象。

经济改革一个最复杂的问题，就是要找到调节经济活动的计划方法和市场方法的有机结合。不对生产的发展集中而有计划地施加影响，就不可能进行现代化生产。这就其实质来说是社会主义的经营原则，已在许多国家得到了采用。然而，准确地规定施加这种影响的程度和方法则具有十分重要的意义。与过去试图用计划包揽生产和分配的整个过程的做法不同。需要有一种制度，在这种制度下，对经济进行有计划的集中领导，主要是通过价格、税收、利率、贷款、付费等形式来实现，而这种有计划的集中领导的范围要严格地限制在解决战略任务方面。这首先是指实现重大的科技计划和结构计划，发展基础设施，在保护人的居住环境和恢复资源方面采取综合措施，税收政策和财政信贷政策，确保货币流通的稳定性。与人的社会保护有关的问题需要进行集中解决。

国家需要统一的联盟市场：一个丰富的、可调节的市场。这种市场应该成为保证和保持生产能力与需求的平衡、保证和保持有支付能力的需求与供应的快速平衡的经常起作用的机制。这也是苏联经济参加世界经济联系、过渡到卢布可兑换性的条件。

为了组织真正的市场经济，必须形成消费品、生产资料、有价证券、投资、外汇和科技成果的市场，加速进行财政、货币和信贷体制的改革。

实行经济市场调节的必备条件是价格形成的改革。人为制定的价格水平和比例、对一些人进行无效益的补贴和从另一些人那里破产性地收缴资金的负担使经营单位执行一种错误的方针，搞乱了对经营效益的评价，保护科技落后的现象，妨碍对国际分工优越性的利用。

以上是纲领草案有关这个问题的主要内容。

雷日可夫 1989 年 12 月在第二次苏联人民代表大会上的报告中曾对苏联改革的目标模式的依据作过如下说明。他说：

"这一模式的根据是什么，它的基础是什么？当然，首先这是多种所有制形式并存和各种所有制形式平等竞争。"其次，这是把市场作为新经营机制的"一个极为重要的因素"。

"这是否意味着我们正放弃计划和经济的国家调节呢？当然不是。国家调节现在应当在更大程度上依靠法律和经济方法，即价格、税收、贷款和投资。现在正在起草极为重要的法律——统一的税收法、银行法、投资法以及其他法律。这些法律应当向国家提供在经济上促进国民经济发展的强有力的杠杆。"

"在新的经营模式中，社会保障体系将具有特别重要的意义，市场经济只有与经过深思熟虑的，并在维护和加强公民社会保障的强有力的国家政策有机地联系在一起的情况下，才能在社会主义范围内被接受。这些社会保障包括为自由、全面发展和实施劳动权利创造平等条件，确保无劳动能力的社会成员——老战士、老劳模、退休金领取者、残疾人，即所有因故不能积极劳动的人过上象样的生活。"

计划市场经济的提法也受到一些人的反对。去年9月成立的"俄罗斯工人联合阵线"就认为，"如果我们把我们的前途押在全面发展经济中不合理的市场关系这一结论上，那么国家的形势将进一步恶化"。也有人认为社会主义国家把市场与计划、体系结合起来的努力不会成功。"因为计划官僚机构实际上使得市场工具不起作用，结果成了一种只是貌似市场的原来的指令体系的变动"。有的人则露骨反对社会主义，例如有人在文章中说："苏联的发展可以采取资本主义方式或其他方式。"

与过去提法的区别和联系

1987年年初我访问苏联的时候，苏联经济学界还不把社会主义经济看成是商品经济，因此也没有社会主义商品经济的提法。这次访问，很多苏联经济学家把社会主义经济看成市场经济，其中有人说的市场经济按其内容说也就是中国通常说的社会主义商品经济，但也有些人认为这是一种类似西方市场经济的市场经济。现在苏联经济学界普遍认为社会主义经济应该是计划市场经济，这同三年前在提法上确是有很大区别了。

1987年6月苏共中央全会后，阿甘别吉扬发表的题为《根本改革的纲领》一文中说："社会主义的市场是特殊种类的市场。在社会主义市场上不能出售自然资源,在改革的现阶段不打算建立有价证券市场和期票流通。""应该强调指出,社会主义市场是可调节的市场,最重要产品品种的价格将由国家集中规定。这包括燃料、电力、最重要的原料、最重要的消费品。""此外,国家机关可以通过经济定额制度来影响市场,刺激某些产品的生产和限制另一些产品的产量"(《苏联经济改革论文集》,社会科学文献出版社1989年版,第30—31页)。这种观点当时在苏联有代表性。与此相比,计划市场经济的提法也大不相同了。

《根本经济改革:首要和长期的措施》一文在提出改革的最终目标以后,对苏联1985年以来改革走过的道路进行了回顾。这个回顾对理解苏联经济理论上一些重大提法的变化也很有帮助。

现摘录文章中有关的部分如下:

从认识党倡导的社会更新的根本改革的基本规律及其深刻性和复杂性的角度来看,过去的四年是相当活跃的四年。然而,业已通过的各项决定缺乏连贯性,忽视诸如财政、货币流通,过于相信行政命令管理手段的威力等问题之所以发生的原因也正是在这里。

剖析所走过的路,可以把它分成几个阶段,它们最终启发人们理解毫不妥协地取消行政命令体制的必要性。

1985—1986年间,重点是放在科技进步方面,要求中止消极趋势并获得加速发展,基本上在保留原来经济体制的同时,改造机械制造业并在此基础上装备国民经济。所有这一切再加上"人的因素积极化"的口号,本可以相当迅速地保证增加优质商品生产,进入国际市场,大大改善苏联人民的生活。

也曾注意到了加强经济刺激。经济试验此起彼伏,新的经营管理方法得到了推行。但是所有这一切不过是60年代中期、70年代末期模式的典型翻版,而那时很重视各种评价指标和企业基金形成方法的变化。比较坚决地推行了集中管理所固有的各项措施,撤消了全苏生产联合公司,许多部级单位实行了机构改革,成立了农工委,改组了国家基本建设委员会,等等。

在已经形成的而且越来越"沉重的"生产结构以及与之紧密相连的经济体制的条件下,绝对不可能建立有效的经济刺激。这一点当时未曾受到重视，因此，所提出的加速国家社会经济发展的任务不能完成也就不足为奇了。

1987—1988 年，缺乏明显的良好势头。对在经济中需要有比较重大变化的认识，对技术治国和靠行政命令管理的局限性的认识，要求制定和通过根本改革经济管理的构想，以及重新研究干部政策。

这是朝着经济综合改革方向迈出的巨大步伐。1987 年苏共中央 6 月全会通过的一系列措施把扩大作为基本商品生产者的社会主义企业的权限和提高其经济责任作为构想的中心，要求改革计划体制、物质技术供应体制、价格体制、财政信贷体制以及组织管理机构。但是，所通过的决议的突出的特点是，新旧参半，社会中业已形成的关于社会主义经济体制原则的观念和客观的必需的新做法之间相互妥协。

这极其明显地表现在《国营企业（联合公司）法》上。该法的实施很快就暴露了其中许多条款内在的矛盾和不切实际。此外，也并未达到建立一种全新的经济环境，计划工作中的某些变化也没有能够补偿不甚景气的财政状况和原有作价原则的缺陷。行政手段调节经济活动的做法明显地削弱了，而经济手段又没有及时跟上来。这就导致了生产领域的严重倾斜、通货膨胀加剧、经济发展失去平衡。然而，又没有作出经济不稳定的结论。对第十二个五年计划无任何变动。

诚然，还是做了根本推向前进的一些尝试，这就是通过了《合作法》。该法也确实使经济增添了一种新成分，但是原来要求的经济成就并未出现。合作社运动发展的经验无可争议地证明，在所有经济实际上全部国有化，行政命令管理经济体制从整体上说来依然发挥作用的条件下，任何一种以不同的原则为基础的经济模式或者会被否定，或者成为必然的牺牲品。合作化在社会舆论上受到歧视。

这种情况的出现，并非全部来自尚未克服的各个层次的行政命令体制的条条框框。主要原因在第十九次党代表会议的结论中已提出，即没有民主化，不改变政治体制就不可能实现根本的经济改革。不可能更新苏联社会生活的各个方面。

1989 年召开的人民代表大会在肯定上述结论的同时还为政治体制改革奠定了基础。从此，开始了一个经济改革的崭新阶段。

文章最后说，当前，我们正处在一个极端复杂的经济改革时期，积极发展着的群众政治化正在超过经济和政治结构中的实际改革，在这种情况下，正确地调整方针就显得尤为重要了。

苏联在经济改革上是不是真正找到了正确的目标和道路，从而能够顺利地摆脱目前的困境和危机，还有待事实来证明。但他们对于过去四年改革过程的反思和总结，还是值得注意的。

（原载《经济工作者学习资料》1990 年第 33 期）

苏联经济改革的步骤

——1990年重访苏联的札记(四)

如何由旧体制向新体制过渡

改革确定目标以后,还需要确定如何由旧体制向新体制过渡的战略。阿巴尔金在全苏根本经济改革问题科学实践会议上曾说,需要建立一种由旧体制向新体制过渡的过渡理论。"这种理论应当回答下述问题:需要如何和用什么方式、借助什么办法、按照什么顺序来实践这一措施。""我们已经在很大程度上遇到了制订一套过渡性措施的困难。""而且还要看到在这条道路上我们会遭到的这一进程的复杂性和危险性。"他还说:"对于改革开始的情况和最后的情况,在这方面似乎一切是清楚的。""旧体制已毫无用处,在这方面一般来说不存在问题"。但是"我们遇到了完全缺乏过渡理论的情况。"我认为,说旧体制已毫无用处并不确切。但说缺乏过渡理论则可能是符合实际情况的,至少建立这种理论是迫切需要的。

在《根本经济改革:首要和长期的措施》一文中,提出了确定过渡步骤的一些指导思想和原则。文章说:

"高度的责任感和当前形势的危机性质决定着我们今天面临的选择。进一步发展的道路不同,影响国家的命运也不同,而每一条途径的背后都有一定的社会力量。问题在于选择这样的一条途径,它应当使人们看到进步的曙光,而不是把人们引向死胡同。"

"改革的最复杂的问题是如何实现向新经济体制的过渡。选择将在很大程度上取决于当前的经济和社会政治形势沉重的历史负担。其具体表现是经济的严重比例失调，大型垄断生产者占了优势，财政和货币体制的极端混乱，干部队伍后继乏人，相当数量的劳动者依赖于平均分配。最近一个时期以来又增加了新的问题，包括经济不平衡加剧，消费市场明显恶化，人民群众对国家政策不信任感增加，抢购风潮时起时落。社会政治气候紧张，例如许多劳动集体试图通过强大的压力手段，提出不切实际、威胁经济稳定的要求来达到改善自身境遇的目的。民族间关系问题极端尖锐，地方主义趋势愈演愈烈。"

"面对这种白热化的形势需要做出选择。然而不管做出什么样的选择，急功近利的路是根本不存在的。虽然继续进行改革的任何一种行动方案都必须推行一系列鲜为人知、过分敏感、进一步加剧社会紧张空气的措施。重要的是不做感情冲动的俘虏。"

文章认为，不应该对排斥整个经济改革的一种方案视而不见。这一方案的问题在于放弃改革，以极端困难为借口而向后退，主张加强行政措施，限制企业自主权、关闭合作社、禁止物价上涨，等等。在目前的紧张形势下，这种做法会得到相当一部分被蛊惑人心的口号所蒙蔽的劳动者的支持。

文章说："如果谈到符合人民代表大会各项决议的实行改革的方案，那么其中任何一个方案都将包括一系列总体措施，财政经济的健康化，实行以增加消费品生产、增加服务项目为目的的大规模的经济结构改革，在所有制关系方面作出重大推进。"

"目前的严重形势要求采取一系列非常措施。其中包括业已开始的削减预算赤字，大力压缩中央集中的生产性投资规模，限制来路不明的收入，增加消费品生产。"

"在选择这种补充性措施时可以通过两条途径。一种是主要依靠行政手段（增加强制性任务定额、扩大定额分配物资和消费品范围），另一种是依靠经济手段，其中首先是在财政和信贷——货币领域。无疑，今后一段时期内既需要经济手段，又需要保留一些行政手段，尽管经过深思熟虑的经济措施过于敏感，阻力重重，但是有可能使经济摆脱危机。"

三种改革战略

　　文章接着介绍了苏联实行经济改革的三种战略方案。我们访问中曾询问这三种战略方案的代表人物，有人回答说这是对于几种流行的意见和建议的概括。因此我也难以指明由谁提出了哪种方案。

　　文章把第一种方案称之为建立在逐步"长入"新经济体制战略基础上的保守方案。文章说，这种方案想方设法把所采取的措施的直接不良后果减少到最低限度，认为避免潜在矛盾是当前刻不容缓的任务，但是没有很好考虑改革前途。因此，这些非常措施大都带有强制性和行政命令性。

　　这种方案主张：有计划逐步平缓地进行财政治理，不给那些地位脆弱的、工作效益不高的企业带来明显的损失，逐步扩展生产性建设，保持相当储备，以保证各个部门的生产能力逐步得到更新。国家企业向租赁制过渡，在管理机构的同意下逐步形成新的所有制形式，丰富消费品市场。在控制收入增加、保持价格稳定的条件下增加商品生产和服务。随着财政治理，生产结构改革，商品资源扩大所取得的成就，减少国家订货和集中分配产品的数量，相应地扩大直接经济联系和批发贸易。实施反通货膨胀政策，不允许公开通货膨胀的出现，就是抑制物价上涨。

　　文章认为，选择上述方案的优点有：企业、居民、管理机构有可能逐渐适应变化着的条件。考虑到经济的惰性，有时间督促后勤部门工作，拓宽活动范围，使生产和经济关系中由于急剧发展而引起的损失减少到最低限度。但是，由于实现改革期限的拉长，改革被冲刷掉的危险是存在的。这一点在一定程度上已经表现在迄今为止所进行的经济体制改革上。这并非是说旧的形式会逐渐适应已采取的新形式，反对派势力有团结起来的可能。最大的可能性是，对眼下的、局部的关心，解决战术问题压倒对整个国民经济的考虑和战略目标。更重要的是，经济改革状态持续时间过长，就意味着必须媾和所谓"正在修葺的房屋"的一切不便，而不健全的体制是不可能有效地工作。同时，控制物价和收入孕育着经济刺激的进一步削弱，其后果将是生产滑坡，增加消费品生产的高计划指标难以完成。

　　文章说，这种方案不可避免地将面临由于物价上涨或者严重短缺所引起的社会不安。如果人们对提高物价的不满情绪虽然开始时表现强烈，但后来由于居民的损失得到补偿，这种不满情绪也会减弱。而在商品匮乏继续发展的条件下，社会不安就会持续不断。还应当考虑到，在这种情况下，影子经济会不断加剧，黑市价格会不断上涨。事实上，改革的必要措施越是推迟，其实施的困难也就越大。

文章称第二种方案是激进的方案。文章说，这一方案要求在短时间内深层次地、迅速地、集中地打破已形成的一切结构，同时取消对市场机制的所有限制。市场机制的出台意味着全面放弃或基本放弃对价格和收入的监督，对其控制仅仅依靠果断的财政治理措施，包括企业健康化，大大削减国家投资和对零售价格的补贴开支、实行信贷紧缩政策。这一方案还主张国营企业大规模地向租赁制过渡，改组成股份公司、合作社、民间企业和私人企业。这一方案的实质就是通过同时实施的一整套措施，一次性转向那种可以成为改革结果的经济体制。

文章认为，这是一个理论方案，从纯粹的形式来看，谁也没有提出过。任何带有根本性的提案都带有某种调和性，而这一方案集中地体现了试图急剧加速改革然而却未考虑可能出现的损失的立场。这很值得研究。在结局能尽如人意的情况下，向新经济体制的转变可能会在短时间内完成，与之相应则是改革成果迅速脱颖而出。但是不能对这种结局过于乐观。这里并不排除由于这种方案的缺陷所引起的严重社会政治动荡而使经济长期停滞的可能性。文章列举了下面四种可能性：

货币体制和信贷完全失调。这是由于不可能在短时期内组织和建立起一种对货币发行保证有效监督的新银行体制。这将会导致财政治理半途而废。

通货膨胀持续不断。应该考虑到，生产结构比例失调及其对消费结构的适应一天得不到调整。通货膨胀也就会存在一天。还应当考虑到，商品匮乏的情况下的通货膨胀现象原则上不同于协调的市场经济条件下的通货膨胀。商品匮乏、通货膨胀会打击消费者，使生产者靠提高价格和改变品种而增加收入，但并不提高生产。这种现象已经存在。

相当数量的企业在其他企业富裕起来的同时破产，现有的经济联系体系也因这个原因而遭到破坏。这种情况还会由于苏联经济的高度集中和狭隘专业化而加剧，其后果可能是生产大幅度滑坡。

各个居民阶层在其收入和物资保证出现明显差别的情况下生活水平大幅度下降，并可能出现大规模失业现象。建立社会保障制度虽可能缓解这种现象，但是经济发展速度缓慢和通货膨胀的猛烈势头将会导致其效益降低。

文章说，这样，在强化改革的时期，社会不安可能极度发展，这就给那些试图在经济和政治上复辟行政命令管理体制的人创造了最佳活动时机。

文章称第三种方案是比较激进的方案。这一方案有一整套同时出台的措施，能强有力地促进市场的形成，并立即建立调节机制。为此需要进行准备，但是时间不能超过一年。继而便开始实施加强和发展新经济体制的规划。其中主要一点是分阶段取消对物价的监督，以强有力的对居民的社会保障制度作为补充。这种体制在准备阶段就应该保证协调收入和价格的变化。这里指的是建立和实施一种过渡时期的特殊经济机制，它与新经济机制是一脉相承的，可以长入新经济机制。

第三种方案提出的综合性改革措施如下：

实施一批法律。在此基础上改变所有制关系，实行税收和信贷改革，这一改革的主要目的是使企业有自主权和经济责任。取消对无效益生产提供信贷和补贴的可能性，建立一种调节收入和货币发行量的可靠的经济机制。

改革劳动报酬制度，提高其灵活性，保证企业在这方面的自主权。国家对劳动者的劳动贡献实行奖励政策，为物价和收入实行灵活政策创造条件。

建立居民社会保障制度，包括改革居民社会保障制、改革劳动安置制度、发放失业补贴，根据生活费用的增长使固定收入指数化。

建立和健全市场制度，实行固定价格，调节价格（即限额价格）和自由价格的价格形成制度改革。改革生产计划和物资技术供应，减少国家指令性订货量和消费限额。

根据第三种方案，实行根本经济改革的规划有待今后五年内付诸实施，其中包括：

1. 逐步分解国家所有制，促进国营企业向租赁制过渡，改成股份公司或其他经济联合体、合作社、民间企业。

2. 运用新型税收和信贷杠杆实行严格的财政治理政策，稳定货币流通。

3. 积极实行加速发展消费品生产和服务行业的结构政策，发展生产和社会基础设施，节约资源，降低初级资源开发和中间产品生产的比重。

4. 国家订购外产品按自由价格销售，增加市场商品销售量，实行财政治理，限制货币发行量。实行反垄断法规，加强竞争。

5. 有步骤地使国家固定价格和调节价格接近平衡市场需求的自由价格，使其适应国际市场价格。

6. 建立金融市场，建立证券交易所和国家调节有价证券交易的体制。

7. 大力发展对外经济联系，吸引外资，建立合资企业和合作经营区。

8. 发展从进行外汇拍卖到组织正常外汇交易的外汇市场，为实行部分卢布自由兑换创造条件。

文章说，这种方案的主要优点是，它可以制止短缺的增长和防止生产滑坡，为建立市场开辟现实的道路。实施这一方案的一整套措施，可以使形势发生转变，经济迅速起步，改革出现根本性变化的局面。它可以减轻过渡时期的各种困难，使人们更好地适应市场经济条件。但这种方案也会造成通货膨胀。确切地说，是把表现为商品短缺的隐蔽通货膨胀变成伴随物价上涨和收入增加的公开性通货膨胀。这样，螺旋式通货膨胀及由此产生的后果的危险性是巨大的。这一方案和第二方案一样，在其实施的第一阶段也会使生产者靠提高物价和改变产品品种增加收入，而不增加生产和提高效益，从而引起通货膨胀。

文章说，国家在考虑已经形成的客观形势的同时，如果把财政措施与价格和收入、国家订购和限额等的灵活政策融于一体，就有可能有效地调节经济改革的复杂过程。灵活掌握价格和收入，可以刺激生产，避免社会极端紧张状态的出现。如果这会导致通货膨胀速度上升，便可以采取财政紧缩措施，限制信贷和货币发行量。实行这种可控的通货膨胀政策，是当前避免损失和达到目的弊端最少的办法。

文章认为，上述三种方案基本囊括了可行的经济改革战略全部内容。

其中，第三种方案最佳。

据了解，《根本经济改革：首要和长期的措施》一文是阿巴尔金主持撰写的。因此，从这篇文章看，阿巴尔金是主张第三种改革战略即所谓的比较激进的方案的。他会见我们时曾表示了这种主张。不过，最近阿巴尔金又提出只有采取激进手段才能使苏联经济改革取得成功。据新华社莫斯科3月26日电讯：阿巴尔金对《国际文传电讯》记者谈了经济改革受阻的原因和政府准备实施更激进的经济计划。阿巴尔金说："经济改革受阻的根本原因有两个：一是改革本身进展缓慢，想坐稳新旧两把椅子，保持平衡，这显然不现实。只有我们下决心激进地搞改革，改革才有可能并会带来成果。二是缺乏社会和解和利己主义情绪激增。想实现利益再分配，趁机更快地捞一把。这包括集团利己主义，包括各地区都竭力为自己多捞。不是搞生产，而是搞重新分配，这必然招致纷争、失和。"他说："政府起草的过渡到计划市场经济的纲领，从最终目标和意图来说，就是实施第二次人代会赞同的那个纲领，但那是一个温和疗法的纲领，想在第二阶段，到1992—1993年才过渡到计划市场经济。但这种想坐两把椅子的做法是不成功的，经济和社会政治性的不良事态的发展，要求加速这一进程。而且，只有强行过渡到市场才能维持苏联的完整，只有市场才能提供那种促使彼此接近和一体化，而不是促使纠纷的经济联系和经济利益。这样就要调整次序和策略，修改方针，既不放弃这一过渡的目标，也不放弃其最终任务。"

三步走的改革策略

雷日可夫在第二次苏联人民代表大会上所作的报告《效率团结改革是通向健康经济的道路》中，曾说使苏联经济健康化的时期可分为两个阶段：第一阶段是1990—1992年，要求采取一整套非常措施来克服业已形成的经济局面。第二阶段是1993—1995年，要求做到使领导国民经济的经济方法最大限度地发挥作用。他说，所以要划分为两个阶段，是因为与第十三个五年计划有密切联系。第一阶段要奠定新经济体制的法律基础，同时实施一系列重大社会经济措施。第二阶段的特点是彻底性，要求依靠第一阶段创造的条件，来解决改革的基本问题。

《根本经济改革：首要和长期的措施》中根据上述第三种方案的设想，把 1990—1995 年划分为三个阶段，加上 1996—2000 年成为四个阶段，要求在 2000 年以前完成苏联根本经济改革的任务。其具体设想是：

第一阶段，1990 年做好建立过渡时期经济机制一整套措施的准备工作。

在这一阶段制订和通过为了推动所有制关系改革的法律：统一税收制法和苏联国家银行法。这两项法律有利于加强经济核算制和财政自治。这一时期将会加快国营企业转变为租赁企业的过程，它们转变为合作社、股份公司和其他经济合作体的改革也会加快。

准备进行作价原则，劳动报酬和社会保障制度的改革。实行收入指数化，扩大批发贸易中调节价格的利用，组织商品拍卖，建立外汇拍卖行。还要改革计划工作，加强干部培训工作。

实现治理财政的非常措施。首先是减少预算赤字，控制居民收入增加幅度，限制信贷投入和货币发行。淘汰工业中所有亏损的企业，把它们改变为租赁企业、合作社和股份企业。加强生产消费品生产能力，进口结构将发生变化，采取措施减少农产品的损耗。制订和通过关于加盟共和国自主权，地区经济核算制和地方自治的法律。

在这一阶段，在商品供应和社会服务增长速度超过居民现金收入增长的情况下，得不到满足的需求在相当大的程度上仍然严重存在。

第二阶段，1991—1992 年。实现一整套改革措施，过渡时期的经济体制出台。

在这一阶段，上面提到的所有法律文件生效，并采取保证法律实现的措施。形成指数化制度，为改革作价原则和劳动报酬提供可能。开始安排好新的计划工作体制，分配国家订货和利用调节价格。

这一阶段应切实加快国民经济各个部门非国营化的进程。到 1991 年底必须解散亏损的集体农庄和国营农场，并在此基础上建立租赁制、合作社等。将出台新的税收制度，更加严格的信贷政策。信贷改革将从苏联国家银行的改革开始。

国家订货以外的产品可以按自由价格出售，因此应当加快市场形成的步伐。商品拍卖和定期展览会将变成商品交易所和商业中心,并将建立证券交易所。

第二阶段是过渡时期经济机制出台的决定性阶段,可能会形成一个转折性的形势。通过加强对消费者需求的了解使生产由衰退转为回升,加强消费品生产的努力将取得初步成果。但是,由于财政尚未得到改善,生产中比例失调问题还没有解决,垄断还存在,因此短缺还不能从根本上消除。

第三阶段,1993—1995年。安排好过渡时期经济机制,实现改革发展规划。

这一阶段完成财政治理的改革,实现反垄断规划,包括运用相应的法规和必要的组织机构的改革。如果财政状况不改善,在短缺的条件下与垄断作斗争的成效不会很大。建立两级的银行体系将有助于运用信贷杠杆、利率政策和其他措施来加强调整经济过程。国家将掌握抑制通货膨胀的强有力手段。

这一阶段结束时应达到消费市场的平衡,对外经济联系的加强,外商投资环境的明显改善,投资将产生效益,促进市场繁荣。也将为卢布的部分可兑换性创造条件,有可能实行平行本位制。竞争将开始显示自己的作用。

整个第三阶段很可能会成为经济稳定阶段。但在此过程中不应达到很高的增长速度。

第四阶段,1996—2000年及以后。新经济机制的形成和发展,形成与此相适应的生产和社会经济关系。

这一阶段将建立促进经济上升和提高人民福利水平的强有力的机制。如果提出的任务能够实现,改革将会完全取得全体苏联人民都期望的成果。

整治环境和经济改革的关系

苏联在经济改革中也遇到了经济改革和经济环境的关系问题。阿巴尔金会见中国代表团时,我们曾问起在目前情况下苏联将如何解决经济改革和经济平衡的关系,主要通过平衡还是主要通过改革解决当前的经济困难。阿巴尔金回答说,解决目前苏联经济问题是通过平衡还是通过改革,对此没有固定的回答,如果不改革能够解决平衡问题,那就用不着改革了。这两个问题互有联系,关系密切。不加速改革,解决不了经济平衡,不久前政府报告中决定明年初进行改革,现在看来这个过程不能进行得太快,要重新考虑,打算推迟。

虽然阿巴尔金把改革和平衡并列起来,似乎在苏联当前情况下它们一样重要。但事实上苏联现在主要是在整治环境,改革是服从整治环境的,至少在前述改革的第一阶段即1990年,按照计划是如此打算的。而且阿巴尔金早就提出要把整顿财政、整顿经济作为苏联经济的首要任务。1989年1月25日他在莫斯科举行的记者招待会上说,现在国家的整个经济形势是极为紧张的。"不能确保国民收入的预定水平,商品增长的速度缓慢,然而居民的现金收入超出了控制。"他认为,第一位的任务就是"需要财政整顿"。"最快地降低和消灭国家预算赤字具有根本的意义。"他说,能达到这一点的办法是"首先降低对生产建设的开支,把亏损企业转交给合作社或租赁出去,更积极地利用居民资金,特别是把居民的资金用于社会规划。为达到这一点,还需要缩减军费开支,许多军工厂转向消费品生产"。苏联《莫斯科新闻》周报1989年第5期刊登阿巴尔金的一篇答记者问,题为《需要有一个整顿计划》。阿巴尔金说,首先要整顿财政。要从两方面同时采取行动。一个方面是坚决限制向国民经济投放货币。应减少预算拨款,停止许多造价昂贵而又不能很快产生效益的项目,减少军费和宇宙计划费用。另一个方面是要在丰富消费市场方面采取同样坚决的,也可以说是非常的步骤。非常步骤的含义是,在任何情况下都必须发展乙类各部门的能力,这将花费几年时间。但现在就可以采取步骤,来扩大砖、水泥、玻璃、屋面铁皮、木料等建筑材料的零售量。他说,消除了市场上的紧张状况,取得了哪怕是相对的平衡之后,就能够更大胆地前进,就将具有牢固的基础。他说:"整顿并不是暂缓改革,而是使改革具有必要的后劲。如果我们有效地着手这项工作,我们就能够在下述情况下走向1991年,也就是走向第十三个新的五年计划的开始,这种情况就是:能够在从行政管理方法向经济管理方法过渡方面采取根本步骤。"

雷日可夫在苏联人民代表大会上的报告中也提出了整治环境的任务。他说，在1990—1992年第一阶段。必须采取一整套非常措施，克服业已形成的经济局面。这首先指的是预算赤字和消费市场的极不平衡。这里既有严厉的指令性措施，又有正在加强的经济杠杆。换句话说，就是在用指令性管理方法的同时，开始逐渐发展市场关系。他还说，计划在1990年实施的紧急措施，在此占有特殊地位。所以，应该把注意力集中到这些措施上。

雷日可夫的报告引起人民代表大会的激烈争论。少数人持完全否定的态度。例如叶利钦说："政府的建议可以归纳如下：停顿，在某些方面甚至倒退一步，喘息一会儿，在下一阶段以前积蓄力量。然而要知道，这不是简单地停顿，而是使改革倒退。"他主张撤销各企业部，根本改组国家计委，改革价格，改革信贷财政体制，设立劳动市场，证券和商品交易所，进行货币改革和货币兑换。他实际上是主张尽快建立市场经济。经济学家波波夫也主张立即实行市场经济。可见他们是不主张把整治环境作为首要任务的。但是很多人反对他们的看法。白俄罗斯共和国部长会议主席科瓦廖夫认为，向市场关系过渡必须在不立即打破现有经济管理结构的情况下逐步实行。克拉斯诺达尔边疆区执委会主席耶德拉坚科说："有人企图在我国经济中搞市场关系，把国家推上资本主义的发展道路，通过制造肥皂、食糖等缺货现象，人为地煽动对社会主义的仇恨心理。"列宁格勒州委和市委第一书记吉达斯波夫表示："我赞成政府的立场，行政办法只有在企业准备对经济发展承担全部责任的情况下，逐步加以废除。""如果现在马上让企业拥有全部资金，不留给中央一定的财政和物资储备，便将产生最有害的后果。"阿巴尔金也表示坚决不同意叶利钦的意见，认为叶利钦关于经济改革的建议是"站不住脚，完全不适用的，在社会政治方面具有危险性"。他说："在现有条件下，计划是能够稳定经济和使其有准备去推广市场杠杆的唯一方法。"他还指出："在将改革同新的革命作比较并希望它尽早见效时，社会所依据的往往是这样一个理论神话，即革命是某一种一次行动。然而，真正深入的改革是需要几年甚至几代时间的。例如，为了向市场过渡，至少需要进行3年的紧张工作，建立必要的基础设施。"我认为阿巴尔金的这个意见是有根据的。从苏联面临的形势看,他们准备用1990年一年时间基本完成整治环境的任务,然后就准备加快改革速度,这可能仍是要求过急了。

(原载《经济工作者学习资料》1990年第33期)

苏联的租赁制

——1990年重访苏联的札记（五）

动身去苏联以前，我读了布尼奇（苏联科学院通讯院士、最高苏维埃经济改革问题委员会副主席）提供给会议的论文《真正经济核算的构成部分》，其中谈到"大规模地转向租赁制将是下一年苏联的现实"。当时我不明白苏联的租赁制和中国的承包制有什么区别，曾向有些同志请教，他们告诉我两者基本相同。这个回答并不使我完全信服，因为本来意义上的租赁是和承包有区别的，虽然中国的承包制和租赁制基本相同，但是苏联租赁制的内容如何，我们并不了然。布尼奇还说，租赁企业"这样的集体将会体现国家所有制和集体所有制的共生，而集体将来会构成压倒的多数"。这涉及苏联国有企业改革的前景，也是我所关心和希望弄清楚的问题。

苏联为什么把租赁制作为企业经济核算的主要形式

布尼奇因为访问美国未能参加中苏经济改革理论讨论会。代替他发言的是苏联科学院世界社会主义体系研究所副所长叶夫斯基格涅耶夫，题目是《基层经济环节的经济自主权》。叶夫斯基格涅耶夫是这样介绍租赁制的由来的：

> 在我国经济中国营企业构成经济环节的优势部分，国营企业基本上已经开始并在继续按照最典型的形式发展经济核算。1987年夏季我们通过了国营企业法，根据该法企业就开始深化经济核算和转向自筹

资金，采用了所谓经济核算的第一种模式和第二种模式。以后又决定实行自治。现在这件事进行得不十分成功。其中选举经理没有证明是有成效的，因此在某些部门已经取消。没有成效的原因是，假如集体不是主人，那么选举在相当程度上已变成形式主义。

企业法有了发展，在去年夏季即该法通过两年之后，对它进行了修改与补充。这些变化已经得到苏联最高苏维埃的批准并把它视为革命性变化，尽管事实上还是部分变化。解决了企业无须上级机关允许自己可以选择经济核算模式和转向租赁的问题，规定企业及其分支机构可以脱离部建立自己的组织，进出口活动中的自主权也得到了扩大，等等。可是，在去年年末，由于改革不配套，由于非常复杂的经济状况，不得不采用很严厉的限制措施，对工资基金实行硬性的税收，国营企业法的许多条款停止实施。然而，向扩大自主性方面的运动在继续，这是经济的客观需要。而新迈的一步是这样的，如果说不是走向拥有，那么就是走向占有，走向占有制度。

近两年来苏联经济学界对于所有制改革讨论得很热烈，很多苏联学者是从所有制改革的角度来研究租赁制的。有两位苏联学者曾从所有制改革的要求出发，探讨了租赁制。他们在一篇文章中对于苏联现在为什么把租赁制作为企业经济核算的主要形式说得很详细。文章说：

苏联国内经济形势的积极变化不仅要求在管理领域进行根本改革和寻求非传统的经营管理形式，而且要求从根本上改造基础关系，首先是社会主义的所有制关系。社会主义所有制关系改造的实质在于：真正恢复劳动人民作为生产资料和生产经营成果的所有者的地位；实现所有制关系多样化；消除所有制关系的严重变形现象。

经济关系改造的一个最重要方面就是在社会主义条件下形成一个既包括各级经济内部关系，又包括企业（联合公司）与有关经济层次的纵向关系的租赁关系体系。租赁关系不仅适用于农业企业和小工业企业，而且也适用于工业、建筑业和运输业的大企业和联合公司。

近来，根据家庭承包、集体承包和租赁承包的原则，租赁关系的某些因素正不同程度地"参与"组织一些部门的经济核算。租赁因素大多产生于农业,它曾被视为解决粮食问题的最有效的办法。

而在商业、公共饮食业、生活服务业、工业和国民经济的某些其他部门的企业活动中,对租赁因素的采用也积累了一定的经验。这些经验目前还具有相当大的局限性,但它仍然证明,租赁不失为一种高效的生产关系形式,一种高效的劳动、生产和管理的组织方式。

他们说:

在租赁关系发展的前期有许多过渡形式,这些形式促进了租赁关系的发展,其中之一是1985年在居民生活服务企业中实行的所谓第二种合同劳动报酬形式(向国家固定缴款的形式)。这种形式在爱沙尼亚共和国发展特别快。后来,根据莫斯科公用事业委员会的请求,这种合同形式被苏联国家计委附属的经济科学研究所写进莫斯科公共饮食业职工活动条例中。条例称这种形式为租赁承包。从1987—1988年全国公共饮食业有许多企业改行租赁承包制。随后,租赁承包也开始在零售商业中采用。

以后,随着工业条件的变化,租赁承包的模式也发生变化,开始对某些企业进行租赁。1988年初莫斯科郊区的布托夫建筑材料联合企业是苏联工业中第一家转入租赁的企业。租赁后5—6个月的工作结果表明,这种生产组织的效益非常之大。例如,在改行新条件的工作期间,产量比1987年同期增加40%,利润增长3—4倍,1988年上半年每个职工每月平均增加工资收入60—70卢布。1989年莫斯科州有500多个不同经济部门的企业和组织转为租赁经营。预计,到1990年还将有1300多个企业和组织转入租赁。租赁关系在地方工业、农业综合体、建筑材料工业、交通、邮电、商业、公共饮食业、生活服务业、市政、文化、卫生和体育领域均得到了发展。

租赁关系的运用,使经营成果普遍得到了改善。经验证明,不管哪个部门的企业,转为租赁经营后,生产率一般都能提高30%—35%。同时,产品的产量(和提供的劳务)大幅度增长,人员编制急剧压缩，租赁企业的利润以前所未有的规模上升。

企业租赁作为所有制改革的一种形式，是苏联当前经济改革的重要组成部分，并与改革的深化密不可分。事实是，苏联现行的国营企业（联合公司）法所确定的两种经济核算模式都解决不了经营活动的有效刺激问题。这主要是因为，在这两种经济核算模式下，恢复劳动者和劳动集体真正主人翁地位的能力极为有限，劳动集体的完全经营自主及其对工作成果的实际责任得不到保证，存在着上级机关广泛干预企业事务的可能性。因而，使刚刚起步的经济改革面临夭折的危险。就实质说，企业租赁意味着新的所有制关系的形成。

他们认为，苏联实行租赁制也考虑到了20年代发展租赁的经验。1921年7月5日人民委员会"关于最高国民经济委员会下属企业出租办法"的命令颁布以后，1922年约有3900个企业被承租，1924年约有6500个。但经常由于双方利益无法协调而使合同废止。结果，同一批企业在两年半时间里几次更换承租人。尽管如此，租赁制还是发展了，对租赁的条件作了进一步明确规定。为了向国家机关提供承租生产企业的优惠条件，苏联最高国民经济委员会1928年1月发出通告，确定租金不高于交付使用财产年净值和年折旧的3%（以前比这高得多）。但是，1928年5月15日苏联人民委员会却做出决议，禁止租赁。30年代连土地租赁也禁止了。

他们说："租赁关系的终止与当时所形成的指令性行政管理体制和社会主义所有制关系的变形有关。社会主义所有制关系的国有化程度越强，处于这种关系中的劳动人民的作用越弱。显而易见，这种体制不会容纳租赁关系。此外，发展大型和超大型工业企业以及排挤中小型企业的方针在当时也起了一定作用，因为作为租赁对象的仅仅是中小企业，而大型和超大型企业不包括在租赁关系中。然而，从建立一个有效的刺激办法体系里，租赁关系（或与之相同的关系）不仅与社会主义是相容的，而且是社会主义所必需的。它是实现社会主义所有制关系的一种合理形式，用以保证实际参与这种关系的一切主体（包括国家、集体、个人和整个社会）的统一。而保证这种参与的必要性在于上述所有主体在生产资料和生产成果的占有、支配和使用上的多层次性和差别性。租赁是实现多层次所有制关系和揭示所有制关系中各层次职能（从企业内部的基层开始）的具体形式，也是作为所有者的每一个人、劳动集体、区域组织和整个社会的地位的具体体现。"

租赁制的内容和特点

苏联是怎样实行租赁制的？这在苏联最高苏维埃 1989 年 11 月通过的租赁法中有明确的规定。访问苏联之前我没有见到苏联租赁法的中译本。在莫斯科苏联朋友送给我去年 12 月 1 日的《真理报》上面刊载了租赁法的全文。回国后我请工业经济研究所丁世昌同志翻译成中文。下面摘录其一部分条文，用以窥见苏联租赁制的主要内容：

> 租赁的范围和对象。国民经济各部门均可实行租赁，各种所有制形式的财产均可租赁。可以出租的有：1. 土地和其他自然资源；2. 企业（联合公司）、机构、联合公司的建制单位、生产单位、车间、企业和机构中作为生产基金及其他资产的统一财产联合体的下属单位；3. 房屋、设施、运输工具、用具、工具和其他资产。
>
> 出租者。财产出租权属于所有者，包括外国法人和公民。由所有者授权出租财产的机关和机构也可以充当出租人。国营企业和机构有权出租财产综合体，建筑物、设施、设备和借以进行经营和业务管理的其他物质资财。土地由相应的人民代表会议出租。
>
> 承租人。可以充当承租人的有：苏维埃法人和苏联公民、联营企业，有苏联法人和外国人参加的国际联合公司和机构，以及外国、国际组织、外国法人和外国人。
>
> 租赁合同。租赁合同是规范出租人和承租人关系的基本文书。是在双方自愿和完全平等的基础上签订的。租赁合同中规定：出租财产的内容和价值、租费数额、租赁期限、双方在恢复和修理租赁财产方面的责任、出租人和承租人的其他权利和义务。除苏联和加盟共和国法律另有规定，经出租人同意，承租人有权将按照合同获得的财产转租他人。

租金。租金中包括租赁财产的折旧费，包括承租人付给出租人用以在租期结束时修理租赁对象的资金。租金还包括对利用租赁财产可能获得的利润（收益）的一部分，其数额由合同确定，一般不能低于银行利息。

租赁中的所有权。出租财产并不转移此项财产的所有权。承租人使用租赁财产所得的产品和收益均归自己所有。属于承租人所有的还有他依法所得的不属于租赁财产的物质财富及其他财富。如租赁合同未另作规定，则承租人对租赁财产所作的改进中可以分离的部分归承租人所有。承租人经出租人同意用自有资金对租赁财产进行不可分离的改进，在租赁合同到期时承租人有权要求补偿这些改进价值。

租赁财产的购买。承租人可以购买全部或部分租赁财产，购买的条件、程序和期限均在租赁合同中规定，苏联和加盟共和国可以采取立法手段规定在何种情况下禁止购买的租赁财产。租赁财产买下之后，租赁企业可由本企业职工全体决定将企业改组为合作企业、合作社、股份公司或按照集体所有制原则经营的其他形式的企业。

承租人的经营活动。根据租赁合同，承租人自行决定经济活动方向，并支配自己生产的产品和收入。除履行租赁合同规定的义务外，承租人在经济活动中完全自由。

租赁期限。租赁期限由合同确定。土地、其他自然资源、企业、建筑物、设施的租赁一般是长期的——五年以上。依据财产的性质和租赁的目的，合同也可以是短期的——五年以内。

苏联租赁法还有其他内容，但从以上这些内容，已可知它和经济核算的第一种模式第二种模式相比都有特点。有的苏联学者把租赁制的特点概括为以下三点：

第一，租费是按每个租赁年度的绝对数额提取，而不是按相对数即按对收入的百分比提取，租赁办法可以不同，租费可以是常数，也可以是变数，但都按绝对额确定。租费的下限是实行租赁以前的实际上交额。因此，在企业和预算的相互关系方面，企业实行租赁制比经济核算的第一种第二种模式对国家预算收入也更有利。按绝对数确定租费也便于每个集体成员了解租赁制：凡多于租费的收入（在把资源费和其他某些支付都列入租费的条件下）均属于集体本身的财产。租赁制的这种"透明度"具有极大的刺激作用。

第二，租赁制不再借助上面确定的定额来规定经济核算收入的分配方法。至于如何保证承租人别"吃光"固定基金，那只有一个办法，就是使他们从长期的角度去关心改善经营成果。租赁合同的有效期限起码为8—15年。在此期间，应保证对固定基金积极部分的更新。企业租赁期再长一些的20—25年，则更为适宜。在被租赁的企业中，劳动动机的基础大大扩大，这不仅涉及劳动报酬和集体刺激基金，而且涉及租赁企业内的再生产全过程，也就是涉及部分剩余产品的占有。这与企业成为国家、集体和职工个人的共同财产有关，是租赁与经济核算的主要区别。

第三，与第二种经济核算模式相适应的经济机制要受五年计划的"制约"，经济核算收入的分配定额正是由此决定的。租赁制使企业拓宽了五年计划期间经营活动的自主性。一方面，这能保证五年计划的编制有一个更稳定的基础；另一方面，也为使租赁企业本身在更大程度上独立于五年计划创造了条件。为了五年计划能适应企业经营发展客观形成的趋势，计划活动本身的范围要有所改变。而对于企业来说，这一范围在越来越大的程度上只涉及在合同基础上分配国家订货和计算企业对形成各类资金（主要是通过租赁缴款的形式）的贡献。这样，计划工作可以限制在一个较窄的领域。

很多苏联学者认为租赁制最主要的特点和优点是可以使企业成为真正的商品生产者。叶夫斯基格涅耶夫在中苏经济改革理论讨论会上说：

"租赁关系的进一步发展导致对我们来说是足够新的形式，诸如赎买企业，集体赎买已租赁的财产。这种赎买的条件、程度和期限在租赁合同中作出规定。在赎买租赁的财产以后，根据法律，租赁企业可以改组为集体企业、合作社、股份公司或某种其他形式。已经有了不少不同原则的方案。例如，爱沙尼亚制订了两种方案：把租赁的国营企业变成人民企业和变成集体企业。后者接近合作社性质，这种新合作体制最近在我们这里受到高度注意，特别重视。新合作制成为这种合作制发展的推动力是1988年夏季通过的合作社法。这不是完成纯粹形式的合作制，它不同于我们传统的合作形式：消费合作社和过去的手工业合作社。这个合作社法出台以后，合作成分成了我们国民经济中最活跃的。国民经济各个部门中的合作社数量每3个月就增加0.5倍，到今年初总数已有20万，就业人数有420万人，销售总额现在已达到330亿卢布，占国民生产总值的6%左右。而1988年销售总额为61亿卢布，占国民生产总值的1%。在我们这里，任何一种成分没有这样活跃，没有这样的成绩。正因为如此，任何其他成分没有引起像这个成分那样引起的责难。因为新合作制比任何其他制度脱离现行的行政命令制度要大，而有人却把脱离现行制度，向市场方向作任何一种迈步即任何一种真正的经济选择都看做投机倒把者。"据叶夫斯基格涅耶夫说，苏联最高苏维埃不久前举行的会议已批准了取消贸易采购合作社的决议，乌兹别克共和国最高苏维埃扩大限制，禁止这类合作社的数量，实际上这类合作社减到最低度，禁止所有贸易采购合作社，禁止那种没有自己的畜禽饲养、肥育基地的公共饮食合作社。在新年前夕，莫斯科苏维埃也决定停止新合作社的登记工作，其中包括建筑合作社和中介合作社等。除了禁止外，还采用各种限制，如价格限制和税收限制。他认为这样做是完全错误的。

苏联租赁制和中国承包制的区别

叶夫斯基格涅耶夫在发言中也说苏联的租赁制在很多方面类同或类似中国的承包经营责任制。我认为，类同是有的，例如它们都是使企业由产品生产者转变成为商品生产者的形式，前者在苏联将成为主要形式，后者在中国已经是主要形式。不过，在看到这些类同的同时，也应看到它们之间的重要区别。

有些苏联学者早就分析过苏联农业中承包制和租赁制的区别。经济学副博士奥·纳里乌诺娃在一篇题为《家庭承包制的经济内容和发展问题》的文章列举了三方面的重要区别。第一，租赁制与承包制不同，企业及其所属单位不表现为领导者与隶属者的角色，而是具有同样权利的经济主体的角色。他们的关系唯有通过以下的经济杠杆来调整：合同条件，产品结算价格，承租人利用的物资结算价格。租赁制实质上是经济核算关系的继续的和合乎逻辑的完善,是农场内部完全的结算形式。第二,与承包人不同,承租人是生产产品的所有者。与由农业企业行政单位规定报酬基金、价目和定额的现行各种承包制相反,在租赁制条件下,经济核算收入是工资的来源,这种经济核算收入是作为租赁集体的总收入与生产消耗的差额确定的。第三,承租人在年终不应得到任何的补加工资,他们只能指望于经济核算收入。这里完全排除了作为集体承包特征的卢布工资预付款的补加工资原则,因为在这种原则下工作人员只关心靠损害劳动质量来获得更多的预付款,例如忙于耕地公顷数的机械师置播种的低质量于不顾,比认真的勤恳的工作人员挣更多工资。租赁制就不可能出现这种现象,它使工资与产品数量和质量以及消耗量直接挂钩,比承包制有更有效的反消耗机制。(苏联《经济科学》杂志1989年第6期)这个分析对我们比较苏联租赁制和中国承包制很有参考价值。

从苏联租赁法的内容看,苏联的租赁制和中国的承包制是有明显的区别的。在前面摘录的苏联租赁法条文中,特别值得注意的是关于租赁中所有权和租赁财产赎买的规定。例如,第七条规定:承租人使用租赁财产所得的产品和收益均为自己所有。第十条规定:承租人可将租赁财产全部或部分买下,这表明承租人与承包人在有没有财产所有权这一点上是有区别的。按照我国《全民所有制工业企业承包经营责任制暂行条例》规定:中国的承包企业并不是财产所有者,虽然承包期间的留利以及用留利投入形成的固定资产和补充的流动资金列为企业资金,但企业资金也明确规定属于全民所有制性质。而苏联的租赁企业则承认有所有权,是财产所有者。

苏联租赁法有专门一章对企业(联合公司)的租赁作出规定。第十六条对租赁企业的建立作了规定:国有企业(联合公司)的劳动集体或其所属单位的劳动集体,都有权组成作为独立法人的承租人组织,并在此基础上建立租赁企业。建立承租人组织及其管理机构的决议,需经劳动集体全体大会(代表会议)以2/3多数通过。承租人组织与工会委员会共同制订租赁合同草案,并报送受所有者授权出租国有企业的国家机关。该机关应在收到草案之日起的30天内加以审理。签订合同后,承租人组织以规定程序接管企业财产,并取得租赁企业地位。第十八条对租赁企业的经济活动作了规定:租赁企业作为社会主义商品生产者从事活动。租赁企业有权对租赁财产中的物资财产进行出卖、交换、转让、暂时出让无偿使用或借用,但此种财产的转移不得导致经济潜力(价值)的减少,不得破坏租赁合同确定的各项条件。但上述支配办法不适用于土地和其他自然资源。还规定,如合同未作另外规定,则租赁企业有权独立自主地改变租赁财产的成分,进行改造、扩充、设备更新,增加其价值。第十九条对租赁企业的财务作了规定:由租赁企业的收入中支付下列各项费用:补偿原材料等耗费,支付劳动报酬,缴纳税金、租金、保险费,天然资源和劳动资源费用以及贷款利息。剩余的利润全部由租赁企业支配。租赁企业独立地决定这些利润的使用方向。第二十条对劳动及劳动报酬作了规定:租赁企业独立自主地确定雇用和解雇工作人员的程序工资形式和制度,作息时间,工作轮班班次,自行决定实施工时的累计制度,确定安排节假日和休假办法。第二十一条对租赁企业的所有权作了规定:属于租赁企业所有的财产包括生产出来的产品,获得的收入及其他用该企业资金购买的财产。在租赁企业拥有的财产中,依据该企业章程所规定的条件和办法,确定该企业劳动集体各个成员在建立此项财产中以个人劳动投入所形成的投资的数额,以及现金投入和其他财产投入的数额。劳动集体成员向租赁企业财产所作的投资,依据该企业章程,可按其价发给有价证券,并付给股息。从这些规定,也可看到苏联租赁制和中国承包制的一些重要区别。

租赁制和承包制的区别还涉及它们的理论依据。中国承包制是以所有权和经营权可以适当分离的理论为依据的,有的苏联学者认为租赁制也是以两权分离理论为依据的。叶夫斯基格涅耶夫说,实行租赁制的过程也是从过去的包罗万象的国家所有制中的所有权和主人结合在一起,走向所有者和租赁主人这种职能的分离。这就是著名的公式:"国家是所有者,企业是主人"所指的这种分离。但这仅仅是中间性的阶段。尽管这阶段可能占去很长时期,但这不是最终形式。未来的过程是从所有者和主人的分离,从租赁走向以企业集体为代表的所有者和主人的结合。当然,国营企业的大部分仍是国家所有国家经营,这是指电力、运输、邮电、国防等部门。

叶夫斯基格涅耶夫认为企业改革的目标是实行股份制。他说，作为前景（尽管这不是很近）来看，国民经济所有部门中的最进步形式，在苏联将不是租赁，不是集体企业，不是合作社，它更多地面向个人和集体消费，而仍然是股份公司。他认为，现在苏联的股份公司还不是这样的股份公司。这是劳动股份，它大致类似合作社的入股金。现在苏联有300个企业是按照这种制度工作的。现代的股份导致资本迅速转移，吸引各种所有者的资本，要求建立有价证券市场，股票市场，等等。所以他认为租赁制的进一步发展将走向所有权和经营权的结合。尽管如此，他把两权分离看做租赁制的理论依据仍未必妥当。诚如有两位苏联学者所说："根据所有者（指国家）和经营者（指劳动集体、个人）这种职能划分来解释租赁关系是不合理的。用以前社会形态的租赁关系（在那种社会形态下，出租者是靠承租人的租金生活，成为食利者）来类推以阐述公有制条件下的租赁关系特点（或形式）未必妥当。职能资本与财产资本的分离是所有者本身多余无用的表现。至于作为所有者兼经营者的统一经济中心（也包括国家），其作用将随着生产社会化实际程度的提高而增强。与此同时，劳动集体和职工个人的作用也在加强，他们不只是经营者，而且是有直接使用、支配和占有生产资料和经营活动成果的经营兼所有者。正是这种情况保证了劳动人民作为国家主人的地位。"

他们还说："租赁也是这样一种方法，即它不仅能确定和加强所有制相应主体的经济职能，而且能保证他们所必要的经济自由、经济从属和相互依赖关系。"他们认为，从以下定义去理解租赁，就能揭示借以实现租赁关系的具体形式的经济内容：第一，租赁是揭示和确定各经济关系主体不同经济和社会职能的方法和形式。第二，租赁是根据所有者的职能和活动成果体现其所有者地位的方法和形式。租费和租赁收入是实现租赁关系的基本形式。租费不单单是各级经济环节、集体和劳动者个人参与使用、支配和占有的公有资料的价值补偿形式，也不单单是所有权的实现形式，它也是更高层次的经济环节在再生产过程中开展活动和执行其相应职能（保持宏观比例、实现结构调整、发展基础设施，等等）的一种物质保证形式。因此，租赁是承租人在更高经营层次上参与解决生产和社会问题的一种形式。而租赁收入则是承租人经营活动成果的物质体现形式。同时，也是保证其进一步履行自己职能的形式。通过租赁收入，劳动集体和职工个人占有生产资料和生产成果，并为进一步添置生产资料和扩大生产成果创造了条件。租赁收入包括必要产品和部分剩余产品，而后者用于扩大再生产以及一切经营活动和社会活动。租费和租赁收入的比例，开始是根据出租财产的价值和承租人在生产经营中的职能确定，但最终取决于承租人的活动成果。在任何情况下都既要考虑承租人参与形成社会和生产资金的需要，也要考虑租赁环节本身实现扩大再生产和其他社会措施的可能性。

他们认为，"租赁关系的发展同合作制的原则有机结合在一起。可以说，推行租赁关系是把合作制原则应用于全民经济的重要方向之一。同时，租赁关系也可以在合作制经济内部发展。这样，上述两种社会经济类型的经营条件达到了实际上的一致。租赁还是个体劳动活动与公有经济的结合形式，也是把个体劳动活动纳入社会经济关系体系中的一种方式。这样一来，租赁关系几乎可以适用于苏联目前正在发展的所有社会经营形式"。

租赁制的前景

苏联经济学界很多人认为，广泛推行租赁关系能健全经济，更加丰富消费品市场和劳务市场，保证资金的节约。转为租赁经营的企业能在较短时间内取得相当大的经营成果。他们还希望通过租赁制实现企业所有制的改革。租赁制能不能起到这些作用呢？或者说，租赁制的前景如何呢？

从目前情况看，苏联推行租赁制并不顺利。叶夫斯基格涅耶夫在发言中讲了实行租赁制的成绩，同时也讲了困难。他说："遗憾的是，租赁原则还不能全面推行。为什么？因为任何一个共和国还没有通过相应的法律，并且没有保护租赁者权益的可靠机制。此外，部、地方苏维埃并不十分乐意放手企业、集体农庄搞租赁。他们强加给集体一些苛刻的合同条件。这种例子是很多的。在租赁原则本身也有颇大的阻碍，它妨碍着租赁的全面发展。例如，按照新法律，固定生产基金完全恢复的折旧包括在租赁费内，这就大大增加租赁企业的税收负担，增添了向那里移动的难度。"

有些苏联学者认为，目前正在发展着的租赁因素往往只涉及劳动者及其集体在劳动生产的组织和刺激方面的某些权利，与不完全经济核算制差别甚微或完全没有差别，工业是这样，农业更是这样。这种"租赁"，不触动深层的经济关系；也不能使劳动者及其集体占有和支配生产资料，不能使劳动成果和劳动收入发生重大变化，因而使发展租赁关系这种思想很快在职工心目中失去信誉。所以，在当前，在租赁关系发展的初期阶段，阐明租赁关系的主要特征和趋向，消除以假乱真和鱼目混珠现象就显得极其重要。当然，也要考虑到租赁关系在向广度和深度发展过程中的阶段性和渐进性。

他们认为，用租赁方法组织国营企业的活动，不但要发展经济核算和从理论上予以完善，而且要形成一种新型的所有制关系，这种关系不仅使国家，而且也为劳动集体和每一个劳动者提供直接占有生产资料和经营活动成果的可能性。他们指出，发达的租赁形式应当以下列原则为基础：

1. 租赁双方必须建立起一个长期的经济关系，这可避免承租集体只顾眼前利润而不关心长期经济效益。

2. 租赁是一种契约形式。企业（在其内部就是基层集体和职工个人）与相应环节在平等的基础上签约，确定生产资料移交给其使用和支配的条件。合同中要确定双方的义务：一方面，要载明所承租的生产资料数量、技术水平、生产率和其他参数。另一方面，要载明租金数目、缴纳方式和保证劳动集体完成社会义务的经营质量指标。当然，合同还可以包括其他内容。例如，保证向签约管理机构供应产品的义务；在有一定财产担保条件下向企业供应原材料和配件的义务。这里的关键在于：第一，合同义务要保证劳动集体经营活动的最低效益极限。第二，合同义务要确定劳动集体的租赁自主性的范围、租赁的物质基础和集体的租赁收入，该项收入可以根据自己的意愿或者用于消费，或者用于积累。破坏合同条件，自然有理由提前终止合同，可以采用财政制裁和其他制裁措施，也可以改变其生产专业，甚至取缔那些经营效益差的承租企业。

3. 在整个租赁期间，国家和经济系统从承租企业中提取一部分劳动成果的条件要严格加以确定，这能刺激劳动集体努力去改善经营成果。国家明确确定对承租企业利润进行提取的条件和办法能极大刺激承租企业发展生产和提高效益的愿望，能使这些企业建立起对待事业的真正主人翁态度。

4. 租赁应建立在竞争的基础上。一方面，这能保证国家经济利益不受侵犯，因为竞争的条件是向国家提交的幅度。另一方面，能使一批勇于创新、精明强干的领导者走向承租企业的领导岗位。

企业改革是不能孤立进行的。租赁制要真正发挥作用必须有其他措施配合。苏联经济学家在论及租赁制作用时也很重视配套改革问题。布尼奇在提供给会议的论文中强调价格改革和税收改革的重要性。他说，不能保证先进者得到应有的奖励、玩忽职守者得到应有的惩罚，以及破坏商品关系等价交换原则的现行价格是经济核算和租赁制的绊脚石。当每一个企业都是由上面规定劳动报酬基金，在预算缴款上耍花招就可以为自己"积累"发展基金的时候，错误的价格对劳动集体就很少能起刺激作用。但是，如果劳动集体缴纳统一税，而其余的收益将根据其数额多少分成消费基金和积累基金，那么关于现行价格不合理的问题就成了新经济机制的主要雷区。他认为最好的价格是自由形成的价格，但立即全面实行这样的价格是危险的。为了开始，应该着手创造改革的条件，而后再大力扩展。他还认为，统一税收具有特别重要的意义。过去国家规定工资和限制企业出售产品的价格，少付给人们理应该得到的东西。在这种情况下，国家可以不通过税收积累资金。但是，现在产生了新的情况，企业在决定工资价格上都有了自主权。在这样的条件下，如果没有税收，也就没有国家的积累了。问题不在于是否需要税收，而在于需要什么样的税收和什么样额度的税收。他认为，最好的方案是较高的劳动者个人收入累进税制度和适度的劳动集体利润比例税（或累进税制度，这样可以鼓励劳动集体积极投资）。对企业还应该实行劳动资源付费制。每个企业，不管其地位如何（将来这种地位要拉平），都有义务向各级预算——联邦（联盟）、共和国和市纳税。有些地方即使在其领土上没有工厂也应该有资金保证，他认为按职工居住区征收公用事业税是可取的，这将不会导致在各个地区都盖满工厂。

很多人认为实行租赁制要妥善解决租金问题，他们认为，租金的最低数额可根据租赁前企业对国家业已形成的财政义务确定，而租金的最大数额不应使企业丧失实现扩大再生产和解决社会问题的能力。有的人指出，租赁关系的发展还取决于整个经济机制的完善，在确定租费条件和要素的根据时，也应当考虑到这一点。目前，确定租费的要素主要包括上级经济机关的利润提成。随着时间的推移，租费将取代资源付费，其中包括级差地租。

关于劳动报酬问题，有人认为租赁企业可以按类似合作社的劳动报酬原则组织劳动报酬，这样可以为克服劳动报酬中的平均主义倾向创造条件。他们认为要重新考虑工资制度在租赁企业中的作用，过去集中调整工资和工资率的做法对租赁企业来说已失去意义。

有些经济学家还对推行和完善租赁制提出了如下意见：1. 把租赁制和股份制结合起来。他们说，与实行第一种和第二种经济核算模式的企业相比，租赁企业有更大的可能来吸收职工的资金以期解决这样或那样的问题。因此，巩固租赁关系应当同发展不同类型的股份制结合起来。2. 改革银行的业务活动。在租赁条件下，其他财政资金的使用与企业的利益也至关重要。这就要求改革银行的业务活动，例如，住宅社会银行莫斯科分行决定用自有资金对布托夫联合企业进行投资。银行从而成为租赁期间该企业的共有者。在这种情况下，银行得到的不是贷款利息，而是对他们所提供资金的付费，即因为使用其资金所获取的一部分利润。3. 实行企业联合。企业转为租赁经营后，都希望和其他行业的企业联合，因此，目前这种自上而下的经济领导形式，其中包括业已形成的部门管理的组织机构已无必要，取而代之的将是租赁企业的自由联合协会。至于那些指令性经济体系，应尽可能减少。可以成立经济核算公司（包括股份公司），这些公司应根据合同向承租企业提供各种劳务，而这些劳务如果单独进行组织，无论对公司还是对企业都可能是困难的或无好处的（例如，在科技成果的运用、需求研究和物资技术保障等方面），这些公司本身的存在则取决于承租人的需要。因此，完全不必要维持一个臃肿的管理机构，联合成协会的租赁企业自己可以调节自己的经营活动。4. 中小企业的租赁应作些变通。目前，转为租赁经营的主要是中小企业。在这些企业，通过租赁比较容易保证社会、集体和个人三者之间的最合理的利益关系。对那些大型和超大型企业来说，发展租赁关系也具有越来越大的意义。而对适合于中小企业的租赁形式和条件在这时要做一些变通。5. 大企业内部也实行租赁。他们指出，租赁的某些原则可以也应该用于完善大型和超大型生产部门的经营机制。在大型企业，租赁关系势必发展为具有几个内部租赁层次（车间租赁、工段租赁，等等）的多级租赁关系。6. 提高认识，克服消极态度。大企业租赁关系的发展常常遇到一定的困难，这是由于企业和现行管理机关的部分人员对租赁制所持的态度引起的。来自集体职工起抑制作用的因素是他们对实行租赁制后能否获取稳定而又有保证的工资持有怀疑态度，而从主管部门看，消极态度是由于其工作人员意识到随着租赁关系的发展和越来越多的企业实行租赁后他们将是多余而引起的。

苏联学者强调应该加强对租赁制的研究。他们说：租赁关系的复杂性、租赁关系发展问题上的许多理论和实践问题的模糊性、改行租赁制后所积累的经验、大型企业和联合公司转为租赁经营的迫切性、租赁关系和股份关系相结合的必要性，所有这些都要求对进一步完善租赁关系、对租赁关系在社会主义经济中的地位加强研究。

（原载《经济工作者学习资料》1990 年第 33 期）

第七部分

可持续的社会主义和不可持续的社会主义

为什么要研究可持续的社会主义和不可持续的社会主义

这里我讲的社会主义,指的是社会主义制度。现在可持续发展的概念已很流行,但主要是用来研究生产力持续发展即人口增长、资源利用、环境保护等问题的,用来研究生产关系和制度问题的也有,但不多见。而我认为我们也应该十分重视研究社会主义制度如何持续发展的问题。为什么要十分重视研究这个问题呢?

首先是为了吸取苏联东欧剧变的教训。苏联东欧社会主义国家存在了几十年,有的国家有过辉煌的成就,曾被看做世界劳苦大众的希望。但先是1989年东欧几个社会主义国家剧变,接着苏联也在1991年发生剧变。这些国家尤其是苏联的剧变是出乎一般人们的意料的,也出乎中国人的意料。但这却是严酷的事实。苏联为什么发生剧变?有人认为是由于戈尔巴乔夫的叛变,有人认为是斯大林模式的必然结果,也有人从外因与内因、远因与近因、客观原因和主观原因、微观原因和宏观原因、下层原因与上层原因、浅层原因与深层原因等方面作了更全面的分析。这个问题还在争论。研究社会主义可持续发展除了要研究苏东剧变的原因,还要研究已经出现或可能出现的其他问题,防患于未然。无论是从苏联东欧事件中认真研究和吸取社会主义可持续发展和不可持续发展的经验教训,还是研究和解决我国社会主义持续发展面临的重大问题,都是很不容易的事情。

其次是现在中国的社会主义还处于初级阶段,更需要重视社会主义的持续发展问题。按照马克思的设想,社会主义是要建立在高度发达的生产力基础上的,他曾设想当时英国等资本主义发达国家可以实行社会主义革命,建立社会主义制度。但后来成为社会主义国家的则大都是生产力不发达的国家。中国经过50多年的建设，和解放前相比生产力有了很大提高，但同发达国家相比，生产力水平仍是很低的。邓小平在1987年说："现在虽说我们也在搞社会主义，但事实上不够格"（《邓小平文选》第3卷，第225页），这个观点现在依然有效。生产力不发达，社会主义制度要持续发展就更加困难。我们知道在资本主义发展史上，那些生产力不发达而实现了资产阶级革命的国家，封建主义复辟的情况并不是个别的，英国、法国都有过这种现象。这是因为，在一种社会制度建立的初期，由于原来的统治阶级不会甘心退出历史舞台，要千方百计企图复辟；由于新的统治阶级缺少经验，工作中难免失误；还由于遇到的新问题没有先例可资借鉴。这些都使新的社会制度不断巩固和持续发展必然是非常困难的。而建设社会主义是比建设资本主义更为复杂艰巨更为崇高的事业，国内外的敌对势力就在处心积虑地反对我国的社会主义建设事业。这就更增加了社会主义持续发展的难度。

再次是不仅生产力有持续发展问题，生产关系上层建筑也有持续发展问题，事实上，生产力的发展总是和生产关系、上层建筑的发展联系着的。中国现在的中心任务是经济建设，发展生产力。但是怎样才能使生产力持续快速、健康发展呢？包括怎样使产业结构优化升级、由农业国转变为工业国、实现现代化，使经济增长持续保持较高速度、人民生活水平不断提高，以及处理好人口、资源、环境等问题，这些都会遇到社会制度问题，要求有一个好的社会制度并使之能持续发展。所以我们面临的不仅是生产力持续发展问题，而且是社会主义制度持续发展问题。不论从中国看还是从世界看，只有在社会主义制度正确、健康、持续发展的情况下，才能解决生产力持续发展中的许多难题。生产力持续发展中的有些问题在资本主义制度下是难以彻底解决甚至难以解决的。1994年国务院通过的《中国21世纪议程——中国21世纪人口、环境与发展白皮书》中已提出了社会主义制度持续发展问题，不过现在看来还应该更加重视这个问题。

又次是社会主义前途问题还存在着争论。例如美国人福山在《历史的终结》一书中认为苏联的变化意味着社会主义历史的终结。德鲁克在《后资本主义社会》一书中认为社会主义注定要失败，后资本主义社会绝非是社会主义社会。我们知道，社会主义思想已存在了几百年甚至上千年，只要存在着穷人和富人的对立，存在着无产阶级和资产阶级的对立，社会主义思想就会继续存在。说什么社会主义历史终结了，这只能是剥削阶级的一相情愿和痴心妄想。至于德鲁克（还有别的人）说的后资本主义社会，即使这个概念可以成立，那么这也说明资本主义社会将会消亡。而在新的社会里，他们也都承认，生产力将迅速发展，知识的作用大大加强，公有制大量出现，人与人的关系会发生很大变化，国家的作用会发生很大变化。这不也就是马克思设想的社会主义因素将大量出现吗？还有一位美国人里夫金写了一本名为《工作的终结》的书，作者认为随着高科技的发展和生产的日益自动化，前景将是"工作的终结"。但作者认为由此将使广大工人包括蓝领、白领工人和管理人员在内的极大多数成员失业，形成贫穷社会和加剧两极分化。其实，如果生产力的发展真的将导致"工作的终结"，那么所以会出现里夫金说的失业增加、社会贫穷、两极分化加剧等现象，乃完全是由于资本主义制度造成的。如果建立社会主义制度，那就会大大减少人们的劳动时间，使人们得以全面发展，共同富裕，因为那时已为马克思设想的社会主义社会创造了必要的物质技术基础条件。我认为德鲁克、里夫金等人的书不是证明了社会主义没有前途，而是证明了马克思主义历史唯物主义的科学性和洞察力，即社会主义必将代替资本主义，这样人类也才有前途。中国已建立了社会主义社会，社会主义已经带给中国人民比过去美好幸福得多的生活，还会继续带给中国人民更加美好和幸福的生活，人民是希望社会主义制度能够持续发展的，解决生产力的持续发展也要靠社会主义制度的完善和持续发展。因此，解决社会主义前途的争论问题，也要求重视对可持续的社会主义和不可持续的社会主义问题的研究。应该说，当前我国社会科学界许多理论和政策问题的争论，都应该提到如何保证社会主义持续发展的高度来看待，以保证我们的社会能够长治久安，永续发展。

（原载《发展导报》2001 年 7 月 20 日）

社会主义可持续发展和社会主义的本质

为了使社会主义健康和持续发展，首先要正确认识什么是社会主义。苏联剧变，是同在这个问题上认识错误有密切关系的。例如苏联长期限制甚至排斥商品经济，认为社会主义只能搞计划经济，只能搞公有制，把国有制看成是公有制最高级最优越的形式。当计划经济优越性难以发挥，国有经济的缺陷越来越暴露的时候，生产力发展受到阻碍，人民生活难以提高，因而引起广大群众不满。我国社会主义发展过程中的挫折，也同这个问题上的错误有关，例如把阶级斗争看成社会主义社会的主要矛盾，追求一"大"二"公"，等等。所以，邓小平同志多次提出："什么叫社会主义，什么叫马克思主义？我们过去对这个问题的认识不是完全清醒的。""我们总结了几十年搞社会主义的经验，社会主义是什么，我们并没有完全搞清楚。"他在1980年就指出："苏联搞社会主义，从一九一七年十月革命算起，已经六十三年了，但是怎么搞社会主义，它也吹不起牛皮。"

正确认识什么是社会主义，关键是要弄清楚社会主义的本质，这是一件十分复杂艰巨的事情。一是因为本质是通过现象表现出来的，只有研究现象才能掌握本质，而现象不仅是变化的，而且现象中还有很多不能正确反映本质的假象。二是因为社会主义本质可以从多方面来观察和表述，例如可以从生产力方面，从生产关系方面，从上层建筑方面，从人民生活方面，以及从这些方面的结合上进行观察和表述。这里也有一个观察和表述是否正确深刻的问题。三是前人对于社会主义本质已有不少研究和论述，例如政治经济学中关于社会主义经济的基本特征和基本经济规律就有不少说法，其中有科学的成分，也有不科学甚至反科学的成分，它们都会影响我们的认识，增加了问题的难度。

邓小平同志把社会主义的本质表述为："解放生产力，发展生产力，消灭剥削，消除两极分化，最终达到共同富裕。"这个表述主要是从经济上着眼的，坚持了马克思经典作家的科学理论，总结了社会主义国家的实践经验（包括教训），针对了我国社会主义建设面临的主要问题，提出了制定正确路线方针政策的理论依据。这是从理论和实践的结合上对什么是社会主义本质的科学概括，发展了马克思的科学社会主义理论，有重大的理论和实践意义。

我们的工作必须体现邓小平同志提出的社会主义本质的要求，才能保证社会主义持续发展，如果背离了这个要求，社会主义是难以持续发展的。

过去曾经把社会主义经济的基本特征概括为计划经济、公有制、按劳分配。当时所说的基本特征也有本质的含义。实践证明这个概括有片面性，有的内容还被证明是错误的。邓小平同志提出的社会主义本质克服了这种片面性的错误。

为什么邓小平同志在社会主义的本质中没有提公有制？我认为这不是偶然的，因为过去把非公有制和社会主义完全对立起来的理论已被实践证明是错误的。在我国社会主义初级阶段，必须在公有制为主体的条件下允许非公有制存在和发展，这就说明非公有制和社会主义在一定条件下是可以相容的，社会主义社会的所有制不等于公有制。有人说消灭剥削消除两极分化是以公有制为前提条件的，社会主义本质不能不包含公有制。这种说法也值得斟酌。因为存在非公有制并不一定导致剥削，更不一定导致两极分化。社会主义基本经济制度是以公有制为主体、多种经济成分（包括非公有制经济成分）共同发展，而不是完全的公有制。至少社会主义初级阶段是如此。所以，我认为邓小平同志不把公有制作为社会主义的本质是经过慎重考虑并有科学根据因而是正确的。

斯大林提出过社会主义基本经济规律的范畴。他说："社会主义基本经济规律的主要特点和要求可以大致表述如下：用在高度技术基础上使社会主义生产不断增长和不断完善的办法，来保证最大限度地满足整个社会经常增长的物质和文化的需要。"基本经济规律和本质在科学上属于同一个层次的范畴，在这里比较起来本质这个范畴更为准确和科学。因为规律是在一定条件下的产物，是事物必然的内在联系。而不仅当时的苏联不存在斯大林说的社会主义基本经济规律，现在也不能说社会主义国家已形成了社会主义基本经济规律。本质的说法则灵活得多，它意味着社会主义社会必须按照社会主义本质的要求办事，不能违背社会主义本质的要求，而并不意味着必然按照社会主义本质的要求办事。

社会主义基本经济规律的范畴是需要的。我们要通过改革，创造必要的条件和机制，使得社会主义基本经济规律的要求必然能够实现。这样，社会主义的持续发展也就有比较充分的保证了。这是我们努力的方向和目标。

此外，斯大林在社会主义基本经济规律中说到了整个社会的需要，而整个社会的需要和每个人的需要还是有所区别的，这就可能使人们忽视提高每个人的物质文化生活水平问题，苏联长时期内确实忽视了这个问题。这可能也是斯大林的提法的一个缺陷。

上面曾说，邓小平同志说的社会主义本质主要是从经济上着眼的，而社会主义持续发展不仅是经济问题，也是政治问题、文化问题。这里应该指出的是，从政治上着眼，民主也是社会主义的本质。邓小平同志说过："我们进行社会主义现代化建设，是要在经济上赶上发达的资本主义国家，在政治上创造比资本主义国家的民主更高、更切实的民主，而且造就比这些国家更多更优秀的人才。达到上述三个要求，时间有的可以短些，有的要长些，但是作为一个社会主义大国，我们能够也必须达到。"（《邓小平文选》第2卷，第322—323页）他还说过："没有民主就没有社会主义，就没有社会主义的现代化。"（同上第168页）说民主是社会主义的本质是有充分根据和重大意义的，对此将另文论述。

（原载《发展导报》2001年7月27日）

社会主义可持续发展和
社会主义社会的所有制结构

我们常说生产关系是社会的经济基础,而所有制又被看成是生产关系的基础。正确处理社会主义社会的所有制结构,是社会主义持续发展的重要条件。

新中国成立以来在所有制问题上也经历了曲折的过程,有着丰富的经验教训。党的十五大总结了我们自己的经验教训,也总结了其他国家的经验教训,制定了正确处理社会主义初级阶段所有制问题的理论和方针政策。例如,在所有制含义的问题上,提出公有制经济不仅包括国有经济和集体经济,还包括混合所有制经济中的国有成分和集体成分,并提出集体所有制经济是公有制经济的重要组成部分。在公有制的实现形式上提出公有制实现形式可以而且应当多样化,一切反映社会生产规律的经营方式和组织形式都可以大胆利用。在国有经济的地位作用问题上,指出国有经济的主导作用主要表现在控制力上,并指出要从战略上调整国有经济布局。在非公有制经济问题上,指出非公有制经济是社会主义市场经济的重要组成部分。尤为重要的是,规定公有制为主体,多种所有制经济共同发展是我国社会主义初级阶段的一项基本经济制度。这些规定对正确处理社会主义初级阶段的所有制结构问题有极其重要的指导意义。不过,为了保证这些规定的贯彻执行,以及为了应对面临的新情况和解决将会出现的新问题,还是需要认真研究社会主义社会的所有制结构问题的。

邓小平说我们搞社会主义"事实上不够格"时,实际上也提出了社会主义社会的所有制结构问题。他这段话的全文是:"搞社会主义,一定要使生产力发达,贫穷不是社会主义。我们坚持社会主义,要建设对资本主义具有优越性的社会主义，首先必须摆脱贫困，现在虽说我们也在搞社会主义，但事实上不够格。"可见，不够格主要因为我们生产力不发达，没有摆脱贫穷。为什么说生产力不发达因而搞社会主义不够格呢？这是因为马克思主义经典作家认为社会主义是要建立在发达资本主义国家的生产力基础上的，而中国没有经历过资本主义阶段。那么为什么我们在生产力不发达没有摆脱贫穷的情况下就完成社会主义改造进入社会主义呢？一个重要原因是我们在处理所有制以及生产关系问题上犯了急于向社会主义过渡的急性病的错误。

毛泽东曾设想在新民主主义革命胜利后建立新民主主义社会以促进生产力的发展。他在《新民主主义论》中说："在无产阶级领导下的新民主主义共和国的国营经济是社会主义的性质，是整个国民经济的领导力量。但这个共和国并不没收其他资本主义的私有财产，并不禁止'不能操纵国民生计'的资本主义生产的发展，这是因为中国经济还十分落后的缘故。"（《毛泽东选集》，第671页）在《论联合政府》中又说："在中国的条件下，在新民主主义的国家制度下，除了国家自己的经济、劳动人民的个体经济和合作社经济之外，一定要让私人资本主义经济在不能操纵国民生计的范围内获得发展的便利，才能有益于社会的向前发展。"（《毛泽东选集》，第1061页）他在《对论联合政府的说明》中还说："这个报告与《新民主主义论》不同的，是确定了需要资本主义的广大发展。"（《毛泽东文集》第3卷，第275页）。《在中国共产党第七次全国代表大会上的口头政治报告》中他又说："我们这样肯定要广泛地发展资本主义是只有好处没有坏处的。在这个问题上，在我们党内有些人相当长的时间里搞不清楚，存在一种民粹派的思想。这种思想，在农民出身的党员占多数的党内是会长期存在的。所谓民粹主义，就是要直接由封建经济发展到社会主义经济，中间不经过发展资本主义的阶段。"（《毛泽东文集》第3卷，第322—323页）不幸的是，后来他自己也受民粹主义的影响急于向社会主义过渡，使社会主义建设事业遭受了损失。

现在来看，刘少奇"巩固新民主主义制度"的理论和主张是正确的，在新中国成立前后刘少奇明确指出："过早地采取社会主义的政策是要不得的。""过早地消灭资本主义的办法，则要犯'左'倾的错误。"当时毛泽东曾表示赞同这个观点。后来毛泽东改变了观点，提出过渡时期总路线。毛泽东说："新民主主义社会秩序怎样确立？每天在变动，每天都在发生社会主义因素。所谓确立，是很难哩。"这个批评是针对刘少奇的，但缺乏充分根据，难以成立。因为新民主主义阶段固然是一个过渡时期，但它有自己的特征和任务，具有既不同于资本主义社会又不同于社会主义社会的质的规定性，并有大力发展生产力的长期而艰巨的任务，而且"确立"和"变动"是可以并存的。"文化大革命"中批评刘少奇的"巩固新民主主义秩序论"，同样是错误的，是中国历史上的大冤案。不过刘少奇在新中国成立前后的一段时期内和毛泽东一样认为新民主主义阶段只要10—20年就可以结束，也把事情看得简单和过分容易了。邓小平1987年说："只有到了下世纪中叶，达到了中等发达国家的水平，才能说真的搞了社会主义，才能理直气壮地说社会主义优越于资本主义。"（《邓小平文选》第3卷，第225页）从这个意义上说，中国向社会主义过渡起码早了一百年。马克思说过："社会经济形态的发展是一种自然历史过程。"（《马克思恩格斯全集》第23卷，第12页）中国这样人为地加速社会经济形态的发展，是难免要出乱子的。结果是应了一句老话：欲速则不达。

最近有同志发表文章，认为我国社会主义初级阶段应该从1949年中华人民共和国成立算起，理由是从中华人民共和国成立到1956年社会主义改造完成这个通常称为新民主主义社会的阶段，和1956年社会主义改造完成到现在这个被称为社会主义初级阶段的时期都是过渡时期，即都是向马克思主义经典作家提出的社会主义社会过渡的时期，在政治、经济等方面有着基本共同之处。这个意见可以给人以启迪。但我们难以否认1956年前后两个时期的许多重大差别，尤其难以否认中国是从1956年完成了所有制的社会主义改造以后才进入社会主义社会的。尽管中国的社会主义是个早产儿，但是他的出生日期却不能任意更动。不过，由于生产关系一定要适合生产力性质和水平是不以人们意志为转移的客观规律，为了使搞社会主义由事实上"不够格"变为"够格"，我们除了利用社会主义公有制努力发展生产力，还要利用非公有制努力发展生产力。在这个意义上，毛泽东讲的"要广泛地发展资本主义"，还是有重要的指导意义的。和新民主主义时期相比，现在更有条件把发展非公有制经济包括发展资本主义经济成分纳入有利于社会主义社会的轨道。总结经验教训，为了正确处理社会主义社会的所有制结构问题，最重要的是要按照生产关系一定要适合生产力规律的要求办事，这就要求贯彻"三个有利于"标准尤其是其核心生产力标准，把发展生产力作为衡量改革是非得失的根本标准，还要求把所有制和生产关系看做是发展生产力、提高人民生活的手段。

（原载《发展导报》2001年8月3日）

社会主义可持续发展和企业活力

企业是社会主义市场经济的主体,也是技术进步管理创新的主体,企业缺少活力,整个国民经济也难有活力,国家在世界上也不会有强的竞争力。苏联等社会主义国家解体,同他们企业长期缺少活力有内在联系。因此增强企业活力也是社会主义持续发展的必要条件。

如何才能使企业有活力?一种相当流行的观念是靠加强企业管理。我也发表过这种看法。1979年我参加以马洪为团长的中国工商行政管理代表团访问美国,着重考察美国管理教育,访问了哈佛大学、麻省理工学院、斯坦福大学等单位。回国后写了几篇访问稿,第一篇的题目就是"企业经营好坏决定于管理"。文章中说:"我们访问麻省理工学院的斯隆管理学院时,院长庞兹着重介绍了管理的重要性。他说,企业经营好坏,管理人员要负主要责任,这似乎是常识,但这是非常重要的原则。他还说,企业经营好坏决定于管理。任何一个组织都需要管理,其经营效果主要决定于管理人员应付外界影响和组织内部工作的能力。根据美国最大银行美洲银行的资料,经营失败的企业,大多数是由于缺少管理的经验和知识,因而管理不善造成的。"去年我重读这篇文章,感到这个观点对美国是有根据的,但未必适合迄今为止的中国的情况。因为美国早已建成了比较发达的市场经济体制和适应市场经济体制的企业制度。在这种情况下,企业经营好坏确实主要决定于管理。而中国在我们访问美国时还在实行计划经济,后来通过改革逐步形成社会主义市场经济体制,可是到目前为止国民经济的市场化改革还远未完成,企业改革也还在进行过程中。改革开放以来,中国在企业管理的考察、宣传、教育、研究以及实践上做了大量工作,虽有成绩,但不显著,根本原因就是还不完全具备改进管理的制度条件。因此,为了增强企业活力,当前最主要的也还是深化改革。这决非是说管理不重要，管理是非常重要的，在改革中必须加强管理。但是与改革比较，现在还是改革重于管理。

中国经济体制改革一直是以国有企业改革为中心环节的，这样做是符合从计划经济向市场经济转变的要求的。那么当前国有企业改革的形势如何呢？对此有不同的看法。一种是非常乐观，认为国企改革搞得有声有色，使国企实行了一次战略升级，能以新面貌进入新世纪。一种是非常悲观，认为国有企业改革没有取得实质性进展，对进一步改革有畏难情绪甚至失去信心。一种是认为改革取得了成绩和实质性进展，但现在国有企业的形势仍很严峻，存在的问题还很多。我赞同第三种看法。我们一定要把国有企业改革进行到底，这既是必要的，也是可能的。

通过20多年的实践和探索，我们已经积累了丰富的经验，初步找到了比较科学切实可行的国有企业改革的途径。例如，明确了国有企业改革的目标是建立"产权清晰、权责明确、政企分开、管理科学"的现代企业制度；要通过建立现代企业制度，使绝大多数国有企业成为真正自主经营、自负盈亏、自我发展、自我约束的商品生产经营者和真正独立的市场竞争主体；明确了要坚持以国有经济为主导、公有经济为主体、多种经济成分共同发展的方针；国有经济的布局要进行战略性调整，国有企业要实施战略性改组；尤其是明确了国有经济的改革要同发展多种经济成分结合起来，不仅要搞活国有企业，而且要搞活包括私营企业在内的非国有企业，等等。决心沿着这条路走下去，努力解决还没有解决的问题，国有企业改革是能够取得成功的。

有的同志提出当前中国经济体制改革的中心应该转移了，不能再以国有企业改革为中心环节了。我不赞同这种意见。因为国有企业改革的任务尚未完成，还有不少关卡要过。例如，要实现产权多元化，规范法人治理结构，建立有效的激励约束机制，建立健全的社会保障制度，改革国有资产管理体制，使国有资本的出资人到位，真正实现政企分开，等等。在没有跨过这些关卡以前，深化国有企业改革对整个经济体制改革和国民经济发展仍有多方面的影响甚至举足轻重的作用。

什么时候经济体制改革的中心环节可以转移？我认为要到国有企业改革基本取得成功的时候。国有企业改革成功的主要标志是：（1）国有经济布局进行了战略性调整，国有企业的部门结构趋于合理。（2）绝大多数国有企业建立了现代企业制度，达到了产权清晰、权责明确、政企分开、管理科学的要求，做到了自主经营、自负盈亏、自我发展、自我约束。（3）建立了竞争有序和发达的市场体系。（4）包括私营企业在内的非国有企业有了平等竞争的地位和快速发展的机会。显然，当国有企业改革任务基本完成之时，又会面临着新的搞活企业，增强企业竞争力的任务。

这里我想谈谈深化国有企业改革和实现政企分开的关系。现在国有企业中政企不分的现象仍相当普遍和严重，甚至在不少上市公司中也存在着严重的政企不分现象。党的十五届五中全会强调要"真正实现政企分开"，但有些人认为国有企业是不能政企分开的。例如有的文章认为："典型的或本意上的国有企业天生就是政企不分或不能完全分开的。从这个意义上说，政企不分不是什么缺陷，而是对国有企业的本质规定。"这种看法在一部分人中相当流行。又如，近几年国有企业是特殊的企业的理论相当流行，这一理论也蕴涵着国有企业不能实行或不能完全实行政企分开的意思。这一理论强调国有企业数量不能太多，不能成为国民经济中的一般企业而只能是少数特殊企业，在这个意义上是有理由和积极意义的。但是，我们改革国有企业首先就是为了使绝大多数原来不是真正企业的国有企业变成真正的企业，而真正的企业是必须政企分开的。现代企业制度的一个主要特征就是政企分开，笼统说国有企业本质上不能政企分开或不能完全政企分开，在我国过去甚至当前条件下是不妥当的。

问题在于，我们原先存在的国有企业绝大多数要不要通过改革成为真正的企业，真正的企业要不要实行政企分开。回答应该是肯定的。事实上，理论和实践都表明多数国有企业是可以政企分开的，只有极少数国有企业不宜或不能政企分开。通过对国有企业的分类改革，我国绝大多数国有企业也要成为政企分开从而能够自主经营、自负盈亏、自我发展、自我制约的真正的企业，不能实行政企分开的只能是少数。

为了深化国有企业改革，需要进一步贯彻邓小平同志倡导的解放思想、实事求是的思想路线。现在所有制结构调整、国有经济布局调整、建立现代企业制度、发展个体私营经济都遇到思想障碍，说明进一步解放思想实事求是仍是一项重要任务。

邓小平同志说："一个党，一个国家，一个民族，如果一切从本本出发，思想僵化，迷信盛行，那它就不能前进，它的生机就停止了，就要亡党亡国。"（《邓小平文集》第2卷，第148页）思想僵化和迷信盛行是苏联社会主义成为不可持续的社会主义的一个根本原因，作者也将另文论述这个问题。

（原载《发展导报》2001年8月10日）

什么是可持续的社会主义和什么是不可持续的社会主义

一 什么是可持续的社会主义

回答什么是可持续的社会主义比回答什么是不可持续的社会主义更难。因为苏联东欧社会主义的失败为不可持续的社会主义提供了案例,可以从它们失败的原因中找到什么是不可持续社会主义的答案(那怕是不全面的答案)。而现存的社会主义国家都还未完成社会主义阶段的任务,还未走完社会主义阶段的路。即使取得了成绩和经验,在前进的道路上仍面临着种种考验,因此也就缺少完全成功的案例来回答什么是可持续的社会主义问题。

不过我们也还是需要而且也可能研究什么是可持续的社会主义。可以根据科学社会主义的理论和社会主义制度形成和成长的经验包括有些国家失败的教训对这个问题进行探索。我的初步意见是,可持续的社会主义至少需要具备以下几个条件:

第一,符合社会发展的规律。马克思主义认为,社会主义是建立在资本主义社会生产力高度发达的基础上的。而现存的社会主义国家大都建立在生产力不发达的基础上,这是由于各种特殊的情况,因此这些国家都面临着发展生产力的任务,要把经济建设作为中心工作,还要采取恰当的形式和措施补上资本主义不发达的一课。这样做使社会主义符合生产关系要适合生产力的规律,才有可能成为可持续的社会主义。

第二,符合社会主义的本质。邓小平同志强调要研究什么是社会主义。为什么强调？我体会一是由于这个问题过去没有完全弄明白，二是由于这个问题确实很复杂，三是由于弄明白这个问题，才能较好地解决如何建设社会主义的问题，使社会主义可以持续发展。有的人认为什么是社会主义和如何建设社会主义是完全不同的问题，他们实际上是把这两个密切相关的问题割裂开来，为那些不符合马克思主义精神实质的理论辩护。邓小平说："社会主义的本质是解放生产力，发展生产力，消灭剥削，消除两极分化，最终达到共同富裕。"这主要是就经济方面说的，深刻地总结了社会主义国家兴衰成败的经验教训。从政治文化方面说，社会主义的本质还包括发扬民主。邓小平说过，没有民主就没有社会主义。社会主义国家只有按照社会主义本质的要求办事，才可能使社会主义制度成为可持续的。

第三，有实现的可能性，尤其是具备实现的客观条件。有些社会主义理论是不可能实现的，当然谈不上社会主义可持续发展。例如，认为在旧中国不经过革命也可以完成新民主主义革命进而完成社会主义革命。又如，认为现在发达资本主义国家也都只有经过暴力革命才能实现社会主义。这些都是不可能实现因而也谈不上可以成为持续的社会主义。我之所以强调必须具备客观条件，是因为有些所谓的社会主义措施在不具备客观条件时也可以用强制的行政措施予以实现，从现象上看，似乎也有实现的可能性。明显的如苏联的集体化和我国的人民公社化，它们当然是不可能持续的。因为社会主义应该是一个自然的而决不能是完全人为的发展过程。

第四，有持续发展的可能性。以上都是社会主义可持续发展的必要条件，还不是充分条件。苏联的社会主义在有些时期可以说是符合以上条件的，但是苏联社会主义还是失败了。所以我提出可持续社会主义的第四个条件。这里最主要的是要使社会主义社会的生产关系符合生产力发展的要求，上层建筑符合生产关系发展的要求，处理好社会主义社会中生产关系、上层建筑、生产力之间的关系。关键则是要坚持改革开放，坚定不移地推进各方面的改革，正确处理改革、发展稳定的关系。应该指出，在社会主义社会，生产力的发展也主要决定于制度，但生产力的持续快速发展，也是社会主义制度可持续发展的必要条件。

实现可持续的社会主义是一个动态的系统工程。首先它是一个巨大无比的系统工程，其中任何一个重要环节出了大错而又不及时纠正，就有可能成为不可持续的社会主义。举例说，那种排斥商品经济的社会主义，那种要求彻底消灭私有制经济的社会主义，那种以阶级斗争为纲的社会主义，就属于不可持续的社会主义。根据中国的经验，如果不坚持公有制为主体、多种经济成分共同发展，不坚持以按劳分配为主的多种分配方式，不坚持以市场调节为基础并实行科学的宏观调控，不发扬民主，不实行法治，不消除腐败，不坚持和改进党的领导，社会主义是不可能持续发展的。同时它也是一个动态的系统工程。因为在社会主义发展过程中会不断出现新情况新问题，一些重大的问题必须及时加以解决。在处理这些问题时错误是难免的，发生了错误必须尽快纠正，并力求不再犯同样的错误。这样才会使能够保证社会主义可持续发展的系统工程永续地正常运转，达到社会主义可持续健康发展的要求。

　　上面曾说现在还找不到完全成功的案例来说明什么是可持续的社会主义。但是我们对社会主义的前景还是充满信心的，因为社会主义是人类社会发展的必然趋势。我们正在建设的中国特色的社会主义，应该成为也有可能成为可持续发展社会主义的一个范例。中国共产党和中国人民高举邓小平理论的伟大旗帜，坚持改革开放，不断纠正和克服苏联社会主义模式的缺陷和失误，经受住各种困难和风险的考验，使社会主义事业继续前进，创造了中国特色社会主义这一新的富有生命力的社会主义模式。当然，中国特色社会主义在发展进程中还会不断面临着考验。当前存在的一些突出问题，如就业问题，贫富悬殊问题，农民增收问题，腐败问题，就亟待妥善解决。只要我们继承优良传统，继续高举邓小平理论伟大旗帜，坚持贯彻"三个代表"重要思想，不断努力克服前进中的困难，中国特色社会主义一定会成为可持续的社会主义。

二　什么是不可持续的社会主义

　　从我国社会主义发展中的教训就可以对这个问题作出部分回答。例如，邓小平同志总结这类教训时说过："搞社会主义一定要使生产力发展，贫穷不是社会主义。"他又说："'四人帮'提出'宁要穷的社会主义,不要富的资本主义',社会主义如果老是穷的,它就站不住。"他还说："社会主义阶段的最根本任务就是发展生产力","社会主义的优越性就是要逐步发展生产力,逐步改善人民的物质、文化生活。"由此可见,不努力发展生产力,不逐步改善人民生活,使人民富裕起来,这样的社会主义是不可持续的。邓小平在南方谈话中说："不坚持社会主义,不改革开放,不发展经济,不改善人民生活,只能是死路一条。"这就告诉我们,不改革开放的社会主义和改革开放而不坚持社会主义方向的社会主义也是不可持续的社会主义。前面说过,可持续的社会主义要符合社会主义的本质,那些违背社会主义本质的社会主义当然也不是可持续的社会主义。邓小平同志总结国内外的经验教训,一再强调要弄清楚什么是社会主义和怎样建设社会主义。我体会,在没有弄清楚这个问题的情况下,社会主义也将是不可持续的。邓小平同志还说："一个党,一个国家,一个民族,如果一切从本本出发,思想僵化,迷信盛行,那它就不能前进,它的生机就停止了,就要亡党亡国。"可见,不解放思想,不实事求是,这样的社会主义也是不可持续的社会主义。

研究苏联社会主义失败的教训可以更全面一些回答这个问题,这也是我们要认真研究苏联社会主义历史的根本原因。苏联是不可持续社会主义的一个案例,这是普遍公认的。但苏联社会主义失败的根本原因是什么,看法就很不相同。有人认为斯大林模式是苏联社会主义失败的根本原因。有人认为斯大林模式不是苏联社会主义失败的根本原因。也有人持折中的看法,认为斯大林模式是苏联社会主义失败的原因之一,但不是根本原因。我是赞成第一种看法的。

斯大林模式是指斯大林当政时期建立的社会主义政治、经济、思想、文化体制、运行机制和斯大林的思想理论。斯大林去世后苏联曾多次进行改革,但未能见效,因此斯大式模式在苏联一直持续到解体之前。斯大林模式也就是苏联社会主义模式。

斯大林模式有些什么特征。有一本名为《苏联兴亡史》的著作作了比较全面的概括,可供参考。该书认为:斯大林模式有三个基本特征:(1)高度集中,即高度集权。(2)军事性。(3)封闭性。斯大林模式又分为经济模式、政治模式、文化思想模式。斯大林经济模式的特征是：（1）高度集权的国家统制经济体制。（2）实行指令性的计划经济。（3）以行政手段作为经济管理的主要方法。这些特征体现在苏联社会经济生活的各个方面，包括所有制体制、分配体制、计划体制、财政体制、物资供应体制、农业体制、价格体制等。所有制体制的特征是实行清一色的公有制，国家所有制是公有制的统治形式。与斯大林经济模式密切联系的是斯大林的经济发展方式，其特征是以"赶超"为目标趋向，重工业优先发展，粗放经营。斯大林政治模式的特征是：（1）高度集中的一党制。（2）实行三权（立法权、行政权、司法权）合一。（3）实行行政机关的自我监管机制。斯大林文化思想模式的特征是：（1）对斯大林的个人崇拜。（2）思想高度垄断，表现为高度的舆论一致和学术问题政治化。（3）以行政干预手段为主要管理方法。广义的斯大林模式还包括斯大林的思想理论。不能说斯大林的所有理论观点都不符合马克思主义，但是其中确有对马克思主义的曲解和背离。斯大林模式是在斯大林理论指导下形成的，而在斯大林模式的基础上又概括出一系列的斯大林理论观点。1953年出版的《苏联政治经济学教科书》就是苏联经济体制和发展模式的理论概括。

斯大林模式在一定时期推动了苏联经济发展，在第二次世界大战中更起过重要作用。但是其消极影响早就暴露出来。因为这种模式带有严重的封建性，违背了科学社会主义原则，压制民主，破坏法制，必然导致思想僵化，迷信盛行，官僚主义、形式主义、教条主义泛滥，执政党腐败，出现一批特权阶层，使广大人民群众的劳动生产积极性和主动性受挫，扼制社会生产力的发展，不能使人民生活富裕和全面发展。第二次世界大战后斯大林模式就出现危机，表现为国民经济比例关系严重失调，工业产出率大大下降，农业生产长期停滞，人民生活必需品长期短缺，农民在正常年份也食不果腹，甚至出现人吃人的现象。斯大林去世以后苏联领导人长期未能根本触动斯大林模式，这种模式的消极作用越来越大。戈尔巴乔夫进行改革又在方向和战略上犯了严重错误，终于导致苏联解体和苏联社会主义失败。戈尔巴乔夫等人对苏联社会主义失败当然负有不可推卸的责任，但斯大林模式已为苏联社会主义的失败埋下了祸根，不改变斯大林模式，苏联社会主义失败是难免的。因此，说斯大林模式是苏联社会主义失败的根本原因，是有比较充分的根据的。

有的人说，苏联解体归根到底是以戈尔巴乔夫为首的苏共中央领导集团推行了一条错误路线的结果，不能把斯大林模式看成苏联社会主义失败的根本原因。我认为，戈尔巴乔夫等人背离和放弃社会主义确是苏联解体的直接原因，但如果不是由于斯大林模式存在严重的弊端而且到了积重难返的地步，有1500万党员的苏共和两亿多人民的苏联是决不会如此轻而易举地被戈尔巴乔夫等几个人葬送的。持这种意见的人为斯大林模式辩护的理由主要有两条：（1）认为要把斯大林模式放在当时特定条件下评价。（2）认为要分清社会主义基本制度和具体的政治经济体制，对于斯大林模式中有关社会主义基本制度的内容必须充分肯定。这两条理由都是站不住脚的。其一，所谓要把斯大林模式放在当时特定条件下评价，他们是说当时斯大林模式是唯一可供选择的正确模式。而事实是，斯大林是在列宁的新经济政策正有成效时取消新经济政策，实行斯大林模式的。而从目前掌握的资料来看，布哈林当时是坚决拥护新经济政策的，在如何建设社会主义问题上，布哈林的理论要比斯大林正确得多。其二，他们说的斯大林模式中有关社会主义基本制度的内容，是指苏联的一党专政，生产资料公有制占统治地位，完全实行按劳分配，思想高度垄断等制度，而这些都是应该和必须进行改革的，决不能"充分肯定"。其实，所谓分清社会主义基本制度和具体的政治经济体制的说法往往是含糊不清的。他们所说的社会主义基本制度并非独自存在的具体制度，而是人们从具体的政治经济体制中抽象概括出来的。有的人曾经把计划经济概括为基本制度，现在改了口，但仍坚持只有生产资料公有制和按劳分配才是社会主义基本制度。按照这种看法，岂非在我国仍要消灭私有制经济和按劳分配以外的分配制度。不过他们又可能改口，承认公有制为主体多种所有制共同发展和以按劳分配为主多种分配制度共存是社会主义基本制度。基本制度具体制度云云成了有些人变戏法的工具。

社会主义不可持续的制度模式能不能转变为社会主义可持续的制度模式呢？我认为，在一定条件下，经过改革是能够转变的。我国建设社会主义在一定时期内是学习和实行的斯大林模式，虽然毛泽东对斯大林的理论主张有所批评，但总的是肯定斯大林模式的。这从毛泽东的《论十大关系》、《读苏联政治经济学教科书笔记》以及他主持的《一论》、《再论》都能说明。关于毛泽东发动"大跃进"和人民公社,批资产阶级法权,鼓吹以阶级斗争为纲,主张走"五七"道路,乃至发动"文化大革命",更把斯大林模式的谬误推前了一步。所幸时间不是很长,加上后来有邓小平的英明领导,在邓小平理论的指导下,毛泽东的社会主义模式终于逐步转变成中国特色的社会主义模式。这不仅使中国经受住了20世纪80年代末90年代初世界性反社会主义风浪的考验,而且为社会主义可持续发展提供了光明的前景。可见,转变是可能的,但是需要条件,尤其需要正确的改革方向和战略。

(原载《华东船舶工业学院学报》2004年第1期)